U0870421

南京保卫战史

孙宅巍　著

南京出版传媒集团
南京出版社

图书在版编目(CIP)数据

南京保卫战史 / 孙宅巍著. -- 南京 ：南京出版社，2014.11

ISBN 978-7-5533-0737-4

Ⅰ. ①南… Ⅱ. ①孙… Ⅲ. ①国民党军—抗日战争时期战役战斗—史料—南京市 Ⅳ. ①K265.210.6

中国版本图书馆 CIP 数据核字(2014)第 259926 号

书　　名：南京保卫战史
作　　者：孙宅巍
出版发行：南京出版传媒集团
南 京 出 版 社

地址：南京市太平门街 53 号　　邮编：210016
网址：http://www.njcbs.cn　　淘宝网店：http://njpress.taobao.com
电子信箱：njcbs1988@163.com
联系电话：025-83283871、83283864（营销）　025-83112257（编务）

出 版 人：朱同芳
责任编辑：徐　智　朱天乐
装帧设计：杨　荀
责任印制：杨福彬

排　　版：南京南琳图文制作有限公司
印　　刷：南京工大印务有限公司
开　　本：787×1092 毫米　1/16
印　　张：27.75
字　　数：352 千字
版　　次：2014 年 12 月第 1 版
印　　次：2015 年 8 月第 2 次印刷
书　　号：ISBN 978-7-5533-0737-4
定　　价：65.00 元

封面图片为坚守南京阵地的英勇炮兵(20 世纪 30 年代摄)
封底图片为侵华日军南京大屠杀遇难同胞纪念馆内标志碑

作者简介

孙宅巍　男，1940年10月生，江苏扬州人。1962年毕业于南京大学历史系。江苏省社会科学院研究员、江苏省中国近现代史学会副会长，享受国务院颁发的政府特殊津贴，被评为江苏省社会科学先进工作者。长期从事民国史、抗日战争史、南京大屠杀史研究，共出版著作（含合著）30余部，发表主要学术论文百余篇。主编《南京大屠杀》一书，被评为江苏省哲学社会科学优秀成果一等奖，并被译成日文出版。曾多次应邀赴美、加、日等国与台湾出席国际学术研讨会及进行学术交流。

序

我于1957年秋从家乡扬州考入南京大学历史系。从那时起，便一直生活在南京，南京成了我的第二故乡。作为一名史学工作者，总想为南京做点什么。1983年的一个偶然机会，使我涉足南京大屠杀史的研究领域。南京保卫战与南京大屠杀，有着不可分割的联系，研究南京大屠杀必研究南京保卫战。于是，从上世纪80年代初，我便开始系统地研究南京保卫战这一课题。

南京保卫战被作为抗日战争正面战场的一个独立战役来研究，起步较晚。在早期的抗战史研究中，南京保卫战多被作为淞沪会战的尾声一笔带过。为此，我还在1987年“国民档案与民国史学术讨论会”报告的论文中，专门论证了将其作为独立战役对待的理论依据。我的这一立论，得到了与会专家的认可与赞同。在此前后，以“南京保卫战”命名的档案资料、回忆文章及学术论文开始大量涌现。

从那时起，我差不多用了10年的时间，搜寻资料，探索思考，写成了一部《南京保卫战史》的书稿。这可以算是我个人研究南京保卫战的一个最初的成果。可惜由于种种原因，这部书稿当时只能在台湾出版。虽然它在港台地区与国际上产生了一定的影响，一些国际知名大学的图书馆都收藏了此书。但由于海峡中隔，两岸关系的曲折变化，致使它在大陆却一书难求。

进入21世纪后，随着大陆史界对抗战史和南京大屠杀史研究的深入开展，大批关于南京保卫战的档案、文献、回忆、口述资料及研究论著得以公布、发表和出版，极大地拓展了学术界对南京保卫战研究的视野，有力推动了对这一战役全面、深入的研究。这一背景，使我深感台湾版《南京保卫战史》资料的不足、构架的偏颇与理念的缺失。于是，我着手重新整理中、日双方的战役准备与战况资料，完整构架国共两党在战役前后为建立、巩固抗日民族统一战线的努力与成效，经过 10 多年的认真梳理与辨析，终于完成了一部新版的《南京保卫战史》。

南京曾是一片血染的土地。南京的土壤里浸透了南京保卫战中先烈和英雄们的鲜血。弘扬中国守军在这一战役中表现的英勇顽强、坚韧不拔、视死如归的抗战精神，是本书写作的重要宗旨。在以往的某些论著中，以偏概全，以成败论英雄，有意无意地贬低了中国守军在战役中的表现与战绩，甚至把他们描写成一支毫无斗志、一触即溃的部队。事实并不是这样。最新公布的日本军方文件与日军官兵的日记、回忆证明，南京保卫战给他们留下了刻骨铭心的记忆。他们称：淳化的战斗，“是一场殊死的战斗”；光华门战斗，“让我官兵吃尽了苦头”；中华门战斗，是一场“惨烈的肉搏战”，“那情景实在是惨不忍睹”；中国军队在紫金山“战斗到最后一个人”。经我精心考证，仅在南京保卫战一役中，中国军队即牺牲了 10 名将军、17 名团长以上指挥官。南京守城官兵所表现出来的崇高爱国主义精神，是全中国人民的宝贵精神财富。他们的英勇抵抗行动，是全体中国军人和人民共同的光荣和骄傲。

本书对南京保卫战的研究，在军事作战行动之外，还延及对南京工业、文教机构、精英、人才的迁移和保护。书中特列“南京工业西迁”与“南京学校与文化机构内迁”两节，详细论述了南京主要工厂、高校、中学、研究院所、博物院、图书馆等机构的内迁行动。我认为，这一迁移，不仅着眼于南京工业、文教的未来，而且着眼于全国的持久抗战与战后的重建及振兴。内迁的员工、师生，不畏艰险，长途跋涉，保护资产，勤奋工作与学习，其业绩与精神，与浴血拼搏在战场的战士一样，惊天地而泣鬼神。

我经过 30 年的系统研究，深感南京保卫战之所以在抗日战争正面战场的诸战役中占有重要地位，不仅因南京为中国政府首都所在地，是重要的政

治、军事中心；而且还由于这一战役与震惊世界的南京大屠杀有着多重的关联。从某种意义上来说，没有南京保卫战，没有南京城的失陷，便没有南京大屠杀。南京城的失陷，从时间上，开启了日本侵略军实施南京大屠杀的节点。南京守军的英勇抵抗，必然遭致日本侵略军的疯狂报复。滞留南京的近10万名军人，是南京沦陷时人口的重要构架。被屠杀的中国军人，是大屠杀遇难同胞中的重要组成部分。部分中国军人在放下武器后潜入民间，被日军利用作为任意捕杀青壮年市民的借口。上述这些因素，都显示了南京保卫战与南京大屠杀之间紧密的内在联系。

今年2月，全国人民代表大会常委会决定，将12月13日设立为南京大屠杀死难者国家公祭日，将9月3日确定为中国人民抗日战争胜利纪念日。国家公祭日与胜利纪念日的确定，将对南京大屠杀死难者的祭奠与对抗日战争胜利的纪念，提升到最高的国家级别。这一重大举措，对于中国人民不忘国耻，弘扬抗战精神，实现中华民族的复兴，有著重要的意义。在实施这一重大举措的第一年，本书作为大陆第一部研究南京保卫战的专史著作出版，适逢其时，当更加突显其对于南京大屠杀与抗日战争研究方面的积极作用。

为了便于读者了解南京保卫战的全貌与查找相关的档案、文献、论著资料，本书特附录“南京保卫战大事记”与“主要参考资料”。在“主要参考资料”项中，不仅包括了我自己在研究这一课题过程中出版的著作和发表的相关论文、文章，同时，也包括了一些与本书持不同观点的论文。相信这些资料信息的提供，对于读者全面、完整地了解与考察南京保卫战，将有所裨益。

衷心感谢侵华日军南京大屠杀遇难同胞纪念馆、侵华日军南京大屠杀史研究会、南京出版社在我著述、出版过程中，给予的热情鼓励和关心、支持！衷心感谢江苏省社会科学院、南京大学南京大屠杀史研究所、南京师范大学南京大屠杀研究中心、中国第二历史档案馆、南京图书馆、南京市档案馆等单位在我长期研究、搜集资料过程中，所给予的支持和帮助！

感谢我的妻子李德英女士自始至终协助我查阅、搜集资料和整理书稿，不断与我探讨全书的结构与取材。没有她的全身心投入，我将难于完成本书的写作。感谢本书的责任编辑徐智、朱天乐先生在出版过程中给予的指导和付出的辛劳。他们的敬业精神，令我十分感动。

谨以本书献给在南京保卫战中壮烈牺牲、英勇奋战及其后惨遭杀害、遭遇劫难的人们！

孙宅巍

2014 年 10 月于南京

目　录

第一章　抗日烽火

一　从“七七”到“八一三”

1937年，日本加快了对华侵略战争的步伐。其参谋本部于1月20日，在《关于对华政策给陆军省的建议》中提出：对中国“准备给予致命的痛击”。[1] 6月9日，关东军参谋长东条英机向军部提出，在日本军力许可的条件下，为准备对苏作战，应“首先对南京政府加以一击”[2]。这时，日伪军从西北至东北，对北平形成半圆形的包围圈。从6月起，驻丰台日军在卢沟桥一带频繁演习。东京盛传：“七夕之夜，华北将重演柳条沟（湖）一样的事件。”[3]华北上空乌云密布，战争一触即发。

7月7日夜，驻丰台日军无理制造事端，猛轰宛平县城。中国驻守卢沟桥畔的吉星文团忍无可忍，英勇还击，连续打退日军对宛平的三次攻击。卢沟桥的枪声，拉开了日军侵略中国的全面战争的序幕。

8日，中共中央发出《中国共产党为日军进攻芦沟桥通电》，号召“全中国同胞，政府与军队，团结起来，建筑民族统一战线的坚固长城，抵抗日寇的侵掠”，“武装保卫平津，保卫华北”。[4] 蒋介石亦于同日电令冀察当局：“固守宛

---

① ［日］日本防卫厅防卫研究所战史室著，齐福霖译：《中国事变陆军作战史》第1卷第1分册，中华书局1979年版，第110页。

② 解力夫：《战争狂人——东条英机》，世界知识出版社1985年版，第7页。

③ ［日］今井武夫著，天津市政协编译委员会译：《今井武夫回忆录》，中国文史出版社1987年版，第12页。

④ 《中共中央为日军进攻芦沟桥通电》（1937年7月8日），中央统战部、中央档案馆编《中共中央抗日民族统一战线文件选编》（下），档案出版社1986年版，第2页。

平，就地抵抗。”[①]他并在当天的日记中写道：“倭已挑战，决心应战，此其时乎！”[②]

日军在挑衅不成，遭到沉重回击后，兵分三路，进犯华北，包围北平。一路为关东军独立混成第1、第11旅团，分由公主岭和古北口出发，集结于北平北部顺义、高丽营地区；一路为驻朝军第20师团，经山海关，至北平南部地区；一路以天津中国驻屯军河边旅团为基干，部署于北平以东地区。此外，还从日本国内抽调了3个师团，陆续调往华北，直指天津。

在华北危急、平津危急的严峻形势下，蒋介石于7月17日，在提出解决卢沟桥事件四项最低限度原则的同时，表示：“最后关头一到，我们只有牺牲到底，抵抗到底，唯有‘牺牲到底’的决心，才能博得最后的胜利。”[③]23日，中共中央发表《中国共产党为日本帝国主义进攻华北第二次宣言》。《宣言》提出了保证执行蒋介石所宣布的抗日方针的八项办法，强调“反对一切对于日寇的让步妥协，坚决抗战到底”；“拼着我们民族的生命去求得我们民族的最后胜利”[④]。

平津军民，高举抗日救国的大旗，英勇抗击日军的野蛮侵略。

7月28日，日军以陆、空协同的优势兵力，向南苑发动进攻。守军第29军官兵，仅以简陋工事和落后的武器，顽强抵抗。副军长佟麟阁亲自领兵阻击，与敌拼死搏杀，壮烈殉国。第132师师长赵登禹亲率部队，挥舞大刀，向敌冲杀，中弹牺牲。第29军所部在战事失利的情况下，仍浴血奋战，节节抵抗，经苦战终日，失南苑、北苑、西苑。丰台、廊坊等地，虽曾分别为守军第37师、38师所克服，但在日军增援反攻下，亦告失守。29日，古城北平沦陷。

在北平激战的同时，驻守天津的第29军第38师一部，在副师长李文田

---

① 秦孝仪总编纂：《总统蒋公大事长编初稿》卷3，中国国民党中央委员会党史委员会1976年编印，第5页。

② ［日］古屋奎二著，《蒋介石秘录》翻译组译：《蒋介石秘录》第4卷，湖南人民出版社1988年版，第7页。

③ 蒋介石：《对日一贯的方针和立场》(1937年7月17日)，王桧林主编《中国现代史参考资料》，高等教育出版社1988年版，第171页。

④ 《中共中央为日本帝国主义进攻华北第二次宣言》(1937年7月23日)，中央统战部、中央档案馆编《中共中央抗日民族统一战线文件选编》(下)，档案出版社1986年版，第25页。

的率领下，协同天津保安警察部队，于 29 日向日军控制的海光寺营房、总车站和飞机场等处发动进攻。中国军队一度攻占北仓飞机场，逼近海光寺营房，给日军以重大杀伤。后因日军在飞机、战车的掩护下，进行反扑，总车站、南开大学校舍等处，多毁于炮火。经血战一昼夜，中国守军终因敌我力量悬殊，于 30 日自天津撤退。

8 月 13 日，驻上海日军在一再进行挑衅，制造战争借口之后，从租界向闸北发起进攻，占领八字桥和持志大学，并以海军舰艇猛轰市区。淞沪战役正式爆发，战火从北方蔓延到南方。

14 日，中国政府发表自卫抗战声明书，宣布“中国为日本无止境之侵略所逼迫，兹已不得不实行自卫，抵抗暴力”；“中国决不放弃领土之任何部分，遇有侵略，惟有实行天赋之自卫权以应之”①。当日，中国空军出动，轰炸日舰及作战工事；陆军下达总攻击令，第 87 师、88 师开始投入战斗。从此，全国进入了全面抗击日本侵略的民族革命战争。

15 日，日本政府发表声明：“为了惩罚中国军队之暴戾，促使南京政府之觉醒，于今不得不采取……断然措施。”日本内阁亦于 17 日决定，“放弃以前所采取的不扩大方针，筹划战时形势下所需要的各种对策”。② 于是，日本迅速组成以第 3 师团和第 11 师团主力为基干的上海派遣军，任命松井石根大将为司令官，开赴上海作战。

淞沪会战，惊心动魄。中国方面总共投入了 70 余师、约 70 万兵力；日本方面先后投入了 9 个师团、2 个支队和 1 个旅团等部队，约 30 万兵力。百万军队，在淞沪战场上，激烈厮杀了 3 个月。负责指挥淞沪战役的中国第三战区司令长官，初由冯玉祥担任，继由蒋介石亲自兼任。守卫宝山的姚子青营长，率五百官兵，在激烈巷战中全部牺牲。第 524 团团附谢晋元，号称率八百勇士，退守闸北四行仓库，孤军死守，名扬中外。据李宗仁将军描述：中

---

① 王桧林主编：《中国现代史参考资料》，高等教育出版社 1988 年版，第 173、175 页。

② [日]日本防卫厅防卫研究所战史室著，齐福霖译：《中国事变陆军作战史》第 1 卷第 2 分册，中华书局 1981 年版，第 5 页。

国军队“每小时的死伤辄以千计，牺牲的壮烈，在中华民族抵御外侮的历史上，鲜有前例”。[①] 淞沪战场在自8月13日以来的最初10天中，对于来犯的日军，中国军队处于主动进攻阶段。根据蒋介石的命令：原京沪警备部队改编为第9集团军，张治中任总司令，重点攻击虹口、杨树浦之敌；原苏浙边区部队改编为第8集团军，张发奎任总司令，重点守卫杭州湾北岸，扫荡浦东之敌；由西安调第36师宋希濂部火速开赴淞沪前线；出动空军，担任要地空防并出击敌军。连日来，第87师、88师部队，经浴血奋斗，夺回了失去的部分阵地，由大西北匆匆赶来的第36师，得友军配合，一度进至汇山码头。

8月23日凌晨，日军第3、第11两师团，分别从吴淞、川沙强行登陆，使淞沪战场局势趋于严重。中国方面增调陈诚第15集团军守备长江南岸。此时担任第三战区前敌总指挥兼第15集团军总司令的陈诚，把淞沪战场的中国军队区分为围攻军和江防军两部分。围攻军由张治中统率，共辖4个师又5个团、2个警备大队，重点围攻原已驻沪之日军；江防军由陈诚亲自统率，共辖6个师又4个团，重点阻击登陆之敌。此外，另以3个师、1个独立旅作为预备队。围攻军与江防军以安亭镇、陆家巷、陈家巷，沿蕴藻浜至吴淞镇一线为分界。中日双方军队在宝山、月浦、罗店、浏河一线，反复争夺、苦战。后终因日军增援、炮火猛烈，中国军队于9月中旬，退守北站、江湾、杨家宅、罗店西南至施相公庙一线。

在“八一三”淞沪抗战爆发前后，华北日军不断增兵，扩展战事。日军以平津地区为集结点，分三路展开攻势。一路由平汉线南侵，袭涿县、保定、石家庄；一路由津浦线南犯，进取沧县、德州；一路沿平绥线西进，出南口，直指晋察绥。

三路中，首要的战略目标是夺取山西，而位于北平西北面的南口，则是通向察绥和山西的战略要地。早于8月初，日军即以独立混成第11旅团为主力，纠合其他各部，向南口猛扑。中国守军凭险据守，顽强阻击。中旬，争

---

① 李宗仁：《李宗仁回忆录》(下)，广西人民出版社1980年版，第165页。

夺南口的战斗达于白热化程度。日军每次都以数千步兵，配以飞机、坦克、重炮，发起立体进攻。中国军队在倒塌的工事里，身陷焦土，沉着还击；有时，冒着枪林弹雨，在血肉模糊的尸堆上匍匐前进；有的士兵以简陋的爆炸装置，不惜以生命为代价，去炸毁日军的坦克。

日军对南口久攻不克，遂集重兵先攻击张家口。中国守城部队，冒倾盆大雨，在泥泞和雨水中与敌展开肉搏，英勇奋战。但因第 68 军刘汝明部作战不力，贻误战机，致张家口与南口先后失守。

8 月下旬，正当抗日的烽火在华北与淞沪战场熊熊燃烧之际，由中共直接领导的国民革命军第八路军改编成功。25 日，由中共中央军委发布命令，任命朱德为总指挥、彭德怀为副总指挥。后按国民革命军战斗序列，八路军改称第 18 集团军，朱德、彭德怀分任总司令与副总司令。八路军下辖第 115 师、120 师、129 师，并陆续开赴抗日前线。

国共两党的军队，在抗日前线，密切合作，进行了著名的平型关战斗和忻口会战。

9 月下旬，日军第 5 师团以第 21 旅团为基干，另附炮兵部队，共 5 000 余人，进抵平型关。中国守军独立第 8 旅部队，英勇阻击，其前沿连队，伤亡过半，阵地数次失而复得。守卫公路两侧高地的连队，不畏日军的优势兵力，经夜苦战，全部牺牲。后由第 71 师、72 师和独立第 8 旅协力奋战，始将日军围困于东西跑池的深沟之中。

25 日，刚刚出师不久的八路军第 115 师，在平型关以东的小寨村，成功地伏击了日军第 5 师团的预备队和辎重队，全歼敌 1 000 余人，内有中佐 1 名；摧毁敌汽车 80 余辆，并缴获大量枪支弹药及军需品。这次战斗的胜利，震动中外，打击了日军的嚣张气焰，鼓舞了全国人民的抗日信心。

但是，平型关伏击战的成功，并未能从根本上扭转中国军队在山西战场的被动局面。此后数日，平型关战斗仍在激烈进行。从正面出击的中国部队，曾夺回部分失去的阵地，歼敌千余，但第 71 师程继贤团却因突入敌阵太深，自团长以下大部壮烈牺牲，仅存官兵数十人。平型关终在日军的强攻之下失陷。

10月初，中方第二战区决定在忻口附近与拥有3个师团、7万余人的日军决战，分以朱德、卫立煌、杨爱源、傅作义为右翼、中央、左翼、预备集团军总司令。中国军队，英勇守土，浴血奋战。守卫崞县的第19军第407团官兵，不顾敌人的狂轰滥炸，坚守阵地，与日军巷战肉搏，伤亡殆尽。原平镇守军第196旅，誓与阵地共存亡，与日军血战6日，旅长姜玉贞为国捐躯，全旅官兵大部牺牲。

13日起，在忻口防线的中央阵地南怀化，发生了十分猛烈的战斗。日军以飞机30余架和大批战车、火炮掩护步兵5 000余人，发起冲击。守军临危不惧，激战竟日，终将突入中央阵地的日军予以全歼。在持续数日的激战中，守军中央兵团指挥官第9军军长郝梦龄、第54师师长刘家麒、独立第5旅旅长郑廷珍相继阵亡。

第18集团军在敌后展开了广泛的游击战。第120师于15日，在广灵、灵丘间击溃敌步骑兵200余人，击毁汽车30余辆，并收复广灵；20日，又攻克雁门关。第129师在友军的协同下，于19日夜袭阳明堡日军机场，毁日机20余架，歼日军100余人。

经过整整1个月的激战，日军伤亡惨重，中国军队也付出了极大的代价。至11月1日，正面守卫忻口的第83师，因连日牺牲重大，官兵已不足1个团，遂在重创敌人后，奉命撤出忻口。

与忻口作战的同时，东路日军沿正太路攻袭太原。娘子关守军第27师、第3军组织敢死队，将由旧关侵入关沟的1 500名日军包围，大部消灭。此后，与日军相持10余日，反复肉搏、拼杀，双方伤亡均重，第27师之教导团几至全部牺牲。10月26日，娘子关失守。

日军于攻占娘子关后，分左右两支追击队，分别经平定、阳泉，直扑太原。中国军队节节抵抗，伤亡极重。11月8日，日军进抵太原城下，从东、北两面，猛攻城垣。在日机轮番轰炸，日军炮火将城角轰塌多处的危急情况下，“我东、北两城步兵誓死不退，一面拼移(杀)入城之敌，一面封锁城墙各

口。敌我皆争取最后胜利，死亡异常惨重”。[①] 经过激烈的巷战，后因日军空降入城，将城之西南占领，太原城于当晚陷落。

在抗战的硝烟中，另一支由中共直接领导的抗日部队——新四军，于10月组建。中共中央经与国民党进行了一系列的谈判，达成协议，于10月2日正式宣布，将湘、闽、粤、赣、浙、鄂、豫、皖8省13个地区的红军游击队共1万余人，统一改编为国民革命军陆军新编第四军，叶挺任军长，项英任副军长。新四军的诞生，为中国人民的抗日洪流注进了新的血液，对于正在如火如荼进行着的抗日战争，是一个极大的推动。

在日本帝国主义和伪满统治下的东北地区，由中共领导的东北抗日联军，共11个军，约4万人，持续顽强打击侵略者和卖国贼。白山黑水，处处有抗联战士的足迹。他们和东北人民紧密结合，声势日振，使日本和伪满统治者，如坐针毡。

自全面抗战爆发以来，短短几个月中，抗日烽火已经燃遍东北、华北和江南大地。历史召唤着中华民族的优秀儿女，用自己的血肉，筑成新的长城，来保卫每一寸国土。

二　南京人民的抗日救亡活动

自全面抗战爆发后，在中国共产党团结抗日政策的影响下，南京人民同仇敌忾，积极开展抗日救亡运动。为了进一步推动全国的抗日救亡运动，中共中央书记处于1937年7月15日向各地党组织发出了《中央关于组织抗日统一战线扩大救亡运动给各地党部的指示》，指示各地党组织，“对国民党每一抗战的步骤应采取欢迎与赞助的态度，坚决反对挑拨离间的阴谋；共产党员应实际上成为各地救亡运动与救亡组织之发起人、宣传者、组织者；从诚

① 《太原保卫战战斗详报摘要》，中国第二历史档案馆编《抗日战争正面战场》（上），江苏古籍出版社1987年版，第555页。

恳、坦白、谦逊之态度与努力的工作，以取得信仰及这类团体中的领导位置”①。

在南京中共地下党员及地下党组织的领导和推动下，南京人民的抗日救亡运动逐步形成高潮。7 月 12 日，南京各群众团体举行联席会议，对原有的首都各界抗敌后援会进行改组，并通电全国，号召奋起抗战。改组后的各界抗敌后援会，不再设指挥部，改由常务委员会负责；增设救护、调查、运输三部。南京工人福利委员会还举行常委会，决定发起募捐劳军活动和组织志愿运输队到前线服务。

南京社会各界，群情激昂，纷纷出钱、出力、捐助物资，支援前线。百货业的 19 家商店，仅 7 月 14 日一天，即捐款 1 240 元，慰劳前方将士。各工厂工人开展捐献一日工资运动，支援抗战。7 月下旬，各大中学校留校女学生公演抗日话剧，号召一致抗日。在中学生中，还开展了捐献 5 万条毛巾的活动。8 月 6 日，首都各界抗敌后援会为募集资金支持抗战，召集财政局及各同业公会负责人开会议决：自 8 月 15 日起的三个月内，旅馆、筵席业加税 5.3%，娱乐场所、影戏剧院及游艺场所加税 3.4%；各机关同时进行劝募活动，所募捐款于 10 日内收齐，交中央、中国、交通、上海等银行保管。8 月 9 日，由剧作家田汉以“七七”事变为背景赶写的四幕话剧《卢沟桥》在南京公演。该剧由洪深担任导演，胡萍等 80 余人参加演出，连演 4 天，场场爆满。

在此期间，首都文化界、华侨界与学生界先后成立本界抗敌后援会。7 月 17 日，南京文化界 100 余名知名人士集会，成立首都文化界抗敌后援会，田汉等 29 人为筹备委员；公推徐延年、谭惕吾等 5 人为代表，向国民党中央党部、国民政府请求，即日派大军北上抗日；电请全国文化界一致组织抗日救亡团体，并电请世界文化界同情与支持中国人民的抗战。18 日，首都华侨教育总会等 8 个团体集会，联合成立了首都华侨抗敌后援会。31 日，在南京秘密学联的组织与发动下，金陵大学、中央大学及各中学暑期留校学生 200

---

① 中共中央党史资料征集委员会编：《第二次国共合作的形成》，中共党史资料出版社 1989 年版，第 235 页。

余人，在青年会大礼堂集会，宣布成立南京学生界抗敌后援会，并组织学生到新街口、夫子庙等繁华地段进行抗日宣传。

南京妇女是活跃在抗日救亡战线的一支重要力量。由妇女界发起，组织了救护队。200余名女同学报名参加在中央医院举办的首都救护训练班，学习止血包扎、骨折固定等救护常识，随时准备奔赴前线。7月29日，南京市妇女界为争取国际舆论的支持，发表《告全世界友邦妇女书》，历数自“九一八”以来日本侵略军的野蛮暴行，谓“此种军人为任何国家所无，是全世界妇女之公敌，且为人类文明之耻辱”，呼吁世界各友邦妇女，“本爱护和平维持人道之旨趣，而主持正义，协助中国妇女，消灭破坏世界和平的日本军人”。[①] 8月1日，经南京妇女界名流发起筹备，在南京成立了全国妇女慰劳自卫抗战将士总会，宋美龄、沈慧莲、吴贻芳等为负责人，并发表《告全国妇女书》，声称“国家大事，自不能辞”，“我辈妇女，责无旁贷”。该会在全国许多城市均设有分会。其南京分会积极组织各种慰问团、服务团，前往部队、前线慰问抗日官兵，鼓舞抗战士气；发起救国公债劝募宣传周活动，挨户动员购买救国公债，募集棉衣、席被、药物等战时用品。

随着“八一三”日军大举进攻上海和上海军民奋起抵抗，南京各界人民掀起了以支援淞沪抗战为中心内容的抗日救亡活动新高潮。

南京职工救国会组织了南京市区人民救护队，并举办战地救护讲习班。该会成员薛宁人以红十字会的名义，发动中央医院的医护人员，在中央大学开设首都重伤医院。许多学生和工人，自动报名参加重伤医院的服务工作。职工救国会和妇女救国会还发动工人、妇女，开展了多项宣传、慰劳活动。9月12日，在淞沪、华北战事激烈进行之际，南京各界妇女慰劳会举行了第二次常务会议，有曹孟君、谭惕吾等9名常委出席。会议决定通电慰问淞沪及华北前线的抗战将士。

与此同时，从平津流亡南京的学生，还与首都学生相结合，开展抗日救

① 中共南京市委党史工作办公室等编：《南京百年风云》，南京出版社1997年版，第495页。

亡活动。8月中下旬，由平津各大学流亡南京的学生浦安修、郑代巩等人发起，在南京成立了平津流亡同学会。这时，由北平学委负责人蒋南翔、李华带队的平津学生流亡团也陆续到达南京。他们和南京学联共同起草抗日宣言，向国民政府请愿，积极开展救亡活动。在9月5日至18日间，平津同学会歌咏队先后三次在中央广播电台广播《牺牲已到最后关头》、《打回老家去》、《保卫我们的祖国》、《救亡进行曲》等抗日歌曲，激励全国军民的抗日斗志。在此期间，平津同学会500余人还和首都学生界抗敌后援会联合举行了铲除汉奸的宣传活动。他们共组成28个小队，分别到浦口、下关、雨花台、水西门等地，宣传汉奸的罪恶，动员大家都来检举汉奸。9月18日，在“九一八”六周年之际，他们又分赴燕子矶、上新河等区，宣传除奸、防空，劝募救国公债。平津与首都的学生，还在中共的直接领导下，联合组成救亡宣传团，于9月24日由南京出发，先后到安徽的淮南煤矿、合肥、巢县、无为、芜湖等地，向工农民众宣传抗日，受到广泛的欢迎，取得了显著效果。

在抗日战争全面爆发后，南京人民的抗日救亡活动有声有色，如火如荼，成为全国人民抗日洪流中的重要组成部分。

三　国共第二次合作的建立

抗日战争的全面爆发，南京与全国人民抗日救亡运动的空前高涨，促使国民党与国民政府逐步坚定了抗日的立场，逐步走上与共产党实现第二次合作的道路。

8月1日，蒋介石通过专门与中共接触的神秘人物、国民党中央执行委员张冲，密邀毛泽东、朱德、周恩来即飞南京，共商国防问题。2日周恩来电复张冲：如开国防会议，则由周恩来、朱德、叶剑英去；如系谈话，则由周恩来、林伯渠、博古、叶剑英去。4日，张冲给周恩来发去复电：是开国防会议，望毛泽东、朱德、周恩来到南京参加。但最终毛泽东还是没有南行，仍留在延安运筹帷幄，掌管中枢。9日，周恩来、朱德与叶剑英由西安飞抵南京。

由军政部长何应钦召集了多次国防军事会议，国民党方面出席者有唐生智、白崇禧、黄绍竑等人，共产党方面出席者有周恩来、朱德、叶剑英。议程中，有内部关系调整问题；也有对日作战的战略、战术问题。国共两党在对立了10年之后，双方的将领终于又坐到一起，共同商讨国防大计。中共方面，不计前嫌，在会上坦陈抗日方略。周恩来、朱德分别于11日作了发言。周恩来在发言中指出："当前战争中，必须培养出可以独立持久的能力。在正面防御上，不可以停顿于一线及数线的阵地，而应当由阵地战转为平原与山地的扩大运动战。另一方面，则要采取游击战。"[①]朱德指出："抗日战争在战略上是持久的防御战，在战术上则应采取攻势。""游击战是抗战中的重要因素。游击队在敌后积极活动，敌人就不得不派兵守卫其后方，这就牵制了它的大量兵力。"他还建议开办游击训练班，使国民党的军队亦能逐步学会游击战争。[②] 会议期间，中共代表还同冯玉祥、白崇禧、刘湘、龙云等国民党地方实力派将领进行了会晤。

8月12日，国民党中央常务委员会在中山陵园举行会议。为适应新的抗战形势，议决撤销国防会议与国防委员会，设立国防最高会议，其职权为决定国防大政、国防经费、国家总动员等事项。蒋介石以军事委员会委员长身份被推为国防最高会议主席。当日，蒋介石主持召开了刚刚成立的国防最高会议与党政联席会议。会议对若干重大问题作出决策。对日作战方针为：举全国力量，从事持久消耗战，以争取最后胜利。会议决将全军区分为四个战区："主战场之正面在第一区，主战场之侧背在第二区。""第三战区对于侵入淞沪之敌，应迅速将其扫荡，以确保京沪政治经济重心。"[③]会议还决定，以军事委员会为最高统帅部，蒋介石任陆海空军大元帅。

8月中旬，周恩来、朱德、叶剑英与蒋介石、康泽举行了第一次南京谈判。

---

① 中共中央文献研究室编：《周恩来年谱（一八九八—一九四九）》，人民出版社、中央文献出版社1990年版，第375页。

② 中共中央文献研究室编：《朱德传》，人民出版社、中央文献出版社1993年版，第398页。

③ 《国军作战指导计划》（1937年8月20日），中国第二历史档案馆编《抗日战争正面战场》（上），江苏古籍出版社1987年版，第3、5页。

谈判围绕发表中共宣言、红军改编及边区主任人选等问题进行。

关于发表中共宣言问题。8 月 12 日，蒋介石派康泽见周恩来，对周 7 月间交给的《中共中央为公布国共合作宣言》提出诸多无理要求，例如：不同意提“民主”，要求将其一律改为“民用”；要取消对民族、民权、民生的解释；不同意提同国民党获得谅解而共赴国难等。周恩来等当即表示：“有的可以研究，有的不能同意。”①

关于红军改编问题。由于 8 月 13 日日本侵略军突然对上海发动大规模进攻，战火随时有燃烧到首都南京的可能，蒋介石迫切需要红军开赴抗日前线共同作战。于是红军改编问题久拖不决的状况也有了转机。蒋介石原先坚持，要在改编后的红军总部派一名政治部主任，以及给 3 个师派去参谋长。现在他大大降低了要求，对国民党方面谈判代表康泽说：“参谋长不派了，政治部主任也不派了，只派三个联络参谋和八路军总指挥部的联络参谋。”②8 月 19 日，双方同意红军改编为国民革命军第八路军，设立总指挥部，统率 3 个师，任命朱德、彭德怀为正副总指挥。军队中一切职务，包括各级之副职，自副师长至副排长人员，均由中共自行配备。与此同时，双方对红军在南方的各路游击队改编问题，也已达成大致意向。周恩来于 8 月 17 日电告中共中央：“现已与军何（按指军政部长何应钦）商定，允许我方派人到各边区传达党中央意旨，并协助各边区传达改编。”他还建议中共中央，即令派往鄂豫皖的郑位三和派往闽西南的方方，以及派往湘鄂赣边区的诸人员，迅速来南京。③

关于边区主任人选问题。蒋介石曾要中共方面提出 3 名国民党人士作为正职人选，最后由蒋介石从三人中决定一人，而由林伯渠任副职。但当中共方面提出张继、宋子文、于右任三名正职人选时，蒋却根据康泽的意见，认为此三人均不相宜，提名由丁惟汾任正职。中共方面对此严词拒绝，提议由

① 中共中央文献研究室编：《周恩来传》，人民出版社、中央文献出版社 1989 年版，第 366 页。

② 康泽：《我在国共第二次合作谈判中的一段经历》，载全国政协文史资料研究委员会编《文史资料选辑》第 71 辑（合订本第 24 册），中国文史出版社 1986 年版。

③ 同①，第 367—368 页。

林伯渠任边区行政长官。

在参加了国防会议及与国民党方面进行谈判之后，朱德于 8 月 16 日乘车回陕，19 日抵云阳抗日红军前敌总指挥部；周恩来于 21 日离南京抵西安，其谈判中的未了事宜，则由叶剑英留南京继续交涉。

9 月中下旬，国共两党代表举行了第二次南京谈判。这次谈判，在中共代表博古、叶剑英与国民党方面的蒋介石、康泽之间进行，主要内容为讨论发表中共宣言问题。会谈中，康泽根据蒋介石的意旨，要求中共删去《宣言》中的政治主张，只保留共产党表示共赴国难的四项保证。博古严肃拒绝，双方争论十分激烈。后来，在全国人民奋起抗战的形势下，蒋介石只得同意保留中共所提出的基本政治主张，而中共方面也做出了一些让步。最后，由康泽与博古分别代表谈判双方在《宣言》稿上签了字。次日，蒋介石、康泽、张冲与博古、叶剑英在孔祥熙公馆中作了最后的商谈。蒋介石同意立即发表中共中央的《宣言》。国共间对于这一《宣言》和实现第二次合作的商讨，先后延续了两个多月，终于在南京实现了历史性的突破。

9 月 22 日，中央通讯社发表《中国共产党为公布国共合作宣言》。《宣言》向全国同胞提出了奋斗的总目标：

> （一）争取中华民族之独立自由与解放。首先须切实地迅速地准备与发动民族革命抗战，以收复失地和恢复领土主权之完整。
>
> （二）实现民权政治，召开国民大会，以制定宪法与规定救国方针。
>
> （三）实现中国人民之幸福与愉快的生活。首先须切实救济灾荒，安定民生，发展国防经济，解除人民痛苦与改善人民生活。①

为了实现上述三项总的奋斗目标，中国共产党特郑重宣布：

---

① 《中共中央为公布国共合作宣言》，《周恩来选集》上卷，人民出版社 1980 年版，第 76—77 页。

一、孙中山先生的三民主义为中国今日之必需，本党愿为其彻底的实现而奋斗。

二、取消一切推翻国民党政权的暴动政策及赤化运动，停止以暴力没收地主土地的政策。

三、取消现在的苏维埃政府，实行民权政治，以期全国政权之统一。

四、取消红军名义及番号，改编为国民革命军，受国民政府军事委员会之统辖，并待命出动，担任抗日前线之职责。①

在中央通讯社发表该《宣言》的次日，蒋介石发表了对中共《宣言》的谈话。蒋在谈话中，称赞“中国共产党发表之宣言”，“为民族意识胜过一切之例证”。他表示：“对于国内任何党派，只要诚意救国，愿在国民革命抗敌御侮之旗帜下共同奋斗者，政府自无不开诚接纳，咸使集中于本党领导之下，而一致努力……中国民族既已一致觉醒，绝对团结，自必坚守不偏不倚之国策，集中整个民族力量，自卫自助，以抵抗暴敌，挽救危亡。”②蒋介石的谈话，实际上承认了中国共产党的合法地位。

《中国共产党为公布国共合作宣言》和蒋介石对中共宣言谈话的发表，标志着第二次国共合作的正式形成和抗日民族统一战线的正式建立。这次国共合作，虽没有两党共同承认的政治纲领，没有统一战线的组织形式，但它体现了两党抗敌御侮、联合救国的共同愿望和实际行动。中共中央对于第二次国共合作的实现，给予了极高的评价，指出中共的宣言与蒋介石的谈话，“宣布了统一战线的成功，建立了两党团结救国的必要基础”。《宣言》“不但将成为两党团结的方针，而且将成为全国国民大团结的根本方针，中华民族之复兴，日本帝国主义打倒，将于今后的两党团结与全国团结得到基础”；《谈话》“指出了团结救国的深切意义，确定了共产党在全国的合法地

① 《中共中央为公布国共合作宣言》，《周恩来选集》上卷，人民出版社 1980 年版，第 77 页。

② 蒋介石：《对中国共产党宣言的谈话》，中共中央党史资料征集委员会编《第二次国共合作的形成》，中共党史资料出版社 1989 年版，第 330—331 页。

位，发出了‘与全国人民彻底共抗’的[诺言]”[①]。中共中央强调：“这在中国革命史上开辟了一个新纪元。这将给予中国革命以广大的深刻的影响，将对于打倒日本帝国主义发生决定的作用。”[②]南京是这一成果的摇篮。由国共两党共同高举的抗日民族统一战线的旗帜，迅即由南京、延安而飘扬至全国各地。在这面神圣、庄严的旗帜下，中国人民抗日战争的洪流，更加波澜壮阔。

四　八路军驻京办事处的活动

1937 年 8 月，在国共两党关于将中国工农红军改编为国民革命军第八路军的协议达成后，作为中共中央和八路军在南京的办事机构，“第八路军驻京办事处”亦随之成立。由于国民政府军事委员会按照战斗序列，于 1937 年 9 月 11 日，将八路军编为第 18 集团军，因而八路军驻京办事处又称第 18 集团军驻京办事处。10 月 3 日，朱德、彭德怀致电军政部长何应钦、参谋总长程潜、副参谋总长白崇禧称：

> 兹派职路参谋长叶剑英为驻京代表，李克农为驻京办事处主任，以后钧部所发与职路之一切军需、军械等，概由该办事处主任李克农负责署名领取。特电谨呈备案。[③]

实际上，八路军南京办事处的出现与运作，远比朱、彭电呈国民政府的时间要早。早在 8 月中旬周恩来在南京参加国防会议及国共谈判时，中共

① 《张闻天毛泽东关于对我们宣言及蒋介石谈话的评价致周恩来电》，中共中央党史资料征集委员会编《第二次国共合作的形成》，中共党史资料出版社 1989 年版，第 257 页。

② 毛泽东：《国共合作成立后的迫切任务》，《毛泽东选集》第 2 卷，人民出版社 1991 年版，第 364 页。

③ 中共南京市委党史办公室等编：《抗战初期的八路军驻南京办事处》，南京大学出版社 1987 年版，第 27 页。

方面即租到傅厚岗66号(现青云巷41号)的一幢小楼作为办事处。朱德、周恩来先后离开南京后,即由叶剑英负责筹组办事处,童小鹏负责机要工作。8月下旬,中共中央指派李克农由上海到南京任办事处处长、钱之光由延安前来负责军需、财务。9月初,中共代表博古来南京参加国共谈判时,又带来齐光、吴志坚、康一民、李白等人。齐光负责文书、采办,吴志坚任副官,康一民任译电员,李白任报务员。10月,邱南章由太原来南京,被留下负责总务;袁超俊由上海前来,被留下任科员、副官;从南京出狱的李应吉,留下任收发。在此期间,先后经中共方面营救出狱的黄文杰、夏之栩、刘顺元、李世农、刘宁一、钱瑛、喻屏等人,均曾一度留办事处负责接待、审查被释放的政治犯。为便于工作,又在高楼门29号(现高云岭29号)租了一座小楼作为"处长公馆";在西流湾1号租平房一座,作为宿舍,并兼作办公用房。

八路军南京办事处建立于战火日益临近南京、国共第二次合作实现前后的关键时期,同时又肩负着中共中央驻京办事处的重任,因而工作任务十分繁重。从它的实际活动来看,其主要任务有:继续同国民党谈判;宣传共产党的抗日救国纲领和八路军战绩;发展和巩固抗日民族统一战线;营救被国民党关押的政治犯,并对他们进行接待和必要的政治审查;接待失掉组织关系的党员和要求参加革命的爱国青年;恢复、建立长江流域和华南各地的中共组织;向国民政府军事机关领取军饷、军械、医疗药品和其他军用物资;采购陕甘宁边区和八路军缺乏的物资,经铁路运往陕西、山西;搜集抗日战争情报;筹备出版《新华日报》等。

营救被国民党关押的政治犯,是八路军南京办事处肩负的一项重要使命。八九月间,先后由军事委员会公布的《战时监犯调服军役办法》和司法行政部批准的江苏高等法院《临时处置监犯办法》都规定,部分监犯可以"服役"形式,提前释放。于是一批刑期较短的政治犯,于8月中旬至9月上旬陆续获得释放。在这一期间,从晓庄附近的首都反省院被释放的政治犯有夏之栩、王根英、熊天荆、张越霞、乐于泓等人;从江东门中央军人监狱被释放的政治犯有蔡馥生、黄文杰、刘顺元、王凯、李世农、陈农菲、郑绍文、王鹤

寿、刘宁一等人；从老虎桥江苏第一监狱被释放的政治犯有陈独秀和赤色工会国际驻太平洋职工会的代表牛兰、汪得利曾夫妇等人。

对于刑期较长的政治犯，八路军南京办事处便以朱德、彭德怀或叶剑英的名义，写信给军政部长何应钦，指名要求调往八路军“服役”。9 月中旬，军政部打着“疏散”的旗号，将中央军人监狱中 100 余名刑期在 15 年以上的政治犯和少数军事犯解送安徽和县姥桥镇，另外 100 余名政治犯全部关到有“狱中之狱”之称的南监中，企图在相对集中的基础上，再将他们解往武汉。为了营救这些政治犯，八路军南京办事处同国民党当局进行了多次交涉，终于使钱瑛、肖明等 13 名最后一批女政治犯于 9 月 25 日自首都反省院获释；陶铸、曹瑛、顾玉良、肖桂昌等 7 人，于 9 月 26 日自中央军人监狱获释，此后又有大批人员从南监被营救出狱；喻屏、陈春林等 4 人，于 9 月 27 日自和县临时监所获释，田文达、陈林、何洛等一大批人员，于 10 月初自和县姥桥镇被营救出狱。综计，在 8 月至 10 月间，从南京、苏州、上海、杭州等地监狱、反省院先后获释的政治犯，经八路军南京办事处接待和初步审查的共有 1 000 多人，其中 700 多人经西安转送至延安。

宣传中共抗日救国纲领与八路军的战绩，是八路军南京办事处的另一项重要日常工作。9 月，办事处批准刚从中央军人监狱获释的中共党员陈同生(陈农菲)前往《金陵日报》任总编辑、代理社长。陈还带去陈沂、何方、田朝凡、朱仲龙(朱穆之)等一批共产党员、进步人士。陈同生经过与国民党中央党部新闻检查室不断斗争，利用《金陵日报》大力宣传团结抗日，并在显著地位刊登《中共中央为公布国共合作宣言》和八路军平型关大捷等消息。9 月下旬，经国民党同意，中共开始在南京筹办《新华日报》，由潘梓年负总责，钱之光、章汉夫分别负责经理、编辑工作，请国民党元老于右任写了报头，去上海购买了一批纸张，还在中山路上租了一处房子作为营业部，另租到一个印刷厂。但后来由于上海战事吃紧，南京有失守危险，便迁往武汉继续筹备。办事处在积极筹办报纸的同时，还将中共中央的重要宣传文章和八路军在前线作战的战绩，不断通过油印转发各报馆，以扩大影响。10 月 7、8、9

三日，办事处在《申报》、《中央日报》连续刊登《朱德、彭德怀启事》的大幅广告，对全国各军政领袖、各党派首领、各界名宿、各民众团体为朱、彭就任八路军正副总指挥事发来的贺电表示感谢，并称："所部业已开赴前线，正与暴敌激战。我全体将士誓与全国民众及各友军在蒋委员长领导之下扫除强敌，务使民族解放之伟大事业克底于成。"[①]10月中旬，八路军驻京代表叶剑英通过接受记者访问的方式，向社会公布了八路军在前线作战的情况和战果。他说："近日我军在各路战事始终占取优势。游击战术，也已收得相当之功效。""八路军在晋作战，与各友军相处，感情极佳。"[②]叶剑英还通过由梅汝璈先生主编的《时事类编特刊》，来宣传中共的抗日主张。该刊在10月25日出版的第3期上，刊登了叶剑英的题词"举国一致的团结与坚持是战胜日寇的基本条件"。同期，还刊登了叶剑英致梅汝璈先生的一封信。信中写道："伟大的中华民族抗日的神圣战争，正在全国范围内开展着，北至于长城、塞外，南至于南海、琼州，天天在进行着平面的、立体的战斗。只要我们能够做到，一举国一致的团结与坚持，二努力争取国际上一些同情与援助，三在战略和战术有巧妙的指导和运用，我想胜利是我们的。"叶剑英还肯定了该刊适应抗战形势发展的编辑方针，信中指出："目前全国人民生活的特征，应该是一切为着抗日神圣战争的胜利。贵馆特刊出版，相当的改变了一些性质和内容，使适合于抗战期间大众的需要，这是非常必要的。"[③]

除了梅汝璈先生主编的《时事类编特刊》而外，八路军南京办事处还通过邹韬奋先生主编的《抵抗三日刊》传达延安陕北公学招生的信息，介绍去延安的路线以及延安的气候条件、生活状况。《抵抗三日刊》分别在10月和11月两次刊登了八路军南京办事处的来信及所附陕北公学招生简章。在11月4日办事处致邹韬奋先生的信中说：在八路军驻扎地区，"军民感情融洽，人民对到延安去的同学，异常亲近，绝无盗匪之虞，有什么事情，可找当

---

① 《申报》、《中央日报》1937年10月7日、8日、9日。

② 《京华晚报》1937年10月18日。

③ 《时事类编特刊》第3期，1937年10月。

地救国会，或八路军的后方政治机关，均能协助”，“陕北的物质条件，比较京沪差，生活很苦，吃小米饭、大白菜，大家都是一样，就是我们陕北校长成仿吾先生也没有什么例外”。[①] 该信既提醒有志赴陕北参加革命的人们要有吃苦的思想准备，同时也传达了在中共领导的革命根据地官兵平等、军民一家、热情待人的新型人际关系。办事处热心为每位有志去陕北的青年开具介绍信，并将延安出版的《解放》周刊部分内容油印成小册子，予以散发。

八路军南京办事处还在恢复、建立南京及各地中共组织方面，做了大量工作。在大批平津流亡学生抵达南京后，北平学委负责人蒋南翔于9月8日到八路军南京办事处，向叶剑英、博古等汇报工作。博古指示他们将流亡学生中的30名中共党员组织一个特别支部，建立正常的组织生活。9月中旬，博古又指示成立中共南京市委，由李华任市委书记，方珂德、马子卿为委员。市委的工作重点为：与平津流亡学生取得密切联系，帮助他们提高政治觉悟和选择工作机会；注意吸收民族解放先锋队的优秀分子入党；建立新的统一的南京学生团体；在产业部门及乡村小学教员中发展党员等。[②] 自10月起，被破坏达3年之久的中共南京市委又告重建。在博古驻南京期间，由博古直接领导南京市委开展工作；博古离开南京后，南京市委的工作便由八路军南京办事处主任李克农负责领导。李华化名李诚如，由南京学联安排住在八府塘傅家菜园17号。新成立的中共南京市委于10月底制定了一个工作大纲，并组织了“首都平津学生抗日救亡宣传团”，去安徽淮南煤矿和广大农村进行了抗日宣传。但是，未及全面开展工作，便因南京形势紧张，而不得不准备撤退。关于南京市委的撤退工作，李克农指示：“一、凡是能够参加游击队的，尽量去溧阳、溧水参加游击队；二、凡是在南京真正站不住脚的，不是南京土生土长的就撤退；三、如果身份没有暴露，南京有家可以长期埋伏的，就留在南京。”[③]根据李克农的这一指示，南京的中共党员大多数均

---

① 《抵抗三日刊》第25号，1937年11月。

② 中共南京市委党史办公室等编：《抗战初期的八路军南京办事处》，南京大学出版社1987年版，第14页。

③ 同上，第83页。

撤退了,约有七八人去溧水、溧阳打游击,留下埋伏的很少。市委书记李华在南京失守前,乘最后一班火车,经郑州转赴武汉。刚建立起来不久的中共南京市委于11月底12月初宣告结束。

在此期间,博古坐镇八路军南京办事处,还领导恢复、建立了长江流域各地的中共组织。其中包括:10月,派陶铸、钱瑛去武汉,与郭述申共同组织中共湖北省工委,郭述申任书记,后又增派由苏州监狱获释的方毅前去参加省工委工作;派郑位三去高敬亭部任特委书记,高任特委委员、并负军事指挥责任;经中共中央批准,在上海建立江苏省委,刘晓任书记,刘长胜任副书记兼工委书记,张爱萍任军委书记,后又将中央军人监狱获释的刘顺元、刘宁一派往上海参加江苏省委工作。11月,经博古批准成立中共浙江省临时工委,徐洁身任书记,由中央军人监狱获释的张三扬被派去担任工委委员;派由中央军人监狱获释的李世农,由苏州监狱获释的张恺帆、桂蓬去安徽,组建中共皖中工委,李任书记,张、桂任委员。

11月12日,上海沦陷,国民政府于20日正式发表移驻重庆宣言。但实际上,在1937年11月和12月间,跟随国民政府主席林森搬迁到重庆去的中央机构,只是国民党中央的极少部门,大多数的主要职能部门,都暂时迁到了位于长江中游的武汉。有鉴于此,八路军南京办事处也决定分批撤往武汉。

12月中旬,八路军南京办事处与武汉办事处合并,仍称“八路军武汉办事处”,由钱之光任处长。

八路军南京办事处在它存在的三个多月时间里,为实现第二次国共合作,建立和巩固抗日民族统一战线,推动全民族的抗战,做了大量工作,建立了不可磨灭的功勋。

第二章　淞沪战后

一　上海陷落

中国军队进行的淞沪抗战，是整个抗日战争中，最为威武雄壮的战役之一。爱国官兵们以自己的血肉之躯，抗击日军飞机、重炮的凶猛进攻。

自 8 月 13 日以来，中国军队在淞沪战役的初期，对日军保持了主动进攻的态势。陆、空军相互配合，一度重创日本海军、陆军，攻击至汇山码头。自 8 月下旬，日军两个师团从吴淞、川沙登陆后，淞沪战场的局势趋于严重。经苦战一月，至 9 月中旬，中国军队被迫退守北站、江湾、杨家宅、罗店西南至施相公庙一线。

自 9 月中旬起，日军续有第 9、第 101 师团及重藤支队抵达淞沪战场，中国军队在英勇抗击中损失过大，被迫转入防御。9 月 21 日，中国第三战区调整部署，分为左、中、右三个作战军。中央作战军以朱绍良为总司令，辖第 9 集团军及第 18 师，以黄浦江以西、蕰藻浜以南地区为作战地域；其左翼作战军以陈诚为总司令，辖第 15、第 19 集团军；其右翼作战军以张发奎为总司令，辖第 8、第 10 集团军。面对日军的猛烈攻势，中国军队顽强抵抗，屡次组织反击，坚守蕰藻浜南岸阵地。日军于 10 月 7 日强渡蕰藻浜，从正面攻击大场至南翔一线；25 日，占领大场。中国守军被迫退守苏州河南岸。

至 11 月初，中国军队已经以劣势装备，同武器精良的日军血战了两个半月，伤亡巨大。高级指挥官纷纷向蒋介石建议，适时撤退，以保存战力。可惜，这些合理的建议，并未为蒋介石及时采纳。

副参谋总长白崇禧因不断在前线视察，深知中日间军力愈益悬殊，曾于11月初两度建议蒋介石下令后撤。但蒋寄希望于11月3日在布鲁塞尔召开的九国公约会议，期望以淞沪坚守不退，取得国际社会的同情，出面对日本加以制裁，因而不愿接受；甚至在犹豫中，先令后撤，再令坚守，更增加了部队的疲惫和混乱。

正当淞沪守军在苏州河沿线与日军勉力苦战之际，11月5日拂晓，日军第10军之第6、第18师团及国崎支队，于强大炮火的配合下，由杭州湾之全公亭、金山卫、漕泾等处登陆成功，并分路直扑松江，致使淞沪守军腹背受敌。在日军由杭州湾顺利登陆时，蒋介石曾以电话询问陈诚，应如何处置。陈答“须调整战线”。但蒋命陈“再支持三日”①，遂使淞沪守军失去了撤退的有利时机，而蒙受更大损失。

疲惫不堪、伤亡惨重的中国军队，终于又在蒋介石的命令之下，勉强坚守了3天。11月8日，由第三战区兼司令长官蒋介石和副司令长官顾祝同共同签署的《第三战区作战计划》制定完成，其中规定：“战区以巩固首都之目的，先期向平嘉、吴福既设阵地转移，以节约并保持国军战力，拒止敌人，待后续兵力之到达，再以广德为中心，于钱塘江左岸方面，转移攻势。”“京沪方面不堪再战（作战）之团队，及可抽出之资材，即运送后方。”②这一天，第三战区正式颁发了撤退令。根据新的作战计划和撤退令，左右两翼分别向吴（苏州）福（山）线和乍（浦）平（湖）嘉（善）线撤退。但是，由于失去了最佳的撤退时机，造成了部队空前的拥挤和混乱。据军史档案资料记载，此时“因退却命令下达太迟，各部队非仅无余裕之准备，竟有未接到退却命令而随邻部队撤退而撤者，且对于退却之道路未予明示，各部均拥挤于公路，秩序至为混乱”③。李宗仁后来回忆，各军仓皇后撤，加以敌机日夜轰炸，人马践踏，

① 陈诚：《陈诚先生回忆录——抗日战争》（上），台湾“国史馆”2005年版，第58页。

② 蒋纬国总编著：《国民革命战史第三部——抗日御侮》（5），台湾黎明文化事业股份有限公司1979年版，第66页。

③ 《第三战区淞沪会战经过概要》，中国第二历史档案馆编《抗日战争正面战场》（上），江苏古籍出版社1987年版，第381页。

大军数十万竟越过钢筋水泥所建的苏嘉国防线阵地而不能停止。阵地上虽有坚固的堡垒，退兵因一时找不到钥匙，不得其门而入，竟一一放弃，情况至为悲惨。11 日晚，在南市及浦东担任掩护的守军最后撤离。12 日，上海沦陷。

中国军队在历时 3 个月的淞沪抗战中，共伤亡 30 万人，毙伤敌军 5 万余人。淞沪抗战，沉重地打击了日军的侵略气焰，粉碎了日本侵略者“三个月灭亡中国”的迷梦；同时，也以数十万中国军人的热血和生命，向全世界展示了中华民族不屈不挠的斗争意志。时任南京警卫执行部科长的谭道平先生认为：“扼守上海，可以说是一个非凡的奋斗过程，我们把军民的力量和爱国心已导入亘古未有的战争的磨难的生活方式里……那是大上海的一个荣誉时间，全世界人士都在尊敬那些背荷历史的伟大任务的正义的维护者。”①淞沪一役，中国军队的战斗精神，亦获国际社会的赞誉。英国《泰晤士报》发表社论称：“此次两军作战，双方伤亡惨重，但中国之英勇抵抗，已造成中国堪称军事国家之荣誉，此前所未闻者，须知若干华军器械，犹未充分，但一般所认为不能保持一日之地，彼等竟守至十周之久。此种奇迹，自属难能可贵，上海一隅之抵抗，对于整个中国均有极大之影响。”②

蒋介石在 11 月 11 日致九国公约会议的电报中说：“中国军队自上海撤退，乃战略关系，且为长期抗战之计，中国主权若一日受威胁，则中国军队当赓续抗战一日。”③他并在内部作出如下训示：“此次淞沪战争已给日人绝大之打击，充分表示我们军人为国家为主义决死抗敌的精神；纪念光荣战死的官兵，就要继续他们牺牲的精神，完成他们的遗志；高级将领应加倍勤劳，认真研究改进部队的缺点，讲求有效的战术，以减少官兵的伤亡，增大战斗的力量。”④

---

① 谭道平：《南京卫戍战史话》，东南文化事业出版社 1946 年版，第 26 页。

② 白崇禧：《白崇禧回忆录》，解放军出版社 1987 年版，第 113 页。

③ 中国第二历史档案馆整编：《中华民国史史料长编》第 43 册，南京大学出版社 1993 年版，第 139 页。

④ 同②，第 114 页。

上海市长俞鸿钧于表示“供职无状，深懔愆尤”的同时，也揭示了淞沪抗战对全国抗战的重大影响。他说：

> 沪市抗战之持久，已足证明吾民众认识之精到，估量之确切，但吾人此三月中之经历，应再加以探讨，举凡吾人之所作所为，某者可以为法，某者可以为戒，某者组织未尽周，某者措施未尽密，一隅之警惕淬励，即全局之借鉴取法，然后充沪市民众抗战之精神，恢沪市民众抗战之经验，足以为全民族抗战之经验。吾数百万民众，具此信念，即可使全国数万万民众，同守此信念而不渝，故切望吾沪民众不可因战地略移而误滋沮丧，更当因环境较异而益矢忠诚。[①]

蒋介石、俞鸿钧的谈话表明：淞沪抗战告一段落，新的、更长期的艰苦抗战开始了。

从更直接的意义来说，上海的陷落，就意味着南京保卫战的开始。因为作为上海守军撤退的最初两个站头——吴福线、锡澄线，它们本身就是为护卫首都南京而建筑的。当敌人的大炮、战车、隆隆开向这两道防线的时候，南京保卫战的战幕已经拉开。

二　激战吴福线

中国军队从淞沪战场向南京方向撤退的第一站，便是早经经营构筑的吴福国防线。此线南起苏州，北迄福山，横亘于铁路、公路与运河之间，充分利用了江南湖沼如网、河流纵横，兼有山丘的地形特点，是阻敌西进的理想地域。

早在1934年至1936年间，国民政府军事委员会便调用数师兵力，在吴

---

① 《俞鸿钧告市民书》(1937年11月11日)，上海社会科学院历史研究所编《“八一三”抗战史料选编》，上海人民出版社1986年版，第48—49页。

福线上构筑国防工事。1935 年秋，蒋介石还亲自指挥过利用这一带工事防卫首都的军事演习。

1937 年淞沪战事爆发后，战火随时有向西蔓延的可能。国民政府军事委员会更加紧了对这一线永久工事的加固和野战工事的构筑。9 月 10 日蒋介石电令第三战区司令长官冯玉祥、副司令长官顾祝同并转第 66 军军长叶肇，强调“吴福阵地，应增强之步兵工事，急须构筑完成”，命令第 66 军，以 1 师担任吴江至阳澄湖以南阵地守备与步兵工事构筑；1 师担任湘城镇经常熟至福山阵地守备与步兵工事构筑；教导旅担任福山镇以西、以北各据点守备与步兵工事构筑。蒋介石还明确规定，“其部署及步兵工事，限于九月二十日以前完成”，“所有吴福阵地未完成之永久半永久工事，着由城塞组会同该军长迅速完成”。①

九、十月间，为加快吴福线工事构筑的进度，军事委员会训练总监部总监唐生智与顾祝同又抽调两师兵力和 2 万民工，进行赶筑。具体安排为：由第 33 师的 3 个团，附民工 7 000 人，担任常熟至苏州间的工事构筑。要求自 9 月 27 日开工，10 月 10 日前完成。唐、顾并召集会议决定：“工事进行程序，先完成吴福线本阵地，次及前进阵地及伪工事，尤为注意常福段及各公路线两侧，特别加强提前完成。”②蒋介石复紧急指示唐、顾二人：“吴福线除已成阵地，工事加强添筑外，应在其前方和后方，以相当距离，再筑数道永久工事。”③

后来，由于淞沪战事日趋紧张、民工不易征集、日机狂轰滥炸，吴福线工事的进一步构筑、完善，不尽理想。不过，总的说来，经历年精心修筑的吴福国防线，仍不失为阻挡日军西进的良好屏障。但是，在中国军队向该线撤退

---

① 《蒋介石致冯玉祥等密电稿》(1937 年 9 月 10 日)，中国第二历史档案馆编《抗日战争正面战场》(上)，江苏古籍出版社 1987 年版，第 308 页。

② 《唐生智等致蒋介石密电》(1937 年 9 月 24 日)，中国第二历史档案馆编《抗日战争正面战场》(上)，江苏古籍出版社 1987 年版，第 396 页。

③ 《蒋介石致唐生智、顾祝同电》(1937 年 9 月 25 日)，秦孝仪主编《中华民国重要史料初编——对日抗战时期》第 2 编第 2 册，中国国民党中央委员会党史委员会 1981 年编印，第 209 页。

时，却没有能够好好利用这些花费了大量人力、物力构筑起来的国防工事。撤退部队在后有追兵、上有空袭的情况下，秩序混乱，指挥不易掌握；而既设阵地上，也没有留守部队和向导人员，使转进部队到达后，找不到工事位置和钥匙，无法占领和使用这些工事。

在这次不成功的撤退中，仍然有壮烈的战斗。

11 月 8 日，第三战区正式颁发了撤退令。根据新的作战计划和撤退令，左、右两翼分别向吴（苏州）福（山）线和乍（浦）平（湖）嘉（善）线撤退。但是，由于失去了最佳的撤退时机，造成了部队空前的拥挤和混乱。

这一天，第三战区在其新制定的作战计划指导要领中规定："京沪方面，利用吴县、福山镇线阵地拒止敌人，不得已时逐次转移于锡澄线及宜兴、武进等线阵地。"[①]10 日 13 时，第三战区对左翼军下达命令，规定其转移之道路为：第 19 集团军沿苏沪公路两侧地区；第 15、第 21 集团军沿锡沪公路两侧地区，而太仓、昆山公路由第 15 集团军专用。[②]

刚刚就任左翼军总司令的薛岳，于 11 月 10 日 18 时向他所指挥的第 15、第 19、第 21 集团军发出第 1 号作战命令，向吴福线阵地转进。该翼各集团军遂根据命令，于 11 月 11 日夜开始，先以一部占领新泾河之线，掩护主力向吴福线阵地转移。11 日 16 时，复奉战区前敌总司令陈诚命令："我右翼作战军之各军态势，异常混乱，有待本作战军予以掩护。第 15、第 21 两集团军应延至 12 日夜开始转移。"[③]第 15、第 21 两集团军，因前后接到两则撤退令，其撤退时间相差两天，为从实际情况出发，更好地遵行上述命令，遂经协商，共同于 11 日 20 时开始，以一部留置原阵地、主力转移至新泾河之线占领阵地，以掩护右翼军转进。

由于日机的猖獗，使向吴福线转进的中国部队，白天无法运动，只能于夜间行军。11 月 13 日拂晓起，敌舰在江面麇集，企图在白茆口、浒浦镇一带

---

① 蒋纬国总编著：《国民革命战史第三部——抗日御侮》(5)，台湾黎明文化事业有限公司 1979 年版，第 66 页。

②③ 同上，第 71 页。

登陆。当面之日军，则沿公路西进，与守军第 60 师之 1 营在葛隆镇附近接战。当天下午 3 时，日军一部在白茆口登陆成功，此时守军主力尚在支塘以东地区。幸登陆日军未立即直趋支塘，而是突入徐家市附近。守军江防部队第 40 师随即占领张家市及徐家市南侧、光龙桥、碧溪市概略线，极力抵抗，迟滞日军之前进。为支援第 40 师作战，第 21 集团军派出第 173 师、176 师，向徐家市附近之敌急进，占领张家市、谢家巷一线；第 15 集团军则以第 98 师协同第 171 师占领常熟至福山间既设阵地，并以一部投入常熟以东主阵地，以御由徐家市西进之日军。

此时，第三战区已经下达了“占领乍浦、平湖、嘉善、吴县、福山线本阵地”的命令，规定：“左翼作战军，以第三十六师、第五十一师、第四十六师之一团、税警总团、第八十八师、第六师、第四十四师、第七十六师之第二二八旅及第一七一师、第一七三师、第一七四师、第一七六师，占领大墅镇、青阳港、支塘镇、白茆口之线，掩护战区主力军之转移，及吴福线阵地之占领。”① 第三战区还决定，将向吴福线转进的左翼军，分作两条阵地带交叉撤退，其第一阵地带为南浜—角直—傀儡湖—巴城—古里—梅里—浒浦；第二阵地带为平望—同里—本坊—斜塘—外跨塘—湘城—昆承湖—常熟—肖家桥—福山。

日本华中方面军司令部于 14 日下达命令：“方面军决定占领常熟、苏州、嘉兴一线，准备尔后作战。”“上海派遣军应占领福山、常熟、苏州一线。”②

11 月 15 日拂晓，中方左翼各集团军完成了对吴福线阵地的占领。此时日军正面追击部队第 11 师团突进至常熟，自常熟东北向虞山攻击；另一部越过昆承湖向莫城镇攻击；而自白茆口、浒浦镇登陆之日军，则以一个联队向谢家桥方向攻击。

15 日上午 9 时许，日军以战车多辆及步兵一部沿支（塘）常（熟）公路向

---

① 蒋纬国总编著：《国民革命战史第三部——抗日御侮》(5)，台湾黎明文化事业有限公司 1979 年版，第 74 页。

② ［日］日本防卫厅防卫研究所战史室著，齐福霖译：《中国事变陆军作战史》第 1 卷第 2 分册，中华书局 1981 年版，第 99 页。

三里桥阵地数度猛冲。经守军第 98 师英勇抵抗、奋力还击，至 12 时许，击毁日军战车 2 辆，迫使余敌向原路回窜。但这时原配属第 98 师的炮兵已大部失却联络，一部因损失严重开赴丹阳整理，致使该部此后再无炮火支援，战斗益形困难。当日上午，第 21 集团军所属部队，于常熟城外遭敌机猛烈轰炸，各师混乱异常，伤亡极大，各级指挥官对部下多失掌握。该集团军稍事整顿后，其第 171 师复于 14 时许，与向曹家村附近进犯的数百名日军发生激战。经第 15 集团军之第 60 师及时增援，第 171 师击破兴隆桥、曹家村附近的日军先头部队，顿挫其锐气。

16 日晨 5 时许，日军约七八百人乘中方左翼第 171 师撤退之际，由王家宅基以南向第 98 师之第 294 旅左翼包围，经守军派队堵击，使日军未能得逞。自 13 时起，有日军一部由三里桥东向南运动；17 时，日军组织步兵二三百名，配以战车 18 辆，向杨京上第 98 师之第 292 旅阵地猛烈进攻。经第 292 旅官兵沉着应战，终将这股日军击退。

当日下午，中方第三战区对正在坚守吴福线的第 15、第 21 两集团军下达命令："锡澄阵地现正部署中，第十五、第二十一两集团军应迟滞敌人，使由正面转移之我军，得有确实占领阵地之时间。""常熟附近之战斗，应维持至十九日，尔后以有力一部沿常锡公路逐次拒止敌人，掩护我正面各部队之转移。"①

17 日《申报》报道了 16 日发生在常熟附近的战况。该报道称："我军事当局刻以淞沪战局，完全转移至国防线上，敌虽步步进犯，但该线我方早有准备，军力配置已臻完竣，今明当展开大战，与敌死拼。昨日下午，敌分路冲击常熟，当在该城东南近郊发生恶战，同时有敌舰多艘集结福山江面，猛轰福山防地，掩护陆军登陆，企图侧击常熟，我军正在奋力堵截中。"②

17 日，日军以陆海空军相配合，分途向李家桥—谢家桥—福山一线中方

① 蒋纬国总编著：《国民革命战史第三部——抗日御侮》(5)，台湾黎明文化事业有限公司 1979 年版，第 78 页。

② 《申报》1937 年 11 月 17 日。

阵地进犯，战斗频繁，尤以福山方面更为剧烈。福山附近的日海军以 10 艘橡皮船载运五六十名士兵，携轻武器，准备从福山强行登陆。守军独立第 34 旅第 702 团随以轻重机枪猛烈阻击，打死日军 10 余人，伤二三十人，迫其撤回军舰。①

是日拂晓，日军步兵在炮兵掩护下，向谢家桥发起猛攻，守军奋起还击，第 48 军特务营营长夏演生阵亡，官兵损失极为严重，谢家桥一度为日军占领。第 21 集团军当即派第 176 师前去恢复阵地，日军乃溃退。该师代理团长蔡朝锟在逆袭中阵亡。旋日军又增援，复行进攻，战事益烈。守军第 171 师团长谢志恒奋勇督战，中弹殉国；全团官兵顽强拼搏，坚守阵地。时第 39 军并派 1 个团前来增援，沿小河及谢家桥两侧道路施行扼堵；并集中炮火于两岸，对已被日军占领之镇东岸街市，施行密集射击，予日军以重创。

17 日上午，左翼军接蒋介石命令："苏州、常州、福山之线应固守，非有命令不得撤退。"左翼军总司令薛岳遂于 13 时命令所属各部，除抽调肖之楚部及第 60 师另有任务外，"应在原阵地线上固守，非有委座命令不得撤退"。②但是薛岳的部署，在实施时遇到了困难。第 15 集团军总司令罗卓英在接到命令后，随即电陈，该集团军执行此命令，"因其兵力寡少，在现状况下颇有困难"；"钧令先抽下肖之楚部，揆诸目下战况，深觉可虑，即令抽调六十师亦觉困难，此节应再请统筹此间局势，予以裁决"③。下午 2 时，日军已完成攻击谢家桥的准备，开始以密集炮火轰击守军步炮兵阵地，守军第 39 军及第 173 师之前沿部队，均遭伤亡。至黄昏前，日军已搬运架桥材料，步兵发起冲击，企图强行渡过福山塘河。守军从三面发起射击，致日军以重大伤亡，亦使其渡河企图暂被遏止。是日，由第 44 师防守之常熟城北至李家桥线，遭日军全力猛攻。因缺乏野战工事，该师苦战竟日，终于 18 时许，在日军突破

---

① 牟龙光：《浏河口、福山镇、无锡之役》，全国政协文史资料研究委员会《八一三淞沪抗战》编审组编《八一三淞沪抗战》，中国文史出版社 1987 年版，第 266 页。

② 《第二十一集团军廖磊部淞沪会战在南翔陈家行及苏皖浙转进等战斗详报》，中国第二历史档案馆藏，档案号七八七—7552。

③ 《第十九集团军东战场战斗详报》，中国第二历史档案馆藏，档案号七八七—6536。

李家桥附近及虞山阵地后，撤向常熟城及其以西的冶塘镇。

19 日拂晓，第 15 集团军组织了对虞山阵地的反攻。其部署为：第 26 军之第 228 师，由常熟城西门向虞山东门攻击；第 11 师之第 31 旅及第 32 师，由常熟城西及尚湖以东地区向虞山南面攻击。各部英勇奋战，与日军激战至 8 时许，将虞山东部两座高地攻占，残余日军退据 224 高地顽抗。但在战斗中，双方伤亡均重。中国军队在此后的数度冲击中，都因日军炮火太猛，未能奏效；加之有些部队未能及时赶到规定位置，致坐失三面围攻虞山日军的良机。双方相持迄午，日军向西迂回，迫近冶塘镇。

鉴于这一天南线的嘉兴已经失守，该方面之日军有继续西进，迂回吴福线侧背之企图；同时，在浒浦登陆之日军，经与守军独立第 34 旅激战，亦已攻陷福山。苏州方面，日军依次突破昆山、苏州间各既设阵地，18 日已抵进苏州城郊。因此，吴福线已经很难坚守。薛岳遂于 19 日发出自吴福线撤退的命令。命令称："本翼军决放弃固守吴福阵地之计划，逐段撤退，以掩护锡澄阵地的占领。"①苏州、常熟于当日继福山之后失陷。这样，首都南京东面的第一道防线，便为日军攻破，战火日益迫近南京。

三　锡澄线上的战斗

中国军队第三战区左翼军，在吴福线阵地转进、战斗一周以后，于 11 月 19 日决定放弃该线，向锡澄线转进。左翼军总司令薛岳，估计"锡澄阵地各部队非至 21 日晚不能部署完毕"，故命令：第 15、第 21 两集团军可逐段转进，希望能继续迟滞敌人 3 日，至 22 日黄昏前，不能使敌接近锡澄线之前进阵地鸿山—安镇—河塘镇—乌龟山—阐山镇之线。②第 15、第 21 两集团军，遂奉命撤离吴福线阵地，分段逐次向锡澄线转移。

锡澄国防线，为 1934 年至 1936 年间，与吴福线同时构筑，北起长江边

①② 《第二十一集团军廖磊部淞沪会战在南翔陈家行及苏皖浙转进等战斗详报》，中国第二历史档案馆藏，档案号七八七—7552。

江阴(澄江)要塞,南至京(宁)沪线上的无锡。

随着淞沪战事的激烈进行,中国军事当局也加紧了对锡澄国防线的临战施工和完善。1937 年 9 月 3 日,蒋介石鉴于锡澄线“除原有国防永久工事外,步兵掩体、指挥所、瞭望所、交通壕、障碍物、阵地交通路等多未完成”的实际状况,命令:由冯玉祥、顾祝同指派部队,限于 9 月 20 日前完成该线的工事补充构筑;由江苏省政府“在工事区域各县征集民夫,协助工作”①。

锡澄线的临战构筑,与吴福线的情况相同,由于前线战事的紧张,部队调动频繁,后方征集民工不易,任务完成得并不理想。

上海失陷后,在中国军队纷纷向吴福线转进时,作为后方阵地的锡澄地区,便显得更加重要。为加强这一地域的警戒,蒋介石特致电苏、浙两省主席陈果夫、朱家骅,以及太湖警备指挥官:

> 查太湖水面辽阔,敌常用汽艇乘虚窜入,影响作战,至关重要。仰饬无锡、宜兴、长兴、吴兴等四县县长,负责督促各该县警察、壮丁,协同友军切取连系,对于太湖严密警戒,遇有情况,随即电报为要。②

11 月 18 日,吴福线即将放弃,第 15 集团军总司令罗卓英根据在吴福线作战的教训,特别提出报告:“吴福线既设工事无图可按,无钥开门,无人指示。嗣后锡澄线及其他阵线,[须]在相当时期指派部队,预为发掘,派人看守,预先配置及工事图发给师以上司令部使用,并令地方政府预置柴水食盐等物。”③蒋介石对罗卓英的这一建议十分重视,特地将其转发给第三战区副司令长官顾祝同,以及江苏省政府主席陈果夫、浙江省政府主席朱家骅。可

① 《蒋介石致顾祝同等密电》(1937 年 9 月 3 日),中国第二历史档案馆编《抗日战争正面战场》(上),江苏古籍出版社 1987 年版,第 304—305 页。

② 《蒋介石致陈果夫等密电稿》(1937 年 11 月 14 日),中国第二历史档案馆编《抗日战争正面战场》(上),江苏古籍出版社 1987 年版,第 330 页。

③ 《蒋介石致顾祝同等密电》(1937 年 11 月 20 日),中国第二历史档案馆编《抗日战争正面战场》(上),江苏古籍出版社 1987 年版,第 333 页。

惜，由于撤退的仓促，罗卓英的建议，并未来得及实施，致使锡澄线的国防工事，遭到了与吴福线同样的命运，没有充分发挥作用。

19 日晨，日本华中方面军按照“仍然在苏州、嘉兴一线准备以后的作战，同时企图攻占无锡及湖州”的方针，命令上海派遣军准备攻击无锡；第 10 军以一部准备攻击湖州，以精锐一部准备协助上海派遣军攻击无锡。20 日，华中方面军正式下达了进攻无锡的命令。

在日军以咄咄逼人之势，向锡澄线发起攻击的情况下，蒋介石于 11 月 21 日午夜，向刘湘、唐生智、顾祝同等将领发去了一份“限一小时到”的急电，强调坚守锡澄国防线的重要性，指出“左翼锡澄之线，为我首都及长江之屏障，有良好地形，坚固阵地，可资扼守”；它与右翼临平、吴兴一线“如辅车之相依，苟缺其一，均足倾陷我军整个之阵线，关系重大，莫过如此”①。

无锡附近水网交错的地形，给向无锡攻击前进的日军造成了很大困难。担负攻击无锡的日军部队之一第 16 师团之第 30 旅团旅团长佐佐木到一，即深受中国军队隐蔽于山水丛林间进行袭击之苦。他在《南京攻略记》一文中写道：“这附近大致的地形是河流纵横交错，原野上的水田及旱地间点缀着稍高一些的桑树地，其间有许多极为隐蔽的机枪掩体，四处逃跑的少数残敌隐蔽在各处进行狙击，因此战斗无法取得进展。旅团司令部也完全暴露在敌人的面前，捷克式机枪不知会从什么地方、什么方向向我们射击。”②

中国军队在转进锡澄线的过程中，与正面追击的日军多次发生战斗。

11 月 23 日拂晓，奉命占领祝塘、艾家桥一线的第 160 师部队，与追击日军对峙。11 时，其第 956 团与步炮联合的日军 1 000 余人，在祝塘镇附近地区发生激战，双方各相持于原阵地。25 日拂晓，日军又向该师前进阵地猛烈攻击，经第 956 团官兵沉着应战，使日军未能得逞。但其左翼阵地郁家桥、华墅镇一带为日军冲入。8 时，日军步骑联合数百人，窜至璜塘阵地，致防守

① 《蒋介石致刘湘等密电稿》(1937 年 11 月 21 日)，中国第二历史档案馆编《抗日战争正面战场》(上)，江苏古籍出版社 1987 年版，第 334 页。

② 佐佐木道一：《南京攻略记》，王卫星编，叶琳等译《南京大屠杀史料集》第 60 册《日军官兵日记与回忆》(上)，江苏人民出版社 2010 年版，第 323 页。

祝塘、艾家桥之第956团陷于三面包围之中。午后1时，日军炮火向璜塘阵地猛烈轰击约1小时，继以步兵五六百人发起冲击。守军第959团候敌进至最近距离时，突发机枪猛烈阻击，使日军遭受大量伤亡。

25日这一天，无锡城内外也发生了激战。刚刚由江阴到达无锡城内的守军独立第34旅，于清晨向位于城东北角的日本纱厂发起进攻，将抢先一步占领这里的日军赶走，并击退其反扑。下午，日机与炮兵对中国守军阵地实施狂轰滥炸，使守军官兵伤亡数十人。傍晚前后，各部奉命转移，由第58师冯圣法部掩护撤退。日军出动坦克10余辆、飞机10余架，追击、轰炸正在转进的中国军队。守军独立第34旅第701团官兵，以手榴弹炸毁日军坦克3辆，连长牟恩光在攻击日军坦克时阵亡。稍后，又有日军坦克10余辆出动追击，遭守军第1师官兵，在轻机枪掩护下，派出敢死队，各携手榴弹10余枚，再将日军坦克炸毁4辆。但日军被炸坦克，仍向守军撤退部队继续射击。当由独立第34旅官兵，以黄磷弹、木板将其焚烧，使之彻底丧失战斗力。

日军步兵第33联队少尉军官岛田胜巳记述了这一天与中国守军激战的情况。他写道："也就在那个时候，联队旗手佐佐木腹部被子弹击穿。如果被联队从正前方突破的话，敌军的退路就会受到直接威胁。因此，遭到敌军疯狂的抵抗也是正常的事情。旅团副官幡野清大尉的大腿也负了伤，就是在这样的枪林弹雨中度过了数小时。"[1]

当天深夜，蒋介石曾向第三战区部队发出必须坚守锡澄线的命令。可惜此时，中国军队经竟日苦战，已经撤离无锡，日军第9、第11和第16师团先后占领该地；整个锡澄线的防守，也已进入了尾声。

26日拂晓，锡澄线上进行了最后的战斗。日军初以炮击守军第160师璜塘阵地，至7时，步兵发动全线进攻，而以璜塘阵地附近为最激烈。此后，京沪路上守军，一部向常州，主力向皖赣边境撤退；同时，江防军仍继续坚守

---

① 岛田胜巳：《步兵第三十三联队史——光荣的50年历程》，王卫星编，刘军等译《南京大屠杀史料集》第56册《日军文献》(上)，江苏人民出版社2010年版，第267页。

江阴要塞。

锡澄线突破后，首都南京在京沪线上已经不再有任何预设的防线。自此，右翼日军已可直趋南京城郊。

四　江阴阻敌战

锡澄线于 11 月 26 日被突破后，作为该线终端的江阴（澄江）要塞，便成为日军从正面攻击的主要目标。

江阴地处长江南岸，扼长江下游咽喉，东有巫山、段山为屏，西有萧山、青山为障，南靠秦望山、大小茅山为前哨，又是武澄、锡澄等公路的枢纽，战略地位异常重要。全面抗战爆发后，中国军事当局对于江阴要塞的防卫和附近江面的封锁，特别重视。日军为打破封锁，曾在这里出动大量飞机，狂轰滥炸。

早在八九月间，国民政府军事委员会即在江阴附近江面，实行沉船封江，以阻止麇集吴淞口的日舰，自由上驶。8 月 11 日，由海军部长陈绍宽亲率“平海”、“宁海”、“海容”、“海筹”、“应瑞”、“逸仙”等主力舰组成的舰队，驰赴江阴，一面将江阴下游各航路标志，如灯塔、灯标、灯桩、灯船、测量标杆等，一律破除；一面调“通济”、“大同”、“自强”、“德胜”、“威胜”、“武胜”6 舰，“辰”、“宿”2 鱼雷艇，以及由国营招商局与各轮船公司征用的“嘉禾”、“新铭”、“同华”、“遇顺”、“广利”、“泰顺”、“回安”“通利”、“宁静”、“鲲兴”、“新平安”、“茂利二号”、“源长”、“醒狮”、“母佑”、“华富”、“大赉”、“通和”、“瑞康”、“华新”等商船 20 艘，依次下沉，阻塞江阴水道。这项工作，至 12 日初步完成，旋又征调“公平”、“万宰”、“泳吉”三商船，以及镇江、芜湖、九江、汉口、沙市等地的日本趸船 8 艘，复行开往江阴，加强阻塞。9 月 25 日，再调“海圻”、“海容”、“海筹”、“海琛”4 艘大吨位军舰，沉江阻塞，构成另一辅助阻塞线。综计在江阴航道，共沉大小军舰、商船、趸船 43 艘，总吨位达 63 800 多吨。此后，又从江苏、浙江、安徽、湖北等省，征用民船、盐船 185 艘，填入石子

3 000 余英方又 65 020 担又 2 354 英吨，弥补江底封锁空隙。[①] 是项工程，规模浩大，所有 10 余艘舰艇和 1 000 余人，经两个月工作，方告完成。这对于阻滞日海军逆江而上，保证南京有足够的备战时间，发挥了一定的作用。

在淞沪会战激烈进行期间，中国海军与日机，在江阴附近江面进行了空前猛烈的封锁与反封锁的战斗。海军第一舰队司令陈季良率“平海”、“宁海”、“应瑞”、“逸仙”4 艘主力舰，驻防江阴，保护封锁线。

9 月 22 日，日本海军派出第二航空战队和第二联合航空队的大编队机群，猛袭“平海”、“应瑞”二舰。中国海军官兵，冒敌机猛烈轰炸，浴血奋战，以舰载高射炮密集还击。在 6 小时激战中，“平海”舰长高申宪，腰部中弹，负重伤，仍忍痛指挥。炮手周壮发在左臂被炸伤的情况下，仍坚持发炮，射击日机。是役，中方海军官兵阵亡 11 名，负轻、重伤 23 名，“平海”、“应瑞”二舰被炸伤，共击落日机 5 架。

23 日晨，日机 72 架蔽空而来，以“平海”、“宁海”二舰为其轰炸目标。海空间再度发生猛烈对战。中方各舰官兵，誓与军舰共存亡，奋勇还击。“宁海”舰长陈宏泰，身受重伤，犹坚守岗位，坚持指挥；机枪指挥刘馥，自充射手，在枪架纵轴被炸断的情况下，不顾枪体炽热，手执机枪射击，致灼伤双手；许多官兵，轻伤不下火线，坚持裹伤再战。在这一天的战斗中，共击落敌机 4 架，击伤多架。但是，“平海”、“宁海”2 舰，因受伤多处，而相继沉没，海军官兵共 15 人阵亡，49 人负伤。

25 日，又有数十架日机三度来袭。此时，陈季良司令已移驻“逸仙”舰，继续指挥作战。因敌机低飞投弹，中方高射炮失去效用，“逸仙”舰遂以舰首主炮击落敌机 2 架，而该舰亦因伤重沉没，并阵亡 14 人，伤 8 人。“建康”舰驰往江阴水面救援，在龙梢港与日机遭遇。日机分前后两队向该舰夹击，全舰官兵亦以高射机枪、步枪等各种火器，猛烈还击，舰长齐粹英、副舰长严又彬均在指挥作战中，身负重伤，其余阵亡 9 人，负伤 28 人。该舰因多处被炸

① 国民政府海军总司令部编：《海军战史》，中国人民解放军海军学院训练部资料室藏。

坏，各舱同时进水，旋即沉没。

“平海”、“宁海”、“逸仙”、“建康”4舰被炸沉后，海军部长陈绍宽立即命第二舰队司令曾以鼎率“楚有”舰往援。该舰于28日、29日连续遭日机4次轰炸、旋亦沉没。嗣后，又续有“青天”、“湖鹏”、“湖鹗”、“江宁”等艇在江阴附近江面被炸沉。

国民政府军事委员会鉴于大批主力舰艇被炸沉的严酷事实，深感单凭军舰火力无法抵御日机的袭击，遂决定改变策略，将所有舰炮予以拆卸，安装于长江两岸，用以腰击敌舰。江阴之巫山、六助港、萧山、长山、黄山5处，均添以舰炮，增强要塞阵地。

11月9日，蒋介石电令江阴要塞司令许康等各有关要塞指挥官：“各要塞守备部队官兵，虽致炮毁弹尽，亦不得擅退，须与要塞共存亡。”①

与此同时，中国军事当局亦不断增强江阴要塞的守备兵力。

自锡澄线被突破后，日军第13师团以步兵1个旅团、重炮10余门、战车30余辆沿锡澄公路，以步兵2个混成联队沿常澄公路，向江阴推进。另以集成骑兵部队由福山沿江边，配合步兵的正面进攻。11月26日当天，日军前锋到达江阴东南方向的青阳、杨舍一线，与江阴驻守部队接触。

时江阴中国守军，由江防总司令刘兴指挥，其所部有第103师何知重部、第112师霍守义部、江防部队欧阳格部、要塞部队许康部，以及海军炮队。其要塞部队以炮兵为主，共有步兵两个营，工兵、通信、小炮各1连，要塞备炮61门(内含15公分新炮4门、18公分新炮8门)。其部署为：江防军以主力固守江阴要塞，以一部警备江岸；第103师以主力占领东线由金童桥经杨家港、凤凰山东麓至长山东麓间主阵地；第112师以主力占领南线由夏港口、夏港镇、青山、江阴城南至金童桥间主阵地。②

28日，敌军分别沿公路进抵南闸、云亭线，向守军阵地冲袭，情势十分危

---

① 《蒋介石致王皞南等密电稿》(1937年11月9日)，中国第二历史档案馆编《抗日战争正面战场》(上)，江苏古籍出版社1987年版，第330页。

② 《江阴要塞区自二十六年十一月二十六日至二十六年十二月一日间作战经过概要》，马振犊等编《南京大屠杀史料集》第2册《南京保卫战》，江苏人民出版社2005年版，第221页。

急。黄山炮台对日军步炮兵施行压制射击，使其攻势顿挫，守军士气大振。《申报》报道了黄山要塞及各炮台向日舰攻击的实况："我黄山要塞，不久也开炮应战，轰然巨响，震动大江两岸。同时各山炮台也突起轰击，日舰中弹颇多，其中二艘沉没，十数艘受伤，于是日舰不敢逼近我炮火射程之内。"[①]当晚，南闸阵地一度失守，后经反复争夺，复于拂晓前夺回。次日，双方仍在南闸、云亭一线，呈胶着状态，"激战竟日，我伤亡虽大，但未放弃"[②]。至晚，守军始撤向青山、板桥之线。

30 日，江阴城内"炮弹横飞，因此大火延烧，黑烟冲霄，红光烛天，自东门起至马牌楼一带，尽为浓烟烈焰所包围"。[③]守军第 103 师之第 618 团定山阵地，遭日军猛袭，发生激战，阵地一度丢失，后由夏民安连长，率领预备队拼死反攻，经四五个小时激战，方将日军驱逐，夺回高地。双方伤亡较重，夏民安连长亦在战斗中阵亡。该团还组织敢死队，爬上敌坦克，向观察孔和炮塔盖口投掷手榴弹，或以集束手榴弹爆炸坦克履带，共炸毁日军战车 7 辆。是夜，守军第 112 师一部，突袭南闸，冲入日军一司令部，击杀其指挥官一员，毙伤敌军一批，至拂晓前，复撤回原出发地。[④]

12 月 1 日，江阴守城战达到白热化。连日来，中日双方连续炮战。在炮战中，鹅山、萧山、黄山各台火炮被击毁 4 门，通讯设备几乎全被破坏。日军遂伺机向守军各台大肆轰炸，并向八圩、十圩投弹百余枚，企图切断江上交通。午后，守卫县城附廓的步兵渐渐不支，逐步后撤。5 时许，西北关被日军突破，冲入城内。时日军共有战车 20 余辆，掩护步兵，自西北关分进至君山、龙岗炮台区。守备部队拼死抗拒，但炮台因死角无法向侵入日军发炮，致使陆军在战斗中损失较大。在是日战斗中，守军第 103 师师长何知重曾将该师第 613 团、615 团、618 团三个团的兵力全部用上，打退日军的屡次进攻；该师第 613 团第 3 营营长刘崧生阵亡，第 618 团营长李仲春与第 615 团

①③ 《申报》1937 年 12 月 4 日。

②④ 《第三战区淞沪会战经过概要》，中国第二历史档案馆编《抗日战争正面战场》(上)，江苏古籍出版社 1987 年版，第 382 页。

两个营长负伤;官兵伤亡十分严重。[①] 下午6时,战况更加紧急,刘兴召集守备各师长、司令研究战局。会上守、撤意见不一,刘兴遂向南京卫戍司令部请示,经南京指示,决定撤防。当由刘兴总司令下达撤退命令:

> 一、各台一面向夏港方面射击,掩护友军突围,一面向云亭镇、詹文桥方面射击,阻止敌人追击。
>
> 二、各台将所余弹药尽量射完后,即将火炮工事销毁,限于二日午前五时,处理完毕。[②]

守军各部队遵照撤退命令,步兵由夏港突围,向镇江、南京撤退,第103师之第613团团长罗熠斌在撤退途中,遭敌伏击,中弹殉国。要塞于掩护友军退却,并毁坏火炮、工事后,撤至江北。12月2日,江阴为日军占领,但是零星的抵抗,又坚持了若干天。海军炮队在以猛烈炮火支援陆军撤退后,一直坚持到3日晚10时,才依次后撤。据当时报纸报道,江阴城厢于12月1日失守后,"我要塞驻军,仍凭险发炮,与日军作殊死战。经二日夜的血战,于本月三日下午,终于后援断绝,万余孤军乃杀出重围,挥泪退守镇江,但仍留一团之众死守,于本月八日,仍在黄山要塞与日军抗战,准备流此最后一滴血,向日军索取其给付重大的代价。在八日傍晚,尚有时疏时密的枪炮声,但至九日则已寂静无声"[③]。

1日夜间,要塞各台遵照撤退命令规定,将各炮尽行毁坏。据要塞司令部探照灯台台长杜隆基事后回忆:"多年建造起来的要塞一旦破坏,心实不忍,又不能资敌,只得狠心破坏。先将两架六公尺基线的实体视测远机和两

---

① 万式炯:《第一〇三师江阴抗战及撤退概述》,全国政协文史资料研究委员会《南京保卫战》编审组编《南京保卫战》,中国文史出版社1987年版,第85页。

② 《江阴要塞区自二十六年十一月二十六日至二十六年十二月一日间作战经过概要》,马振犊等编《南京大屠杀史料集》第2册《南京保卫战》,江苏人民出版社2005年版,第224页。

③ 《江阴要塞失陷经过》,马振犊等编《南京大屠杀史料集》第2册《南京保卫战》,江苏人民出版社2005年版,第93页。

架两公尺直径的探照灯，由山顶推下，然后破坏火炮，由于支援步兵突围时，射击速度较快，改装后的火炮，有的炮身前端已炸掉一截，破坏比较容易，唯甲炮和丙炮不易破坏，将炮口堵塞上泥土发射，炮身仍然是完好的，只好又派人到军机械库去拿硫酸，把硫酸倒入弹药膛，使甲三台、甲四台和丙一台侵蚀，成为废炮。”[1]

在日军攻陷江阴县城后，守军在江阴城郊仍与日军进行了十分激烈的顽强战斗。12 月 2 日夜，在江阴城西钱家村，在守军第 103 师中日军埋伏、伤亡甚众的危急情况下，“第六一八团团长万式炯当即下令我第三营挑选勇敢官兵二十余人，组成突击队，绕小道到夏港，攀上民房屋顶，突然向日军投掷手榴弹，将敌机枪火力点消灭，使敌措手不及”。[2] 由于第 618 团的主动袭击，方使第 103 师主力部队得以顺利突围西撤。

综计在江阴守城战斗中，两个主力作战师，第 103 师共伤亡 360 余人，[3] 第 112 师共伤亡 700 余人[4]。

守卫江阴的中国陆海军部队，以其英勇战斗和重大牺牲，阻滞了日本侵略军向南京和江北的进军。

五　川军血战皖浙边

差不多在与江阴激战的同时，中国军队在浙江、安徽交界处的广德、泗安、夹浦一线，与攻击南京的日军左翼部队发生了猛烈的战斗。

在地图上，南京、江阴、广德三点，正好构成一个等边三角形。广德、江

① 杜隆基：《抗战中的江阴要塞》，全国政协文史资料研究委员会《南京保卫战》编审组编《南京保卫战》，中国文史出版社 1987 年版，第 78 页。

② 赵旭：《守备江阴要塞战斗纪实》，全国政协文史资料研究委员会《南京保卫战》编审组编《南京保卫战》，中国文史出版社 1987 年版，第 93 页。

③ 万式炯：《第一〇三师江阴抗战及撤退概述》，全国政协文史资料研究委员会《南京保卫战》编审组编《南京保卫战》，中国文史出版社 1987 年版，第 86 页。

④ 《陆军第一百十二师抗战八年重要战役经过概要》，中国第二历史档案馆藏，档案号七八七—6557。

阴二地，是日军左右两翼的必经之地。广德、泗安地区，正扼绕经太湖以南通向南京的咽喉，是护卫南京必守的战略要地。

第三战区在决定自淞沪战场撤退后的作战计划中规定："为打破敌由杭州湾方面包围我军之企图，并巩固首都起见，京沪线方面，应利用既设工事，节约兵力，抽调一部转用于沪杭线方面，阻止敌人之发展。同时抽调一部，巩卫首都；待后续兵团到达，以广德为中心，转移攻势、压迫敌于钱塘江附近而歼灭之。""续到之川军六个师，车运者，由南京用汽车输送至广德附近。船运者由芜湖、宣城，再用汽车输送至宁国附近集中，置重点于广德方面，攻击沪杭方面之敌。"①

第七战区司令长官刘湘，于 11 月 20 日将刚刚赶到苏浙皖战场的川军部署如下：

1. 以 1 个师担任长兴、1 个旅担任宜兴附近湖岸的警戒；

2. 以 2 个师集结于五里店、广德、七里店、十八里店地区间，并推进一部至泗安镇附近警戒；

3. 以 1.5 个师集结于溧阳、张渚镇、戴埠镇地区间；

4. 直属部队独立第 13 旅集结于芜湖以东 20 公里的清水河附近，独立第 14 旅集结于芜湖，宪兵营驻南京。②

11 月 23 日，川军总部在宣城十字铺发布了所属各部作战地域的命令：第 144 师郭勋祺部在长兴以北、太湖西岸的夹浦、金村一线设防固守；第 146 师刘兆藜部占领长兴以南新塘、李家巷、吕仙镇一线阵地；第 148 师陈万仞部布防于长兴西南侧面，沿虹星桥、林城一线；独立第 14 旅周绍轩部在吕仙镇以北至林城一线占领阵地；独立第 13 旅田钟毅部在梅溪北岸至中泗安之线布防；第 145 师饶国华部设防于长兴通广德公路之上泗安、中泗安、下泗

---

① 《第三战区第三期作战计划》，中国第二历史档案馆编《抗日战争正面战场》（上），江苏古籍出版社 1987 年版，第 331 页。

② 《刘湘致蒋介石报告》（1937 年 11 月 20 日），中国第二历史档案馆编《抗日战争正面战场》（上），江苏古籍出版社 1987 年版，第 399 页。

安一线；第 147 师杨国祯部集结于白岩、煤山、合溪间，为总预备队。[①]

日军第 10 军于 25 日作出部署："以军主力在长兴、湖州附近集结，以第一百十四师团的一部占领宜兴，以第十八师团的一部占领广德，确保以后的前进据点。"[②]第 18 师团牛岛贞雄部遂以主力集结于湖州附近，自 25 日起，派出追击部队沿湖州至广德公路攻击前进。

26 日，日军第 18 师团在装甲车、坦克车的配合下，前锋部队进抵由第 145 师防守的泗安。因川军未见过装甲车、坦克一类现代化的武器，更不知如何对付，其阵地遂被冲破，泗安失守。川军总部即命独立第 13 旅从右翼，第 146 师从左翼，包围泗安日军。第 146 师于当晚从侧翼抵达泗安附近。该部官兵不顾长途行军的疲劳，乘夜向泗安之日军进行夜袭。执行突击任务的第 875 团官兵，以大刀、手榴弹等简陋武器，奋勇冲杀，激战至天明，终将上、中、下泗安一并收复。战斗中，共歼灭日军骑兵 40 余人，夺获三八式步枪 40 余支，焚烧汽油 100 余箱，缴获军用物资及文件达千余件。[③] 其第 438 旅旅长梁泽民，率部进至界牌附近时，与日军遭遇，经短兵相接，肉搏厮杀，毙伤日军无算，击毁装甲车 5 辆、汽车 10 余部，迫使日军四处逃窜。同一天，在第 144 师郭勋祺部守卫的夹浦阵地也与由湖州北上的日军部队发生了激战。据该师参谋长林华钧记述："（上午）十时左右，敌步兵七八百人向我猛攻。待敌到阵地前一千米以内，我们机枪才开始猛烈反击。这时，炮二旅也对准敌人的火力点——机关炮、步兵炮、装甲车和密集部队进行破坏和歼灭性炮击。果然打得好，敌人两三个大队完全被我近距离的机炮火力击溃。"[④]

① 胡秉璋：《记太湖、泗安、广德之战》，全国政协文史资料研究委员会《南京保卫战》编审组编《南京保卫战》，中国文史出版社 1987 年版，第 116—117 页。

② ［日］日本防卫厅防卫研究所战史室著，齐福霖译：《中国事变陆军作战史》第 1 卷第 2 分册，中华书局 1981 年版，第 108 页。

③ 骆周能：《简记广德、泗安战役》，全国政协文史资料研究委员会《南京保卫战》编审组编《南京保卫战》，中国文史出版社 1987 年版，第 128 页。

④ 林华钧：《金村南山阻击战》，全国政协文史资料研究委员会《南京保卫战》编审组编《南京保卫战》，中国文史出版社 1987 年版，第 108 页。

27日黎明，日军首先出动飞机至守军第146师阵地猛轰，随后由步兵在数十辆坦克、装甲车的掩护下，发起冲锋。师长刘兆藜采用“逐次佯退、诱敌深入”的办法，且战且退，将敌诱入预先埋伏的波状形狭隘地区。待日军战车数十辆开进埋伏区后，伏兵发扬火力，首先将后面车辆击毁数辆，使退路堵塞，然后再集中火力，射击被阻车辆。第146师集中了8门山炮和一批八二五中迫击炮、小迫击炮、轻重机枪，以及步枪、手榴弹组成猛烈的火网，痛击这支机械化日军。为了歼灭蜂拥而来的2 000余名日军步兵，潘寅九团长亲率第875团由左翼包抄，杨国安团长身先士卒，率第876团从右翼进击。日军被两面夹击，左冲右突，死伤甚众.经鏖战数小时后，方在日机掩护下溃退。是役中，共俘日军官兵6名、击毁坦克3辆、炮车4辆、装甲车9辆、缴获山炮3门、野炮1门、步枪89枝、机枪2挺，大小军旗17面，其他物资300余件[①]。

当天，在第145师守备的中、下泗安阵地，也与日军发生激战。日军用飞机掩护，以6 000余人组成的大部队，向第435旅的两个团猛冲过来。因中、下泗安为一片平原，无险可凭，第435旅又寡不敌众，遭受到惨重伤亡，中、下泗安遂失。幸第148师之第444旅及时从侧翼赶到，才刹住了日军兵锋，使其停止追击。

是日在夹浦、金村间，日军以飞机侦察、轰炸，支援、掩护步兵发起进攻。守军郭勋祺师长急令第432旅旅长唐明昭率唐映华团前来支援，并南山放列之山炮营随时准备以炮火支援。午后2时左右，日军一部进抵南山附近，“预置在南山腹部的八门德国八点五公厘山炮齐向敌人轰击，敌攻击阵容混乱，缓缓向后撤退”；“郭师长手提一支二十发子弹的手枪，率十余手枪兵在阵地前端，指挥营连长作战。几经肉搏，双方伤亡惨重，直到入暮时，敌人方悄悄后退”。[②]

中国守军在27日终日激战，有得有失的基础上，调整部署如下：第145

①② 胡秉璋：《记太湖、泗安、广德之战》，全国政协文史资料研究委员会《南京保卫战》编审组编《南京保卫战》，中国文史出版社1987年版，第120页。

师坚守上泗安，并适时出击；第146师乘当日大胜，士气高涨，设法从虹星桥方面抄袭，截断日军归路；第148师以接近林城之潘左旅，向下泗安、林城间，对日军实施腰击，并以左翼之袁治旅，支援第144师夹浦、金村间阵地，务使太湖日军不致登陆；独立第14旅，从梅溪以北向中、下泗安南面地区日军进击；独立第13旅推进至泗安一带为预备队，相机支援各部。各师旅奉命于28日拂晓前，进入攻击准备位置。待天明后，即行围攻中、下泗安之日军部队。

28日凌晨，川军各部队除留一部扼守原阵地外，均分道首先向下泗安攻击前进。驻下泗安之日军，没有估计到中国军队会迅速组织大规模的反攻，仓皇应战，秩序大乱，不能形成有组织的抵抗。驻中泗安之日军，闻下泗安有失，慌忙放弃原阵地，回师救援。两处日军集中一处，并获日机从空中轰炸、扫射支援，与中国军队鏖战经时，仍不能突围。中国守军与日军奋勇拼杀，士气高昂。时近中午，日军第18师团又抽调1旅团兵力，附坦克4辆、小炮4门、装甲车10辆，沿林城急向下泗安增援。该队为守军独立第14旅拦截。第14旅组成了一支由卫兵连长胡荣程和排长赵学贵率领的敢死队，各带一束手榴弹，负责炸毁日军战车。胡、赵二人，身先士卒，首先分别跳上日军坦克和炮车，以集束手榴弹将二车炸坏。正值第14旅官兵与日军肉搏血战时，又有守军第146师和独立第13旅部队前来增援，形势更加有利。被围困的日军在与援军会合后，拼死冲杀，方在付出重大损失后，分数股绕林城向南逃去。中、下泗安遂为守军收复。但是，独立第14旅由胡荣程、赵学贵率领的敢死队，也在战斗中，全部壮烈牺牲。

29日自拂晓起，即有3架一组的日机多批，飞临泗安阵地上空侦察。10时左右，日军约1旅团混合兵力，附坦克2辆、炮车4辆、装甲车10余辆，循昨日故道，又向泗安方向猛攻前进。第145师官兵，竭力扼守，拼死抵抗，但终因众寡悬殊，不得不且战且退，至午后2时，再次丢失上、中、下泗安。师长饶国华将师指挥所退至界牌一线，部署死守，与日军相持入暮，日军复退回泗安。是晚，饶国华师长在战情严重、拱卫首都责任重大、又无外援的情况下，动员所属部队："国家养兵是为了保国卫民。人谁不死，死有重于泰山，轻如鸿毛。今天是我报国之时，阵地在我在，阵地亡我亡。望我官兵不惜一切努力报国，克尽职守。"[①]

30日黎明，日军又从泗安出发，猛攻界牌一线。饶国华师长亲率手枪兵20余人，登前沿督战。日军来势凶猛，又有飞机助战，第145师部队渐感不支。先是第433旅佟毅所部由左翼退出界牌，继则第435旅孟浩然部亦抵挡不住，被压迫到大道以南地区，日军则循公路向广德方向攻击前进。奉饶国华之命，退守祠山岗要隘的戴传薪团，因部署尚未就绪，即与步炮联合的大队日军遭遇，被迫向侧面山地转移。饶国华师长眼见泗安阵地尽失，遂骑卫士的自行车，回到广德以西的后方师部，写下了致第七战区司令长官刘湘、第21集团军总司令唐式遵以及家属的遗书，于广德城东门外，盘脚坐于一军毯上，面对日军大呼："威廉第二如此强盛都要灭亡，何况你小小日本，将来亦要灭亡！"[②]言罢，饶将军即怒视敌方，举枪自杀殉国。事后，由国民政府追赠其为陆军上将。

这一天，守军第145师、第146师，在泗安—广德间，经节节抵抗，奋勇拼搏，方被迫将广德放弃。据日本同盟社报道，日军"长野、山田等部队，在最为困难的山地与守卫广德的强敌展开激战"。日军自30日拂晓开始发起攻击，"于上午8时左右突破了顽强抵抗的敌军阵地，进抵广德城墙下。由于广德是南京背后的防御重点，因此敌军的抵抗十分顽强"。[③]

广德的失陷，为左翼日军攻击南京，打开了通道。12月2日，日军第10军在接到华中方面军关于攻占南京的命令后，部署如下：第114师团沿宜兴—溧阳—溧水公路，大致进入溧水北面地区；第6师团沿长兴—广德—洪

---

① 胡秉璋：《记太湖、泗安、广德之战》，全国政协文史资料研究委员会《南京保卫战》编审组编《南京保卫战》，中国文史出版社1987年版，第123页。

② 胡秉璋：《记太湖、泗安、广德之战》，全国政协文史资料研究委员会《南京保卫战》编审组编《南京保卫战》，中国文史出版社1987年版，第123页。威廉第二，德意志帝国皇帝、普鲁士国王。在位时，德国大肆向外扩张，曾盛极一时。1918年德国革命爆发后被推翻，逃亡荷兰。

③ 《我军进抵广德城墙下一部已突入城内》，王卫星编，王卫星等译《南京大屠杀史料集》第59册《〈东京朝日新闻〉与〈读卖新闻〉报道》，江苏人民出版社2010年版，第101页。

兰埠公路，大致进入兰水西面地区；第 18 师团沿广德—十字铺—郎溪—洪兰埠—太平—南京公路，大致进入小丹阳附近；国崎支队从广德—郎溪—太平公路方面渡扬子江，尔后进入浦口附近，切断中国军队的退路。[①] 上述部队，除第 18 师团后来奉命集结于太平、芜湖间地区，准备参加攻击杭州的战斗外，其他各支部队，都按照既定的路线，经由广德—泗安—金村一线，进入南京四郊。

---

① ［日］日本防卫厅防卫研究所战史室著，齐福霖译：《中国事变陆军作战史》第 1 卷第 2 分册，中华书局 1981 年版，第 110 页。洪兰埠即洪蓝。

第三章　日军西进

一　进击南京的决策

日军向中国发起的全面侵略战争，从一开始，就把攻击中国的首都南京，作为首先要实现的一个重要目标。

早在1937年8月15日，卢沟桥事变发生一个月、淞沪抗战爆发两天以后，好战的预备役军官松井石根大将，在被裕仁天皇任命为上海派遣军司令官时，便直言宣称："别无他途，只有拿下南京，打垮蒋介石政权。这就是我必须完成的使命。"①

当中国军队在战场上节节后退、日军不断追击的时候，东京的参谋本部，曾经大肆标榜他们画在地图上的所谓"制令线"，声称在中国前线作战的部队，一到达此线，就必须停止进击，似乎他们并没有更大的胃口。其实，这只是一种自欺欺人的说法。日军划定的"制令线"，同世界上任何一支军队在某一时间的作战地域规定，并没有什么本质的区别。他们可以随时宣布废止前一条制令线，再划出一条新的制令线。同时，在前线作战的日军指挥官，深知东京天皇和参谋本部的侵略意图，从来也没有把制令线看得多么重要和不可逾越。曾任日本参谋本部作战课长的河边虎四郎事后坦言："中央方面计划近期在广东方面作战，考虑把重藤支队和第十一师团派到南方，所以松井方面军的兵力削弱了，直追南京也不能简单成行，暂且先在苏州、嘉

① ［美］戴维·贝尔加米尼著，张震久等译：《日本天皇的阴谋》上册，商务印书馆1984年版，第54页。

兴一线为后期做准备，所以定下来这条线。”①

11 月 7 日，在中国军队即将由淞沪战场全线撤退的前夕，日军参谋本部以临命第 600 号规定了一条横跨长江三角洲的“制令线”。该命令称：“华中方面军作战地区大概定为联结苏州、嘉兴一线以东。”参谋次长多田骏还给华中方面军参谋长塚田攻发出通牒，对这条制令线作了如下的解释：“将作战地域定为苏州—嘉兴一线以东，意在预期方面军主力不超过该线。”“贵军的任务仍然是剿灭上海附近的敌人，其地域应考虑到尔后的警备及那时候调出兵力等，所以希望在东面加以如此限制，而对其他方面的敌人须继续保持彻底进行攻击的态势。因此，第十军可根据随后将在上游方面出现的作战进程，在认为有利的情况下，及时以一部兵力推进到苏州、嘉兴等地。”②

可是，随着日军前线部队在中国东战场的不断推进，他们已决定自主地向南京进击。第 10 军司令官柳川平助于 11 月 15 日夜主持召开了幕僚会议，决定“以军的主力独自果断地向南京追击”。他们认为：在太湖以东地区的作战并不彻底，因而失去了歼灭中国军队主力的机会，但是也造成了中国军队的溃乱，“如果抓住这个变动着的战机一举断然进行追击，据判断有二十天的时间可以占领南京”。③ 17 日，第 10 军制定了《从嘉兴向南京追击的作战指导要领》；18 日 8 时，向所属各师团下达了“不失时机一举向南京追击敌人”的命令。

19 日，第 10 军向东京参谋本部发电报告：

一、集团本日正午占领嘉兴，大概傍晚扫荡完了。

二、集团 19 日晨命令以全力向南京追击，大致部署如下：

① 《河边虎四郎少将回想应答录》，王卫星编，叶琳等译《南京大屠杀史料集》第 32 册《日本军方文件与官兵日记》，江苏人民出版社 2007 年版，第 16 页。

② ［日］日本防卫厅防卫研究所战史室著，齐福霖译：《中国事变陆军作战史》第 1 卷第 2 分册，中华书局 1981 年版，第 94 页。

③ 同上，第 107 页。

国崎部队经湖州、广德向芜湖追击，切断敌之退路。

第十八师团经湖州、广德、溧水向南京追击。

第一百十四师团经湖州、长兴、溧阳向南京追击。

第六师团先向湖州推进。①

此后，日本上海派遣军已经越过中国方面的吴福国防线，开始向锡澄线追击；第10军也已自嘉兴出发，沿太湖南岸向湖州西进。22日，华中方面军正式向东京参谋本部发出报告："为了使事变迅速解决，乘现在敌人的劣势，必须攻占南京。"其主要理由是："现存敌之抵抗在各阵地均极其微弱，很难断定有彻底保卫南京的意图。在此之际，军如停留在苏州、嘉兴一线，不仅会失去战机，而且将使敌人恢复斗志、重整战斗力量，其结果要彻底挫伤其战斗意志将很困难。从而事变的解决越发推迟，国民也将无法谅解军的作战意图，有害于国民舆论一致。为此，利用目前的形势攻占南京，当在华中方面结束作战。"该方面军在报告中，特别强调："为了要解决事变，攻占首都南京具有最大的价值。"华中方面军表示，愿"以现有的兵力不惜付出最大牺牲"。他们估计，在太湖以南运动的第10军，随着后方基地的建立，将可继续向前进击，而上海派遣军经过大约10天的休整，亦可向南京发起追击。因此，"估计最迟在二个月以内可以达到目的"。②

根据中国东战场战争形势的发展，日本刚刚成立的最高统帅部——大本营，于11月24日召开了第一次御前会议。出席者有参谋总长闲院宫、陆军大臣杉山元、参谋次长多田骏、军令部总长伏见宫、海军大臣米内光政、作战部长下村定等人。会议明显地表示了需要取消制令线、向南京发起进攻的见解。会议对于华中战场的形势作了如下的分析：

华中方面军正利用在上海周围的胜利成果，不失时机地果敢进行

①② ［日］日本防卫厅防卫研究所战史室著，齐福霖译：《中国事变陆军作战史》第1卷第2分册，中华书局1981年版，第106页。

> 追击。但当初给该军的任务是消灭上海附近之敌，并使该地从南京方面孤立出来，由于是出于这种要求而编组的，所以不仅它的推进能力受到限制，而且很多辎重、甚至连炮兵这样的战列部队有不少还远在前线部队的后方，因此不能考虑一举即可达到南京。在此情况下，方面军应以其航空部队与海军航空兵力协同，轰炸南京及其他要地，并不断表现出进击的气势，以资消磨敌人的战斗意志。
>
> 统帅部也在考虑根据今后情况，整顿好该方面军新的准备态势，使其攻击南京或其他地区。[①]

同一天，日本参谋本部以大陆指第 5 号发出指令："废除以临命第六百号指示的华中方面军作战地域。"华中方面军在得到这一废除制令线的指示后，遂于当天制定了《第二期作战计划大纲》，命令上海派遣军和第 10 军在无锡——湖州一线准备下一步的作战，应于 12 月上旬完成一举攻克南京的准备。

尽管如此，日本大本营内部，在何时发布向南京攻击命令的问题上，仍存在着分歧。参谋次长多田骏出于政略、策略上的考虑，对于眼下是否命令攻击南京，持犹豫态度。作战部长下村定则较为支持前线部队的狂热情绪，主张立即向南京开进。为了迫使多田接受既成的事实，下村暗中说服了天皇，并于 27 日以个人的名义向正在中国东部前线作战的日本军队，一连发出两份极不寻常的电报。

一份是给华中方面军司令官松井石根的官方电报，内容为："我们怀着攻打南京的坚定决心在本部进行了认真讨论。但尚未做出最后决定。仅请放心，无论如何，我们将于近期内做出决定。"[②]这一内容，并未越出多田参谋次长所能接受的范围。

---

① ［日］日本防卫厅防卫研究所战史室著，齐福霖译：《中国事变陆军作战史》第 1 卷第 2 分册，中华书局 1981 年版，第 104 页。

② ［美］戴维·贝尔加米尼著，张震久等译：《日本天皇的阴谋》上册，商务印书馆 1984 年版，第 65 页。

另一份则以非官方的“急密电”，发给安插在松井手下当参谋的那些属于裕仁天皇心腹集团的军官们，内容为：“虽我尚未获得长官之决定，但本部核心切望攻占南京。据此，请弃置原占领区，继续前进。”①显然，这份电报的内容，超出了需对战争进程承担责任的多田骏的见解。但是，电报中分明写着，这是“本部核心”的认识，这便暗示了裕仁天皇的意旨。正是这份电报，支持了前线的参谋和士兵们的狂热情绪。当这种情绪再通过无线电反馈到东京最高统帅部的时候，多田骏在事实的面前，不得不被迫让步。

日本参谋本部遂于 11 月 28 日下达电令：“向南京追击。”松井石根在这一天的《阵中日志》的附记中写道：

> 次长来电报传达了参谋本部关于进攻南京的决定。我欣喜地感到，这些天我那些竭力鼓动的意见终于奏效了。两军与后方的联络线正逐渐整备起来，这样一来，一旦命令下达，最迟在下个月 5 日便可以下达进攻南京的命令了。②

进攻南京的正式书面命令，经加盖国玺，成为天皇敕令。至 12 月 1 日，由多田参谋次长，亲自携带，飞送上海。

松井石根在 12 月 1 日的《阵中日志》中记述：

> 今天，参谋次长来到这儿，他带来并宣布了进攻南京的命令。③

2 日，由多田骏宣读进攻南京的训示。松井石根在《阵中日志》中写道：

---

① [美]戴维·贝尔加米尼著，张震久等译：《日本天皇的阴谋》上册，商务印书馆 1984 年版，第 65 页。

② 《松井石根阵中日记》，王卫星编《南京大屠杀史料集》第 8 册《日军官兵日记》，江苏人民出版社 2005 年版，第 140 页。

③ 同上，第 142 页。

今晨，我向全军下达了进攻南京的命令，又作为方面军司令官对官兵进行了训话。并命令第十军从12月3日开始前进；派遣军于12月5日开始前进。同时还敦促海军迅速开赴江阴附近，并打开要塞，开通长江水路。随着全军的进攻进程，派遣军的部分兵力（约一个师团）将登陆去江北。计划切断江北运河和津浦铁路线。①

这一道道来自日军高层的命令，彻底宣告了所谓“制令线”的取消，终于把战火引向中国的政治中心——首都南京。南京军民，即将陷入一场血与火的灾难之中。

二 日本组成华中方面军

担负攻击南京任务的日军部队为华中方面军。该方面军于1937年11月7日以临参命第138号编组，由华中方面军司令部、上海派遣军和第10军组成。方面军司令官为松井石根大将；上海派遣军司令官由松井石根兼任；第10军司令官为柳川平助中将。方面军司令部设上海。12月1日，以大陆命第7号，下达了华中方面军的正式战斗序列令。其编组与主要指挥官仍同前。2日，免去松井石根上海派遣军司令官兼职，由朝香宫鸠彦王继任。朝香宫中将于6日前到达上海，接任上海派遣军司令官职。7日，上海—苏州间通车，方面军司令部移驻苏州；13日，南京失陷，方面军司令部复迁驻南京。

华中方面军司令官松井石根，为日本爱知县人。1878年生，先后毕业于士官学校和陆军大学，曾被派驻法国、中国公使馆担任武官，回国后先后担任日军驻中国奉天特务机关长，日本参谋本部课长、第二部长，第11师团长等职，曾参与制造“九一八”事变。1932年任驻台湾日军司令官，1933年晋

---

① 《松井石根阵中日记》，王卫星编《南京大屠杀史料集》第8册《日军官兵日记》，江苏人民出版社2005年版，第143页。

升陆军大将，同年创立大东亚社，1935 年编入预备役。1937 年 8 月 15 日接受天皇敕令任上海派遣军司令官，旋即率军于上海附近登陆，参加侵华战争。

新任上海派遣军司令官朝香宫鸠彦王，陆军中将。1887 年生，是裕仁天皇的皇叔，早年毕业于士官学校，后任陆军大学教官、驻法国公使馆武官、步兵第 1 旅团长、近卫师团长等职。1936 年 2 月，因与日本陆军哗变事件有牵连，遭天皇贬黜。1937 年 12 月初，受命出任上海派遣军司令官，指挥日军从右翼和中路攻击南京。

第 10 军司令官柳川平助，佐贺县人。1884 年生，先后毕业于士官学校和陆军大学。1917 年至 1920 年间任中国陆军大学教官，后被派往欧美各国考察。1924 年归国后，担任过骑兵第 1 旅团旅团长、骑兵学校校长、骑兵第 1 师团师团长、驻台湾日军司令官。1936 年在陆军哗变事件中是反对裕仁天皇的三名主要陆军领导人之一，被贬为预备役。1937 年 10 月，重新复出，被任命为第 10 军司令官，旋即率军于 11 月 5 日在杭州湾登陆，参加淞沪地区作战。

华中方面军的序列为[1]：

华中方面军

司令官　松井石根大将

参谋长　塚田攻少将

副参谋长　武藤章大佐

上海派遣军

司令官　松井石根大将(1937 年 12 月 2 日免)

　　　　朝香宫鸠彦王中将(1937 年 12 月 2 日任)

参谋长　饭沼守少将

副参谋长　上村利道大佐

---

① 张宪文主编：《南京大屠杀全史》下册，南京大学出版社 2012 年版，第 1108—1125 页。

第 3 师团

师团长　藤田进中将

参谋长　田尻利雄大佐

步兵第 5 旅团

旅团长　片山理一郎少将

步兵第 6 联队

联队长　川并密大佐

步兵第 68 联队

联队长　鹰森孝大佐

步兵第 29 旅团

旅团长　上野勘一郎少将

步兵第 18 联队

联队长　石井嘉穗大佐

步兵第 34 联队

联队长　田上八郎大佐

骑兵第 3 联队

联队长　星善太郎中佐

野炮兵第 3 联队

联队长　武田精一大佐

工兵第 3 联队

联队长　中岛三栖夫大佐

辎重兵第 3 联队

联队长　栗岩尚治中佐

第 9 师团

师团长　吉住良辅中将

参谋长　中川广大佐

步兵第 6 旅团

旅团长　秋山义兊少将

步兵第 7 联队

联队长　伊佐一男大佐

步兵第 35 联队

联队长　富士井末吉大佐

步兵第 18 旅团

旅团长　井出宣时少将

步兵第 19 联队

联队长　人见秀三大佐

步兵第 36 联队

联队长　胁坂次郎大佐

骑兵第 9 联队

联队长　森吾六大佐

山炮兵第 9 联队

联队长　芹泽透大佐

工兵第 9 联队

联队长　野中利贞大佐

辎重兵第 9 联队

联队长　三田村正之助大佐

第 11 师团

师团长　山室中武中将

参谋长　片村四八大佐

步兵第 10 旅团

旅团长　天谷直次郎少将

步兵第 12 联队

联队长　安达二十三大佐

步兵第 22 联队

联队长　永津佐比重大佐

步兵第22旅团

旅团长　黑岩义胜少将

步兵第43联队

联队长　浅间义雄大佐

步兵第44联队

联队长　和知鹰二大佐

骑兵第11联队

联队长　田边勇中佐

山炮兵第11联队

联队长　山内保大佐

工兵第11联队

联队长　山内章大佐

辎重兵第11联队

联队长　大河原定中佐

重藤支队[1]

支队长　重藤千秋少将

台湾步兵第1联队

联队长　佐藤要大佐

台湾步兵第2联队

联队长　高桥良大佐

台湾山炮兵联队

联队长　中岛要吉大佐

第13师团

师团长　荻洲立兵中将

---

① 重藤支队由台湾守备队扩编而成，1937年11月初杭州湾登陆后，列入第11师团长指挥之下。

参谋长　畑勇三郎大佐

步兵第 103 旅团

旅团长　山田栴二少将

步兵第 104 联队

联队长　田代元俊大佐

步兵第 65 联队

联队长　两角业作大佐

步兵第 26 旅团

旅团长　沼田德重少将

步兵第 116 联队

联队长　添田孚大佐

步兵第 58 联队

联队长　仓林公任大佐

骑兵第 17 大队

大队长　小野良三中佐

山炮兵第 19 联队

联队长　横尾阔中佐

工兵第 13 联队

联队长　岩渊经夫少佐

辎重兵第 13 联队

联队长　新村理市少佐

第 16 师团

师团长　中岛今朝吾中将

参谋长　中泽三夫大佐

步兵第 19 旅团

旅团长　草场辰巳少将

步兵第 9 联队

联队长　片桐户郎大佐

步兵第 20 联队

联队长　大野宣明大佐

步兵第 30 旅团

旅团长　佐佐木到一少将

步兵第 33 联队

联队长　野田谦吾大佐

步兵第 38 联队

联队长　助川静二大佐

骑兵第 20 联队

联队长　笠井敏松中佐

野炮兵第 22 联队

联队长　三国直福大佐

工兵第 16 联队

联队长　今中武义大佐

辎重兵第 16 联队

联队长　柄直畔夫中佐

第 101 师团

师团长　伊东政喜中将

参谋长　西山福太郎大佐

步兵第 101 旅团

旅团长　佐藤正三郎少将

步兵第 101 联队

联队长　饭塚国五郎大佐

步兵第 149 联队

联队长　津田辰参大佐

步兵第 102 旅团

旅团长　工藤义雄少将

步兵第 103 联队

联队长　谷川幸造大佐

步兵第 157 联队

联队长　福井浩太郎大佐

骑兵第 101 联队

联队长　大岛久忠大佐

野炮兵第 101 联队

联队长　山田秀之助中佐

工兵第 101 联队

联队长　八隅锦三郎中佐

辎重兵第 101 联队

联队长　鸟海胜雄中佐

第 10 军

司令官　柳川平助中将

参谋长　田边盛武少将

第 6 师团

师团长　谷寿夫中将

参谋长　下野一霍大佐

步兵第 11 旅团

旅团长　坂井德太郎少将

步兵第 13 联队

联队长　冈本保之大佐

步兵第 47 联队

联队长　长谷川正宪大佐

步兵第 36 旅团

旅团长　牛岛满少将

步兵第 23 联队

联队长　冈本镇臣大佐

步兵第 45 联队

联队长　竹下义晴大佐

骑兵第 6 联队

联队长　猪木近太中佐

野炮兵第 6 联队

联队长　藤村谦中佐

工兵第 6 联队

联队长　中村诚一大佐

辎重兵第 6 联队

联队长　川真田国卫大佐

第 18 师团

师团长　牛岛贞雄中将

参谋长　小藤惠大佐

步兵第 23 旅团

旅团长　上野龟甫少将

步兵第 55 联队

联队长　野副昌德大佐

步兵第 56 联队

联队长　藤山三郎中佐

步兵第 35 旅团

旅团长　手塚省三少将

步兵第 114 联队

联队长　片冈角次中佐

步兵第 124 联队

联队长　小堺芳松中佐

骑兵第 23 大队
大队长　小池昌次中佐
野炮兵第 12 联队
联队长　浅野末吉中佐
工兵第 12 联队
联队长　井泽新大佐
辎重兵第 12 联队
联队长　川内益实大佐

第 114 师团

师团长　末松茂治中将
参谋长　矶田三郎大佐
步兵第 127 旅团
旅团长　秋山充三郎少将
步兵第 102 联队
联队长　千叶小太郎大佐
步兵第 66 联队
联队长　山田常太中佐
步兵第 128 旅团
旅团长　奥保夫少将
步兵第 115 联队
联队长　矢ケ崎节三大佐
步兵第 150 联队
联队长　山本重悳中佐
骑兵第 118 大队
大队长　天城干七郎少佐
野炮兵第 120 联队
联队长　大塚升中佐

工兵第 114 联队

联队长　野口胜之助少佐

辎重兵第 114 联队

联队长　中岛秀次少佐

国崎支队①

支队长　国崎登少将

步兵第 41 联队

联队长　山田铁二郎大佐

独立山炮兵第 3 联队

联队长　月野木正雄大佐

辎重兵第 5 联队(第 1 中队)

联队长　江藤新吉大佐

野战重炮兵第 6 旅团

旅团长　石田保道少将

野战重炮兵第 13 联队

联队长　桥本欣五郎大佐

野战重炮兵第 14 联队

联队长　井手龙男大佐

独立山炮兵第 2 联队

联队长　原山鹤吉中佐

第 1 野战高射炮兵司令部

司令官　西田通久中佐

上述华中方面军所属各部队，除第 101 师团奉命作为驻上海守备部队，没有参加对南京的攻击外，都不同程度地投入了进军南京的军事行动。在这些部队中，一部分参与了扫清前进道路以及为包围南京而进行的外围战

---

① 国崎支队编制为步兵第 9 旅团，原属第 5 师团，1937 年 10 月 20 日按临参命第 122 号命令列入第 10 军作战序列。

斗；直接参与攻击南京城的部队有第 9 师团、第 16 师团、第 6 师团、第 114 师团、国崎支队，以及第 3 师团的一支先遣队、第 13 师团的山田支队，共约 4 个师团又 2 个支队、1 个先遣队，总人数为 10 万人左右。

三　兵分三路攻击南京

向西攻击南京的日本军队，其进军路线，早为中国军事当局所判明。时任中央陆军军官学校教育长的陈继承，于 11 月 20 日曾以“特急”电，向蒋介石密陈自己关于日军将三面夹击南京的判断。他指出：“敌当以一部沿京沪线进逼，以主力循京杭国道绕攻南京，此路敌军到达长兴后，必分兵出广德、宣城，循江南铁路袭取芜湖，断我后路，并与京沪、京杭三面夹击，作围攻首都之企图。”①

事实证明，陈继承的这一判断是正确的。日本华中方面军于 11 月 24 日制订的“第二期作战计划大纲”规定，该期的作战方针为，“华中方面军与中国方面舰队协同，迅速攻克南京”。其指导要领为：“一、方面军大致在无锡、湖州一线以东地区，于 12 月上旬前，彻底完成向南京跃进之准备。并相机以一部攻克江阴要塞，以及占领杭州。二、方面军以一部自扬子江左岸及芜湖方面进至南京背后，其主力自丹阳以东之京沪铁路—丹阳—句容方面，以及湖州—宜兴—溧阳—溧水方面相呼应，于南京要塞外，歼灭敌之野战军，攻克南京。”②

日本华中方面军于 12 月 1 日接到了以大陆命第 8 号下达的敕令：“华中方面军司令官须与海军协同，攻占敌国首都南京。”当天，方面军即对所属两军作如下部署：

---

① 《陈继承致蒋介石密电》(1937 年 11 月 20 日)，中国第二历史档案馆编《抗日战争正面战场》(上)，江苏古籍出版社 1987 年版，第 399 页。

② 王卫星、雷国山编：《南京大屠杀史料集》第 11 册《日本军方文件》，江苏人民出版社 2006 年版，第 20 页。

> 一、上海派遣军12月5日主力开始行动，重点保持在丹阳、句容公路方面，击败当面之敌进入磨盘山山脉；以一部从扬子江左岸地区攻击敌之背后，同时切断津浦铁路及江北大运河。
>
> 二、第十军12月3日主力开始行动，以一部从芜湖方面进入南京背后，以主力进入溧水附近，特别须对杭州方面进行警戒。①

后来日军的进攻路线，基本上即按照这一部署实施。如潮水般涌向南京的日军，对于三面环山、背临大江的南京城，分作数股，进行四面包围。日本华中方面军司令官松井石根于12月4日晚以“中方作命第27号”向其所属部队发出命令：

> 一、华中方面军计划夺取南京郊外之既设阵地，并进行攻克南京之准备。
>
> 二、上海派遣军及第十军于夺取南京郊外之既设阵地之后，大致进抵上元门(下关东北约4公里处)—小卫(南京至句容道路上)—高桥门—雨花台—棉花地一线，准备攻克南京城。
>
> 三、两军作战之区域调整如下(依据十万分之一地图)：
>
> 天王寺十字路—蒲塘(秣陵关以东约4公里)—自蒲塘至南京东南端之河流一线。②

日本华中方面军所属之上海派遣军与第10军，以上海和太湖以东为最初出发地，经过苏州、嘉兴一线的短期集结，分作三路，攻向南京。

右翼：沿京沪线及其两侧的公路，从东北方面，向南京进击；并抽出一部，渡过长江，以切断江北大运河及津浦铁路。参加该翼作战的日军部队，

---

① [日]日本防卫厅防卫研究所战史室著，齐福霖译：《中国事变陆军作战史》第1卷第2分册，中华书局1981年版，第109页。

② 《中方作命第27号》(1937年12月4日)，王卫星、雷国山编《南京大屠杀史料集》第11册《日本军方文件》，江苏人民出版社2006年版，第24页。编者注：文中“小卫”似为孝卫街。

共有上海派遣军的第3、第9、第11、第13、第16五个师团，其中第9、第16师团，自始至终，全力以赴攻击南京；第3、第13师团派出部分部队，参加直接攻击南京；第11师团则帮助扫清道路，未前进到南京附近。

第9师团从上海出发，沿京沪线，经昆山、苏州、无锡等地，于11月29日占领常州。自常州起，开始离开京沪线，向西进入常州—金坛—天王寺—淳化公路，于12月2日攻占金坛，5日抵达淳化附近，8日突破淳化守军的阵地，向雨花台以东、光华门一带攻击。

第16师团由船运白茆口、浒浦登陆，经常熟，于11月25日攻占无锡以东阵地，再沿京沪线先后占领常州、丹阳二地。12月2日占丹阳后，即脱离京沪线，向西沿丹阳—句容—汤水镇公路，扑向南京东郊，再经麒麟门、沧波门，攻击紫金山。

第3师团的主力没有参加攻击南京的一线作战。在日军攻陷上海后，该师团主力作为华中方面军的直辖部队，集结于太仓，11月18日回到上海派遣军的指挥下，即移驻苏州。12月2日以后，作为二线兵团，沿第9师团苏州—无锡—常州—金坛—天王寺—淳化路线前进。12月11日，派出一支先遣队，进入第9师团之左翼，参加在雨花台以东、光华门一带攻击南京的作战。

第13师团主力从浏河出发，于京沪线以北的沿江地区攻击前进，连续突破中国军队设置的吴福、锡澄两道防线，12月2日占领江阴。此后，师团主力循江阴—常州—奔牛—孟河—镇江路线攻击前进，其沼田支队则渡过长江，攻占靖江，留下一部守备后，大部返回江南，跟上师团主力，进击镇江。11日攻占镇江，随即准备渡江至江北作战；同时，派出山田支队沿铁路线，攻击南京北面的乌龙山、幕府山一带。

第11师团在向西攻击的作战中，只前进至无锡至镇江之间。师团主力由昆山经常熟，与第9、第16师团同时向无锡攻击前进，11月25日到达无锡附近后，即集结于该地区，后复移驻上海。其天谷支队，则于12月3日奉命由无锡向常州、丹阳、镇江进击，后并渡过长江，参加苏北地区的作战。

中路:从太湖以南地区出发,绕经太湖背面,沿京杭国道及其附近公路,与右翼平行前行,从正面攻击南京。参加该路作战的日军部队,为第 10 军之第 6、第 114 两个师团。

第 6 师团的出发地是松江,后沿沪杭线进至嘉善,11 月 24 日奉命向湖州前进。12 月 2 日,接获命令,沿湖州—广德—郎溪—洪兰埠一线,以强行军追上第 114 师团。8 日起,在南京南郊与第 114 师团左翼相接,共同攻击雨花台阵地,随后并沿南京城西之长江边向北前进。

第 114 师团以杭州湾的金山卫为出发地,经嘉兴而至湖州,复沿京杭国道前进。11 月 25 日占领长兴,并沿公路攻击宜兴、溧阳,分别于 28 日占宜兴,12 月 2 日占溧阳。师团主力则由长兴经溧阳,沿溧阳—溧水公路前进,4 日占溧水,7 日进抵秣陵关。8 日以后,便与第 6 师团联合向雨花台阵地发起进攻。

左翼:沿太湖南岸一直向西,占领芜湖,切断长江,并派出一部渡江,沿江北岸直趋浦口,完成从江北对南京城的包围。参加该翼作战的日军部队,为第 10 军之第 18 师团和国崎支队。

第 18 师团从金山附近出发,经嘉善、嘉兴、平望,于 11 月 25 日抵达湖州。后主力于湖州附近集结;派出一部沿湖州—广德公路攻击前进,30 日攻占广德。师团主力于 12 月 4 日起,沿宁国—芜湖—南京公路向南京进击,7 日占宁国,10 日占芜湖;11 日复奉命,停止向南京的追击,集结于太平、芜湖间地区,准备移作攻击杭州之用。

国崎支队自 11 月 23 日,与第 6、第 114 师团同时进入湖州以东地区,30 日进入广德。后该支队沿广德—郎溪—太平公路攻击前进,并于太平以北慈湖附近渡过长江,沿江左岸直趋浦口。

在上述三路攻向南京的部队中,以中路的第 6、第 114 师团,以及由右翼分出的第 9、第 16 师团为主攻部队,其余各部,就攻占南京而言,均为战略上的辅助部队。日军的三路进攻采取左右包抄、中间突破的战术。其左、右两翼呈钳形,将南京守军向左、右及江北移动的道路完全堵绝,以求从正面将

中国军队击破。从战略、战术来看，日军的进攻部署，较为适应南京的地形特点，给处于劣势的南京守军，造成了更大的压力。

12月7日，华中方面军向所属各部发布了《攻占南京城要领》，对各部入城“扫荡”事项作了部署，并规定了上海派遣军和第10军两军在城内活动范围的区分及入城方位。其要旨如下：

> 一、在南京守城司令官或市政府当局尚留在市内的情况下，设法劝告其开城以和平方式入城。此时，各师团各选派步兵一个大队为基干的部队先入城，在城内分地区进行扫荡。
>
> 二、在敌之残兵仍据城进行抵抗的情况下，将到达战场的全部炮兵展开，进行炮击夺取城墙，各师团以步兵一个联队为基干的部队进入城内进行扫荡。①

该“要领”划定两军城内作战地区分界线为共和门（即通济门）—公园路—中正街（路）—汉中路，城之西南部为第10军作战地境，东南部、东部和北部为上海派遣军作战地境；第10军负责占领通济门、中华门和水西门。派遣军则负责占领中山门、太平门及和平门。9日，华中方面军又命令将和平入城时，各师团派入城内进行“扫荡”的基干部队，由原定1个大队增加为3个大队。

古城南京，正面临着日军的入侵和践踏。

---

① ［日］日本防卫厅防卫研究所战史室著，齐福霖译：《中国事变陆军作战史》第1卷第2分册，中华书局1981年版，第111—112页。

第四章　临战首都

一　日机空袭与守军防空作战

“八一三”淞沪抗战爆发后，首都南京开始成为日军空袭的重要目标。

8月15日，16架日本重型轰炸机首次轰炸南京，除对大校场机场和明故宫机场投弹轰炸外，还对人口稠密的八府塘、大行宫、中山东路一带进行扫射、轰炸，南京守军和平民有数十人伤亡。受伤者分别被送往中央医院和煤炭港博爱医院等处救治。自抗战爆发以后，南京城内第一次升起了战争的硝烟。

在这一天的空袭中，经中国战机升空格斗，以及布置于机场附近的高射炮火猛烈还击，计击落日机4架，击伤多架。据日本海军第一联合航空队战斗详报记载：是日由林田少佐指挥的木更津部队20架飞机，奉命由大村基地出发，对南京大校场、明故宫机场等地实施轰炸，其中，以携带250公斤炸弹的飞机19架，轰炸大校场机场；以携带250公斤炸弹的飞机11架，轰炸明故宫机场。结果，“由于敌战斗机及地面炮火的攻击而着火坠落的飞机4架”，“需要维修的飞机6架”，可以继续使用的飞机仅剩10架。[①]

次日，日机又分5次共出动约70架次来南京空袭。南京军民有了前一天空战大捷的经验，故于此次空袭中，态度异常镇静，动作敏捷，同时中国空军亦全体出动。当日共击落日机8架，分坠于句容、扬州、苏州、宜兴、丹阳

① 《第一联合航空队战斗详报》，王卫星编，刘军、罗文文等译《南京大屠杀史料集》第57册《日军文献》(下)，江苏人民出版社2010年版，第783—785页。

等地。据英国记者田伯烈等往句容采访，“亲见毁机旁七阵亡之日本飞行员；残体上俱缚有安全伞；另一日机则被击落于二百码以外，机旁亦有日飞行员残骸”。[①] 军政部长何应钦在当天夜间发给军事委员会副委员长冯玉祥的一份急电中称：“连日以来，首都空战甚剧，我空军士气旺盛，击落敌机十余架。”[②]

此后，日机便不断飞来南京或其周围地区轰炸、骚扰。南京城内也不时响起空袭警报。8 月 26 日深夜至 27 日凌晨，日机分 2 批共 20 余架夜袭南京城。日机于高空随意向居民稠密区投掷炸弹与燃烧弹。城南居民区、东郊遗族学校及城中省三医院等处均被击中。据统计，共有房屋 500 间被毁，平民伤亡数百人。

9 月中旬，由于日军海军航空队开始使用上海公大机场，其陆军航空队也在吴淞附近抢修了王滨机场，对南京等地的空袭，多数不再需要从日本、台湾、朝鲜等地长途奔袭，因此日军更加强了对南京及其他内地城市的轰炸。

日本海军第三舰队司令长官长谷川清中将于 9 月 14 日发出电令，由第二、第四和第五空袭部队组成南京攻击部队，在 9 月 16 日以后“反复攻击南京”，“攻击南京地区的敌航空兵力、军事设施及主要政府机关”，指挥官由第二联合航空队司令官兼任，共指挥 72 架各种类型的作战飞机。[③] 17 日，日军第二联合航空队司令官三竝贞三大佐发出“为果敢实施空袭南京的壮举对各级指挥官的训示”，声称受命“集中各部队的精锐，编成南京空袭部队，断然在敌首都南京上空实施有史以来空前的航空决战的壮举”。[④] 根据这一大规模空袭南京的计划，日机在 9 月 19 日至 25 日的一周时间内，共对南京进

---

① 《申报》1937 年 8 月 17 日。

② 《何应钦致冯玉祥电》(1937 年 8 月 16 日)，中国第二历史档案馆编《抗日战争正面战场》(上)，江苏古籍出版社 1987 年版，第 394 页。

③ 《第三舰队机密第 347 号电》(1937 年 9 月 14 日)，王卫星编，叶琳等译《南京大屠杀史料集》第 32 册《日本军方文件与官兵日记》，江苏人民出版社 2007 年版，第 295 页。

④ 《二联空训示第五号》(1937 年 9 月 17 日)，王卫星编，叶琳等译《南京大屠杀史料集》第 32 册《日本军方文件与官兵日记》，江苏人民出版社 2007 年版，第 297—298 页。

行了11次轰炸。据日军《南京空袭部队战斗情报》载：此次作战行动，共出动飞机289架次，投弹355枚，计32.3吨；共损失飞机10架，阵亡(包括行踪不明者)飞行员18名。[1]

9月19日，77架日机分2次空袭南京，对中央广播电台、首都警备司令部和居民住宅区进行了轰炸。第一批中，有战斗机12架、轰炸机17架、水上侦察机16架；第二批中，有战斗机10架、轰炸机11架、水上侦察机11架。[2] 在这天的轰炸中，下江考棚、白酒坊、评事街等处民房被炸毁，中央大学的校舍遭到8枚250公斤的重磅炸弹轰炸。

该日，中国空军进行了英勇的战斗，亦取得了辉煌战果。这一天清晨8时半，45架日机由东南方向编队向南京飞来。驻南京、句容空军闻报后，立即由队长毛瀛初、萌壮如、黄新瑞，分率霍克、波音驱逐机21架，升空迎击。至镇江附近，与敌机遭遇，当即发生猛烈战斗。在此次空战中，共击落敌轰炸机4架，敌飞行员2人毙命，5人被俘后伤重殒命。中国空军飞行员黄居谷、刘兰清、戴广进、刘炽徽殉难，多人受伤。[3]

9月19日当天，日本第三舰队司令长官长谷川清发出了一份充满讹诈语言的"通告"，内称：

> 日本海军航空队以南京系中国军事活动之主要根据地，兹为清除中国军队之敌对行动，早日结束目前之敌对状况起见，将于1937年9月21日正午12时以后，对南京城内及附近之中国军队及一切属于华军军事工作及活动之建筑，采取轰炸或其他手段。[4]

日军为了达到恫吓的目的，不待通告规定的日期来临，便于9月20日

---

① 《第二联合航空队战斗详报》(1937年9月至12月)，王卫星编，叶琳等译《南京大屠杀史料集》第32册《日本军方文件与官兵日记》，江苏人民出版社2007年版，第286—287、290、295页。

② 高晓星、时平：《民国空军的航迹》，海潮出版社1992年版，第267页。

③ 汉口《大公报》1937年9月20日；《白崇禧回忆录》，解放军出版社1987年版，第260页。

④ 《申报》1937年9月21日。

出动飞机 80 架次，从上午 10 时到下午 1 时，对位于南京城里的国民政府、参谋本部和居民住宅进行了大规模的轰炸，使平民伤亡数十人，民房被毁 50 余间。

9 月 20 日空袭中，日机同样受到了严惩。上午 10 时，50 架日机分作 2 队，侵袭南京。中国空军闻报，立即派机拦击，在京郊上空与日机鏖战。中国空军奋勇杀敌，猛击敌机。在紫金山上空，一连将日机击落 2 架，其余日机纷纷逃窜。中国战机紧追不舍，至栖霞山上空，再次发生空战。由于日机为轰炸机，动作笨拙，遂又被中方动作敏捷的驱逐机击中 1 架，落地焚毁。追至江阴一带，又将一敌机尾部射中。该机当即坠于江中。据丹阳县政府向空军总部报告称：是日上午 11 时许，“突有敌方一受伤轰炸机，自远方狼狈飞来至丹阳湖边，不支坠落，当时并未起火。该地壮丁纷纷前往搜查，机身全部甚为完整，损坏部分亦极轻微；机内二战斗员已中弹毙命”。①

21 日因天雨，敌机没有出动。22 日，日机分 2 批，共出动 65 架次，对南京市内 30 余处地点，实施狂轰滥炸，其中包括人口密集的城南大街、外国使馆坐落的新住宅区与下关难民收容所等处。据记者报道：在新住宅区“日机掷下重约 250 公斤之大炸弹，山西路口之中山路被击成一巨大裂口”；“下关难民收容所被炸后，血肉横飞，景象奇惨，而收容所难民数千人之草棚，为炸弹所延烧，浓烟直冲云霄，四周若干里外犹能见之”。② 后来担任南京安全区国际委员会主席的拉贝，曾亲临被炸的中央党部现场视察。他在日记中写道：“一大群人站在巨大弹坑的周围，正在从这些中国房子的废墟里寻找出尸体碎块，放进准备好的棺材里。人群里寂静无声，只听见站在后面的妇女们在哭泣。”“在机关大楼的后面，最后一枚针对国民党中央党部的炸弹命中了一个靠墙的防空洞，炸死了 8 个人。一个从防空洞里朝外张望的女人的脑袋没有了。”③

---

① 汉口《大公报》1937 年 9 月 21 日。

② 《申报》1937 年 9 月 23 日。

③ ［德］约翰·拉贝著，本书翻译组译：《拉贝日记》，江苏人民出版社、江苏教育出版社 1997 年版，第 15—16 页。

在9月22日的空战中，又有4架敌机被击落，中方损失1架。当日机遭受打击，从南京上空往东南方向逃窜至江阴上空时，中国空军飞行员董明德“将一敌轰炸机控制在手，使其丝毫不能逃出机枪射击，战斗约数分钟，该敌机油箱中弹起火，黄烟一缕，机坠地上，爆炸巨响，声震数里”①。

9月25日，日机对南京进行了自空袭该地以来最大规模的一次轰炸。全天自上午9时半至下午4时半共实施空袭5次，总共96架次，致使南京城终日警报不断。日机共投弹200枚以上，并用机枪滥施扫射。当日遭轰炸破坏的目标，多为文化、卫生机构，其中包括中央通讯社、中央广播电台、国民通讯社、美联社南京分社、法国哈瓦斯通讯社南京分社，以及卫生署、中央医院、市政府卫生局、四牌楼卫生事务所、广东医院等。坐落在市内益仁巷2号的长安旅社被日机投弹全部炸毁。在这次轰炸中，南京发电厂也遭到了严重的破坏。德国人拉贝描述了亲眼目睹的破坏场景，他说：“那里的大楼看上去破坏得最惨。有几枚炸弹(据说只有2枚)击穿了房顶和配电设备上方的混凝土板，在配电房里爆炸，配电设备因此被全部破坏。几乎所有的办公室都被炸毁了，其中三分之二已不复存在，余下的三分之一已被挤成一团。办公室所有东西被炸得粉碎，楼上办公室的墙壁都炸飞了，只剩下了钢筋水泥柱，其中一部分已经开裂或是弯曲了。”②

这一天，当敌机飞临南京上空时，中国空军立即出动战机迎击，配置在城郊各地的高射炮火猛烈发射，战斗十分激烈。全天共击落敌机5架，多为高炮击中，其中驱逐机1架，落于城南王府园；轰炸机2架，落于下关，当即焚毁；另有2架日机负伤，妄图逃脱，但均于中途坠毁。

根据报纸所作零星报道综合，自8月15日空袭南京以来的两个月中，共有560余架次敌机前来轰炸、骚扰。日机共投弹523枚，平民被炸死392

① 汉口《大公报》1937年9月23日。

② [德]约翰·拉贝著，本书翻译组译：《拉贝日记》，江苏人民出版社、江苏教育出版社1997年版，第19—20页。

人，伤438人，房屋被损毁1 949间。[①]

10月中旬以后，随着淞沪战场作战规模的不断升级，以及上海失陷后日军的节节西进，日机对南京的轰炸，更呈持续不断之势。据报纸不完全的报道，自10月中旬至12月初，日机共出动飞机300余架次轰炸南京。

整个10月份，日机在9月对南京实施大规模轰炸的基础上，持续不断进行了小规模的空袭。驻南京地区空军与高炮部队，奋勇迎战，战果累累。

10月6日，22架日机自上海向南京飞来。经中国战机在京郊上空截击后，一部飞往安庆，一部在句容上空与中方飞机混战；另有7架飞入南京上空，在大校场一带肆虐。南京保护机场的高射炮部队遂以猛烈炮火，射向日机，当场将1架轻型轰炸机击中，坠落于大校场附近水塘内。机内机师1人、战斗员1人顿时毙命。

10月12日，日机共出动轰炸机9架，在6架战斗机的掩护下，再犯南京。中国空军立即升空8架驱逐机、轰炸机与之交战。空军勇士刘粹刚、曹芳震等人的勇敢精神，使南京军民深受鼓舞。空军第5大队第24中队中队长刘粹刚，以娴熟的技艺，在长空中与日机搏击。他与一架日机上下周旋厮杀，经十数回合后，抓住日机转头的机会，从旁猛射，使之猝不及防，中弹起火，坠于城南水佐营，其爆炸巨响，声震全市。至此，刘粹刚已创下了击落日机11架的光荣记录。其余日机纷纷向马群方向逃窜，复于仙鹤门上空，又被中国空军击落驱逐机1架。当其飞行员跳伞时，不意降落伞已先被击破，遂致落地毙命。余机再转燕子矶方向时，中国飞行员曹芳震单机冲入日机群，展开血战，不幸因寡不敌众，血洒长空，座机亦坠入燕子矶江中。

上海沦陷前夕，日军航空队更加紧了对南京机场的轰炸、破坏。据日军《第一联合航空队上海派遣队战斗详报》记载：11月10日，日军以第一联合航空队舰载战斗机9架与第二联合航空队九七式舰载攻击机2架，于下午2时许，“冒着敌地面炮火的猛烈攻击，轰炸了大校场机场”，计投下60公斤陆

---

① 《马超俊致行政院呈文》(1937年11月4日)，中国第二历史档案馆等编《侵华日军南京大屠杀档案》，江苏古籍出版社1987年，第6页。

用炸弹36枚。轰炸中，1架日机被中国炮火击伤，其《战斗详报》称："三号机遭到敌机关枪和高射炮的猛烈攻击，左尾翼边缘被高射炮弹炸出一个小洞，升降舵上也有两处弹痕。"①其后，日军又于11月24日出动18架飞机对南京实施空袭，以电话局为主要轰炸目标，共向该处投掷60公斤陆用炸弹21枚。中与两架升空中国战机展开空战，致1架日机受伤。②

12月上旬，中日双方陆军已在南京城垣四周激战。日机除配合其步兵在阵地上空助战外，仍不时袭扰南京城内。此时，中国空军能上天作战的飞机，已不足20架，但空军将士们勇敢作战的意志，仍然坚不可摧。

12月3日，日军出动陆、海军所属飞机37架联合袭击南京。中国空军"四大金刚"之一、被誉为"江南大地之钢盔"的空军第4大队第1中队副中队长乐以琴，在敌我力量悬殊的情况下，沉着应战，不幸在此战中献出了自己年轻的生命。

12月5日，大队日机对南京市内进行猛烈轰炸。仅逸仙桥附近的贫民窟即遭20余枚炸弹轰炸，诸多民众或伤或亡，其状惨不忍睹。12月6日的空袭，也给聚集于浦口沿江一带的难民造成了惨重的损失。轰炸余生者，多呼号哭泣于尸堆中寻找亲友。

日本大本营海军部在攻陷南京后称："针对抗日作战中枢的首都南京，我海军航空队反复实施了空袭，先后达五十余次，参战飞机总数达900余架次，投下炸弹160余吨。"③据不完全统计，自8月15日第一次轰炸起，迄12月10日城陷前夕，南京城遭受敌机袭击近1 000架次。至南京保卫战发展至复廓城垣之后，协助陆军进攻的日机，更猖獗地活动于城墙四周，滥施轰炸。日机的肆虐轰炸，给南京人民的生命财产造成惨重损失。失陷前夕的

---

① 《第一联合航空队上海派遣队战斗详报》(1937年11月10日)，王卫星编，刘军、罗文文等译《南京大屠杀史料集》第57册《日军文献》(下)，江苏人民出版社2010年版，第789—790页。

② 《南京攻击战斗详报》(1937年11月24日)，王卫星编，刘军、罗文文等译《南京大屠杀史料集》第57册《日军文献》(下)，江苏人民出版社2010年版，第794—795页。

③ 《东京日日新闻》(1937年12月18日)，王卫星编，何慈毅、李斌等译《南京大屠杀史料集》第58册《〈东京日日新闻〉与〈大阪每日新闻〉报道》，江苏人民出版社2010年版，第244页。

南京城，已经被炸得到处是断垣残壁、焦土废墟。但是，中国空军和南京守城防空部队，在强弱悬殊的情况下，给予来犯日机以迎头痛击。英勇悲壮的南京空战，战果辉煌，沉重地打击了日军空中力量，极大地鼓舞了南京和全国军民的抗战意志。进行了将近 4 个月的南京空战，是举国瞩目的南京保卫战的前奏，又是它的一个重要的组成部分。

二　国民政府迁都重庆

在淞沪战局危急、敌机不断轰炸南京的严重情况下，中国政府决定迁都重庆。

重庆被选作首都迁移的地点，自有它多重的原因和条件。

四川地处中国腹地，周围地形复杂、形势险要，在国防上具有特别重要的地位。在民族战争中，四川是理想的大后方。其东有长江各险要关隘，尤以宜昌至奉节间的三峡最为险峻；西有号称世界屋脊的青藏高原作为自然屏障；北有大巴山、秦岭横阻；南有云贵高原屏障安全。当时四川人口有 4 000 多万，约占全国人口的 1/10。四川又有“天府之国”的别称，物资丰富；各种矿产资源莫不尽有，具有发展国防工业的优良条件。

重庆则是四川的一个重镇。长江、嘉陵江两江在此汇合。以重庆为起点的川黔公路，全长 550 余公里，将四川与贵州贯通。这里自然成为中华西部的重要水陆交通枢纽和战略要地。

正是由于四川独特的地理、资源条件，蒋介石从战略方面考虑，对它自是情有独钟。早在 1935 年 3 月，蒋介石即在一次总理纪念周的讲话中说：“就四川地位而言，不仅是我们革命的一个重要地方，尤其是我们中华民族立国的根据地。”几个月后，他又就未来全面的中日之战指出：“对倭应以长江以南与平汉线以西地区为主要线，而以川黔陕三省为核心，甘滇为后方。”“四川在天时地利人文各方面，实在不愧为中国的首省，天然是复兴民族最好的根据地。”“日本人无论在东三省或者将来在华北弄什么伪组织，都不相干，都不足以致我们的死命！我们今后不必因为在华北或长江下游出什么乱子了，就以为不

得了，其实没有什么！只要我们四川能够稳定，国家必可复兴！”①

在上述思想的指导下，蒋介石在四川大修公路，大办工业，大力整军。四川本来没有一条通往外省的公路，而到全面抗战爆发前，已建成川陕、川湘、川鄂、川黔等多条省际公路，并且还有川滇、川康等公路正在勘查、修筑。与国防工业有关的工业，逐渐由中央军事部门接管、经营。重庆行营拨官股40万元，筹办四川水泥公司；军政部兵工署接办了原由四川地方经营的重庆电力炼钢厂、重庆子弹厂、铜元局等兵工企业。全面抗战爆发前夕，蒋介石电令，成立以何应钦为主任委员，顾祝同、刘湘为副主任委员的川康军事整理委员会。经过整理，将川康各军缩编1/3，将军官任免、军事学校、航空防空和军需生产权收归军事委员会。

1937年10月29日，蒋介石在国防最高会议上作《国民政府迁都重庆与抗战前途》的报告，第一次正式提出迁都的问题。他说：“军事上最要之点，不但胜利要有预定计划，即挫败也要有预定的打算。不但胜利要立于主动的地位，就是退却也要立于主动地位。然后一时的挫折，不致有全盘溃败之忧，而可以把握最后的胜利。今天我们主动而退，将来即可以主动而进，大体上说来是不足为虑的。”蒋介石在此次会议上宣布：为坚持长期抗战，国民政府将迁都重庆，以四川为抗敌大后方。②

在此前后，蒋介石与四川省政府主席刘湘商定了关于整理四川财政及加强川省国防建设等事项，为中央政府西迁入川作了安排。11月12日，身为国防最高会议主席、军事委员会委员长和行政院长的蒋介石，经与国民政府主席林森会商，决定了迁都重庆大计。蒋介石在11月13日日记中写道：“抗战最后地区与基本战线，将在粤汉、平汉两铁路以西。”③

此时，国民政府的迁都工作已秘密开始进行。11月15日中共中央驻京代表博古发给中共中央军委主席毛泽东、中共中央总书记张闻天一份电报，

---

① 杨光彦等主编：《重庆国民政府》，重庆出版社1995年版，第2页。

② 同上，第3—4页。

③ ［日］古屋奎二：《蒋介石秘录》第4卷，湖南人民出版社1988年版，第36页。

报告了国民政府迁都的最新动态。电报全文为：

> 毛、洛：本日消息(一) 国府迁都四川已决定。再调四川之一军拱卫首都。(二) 军委会移南昌，铁道、交通部移长沙，闻本日均已开始秘密移动。博。15 日 16 时。[①]

11 月 16 日，国民政府在南京各机关开始公开大规模地分向重庆、汉口、长沙等地迁移。国民政府主席林森于当天在南京登“永绥”舰启程赴川。在内迁的各政府机构中：行政院、立法院、司法院、检察院、考试院直接迁重庆；财政部、外交部、卫生署暂迁汉口；交通部暂迁长沙；部分军事机关暂留南京。随后，英、美、苏等各国大使馆，亦迁至外交部办公地点汉口。

国民政府于 20 日正式发表移驻重庆宣言。宣言中肯定了全面抗战 3 个月来的战绩和精神，宣示了国民政府移驻重庆的目的和持久抗战的决心。《宣言》称：

> 迩者暴日更肆贪黩，分兵西进，逼我首都，察其用意，无非欲挟其暴力，要我为城下之盟。殊不知我国自决定抗战自卫之日，即已深知此为最后关头，为国家生命计，为民族人格计，为国际正义为世界和平计，皆已无屈服之余地。凡有血气，无不具宁为玉碎，不为瓦全之决心。国民政府兹为适应战况，统筹全局，长期抗战起见，本日移驻重庆，此后将以最广大之规模，从事更持久之战斗，以中华人民之众、土地之广、人人抱必死之决心，以其热血与土地凝结为一，任何暴力，不能使之分离，外得国际之同情，内有民众之团结，继续抗战，必能达到维护国家生存独立之目的。[②]

---

① 中共南京市委党史办公室等编：《抗战初期的八路军驻南京办事处》，南京大学出版社 1987 年版，第 37 页。

② 《申报》1937 年 11 月 21 日。

国民政府关于迁都重庆的宣言发表后，中国军政首脑以及四川地方政府，纷纷就此发表声明、讲话，进一步阐明迁都之举的意义，作出相应的表示和安排。

蒋介石当天发给各省、市党部和各省、市政府的一份秘密电报中说："国民政府为适应战略统筹全局起见，业于本日率同中央各机关移驻重庆，并经发布宣言，昭示全国，谅已周悉。此项措施，在使中枢不受敌人暴力之威胁，贯彻我全国持久抗战之主旨，以打破日寇速战速决之迷梦。国民政府迁渝以后，不唯我前方抗战军事仍本既定方针，照常进行，绝无牵动；且中枢移驻内地，首脑既致安固，则耳目手足，更能发挥其效用；就整个抗战大计而言，实为进一步展开战略之起点。"蒋介石还于 21 日发出一份致各战区司令长官、各总司令、各军团长、各军长、师长、旅长的密电，通报国民政府迁都的举措，号召全体官兵："宜抱破釜沉舟之决心，益坚最后胜利之自信，寸地尺土，誓以血肉相撑持，积日累时，必陷穷寇于覆灭。遵有计划有步骤之策略，作更坚决更勇敢之奋斗。"①

行政院副院长孔祥熙于 22 日在汉口就迁都一事发表答记者问。他说："敌人逞其暴力，威胁我首都，以为我国即此可以屈服，不知我最大之决心，早经确立。此次国府移驻之举，初非放弃首都，实不过就长期抗战之阶段，对于国民及友邦表现其更坚决之意志，予敌人以警觉而已……我人人抱必死之决心，以其热血与土地凝结为一，纵敌人逞其暴力，如深入我内地，终必为我摧毁。"孔祥熙强调："各地方长官善导民众，各就所业，安心努力，镇定经营，则于长期抗战，裨益尤多。"②

军事委员会秘书长张群于 24 日在南京举行茶会，招待在京中外侨民及外报代表。他说："政府为继续抗战之决心所驱使，迁离南京，但南京仍将为中国之首都。"张群表示：在国民政府移驻重庆之后，南京市的民政由市长马

① 秦孝仪主编：《中华民国重要史料初编——对日抗战时期》第 2 编第 2 册，中国国民党中央委员会党史委员会 1981 年编印，第 212—213 页。

② 《申报》1937 年 11 月 23 日。

超俊办理,治安由他本人负责维持。中国军政当局对于京中法纪的维持,予以极大注意,将竭力保护外人之生命财产。尽其力之所能,消除外人生命财产将受之危险。为了加强与外人的联系,互通信息,将于每晚 9 时,由当局代表在国际俱乐部会晤外侨与报界人士,讨论大局,答复问题;如有必要,他本人将亲自到场。①

四川省政府主席刘湘,于国民政府迁渝宣言发表的当天,即致电国民政府主席林森。电文云:"顷读我政府宣言,知为适应战况,统筹全局,长期抗战起见,移置重庆。有此坚决之表示,益昭抗敌之精神,复兴既得根据,胜算终自我操,不特可得国际之同情,抑且愈励川民之忠爱。祗诵之余,谨率七千万人,翘首欢迎。"②

事实上,国民政府各机关的西迁,早自 10 月即已陆续开始;到 11 月中旬,国防最高会议作出迁都决定后,则进入大规模搬迁阶段。11 月 20 日国民政府发表移驻重庆宣言时,各机关实已大体迁毕。据中央通讯社于发表《宣言》当日报道消息:"政府各机关,陆续迁移,今日迨已搬运完毕,各办公处与各工厂所有贵重设备,现皆拆卸净尽。"③八路军驻京代表叶剑英和八路军驻京办事处主任李克农在 11 月 20 日写给中共中央的一份报告中,生动地描述了政府机关搬迁的景象。报告说:"你什么时候走,已成为见面的寒暄话头。各机关纷纷迁移,马路上只见汽车洋车载满行李往车站码头上跑,下关行李堆积如山,往汉口船票已卖至月底。"④当然,国民政府暨所属各机关的突击西迁,不可避免地也在社会上和市民中,造成了一种紧张、不安的情绪。政府的搬迁,促成了市民更大规模的逃难。11 月中旬出版的《时事半月刊》介绍说:"京芜、京沪、京(津)浦几条铁路和长江的轮船,忙得天昏地黑,有的搬到津浦沿线小城市里去住;有的跑苏州、无锡;有的跑芜湖、广德、

① 《申报》1937 年 11 月 25 日。

②③ 《申报》1937 年 11 月 21 日。

④ 中共南京市委党史办公室等编:《抗战初期的八路军驻南京办事处》,南京大学出版社 1987 年版,第 39 页。

宣城；有的上扬州、淮阴。更有的跑远些上广东，到湖南，去四川。”①

国民政府主席林森于 11 月 16 日晚，乘“永绥”舰，启程离开南京，驶往重庆。22 日，在经过五个昼夜的航行之后，抵达长江的咽喉之地宜昌。后换乘“民风”轮，于 26 日抵达重庆。

随林森迁四川的国民政府文官、参军、主计三处职员，先后于 29 日、30 日乘“民政”、“民贵”轮抵重庆。30 日这一天，国民党中央执行委员会秘书长叶楚伧、中央监察委员会秘书长王子庄及执行委员吴稚晖、丁惟汾、钮永建等抵达重庆。

12 月 1 日，国民政府在重庆简陋的新址正式开始办公。新址设于曾家岩原重庆高级工科中学内。重庆市政府工务科在得悉国民政府决迁重庆之令后，便紧急组织力量，昼夜赶工，于 11 月 25 日改建完成。这一天，行政院通电知照各单位已迁渝办公。

一周后，国民党中央党部于 12 月 7 日正式在范庄举行迁渝后的首次执监委联席会议，并开始正式办公。

以林森抵达重庆为代表的国民政府迁渝，具有某种象征性。因为此时国民政府与国民党的党、政、军机构，多数迁至武汉以及长沙等地。武汉失陷前，中国战时的指挥中心并不在重庆，而是在武汉。

由长江这一练带串联着的三大城市南京、武汉、重庆，此刻都在一定意义上发挥着首都的作用，代表着国家和政府。这是中国抗战初期特有的奇异现象。

三　南京工业西迁

在民族危亡的紧急关头，国民政府为了挽救中国的民族工业，使工厂免遭战火破坏与日本侵略者的劫掠，实施了工业西迁的战略决策。南京是重

① 《我们钢铁般的国都》，载《时事半月刊》第 1 卷第 3 期。

要的军事、化学工业基地，面临着繁重的工业内迁任务。

在南京内迁工厂中，最有代表性的是国营兵工企业金陵兵工厂和民营企业永利硫酸铔厂。它们分别代表了南京工业内迁的大致命运：有的内迁成功，为大后方的工业建设和中国人民的持久抗战作出了贡献；有的由于时间紧迫，只作了部分搬迁或未及搬迁即被敌占，它们的曲折遭遇成了揭露日本侵华罪行的活教材。

金陵兵工厂自 1928 年由原金陵机器制造局改建以来，进行了成功的扩建，至 1937 年时，已达年产马克沁重机枪 626 挺、八二迫击炮 440 门、八二迫击炮弹 35 万发的能力，员工也已增加到 4 000 余人。[①]

为了保存与加强中国军工制造能力，该厂于 1937 年 11 月 16 日，接奉军政部关于全厂西迁重庆的命令，历时半月，将机枪、迫击炮制造工具，发电设备等 4 300 吨机械材料，于当月底基本拆装完毕，撤离南京，经汉口西运。

据亲历者回忆："全体职工接到命令后，激于同仇敌忾和爱国爱厂之情，废寝忘食不分昼夜地拆机、包装、装车、装船，只用了十几天的时间，就把约五千吨的机器、器材等拆装完毕，于同年 12 月 1 日由南京用火车、汽车、轮船、木船分四路向汉口行进，每个船上都派了得力的押运人员及工作人员；汉口、宜昌等又都设置了接待站。"[②]

在首批西迁队伍押运该厂主要器材物资出发后，还留下了 60 余吨杂物，由姚志良、吴堂、王相越、蔡金清等工友负责看守，择机再运，他们于 12 月 6 日，雇用木船，紧随首批之后，也踏上了征途。

金陵兵工厂的两批物资，在西运途中，历尽艰辛。据余濯之先生记述："这两批运输大军，过了三个月的艰苦旅行，途中多次遭敌机轰炸扫射，触礁、沉船的危险时刻存在，人们硬是冒着生命危险，把沉下江底的物资一点

---

① 赵志中：《金陵兵工厂——第六十兵工厂》，江苏省政协文史资料委员会等编《江苏近代兵工史略》，江苏文史资料编辑部 1989 年出版发行，第 69—70 页。

② 俞濯之：《抗日战争中金陵兵工厂的变迁》，江苏省政协文史资料委员会等编《江苏近代兵工史略》，江苏文史资料编辑部 1989 年出版发行，第 95 页。

一点地打捞起来，换上木船、耕牛继续拖运前进。”[①]

各船队于 1938 年一二月间，先后抵渝，并购得江北簸箕石原裕蜀丝厂厂址、租得燮和火柴厂厂址，加以整修改建，因陋就简，建起简易厂房，安装好 1 000 余台机器，于 3 月 1 日部分恢复生产，并根据兵工署命令，改称兵工署第 21 兵工厂。原金陵厂厂长李承干继续担任第 21 兵工厂厂长。李承干的口号是：“开工第一！ 出货第一！”他说：“我不赞成等山洞开好、机器进洞再开工的办法，我们的抗战不能等呀。我主张事先要有重建的准备，敌人把我们炸了，我们再盖新的，只要我们的人不死，我们总会有办法来复工。”[②]李承干厂长还约请了文化名人郭沫若先生为该厂厂歌作词，以激励全厂工人在抗战的艰苦条件下，以钢铁般的意志，努力生产，勇猛前进。歌词为：“战以止战，兵以弭兵，正义的剑是保卫和平。创造犀利的武器，争取国防的安宁，光荣的历史，肇自金陵，勤俭求知，廉洁公正，迎头赶上，尽我智能，工作是不断地竞争，我们有骨肉般的友爱，我们有金石般的至诚。我们有熔炉般的热烈，我们有钢铁般的坚韧。量欲其富，质欲其精，同志们猛进！ 猛进！同志们猛进！ 猛进！”[③]

第 21 兵工厂迅速成为大后方军工生产的主要骨干企业，受到最高军事当局的重视。之后，又陆续接收了汉阳兵工厂的步枪厂，以及第 20 兵工厂和第 40 兵工厂的轻机枪厂，先后建立专门生产枪弹、炮弹的綦江分厂，专门生产八二迫击炮弹的安宁（云南）分厂。到抗战胜利前夕，该厂本部已有工人近万人，连同各分厂共达 1.4 万余人，拥有机器设备 3 500 台，主要产品达 19 种，八二迫击炮弹最高月产量达 8 万发、最高年产量达 56 万余发，成为战时中国最大的兵工厂。

南京永利硫酸铔厂于 1937 年 2 月刚刚建成投产，其生产能力可达日产硫酸铔 250 吨、硝酸 40 吨，产品主要为国防与农业服务。该厂设备先进，号

---

① 俞濯之：《抗日战争中金陵兵工厂的变迁》，江苏省政协文史资料委员会等编《江苏近代兵工史略》，江苏文史资料编辑部 1989 年出版发行，第 95 页。

② 戚厚杰：《抗战时期兵器工业的内迁及在西南地区的发展》，载《民国档案》2003 年第 1 期。

③ 同①，第 98 页。

称“远东第一”。“八一三”事变发生后，该厂受兵工署委托，以硝酸改制炸药，为中国抗战战事所亟需。正因为如此，永利硫酸铔厂成为日本侵略者空袭的重要目标。在淞沪会战期间，日机曾三次空袭该厂，致其遭到严重破坏。12月初，在日军兵锋直指南京的危急情况下，工厂厂长兼总工程师侯德榜利用太古公司“黄埔”号轮船驶来南京的机会，将铁工部的全部机件及其他一小部分机件装船西运，计有：大小机器500余台、电焊机9台、生铁80吨、铁皮18吨、铁板20吨及硫酸铔成品一批，总计200余吨。[1] 此后，永利化学工业有限公司总经理范旭东，又趁武汉“黄埔”号轮船最后一次东下的机会，派出9名技术人员，率领一部分工人，准备再拆迁一部分重要部件，不能拆运的则予以技术上的破坏；运不出去的图纸、文件、资料等，亦一概付之一炬。但是，当轮船下行到南京城外三汊河口时，南京城已经失陷，永利硫酸铔厂亦同时被日军占领，此行的目的未能实现。这部分技术人员和工人，只好由陆路徒步经合肥、六安而至麻城，由公司派汽车接返汉口。范旭东原拟以撤出的部分技术人员、工人以及机器设备为基础，在大后方再建永利铔川厂，曾将从南京撤出的一套唯一的造水泥机器变卖，作为公司运作的开支，为聚拢人才、开办新厂而努力。但后来终因资金筹措困难，难圆新建川厂之梦。

永利铔厂的西迁，虽然由于种种的原因，未能在四川的土地上结出新果，但该厂由南京迁出的部分设备、图纸与技术人员，仍然在持久抗战的岁月中，为四川及内地的工业建设，作出了相应的贡献。

金陵兵工厂与永利铔厂的内迁，在战火中保存了部分工业设备与技术人才，充实了大后方工业建设的力量，从经济与物质的层面上，为坚持持久抗战，争取抗日战争的最后胜利，发挥了宝贵的作用。

---

① 苏智良等编著:《去大后方——中国抗战内迁实录》,上海人民出版社2005年版,第109页。

四　南京学校与文化机构内迁

在抗日战火燃及江南大地的情况下，首都南京已成为日军攻击的既定目标。作为中国重要文化中心的南京，其学校与文化机构面临着繁重的内迁任务。这些机构的专家、员工、师生，怀着对日本侵略者的满腔仇恨，背负着历史与民族赋予的重任和希望，跋山涉水，辗转迁移，为祖国文化资源的保存和文化事业的发展，作出了卓越的贡献。

南京集中了多所公立、私立高等学校与众多中学。对青年的教育和专业人才的培养，关系到抗战的持久进行与国家未来的进步、发展。在文教机构的内迁工作中，这些学校首当其冲。

国立中央大学是内迁最迅速、最完整的学校。至抗战全面爆发前，该校已设有文、法、教育、理、工、农、医 7 个学院共 34 个系科。1937 年 10 月，在校长罗家伦主持下，中大 7 个学院的 1 500 余名学生、1 000 名教职工及家属，总共 4 000 人，随携图书、仪器共 1 900 余箱，西迁入川，最后一批学生于 11 月中旬抵达重庆。新校址设于重庆沙坪坝松林坡，12 月 1 日正式开学。

中央政治学校乃为国民党培养“新政治人才”的专门学校，由蒋介石亲兼校长，1937 年时共设大学、研究二部，地政、计政、合作三学院，以及蒙藏、边疆二学校。“七七”事变后该校首迁江西庐山，复迁湖南芷江，1938 年再迁重庆。

国立药学专科学校于 1935 年刚筹建，校长孟目的，以丁家桥中大农学院园艺场为校址。“七七”事变发生时，学校建筑工程尚未竣工，即行西迁汉口，并在汉口续招新生一次。12 月迁往重庆。

国立戏剧学校创立于 1935 年 10 月，校长余上沅。全面抗战爆发后，该校始迁长沙，复转重庆，1939 年再迁四川安县，1940 年更名国立戏剧专科学校。

私立金陵大学，是一所历史悠久、国内著名的教会学校，由美国基督教

各教会共同创办，1937 年时已设有文、理、农三学院，史学、化学、农业经济学三学部及中国文化研究所，校长陈裕光。淞沪会战结束后，日军挥师西进，局势险恶，金大匆忙于 11 月 25 日、29 日及 12 月 3 日，分批西迁。在第三批人员、物资出发后数日，汉口《大公报》作了如下报道："南京金陵大学全体教职员、学生因战事关系，亦随同各机关，自南方分批退出。二十八日第一批首抵武汉，截至前日止，该校教职员学生已到二百余人，均暂寓武昌华中大学内。该校图书仪器亦均同运来。昨日该校当局已决定将全体人员及物品分作六批迁赴四川成都华西大学，准备在该处继续开学上课。"①金大在三批西迁行动中，共携图书仪器 400 余箱，约 125 吨，及随行员生 300 余人，历时近 3 月，经汉口、宜昌、万县、重庆而达成都华西坝，于 1938 年 3 月 1 日正式开学，时有教职员 145 人、学生 387 人。②

私立金陵女子文理学院为民国初年由北美多家教会联合创办，1937 年时，由留美博士吴贻芳女士任校长，分设文、理二学院，共有 10 个科系。"八一三"淞沪会战爆发后，吴贻芳校长决定，将全院分设武昌、上海、成都三个办学中心，分区施教。9 月中旬起，始由龙冠海、陈品芝博士先后率社会学、生物学等系科学生去武昌的华中大学办学。10 月初起，在蔡路德、克馥兰等老师的带领下，另一部分学生来到上海韦尔路 999 号的上海分校临时总部报到上课。随着抗战形势的发展，以及学校人力、财力的限制，先后于 1938 年 1 月和 3 月，武昌教区和上海分校分别结束教务，统一集中至成都办学。

与此同时，南京的一些中学，也实行了内迁。首先，一些大学的附中，随主管大学一道内迁。如：中大附中迁至贵阳，金大附中迁至靠近重庆的万县。其次，少数普通中学也进行了内迁。如：南京市立钟南中学内迁入川，南京私立东方中学于 1937 年冬经苏皖豫鄂辗转迁至重庆。这些中学的内迁，也为保存和培养国家建设的后备人才作出了积极的贡献。

南京各内迁学校的师生员工，发扬了抗战精神，在战火中，克服重重困

---

① 汉口《大公报》1937 年 12 月 6 日。

② 孟国祥：《大劫难：日本侵华对中国文化的破坏》，中国社会科学出版社 2005 年版，第 128 页。

难，于新址因陋就简办学，为国家和民族保存了教育精英与后备力量，不断培养与造就了各方面人才，并增强了我国西南地区高等教育的薄弱环节。这对南京乃至全国日后教育的振兴，经济和文化事业的发展，都有着重要意义。

1928年成立的中央研究院，是全国最高的学术研究机构，由著名教育家蔡元培任院长，其总办事处设于南京成贤街57号法制局旧址和58号瓦房内，总干事先后由杨铨、丁燮林、丁文江、朱家骅担任。该院之地质、天文、气象、历史语言、心理、社会科学、动植物等7个研究所亦分设南京市内各处。

1937年11月，中央研究院奉命西迁。其在宁机构辗转迁移情况为：

总办事处：1937年11月由南京迁到长沙圣经书院；1938年2月迁到重庆，先后设址于曾家岩隐庐、上清寺聚兴村8号、牛角沱生生花园内；1944年春，迁至国府路337号中央研究院新址。

地质研究所：由宁迁湘，转桂林、三江，复移桂林，1944年6月由桂林疏散，经贵阳，11月抵重庆。

天文研究所：1937年8月下旬，即分批迁抵湘省南岳，12月8日由南岳迁广西桂林；1938年4月18日离桂林，25日抵云南昆明。

气象研究所：1937年9月初由宁迁汉口；12月底分批由汉迁渝，1938年1月底全部抵达。初在通远门兴隆街设办事处，2月转曾家岩隐庐，1939年5月迁北碚。

历史语言研究所：由宁经湘至昆明，1941年复迁南溪县李庄。

心理研究所：1937年8月由宁至长沙；10月迁衡山南岳圣经学校；12月底由南岳经桂林迁阳朔；1938年12月又经柳州至三江县之丹洲乡；1940年12月复迁桂林；1944年6月由桂林疏散，经贵阳，11月迁抵重庆北碚。

社会科学研究所：自宁经湘，转阳朔，复迁昆明；1941年再迁南溪李庄。

动植物研究所：由宁经湘，转阳朔；1940年12月转重庆北碚。

与此同时，设于上海的物理、化学、工程三研究所，亦同步进行了西迁。物理研究所：自沪迁湘，其后一部迁阳朔、桂林、三江，一部至昆明；1940年冬

迁桂林，1944年6月自桂林疏散，经贵阳，11月抵重庆北碚。化学、工程二研究所：自沪经湘，转昆明。

由南京内迁的中央研究院各机构，占了全院机构的绝大部分。中央研究院西迁这一具有战略意义的举措，为国家基本完整地保存了这一多学科的全国最高学术机构，及其人员和重要的资料、仪器、设备。这对于推进科学、教育、文化事业的发展，加速国家现代化的进程，夺取抗战胜利，都有着深远的意义。

在抗日战争的硝烟中，最为瞩目并带有神秘色彩的文物及其机构的大迁移，当属北平故宫博物院及其收藏文物的内迁。由于其中近半数的文物，乃先保存于南京，再由南京经水、陆路西迁，并成立了故宫博物院南京分院，因此其内迁的行动，便与南京有了不可分割的关系。

1931年“九一八”事变后，日本侵略者迅速鲸吞东北三省，并觊觎华北。国民政府为了不使国宝落入日本侵略者手中，制定了周密的南迁故宫及北平文物珍宝的计划。自1933年2月6日至5月15日，在故宫博物院院长马衡的精心组织下，分5批将该项文物南运上海、南京，其中计有故宫博物院13 491箱、古物陈列所5 415箱、颐和园640箱、国子监11箱，共装有秦朝以来的书法、绘画作品6 411幅，商代青铜器4 402件、玉器3 894件，南宋瓷器23 780件等24万多件珍贵国宝。[①] 内古物、图书暂存上海租界，档案暂存南京行政院大礼堂。后故宫博物院常务理事会决定，将南京朝天宫作为设立南京分院及建筑文物仓库的地点，这一工程于1936年8月竣工后，暂存上海的文物珍宝便陆续运存南京朝天宫的新建库房中。

1937年“七七”事变发生，平津相继失陷后，故宫博物院决定将暂存沪宁的文物从水陆分三路运往西南大后方。除存上海文物9 331箱取中路，沿长江经汉口、宜宾，而分藏乐山、峨眉外，原存南京朝天宫新建库房的文物分南北两路西运入川。南路运出者，以1936年曾送英国伦敦参展的精美文物为

① 孟国祥：《大劫难：日本侵华对中国文化的破坏》，中国社会科学出版社2005年版，第87页。

主，分装为80铁皮箱，于1937年8月由招商局“建国”轮运抵汉口，再以车送长沙、贵阳，1938年冬迁至安顺华严洞，并成立故宫博物院安顺办事处。北路运出者，计有故宫及古物陈列所、颐和园、国子监等处文物7 288箱，于同年11月以火车输送，从南京经津浦、陇海路运抵宝鸡，1938年5月再以卡车经汉中、秦岭，往返承运，历时10月方全部运抵成都；1939年7月，复运峨眉，并成立故宫博物院峨眉办事处。

位于南京中山门内的中央博物院筹备处，系于1933年由蔡元培倡议设立；1936年成立理事会，由蔡元培任理事长，并将北平历史博物馆并入。该院以原内政部所属古物陈列所收藏的清内府文物为基本藏品，在文物内迁中，筹备处暨馆藏珍品亦随故宫文物一并西迁至重庆。1939年6月，因重庆屡遭日机空袭，遂分三批迁往昆明，小部存入乐山。1940年8月，日机轰炸昆明，中央博物院筹备处及其存昆文物，复迁四川南溪李庄。1942年至1943年间，该院还会同中央研究院史语所、动植物所，中国地理研究所，共同组成“西北史地考察团”，赴甘、宁、青一带进行科学考察。

南京文物机构暨所藏文物，以及中转文物的内迁，是保存中国历史文化精华的重要举措，从一个侧面充分体现了文物战线仁人志士顽强不屈的民族精神。在战火中，历尽千辛万苦，保存下来的文物及其专门人才，是一笔无法用金钱估量的宝贵民族财富。

在南京文化机构内迁的洪流中，两家著名的公共图书馆——中央图书馆和国学图书馆，也进行了部分的搬迁。

中央图书馆筹建于1933年，至1937年时已有藏书15万册。1937年11月18日奉命西迁，20日将重要图书130箱约1万余册运离南京赴武汉，12月15日再雇民船至岳阳，后转宜昌，1938年2月1日抵重庆，假川东师范大礼堂办公；1939年3月，因重庆频遭日机轰炸，奉命疏散至白沙；1941年2月1日，重庆两浮支路新馆建成正式对外开放。[①]

① 刘建业等主编:《迁都重庆的国民政府》，北京出版社1994年版，第297页。

位于南京清凉山麓龙蟠里的国学图书馆，初建于清道光年间，至1937年已有藏书24万册。日机空袭南京后，该馆在将一部分图书珍品藏于朝天宫地库的同时，复将一部分丛书及地方志3万余册，船运至苏北兴化收藏，后兴化藏书大部为日军焚毁、劫掠，一部散失。[①]

中央图书馆的西迁与国学图书馆对图书的努力迁藏，为保存南京及国内的图书精华，尽了最大的努力。但是，两馆的大部图书均遭日军焚毁、劫掠，或在战乱中散失，此乃中华文化的重大损失，也是日本侵略者对中国人民欠下的无法弥补的文化孽债。

南京文教机构的内迁，是抗日战争中的另一场“南京保卫战”。其所保卫的目标，不是南京城，而是南京的人才精英和文化精华。可以说，每一机构的内迁，都是一个像模像样的战役；内迁中的每一次中转，都是一场货真价实的战斗；每个内迁者，都是一名威武不屈的抗日战士。他们肩负的重任、持久抗战的目标、坚忍不拔的精神，同前方浴血奋战的将士一样惊天地而泣鬼神。南京文化、教育界内迁人士所作出的卓越贡献，永远是南京人的光荣与骄傲。

五 “难民区”的设立

11月中旬，日军逼近南京，南京城面临着一场血战的劫难。为了解决南京战事爆发后的难民问题，由金陵大学董事会董事长、中英文教基金会总干事杭立武博士发起，邀约部分留在南京的热心公益的外侨代表，援照上海设立难民区的先例，成立一个国际救济机构，定名为“南京安全区国际委员会”(The International Committee for the Nanking Safety Zone)，并设置了安全区，以便在情势最危急的时候，使未及撤离的难民有一个最后躲避的场所，并避免日军的轰炸。据杭立武后来的回忆说：

① 孟国祥：《大劫难：日本侵华对中国文化的破坏》，中国社会科学出版社2005年版，第22页。

> 一九三七年十一月，我在南京看到报纸报导上海有一个饶神父，在上海设难民区，容纳很多妇女和小孩。我忽然动脑筋觉得日本将进攻南京了，我准备成立一个南京安全区国际委员会，并设置一个难民区……
>
> 我约集了一二十个外国人，我说我们要设一个难民区，他们都同意，他们认为这是为人道的事情，应该赞同。我们这个难民区很自然的就把金陵大学、金陵女子文理学院划进去，一直到鼓楼、新街口。①

11月19日，开始在部分外侨中酝酿成立国际委员会，并有人征求德国西门子中国公司驻南京的代表拉贝的意见，问其是否愿意参加。拉贝在这一天的日记中记称："成立了一个国际委员会(主要由鼓楼医院的美国医生和在金陵大学任教授的传教士组成)。委员会试图建立一个难民区，即位于城内或城外的中立区。一旦城市遭到炮击，非战斗人员可以躲避到那里去。有人问我(我要留在这里的消息已传出)是否愿意参加这个委员会，我表示愿意。晚上在斯迈思教授家吃饭的时候，我结识了很多美国委员。"②

11月21日，由杭立武与美国长老会牧师米尔斯、金陵大学教授斯迈思、贝德士四人联名拟就的筹组难民区报告送交南京市政府。22日，安全区国际委员会正式成立，拉贝被推选为国际委员会主席。他在这一天的日记中写道："大家选举我当'主席'，我推辞不掉，为了做件好事，我让步了。但愿我能够胜任这个也许会变得十分重要的职务。"③根据拉贝在日记中的记录，29日，在英国文化协会举行的例会上，南京市长马超俊"当众宣布了国际委员会成立"；12月4日，安全区国际委员会向新闻界和警方发布《在安全区安置居民及分发食物的暂行措施》，这一天，"难民们开始陆陆续续搬进安全区"。

---

① 杭立武：《筹组南京沦陷后难民区的经过》，全国政协文史资料研究委员会《南京保卫战》编审组编《南京保卫战》，中国文史出版社1987年版，第302页。

② [德]约翰·拉贝著，本书翻译组译：《拉贝日记》，江苏人民出版社、江苏教育出版社1997年版，第92页。

③ 同上，第97页。

南京安全区国际委员会共有15人，其中德国籍者3人，英国籍者4人，丹麦籍者1人，美国籍者则有7人。他们是：拉贝（John H. D. Rabe），德国，西门子洋行；斯迈思博士（Lewis S. C. Smythe），美国，金陵大学；福勒（P. H. Munro-Faure），英国，亚细亚火油公司；马吉牧师（John Magee），美国，美国圣公会；希尔滋（P. R. Shields），英国，和记洋行；汉森（J. M. Hanson）、丹麦，德士古火油公司；潘丁（G. Schultze-Pantin），德国，兴明贸易公司；麦凯（Jvor Mackay），英国，太古公司；皮克林（J. V. Pickering），美国，美孚煤油公司；施佩林（Eduard Sperling），德国，上海保险公司；贝德士博士（M. S. Bates），美国，金陵大学；米尔斯牧师（W. P. Mills），美国，长老会；利恩（J. Lean），英国，亚细亚火油公司；特利默（C. S. Trimmer），美国，鼓楼医院；里格斯（Charles Riggs），美国，金陵大学。①

委员会推在苏州出生的美国基督教青年会秘书长菲奇为总干事，杭立武为中方共事总干事（又称副总干事），德国礼和洋行职员克勒格尔为财务主管，汤忠谟为中方秘书处主任，德国上海保险公司职员施佩林为总稽查，美籍金陵大学教授斯迈思博士为秘书。委员会下设粮食、住房、卫生等委员会，分由韩湘林、许传音、沈玉书任主任。② 拉贝以极大的热情投身于这种人道主义工作。他甚至给希特勒发了电报，试图争取让日本人承认国际委员会的存在。

同时，为管理与照护南京受伤军民，安全区国际委员会还发起，并呈请上海国际红十字会和中国红十字会承认，组织了“国际红十字会南京委员会”（The International Red Cross Committee of Nanking）。该委员会与安全区国际委员会密切合作，由马吉牧师担任主席，南京中国红十字会李春南（译音，Li chuin-nan）与洛威（W. Lowe）任副主席，福斯特牧师（Ernest H. Forster）任秘书，克勒格尔（Christian Kroeger）任会计，委员还有安全区国际委员会委员福勒、特利默、贝德士、拉贝、斯迈思、米尔斯，以及特维内姆夫人

① ［德］约翰·拉贝著，本书翻译组译：《拉贝日记》，江苏人民出版社、江苏教育出版社1997年版，第120—121页。

② 同上，第132—133页。

(Mrs. Paul Dewitt Twinem)、魏特琳女士(Miss Minnie Vautrin)、威尔逊医生(Dr. Robert O. Wilson)、麦卡勒姆牧师(Rev. James Mccallum)、波德希沃洛夫(Mr. Cola Podshivoloff)、沈玉书牧师(译音,Pastor Shen Yu-Shu)。①

安全区亦称"难民区",以美国大使馆所在地和金陵大学、金陵女子文理学院等教会学校为中心,占地约 3.86 平方公里。四面以马路为界:东以中山路、中山北路为界,自新街口起,止于山西路口;北以山西路及其以北一带至西康路之线为界;西以西康路为界,自汉口路口向东南划斜线,至上海路与汉中路交叉路口;南以汉中路为界,自上海路至新街口。安全区内分设交通部大厦、五台山小学、汉口路小学、陆军大学、小桃源南京语言学校、军用化学厂、金陵大学附中、圣经师资训练学校、华侨招待所、南京神道学院、司法部、最高法院、金陵大学蚕桑系、金陵大学图书馆、德国俱乐部、金陵女子文理学院、法学院、农村师资训练学校、山西路小学、金陵大学宿舍等 20 余处难民收容所。

安全区内不再挂青天白日旗,而改为民国初年使用的五色国旗,并以红圈加红十字图案作为安全区徽章。在安全区周围,以旗帜作记号,旗帜一律为白底,印有红圈内加红十字的安全区徽。

南京安全区成立以后,曾经通过多种渠道,同中、日双方进行交涉,希望能够获得中、日双方的承认与尊重,要求承认安全区的中立地位,不驻扎军队,不设立军事机关,不加轰炸,使其免受战事侵扰。

国际委员会的这一要求和建议,得到了中国方面的完全承认及积极支持和配合。12 月 1 日,南京市市长马超俊把难民区的行政权交给了国际委员会,其中包括警察、重要公用事业、消防、住宅、食物及卫生各项职权,同时交给国际委员会 450 名警察、3 万担米、1 万担面粉、一些盐,并拨交 10 万元现金,②以应付过渡的紧急时期。国际委员会由于运输、贮藏等条件的限制,

① [英]田伯烈著,杨明译:《1937:一名英国记者实录的日军暴行》,湖北人民出版社 2005 年版,第 201—202 页。名单中,中国人名已对照有关档案校正,外国人名的中文译名已按最新通用译法校正。

② 同上,第 17 页。

在南京沦陷前实际领取了大米 9 076 袋，合 11 345 担及面粉 1 000 袋。军事委员会秘书长张群，将宁海路 5 号私宅提供给国际委员会作总办公处。首都卫戍司令长官唐生智也推诚合作。他于 12 月 3 日致函国际委员会主席拉贝称：

> 您请求我作为负责城防的司令官承诺从区内撤出所有的军事设施和指挥所（包括交通指挥所），禁止军事人员在区域内居住或进入该区域。鉴于在上海已有设立这类区域的先例，考虑到这样一个区域能拯救许多穷苦人的生命并减轻他们的苦痛，我原则上完全赞同成立这么一个区域的想法。
>
> ……
>
> 关于从安全区撤出所有军事组织和交通设施一事，我已经下达命令，根据您的愿望执行。我会尽快敦促军事人员不得在区域内居住或穿越该区域。总而言之，我会在我的权限范围内满足您的愿望，因为作为卫戍司令，我钦佩贵委员会的工作并愿意竭诚与您合作。[①]

唐生智特对上述答复函件又作了三点说明："(1) 如果建议内提出的安全区有清楚明晰的标记，中国军方将考虑不再在区内设置新的军事设施。(2) 此外在区内不应再继续设立或使用军事堡垒设施，包括高射炮（抵御飞机用的火炮），从区内撤出其他全部武器和武装部队。(3) 其他不包含武装部队或常备军的服务设施，在必要的情况下撤出安全区。"[②]

唐生智在对拉贝的请求，作了答复和说明后，很快便应国际委员会要求，拆除了难民区内的军事设施，并于 12 月 7 日下令所有军队一律撤离安全区，同时在万分困难的情况下，供给国际委员会 3 辆卡车，以便他们运送米、煤。

---

①② ［德］约翰·拉贝著，本书翻译组译：《拉贝日记》，江苏人民出版社、江苏教育出版社 1997 年版，第 137 页。

南京安全区国际委员会通过两条渠道与日本方面进行联系:第一条渠道为11月22日夜间,通过美国大使馆的无线电台,将关于设立安全区的建议发往驻上海日军当局,日军当局没有对此作出反应。日本报纸却大造相反舆论。《东京日日新闻》声称:"如南京成立安全区,则日军之进攻南京将大受妨碍。南京外侨不足50人,而所拟之安全区,则毗连炮台与军事工程,日军欲攻击南京,而不妨及安全区,乃不可能事。"另一份较有影响的日本报纸《读卖新闻》则扬言:"南京安全区与上海市难民区完全不同,此事必须由进攻南京之军事当局决定。"①12月5日,东京当局通过美国大使馆答复安全区国际委员会,"日本政府不承担未来对所述区域免遭炮击或轰炸的保证义务"②。另一条渠道为,将建议与拟议中安全区的地图送交在上海创设难民区的法国饶神父,"请他把地图给日本的司令看,请他同意我们成立难民区,并且答应以后不要骚扰难民区"③。当饶神父将南京安全区的地图交给日军司令官松井石根后,对方只答称,"我们知道这件事了"。后来日方又声称:"难民区内倘无中国军队或军事机关,则日军不至故意加以攻击。"④12月2日,国际委员会收到了饶神父由美国大使馆转来的日本当局的答复:"日本政府已获悉你们建立安全区的申请,却不得不遗憾地对此予以否决……但是,只要与日方必要的军事设施不相冲突,日本政府将努力尊重此区域。"⑤

面对日本当局无视安全区的蛮横无理态度,一批国际友好人士毅然将举办南京安全区的工作付诸实施,并于12月8日发布《告南京市民书》,正式宣告了安全区的建立。《告南京市民书》中以满怀热情和善意的口吻说:"这个区域以内的人民,当然比他处的人民平安得多啦,因此,市民可以请进

---

① 《申报》1937年11月26日。

② [德]约翰·拉贝著,本书翻译组译:《拉贝日记》,江苏人民出版社、江苏教育出版社1997年版,第135页。

③ 杭立武:《筹组南京沦陷后难民区的经过》,全国政协文史资料研究委员会《南京保卫战》编审组编《南京保卫战》,中国文史出版社1987年版,第302页。

④ [英]田伯烈著,杨明译:《1937:一名英国记者实录的日军暴行》,湖北人民出版社2005年版,第204页。

⑤ 同②,第124页。

来吧！”①

事实上，早在《告南京市民书》发布前，南京城乡难民即已不断进入安全区避难。12 月 8 日这一天，随着《告南京市民书》的发布，导致更多的难民蜂拥入住。据路透社记者报道，是日安全区中“已挤满居民，尚有数千人仍继续迁入。通至该区之各巷，汽车拥挤，几不能通行，随地可见各避难者坐于彼等所携少数所有物之上，静候安插住处。国际安全区域委员会，已接收区内之各处公共建筑、学校、大学、最高法院、军校及华侨俱乐部等，以便容纳拥入该区之难民。……安全委员会已发表管理规则，请迁入区内居住者，对于住处，应尽力作私人之接洽，因各处公共建筑及机关之房屋，将留作收容最贫苦之难民”。②

随着南京保卫战的激烈进行，难民们如潮水一样，涌入难民区。难民区中 20 余处难民收容所均已人满为患。后来由于难民数量的激增，不仅各收容所的既设宿舍里住满了人，就是教室、图书馆、露天操场，以及一切公共机关和私人住宅、院落中都挤满了难民。整个安全区内的最大收容量曾达到 29 万人。在难民区中从事难民救济工作的，除了南京安全区国际委员会外，还有以美国圣公会马吉牧师为主席的国际红十字会南京委员会（The International Reol Cross Committee of Nanking），以及南京当地的慈善团体崇善堂、世界红卍字会南京分会等机构。

尽管后来的事实证明，攻进南京城的日本侵略军，并没有理会难民区的存在，但是，由于安全区国际委员会和各慈善团体的热心工作，以及外侨的积极交涉、据理力争，难民区在保护与救济难民方面，还是发挥了相当的作用。

---

① ［德］约翰·拉贝著，本书翻译组译：《拉贝日记》，江苏人民出版社、江苏教育出版社 1997 年版，第 149 页。

② 《申报》1937 年 12 月 9 日。

六　陶德曼调停

在战争的硝烟已经弥漫于南京城的时候，发生了德国驻中国大使陶德曼出面调停的事件。这一幕后外交活动，与南京保卫战的进行息息相关。

日本为了摆脱陷于长期对华作战的泥淖，实现其"速战速决"的企图，同时又不愿让英、美插手中日间的和战问题，便选择了与中、日双方都有着"良好"关系的德国，来迫使中国政府接受和谈的苛刻条件。

淞沪会战经过8、9月的激烈战斗，中日双方部队已呈胶着状态。日本方面"速战速决"的方针已被打破。于是，在10月1日，由近卫首相、杉山陆相、米内海相、广田外相举行了四相会议，决定了《处理中国事变纲要》，设想"通过十月攻势的战果找到结束战争的机会，与南京政府和平解决"。其一般方针为："宗旨在于使这次事变在军事行动取得成果与外交措施得宜的配合下尽快结束；使中国取消抗日政策和容共政策，在日华之间建立真正明朗而永久的邦交，以期实现日满华的和睦与共荣。"其外交措施为："外交措施的目的，在于迅速促使中国反省，将中国诱导到我方所期待的境地；对于中国及第三国，进行适时的谈判与工作。结束事变时，使中国取消抗日政策与容共政策，以不咎既往的划时期的调整邦交条件进行外交谈判。"①次日，日本陆、海、外三省的当事者又进一步举行会议，研究对策，"其结果决定不改变原来的日、中两国直接谈判的方针，但接受第三国公正的、劝告式的和平斡旋。也就是，坚决反对干涉，但也必须考虑适当利用好意的斡旋"。② 于是，由德国出面调停中日战事一事，便被提上了议事日程。

10月21日，日本外相广田弘毅会见德国驻日大使狄克逊，表示："日本随时都准备与中国直接谈判，假如有一个与中国友善的国家，如像德国和意

---

① ［日］日本防卫厅防卫研究所战史室著，齐福霖译：《中国事变陆军作战史》第1卷第2分册，中华书局1981年版，第56页。

② 《狄克逊致德国外交部电》(1937年10月21日)，黄美真、张云编《汪精卫集团投敌》，上海人民出版社1984年版，第103页。

大利，劝说南京政府觅取解决，日本也是欢迎的。”①

德国由于在中国有着巨大的商业利益，同时它当时正在准备发动欧洲战争，也希望日本不要因为侵华而消耗了牵制苏联的实力，因此，乐于充当中日之间调停人的角色。10月22日，德国外交部发给驻华大使陶德曼一份电报，称：“我们认为，就目前来说，直接谈判比较有希望，如果有机会的话，我们并且愿意作联系的途径。”②

11月2日，德国驻日大使狄克逊拜访日外相广田。广田提出了与中国议和的7项条件：(1) 内蒙古在国际法下建立一个与外蒙古情形类似的自治政府；(2) 在华北沿“满洲国”边境至平津铁路线以南一点建立一个非军事区，在这个非军事区里，由中国的警察和官吏维持秩序；(3) 在上海建立一个比现在更大的非军事区，由国际警察管制；(4) 停止反日政策，履行1935年提出的修改学校教科书等要求；(5) 共同反对布尔什维克主义；(6) 减低对日本货物的关税；(7) 尊重外侨权利。广田并强调：“假如日本被迫继续作战，他就要把战争进行到使中国完全溃败，然后再提出远较现在为苛刻的条件。”狄克逊在向德国外交部报告上述谈话内容时说：“照我看来，这些条件是很温和的，南京可以接受而不致有失面子，我们现在似可对南京施加压力，使它接受这些条件。”③德国外交部很快便接受了狄克逊的建议，要求驻中国大使陶德曼将日本提出的和平谈判条件通知蒋介石。

陶德曼奉命于11月5日与蒋介石在南京会晤，向蒋转达了日本提出的7点议和条件。蒋介石认为，中日间议和的前提，是必须恢复到双方战争前的状态；只有在做到了这一点以后，才可以讨论某些条件。他说：

假如日本不愿意恢复战前状态，中国不能接受日本的任何要求。

① 《狄克逊致德国外交部电》(1937年10月21日)，黄美真、张云编《汪精卫集团投敌》，上海人民出版社1984年版，第103页。

② 《德国外交部国务部长麦根逊致陶德曼电》(1937年10月22日)，黄美真、张云编《汪精卫集团投敌》，上海人民出版社1984年版，第103页。

③ 黄美真、张云编：《汪精卫集团投敌》，上海人民出版社1984年版，第108—109页。

> 中国如同意日本的要求，国民政府将会被舆论浪潮所冲倒。
>
> 日本正在执行错误的政策——现在不对中国采取友好的态度以奠定日后的友善基础，却只顾提出要求。假如日本继续作战，中国也不会放下武器。
>
> 假定国民政府因日本采取的政策而倾倒了，则结果是共产党在中国占优势。①

陶德曼大使将与蒋介石会见的情况，及时报告德国外交部后，德国驻日本大使狄克逊遂根据本国外交部的指令，于 11 月 8 日拜会广田外相，向其传达："中国表示假如日本不愿意恢复原状（恢复事变前的状态），不能答应进行谈判。对于某些条件，当然可以讨论，但这也是恢复原状以后的事。和约的缔结，必须成为将来两国友好关系的基石。"②

以后，随着太原、上海等地的失陷，日军在华北、华中两个战场上进击之势愈加咄咄逼人，南京国民政府也更加重视陶德曼的调停。不可否认，就蒋介石等人来说，对于"调停"之举抱有一定的幻想。日益严峻的战局，亟须整顿的中国军队的现状，也迫使蒋介石不得不在一定程度上采取"缓兵之计"，以争取时间，布置新的战场。于是，当陶德曼在汉口先后会晤行政院副院长孔祥熙和外交部长王世杰，重提日本的议和条件，并要求再次与蒋介石商谈时，蒋答应了陶的要求。蒋介石于 11 月 29 日在日记中就此事写道："为缓兵之计，不得不如此耳！"③

蒋介石于 12 月 2 日，在听取了外交部次长徐谟关于陶德曼重提中日议和的报告后，召集副参谋总长白崇禧、第三战区副司令长官顾祝同、军令部长徐永昌和南京卫戍司令长官唐生智等人开会，商讨对陶德曼调停一事的态度。白崇禧说："如果条件只是这些，那为什么还非要打仗不可呢？"徐永

---

① ［日］古屋奎二主笔：《蒋介石秘录》第 4 卷，湖南人民出版社 1988 年版，第 54—55 页。

② ［日］日本防卫厅防卫研究所战史室著，齐福霖译：《中国事变陆军作战史》第 1 卷第 2 分册，中华书局 1981 年版，第 134 页。

③ 同①，第 55 页。

昌和顾祝同认为，“日本的条件可以作为谈判的基础”。唐生智也表示同意其他人的意见。[1] 于是，由蒋介石归纳大家的意见，确定了两条原则：一是不拒绝德国的调停；二是华北政权需要保存。

当天下午，蒋介石在南京，在不到 1 个月的时间内，第二次会见陶德曼。蒋介石首先询问，日方所提要求，是否仍和先前一样？陶德曼对此作了肯定的答复，并对各条要求加以解释。蒋介石遂做出如下表示：

> （一）日方无信，已签字之条约，尚往往撕毁，我方相信德方，愿德方始终持调停之劳；
>
> （二）华北行政主权应当完整，此为我方坚持之点；
>
> （三）日方所提条件可作为讨论之基础，但不能作为如哀的美敦书中所列条件无可变更；
>
> （四）日方不能以战胜者自居，因我方并未承认为战败者；
>
> （五）日方不能将此条件片面的随意宣布。[2]

陶德曼在当天发回德国外交部的电报中表示：“日本对于蒋介石这种勇敢的愿意和平的态度，应该给以种种便利，俾使他能够完成谈判。”“在全部谈话中，蒋介石的态度极为友善，精神很好，一点也不紧张。他自己对于防守首都表示很乐观。”[3]

12 月 5 日，外交部次长徐谟再次向陶德曼大使总结蒋介石前所表示的各主要之点：

> 有两个我们认为极重要的条件。（一）中国深望，在恢复和平的全

---

① 程思远：《政坛回忆》，广西人民出版社 1983 年版，第 111 页。

② 秦孝仪主编：《中华民国重要史料初编——对日抗战时期》第 6 篇第 3 册，中国国民党中央委员会党史委员会 1981 年编印，第 113 页。

③ 《陶德曼致德国外交部电》（1937 年 12 月 2 日），黄美真、张云编《汪精卫集团投敌》，上海人民出版社 1984 年版，第 114 页。

过程中，德国通过调停予以协助。（二）中国在华北的主权和行政权不得改变，它们的完整必须维持。在敌对行动继续的时候，是不可能进行任何谈判的。

虽然大使提出来的各点可以作为谈判的基础，它们在任何情形之下都不应该被认为是最后通牒的形式提出来的不可改变的要求。①

此时日军已经进攻到南京附近。在这种军事形势十分严峻和危急的情况下，蒋介石和徐谟所再三阐明的态度，既坚持了一定的原则，但同时又是比较认真的。国民政府迫切希望有一个短暂休战的机会。

可是，随着日军在中国东战场的节节胜利，以及参谋本部和华中方面军关于攻占南京命令的正式下达，日本方面对和谈的态度及其条件，正在发生变化。11 月底，参谋本部起草了一份《解决中国事变处理方针》草案，将与中国进行和谈的条件大大提高，主要有：(1) 中国正式承认“满洲国”；(2) 中国分别在华北及内蒙建立能体现日、满、华互助共荣及加强防共的政权；(3) 中国放弃排日和反满政策；(4) 中国确立防共政策，对日、满的防共政策予以协助，并约定与“满洲国”一起参加日、德、意防共协定；(5) 日本协助中国进行新上海的建设；(6) 日、满、华就资源开发、物资贸易、航空联络、交通等，签订必要的互惠性的协定；(7) 中国对因此项事变中日本侨民所受的损失负责赔偿。日本方面则在中国接受上述条件，并签订条约的时候，宣布废除以往所签订的《何梅协定》、《塘沽协定》、《秦土协定》、《上海停战协定》。为保证这种条约的履行，另有两项保障事项，即：(1) 日军进入的地区作为非武装地区，待地方治安恢复后，再行撤兵；(2) 中国承认日本在华北 5 省因给予特殊权益而在金融、处理关税、开发资源、管理交通通信等方面保留必要的机关。②

---

① 《陶德曼致德国外交部特密电》(1937 年 12 月 5 日)，黄美真、张云编《汪精卫集团投敌》，上海人民出版社 1984 年版，第 122 页。

② ［日］日本防卫厅防卫研究所战史室著，齐福霖译：《中国事变陆军作战史》第 1 卷第 2 分册，中华书局 1981 年版，第 136—137 页。

日本参谋本部所拟定的上述草案，在12月1日得到了陆军省的同意，将其作为大本营陆军部的方案，并强调："本处理方针所示内容，是我国所能容忍的最低限度。"①

日本陆军方面的强硬态度，使内阁改变了谈判的基调。12月7日，德国驻日大使狄克逊，遵照本国政府的训令，将一份自11月2日至12月2日调停经过备忘录，递交日本外相广田弘毅。不料广田表示，"怀疑是否还可以在1个月以前——日本的巨大的军事胜利以前——所拟制的基础上谈判"；"最近几星期已经发生了不同的情况"，"陆军方面的要求已经比以前苛刻了"。狄克逊在与广田会晤后，感到："从最近这几日[日本]在军事上的巨大胜利和中国的严重失败看来，日本对它提出的要点加以一定的扩大，是不可避免的。"②

日本内阁在接到狄克逊递交的"调停"备忘录以后，立刻召开了首、陆、海、外四相会议，通报陶德曼向中国方面转达的条件，研究日本方面须采取的态度。陆军方面，则于12月8日在大臣官邸召集了有参谋次长等人参加的会议。会议认定："还看不到蒋的反省态度。将来有无反省姑且不谈，现在这种态度不能接受；现在则需要把根据新形势所取的态度和条件交给德国大使。大臣须与海相、首相会晤，首先予以拒绝，促蒋反省。稍后把我方研究以后的条件告诉德国大使。"③

这样，由于蒋介石坚持既定方针，日本方面气焰嚣张、价码不断提高，使陶德曼的"调停"毫无结果。南京城郊的战斗，益趋激烈。

---

① [日]日本防卫厅防卫研究所战史室著，齐福霖译：《中国事变陆军作战史》第1卷第2分册，中华书局1981年版，第137页。

② 《狄克逊致德国外交部电》(1937年12月7日)，黄美真、张云编《汪精卫集团投敌》，上海人民出版社1984年版，第123—124页。

③ 同①，第136页。

第五章　战斗准备

一　工事构筑

在战火日益迫近的情况下，南京军民在抗日民族统一战线旗帜的指引下，同仇敌忾。古城内外，到处是赶筑工事的军人和民工，抗敌的气氛，非常强烈。

鉴于南京市至关重要的政治地位，同时又和全国最大的经济中心上海相邻近，早在30年代初，国民政府就开始拟议在这一带构筑国防工事。最初提出的“京沪杭设防方案”中，对南京城防采用闭锁式，即以堡垒团构成，后因这种方案形式陈旧，且不适宜对敌进行持久消耗战，故未采用。继由德国军事顾问经过实地考察，提出过一个庞大的方案，又因非财力所及，亦未被采纳。最后实际采用的方案，是由军事委员会参谋本部，几经实地勘察和研究，所提出的一个较为合理的方案。整个京、沪、杭地区的国防工事，分作京沪、沪杭、南京三个地区，于1934年至1936年间，分3期施工而成。

南京城四周环山、背临长江，地势险要，且四通八达，极易为进攻之敌所包围。因此该地的城防工事构筑，其指导思想，在于不被敌所包围，以及在万一受包围的情况下，能够独立进行作战，打破敌人的包围。基于这种要求，南京城外的工事，分为外围阵地和复廓阵地两个层次，并在外围阵地前设置警戒阵地。警戒阵地设置于后头山、大连山、湖熟、秣陵关、江宁镇一线。外围阵地构筑于乌龙山、栖霞山、青龙山、淳化镇、牛首山、大胜关一线，两翼均依托长江天堑，形成一条大弧形阵地。复廓阵地以南京城墙为内廓，

沿紫金山、麒麟门、雨花台、下关和幕府山一线为外廓阵地，内廓、外廓相互结合，构成一个整体。城内则以北极阁、鼓楼和清凉山为界，划分成两个守备区，并在清凉山等制高点，构筑了坚固的核心据点。

据时任南京警备司令部参谋的程奎朗事后回忆："当时警卫司令部参谋处拟定南京防守计划，是以决战防御的目的，选定大胜关、牛首山、方山、淳化镇、大连山、汤山、龙潭等处原城塞组既设永久工事之线为主阵地，简称东南阵地；以雨花台、紫金山、银孔山、杨坊山、红土山、幕府山、乌龙山之线为预备阵地（亦称复廓阵地）；在长江北岸，以浦口镇为核心，由划子口沿点将台（浦口北面高地）到江浦县西端为主阵地，与东南阵地夹江形成一环形要塞。"①

南京周围的防御工事，自德国顾问于1934年提出后，即开始不断修筑，至1937年8月，已在南京和东南远郊一带先后构筑了533个永久工事。其中包括由独立工兵第一团在龙潭、汤山、淳化、方山、将军山、牛首山至板桥的弧线上，构筑了233个工事；由参谋本部要塞组在江岸及城厢内外构筑了265个工事。② 紫金山乃南京复廓阵地中的制高点，具有重要的战略价值。其第一期防御工程于1935年春，计完成159座碉堡；此后又陆续修建，至1936年全部完工。据南京保卫战研究学者费仲兴教授实地调查，到目前为止，在中山陵园界线内发现58个碉堡，在陵园界线外发现6个，计为64个。紫金山附近的碉堡中，有16个属双层大型连体碉堡。③

南京工兵学校的练习队，担负了南京城内外一些据点、地下室和紫金山附近部分重机枪工事的建筑。宪兵团则专任南京城墙永久工事的建筑。南京城郊的一些战略要点，如富贵山、鸡鸣寺、南山、清凉山、雨花台、童子仓、方山、都天庙等处，都建筑了地下室和坑道工事，以备作战指挥和防空之用。其中尤以富贵山的地下室规模最大，设备也较为完善。

---

① 程奎朗：《南京复廓阵地的构筑及守城战斗》，全国政协文史资料研究委员会《南京保卫战》编审组编《南京保卫战》，中国文史出版社1987年版，第37页。

②③ 费仲兴：《紫金山抗日碉堡知多少》，载《南京史志》2013年第2期。

淞沪抗战爆发后，完善南京的防御设施，显得更为紧迫。蒋介石责成南京警备司令部拟定南京的防御计划，由军事委员会执行部领导。9 月 2 日，蒋介石致电何应钦，专门督促赶筑南京附近各阵地工事，电文曰：

何部长：首都附近各线阵地，应即编成，招募民夫，由教导总队派兵指导，赶筑工事。应分第一期、第二期、第三期，完成日期与工事计划，详报为要。中正。二日。①

南京军民遂以顽强的斗志，冒着敌机的轰炸、扫射，赶修城防的碉堡、战壕。据时在南京警备司令部任参谋的程奎朗记述："大本营除令教导总队的一个工兵连由德国顾问指导，在汤水镇前端构筑野战工事外，还把宪兵学校的官兵学员分派到龙潭、大连山、淳化镇各地发动民工构筑野战工事。首先自杨子江沿岸至城内之防御阵地，其所架设之电话线，密布如纲，更有完成防战车外壕。然后构筑射击阵地。……官兵和民工积极性很高，当地群众还为我们烧饭送水。"②

随着中国军队从淞沪战场的撤退，中国军方更加强了在首都南京构筑工事的力量。11 月 8 日，第三战区在下达撤退令的同时，在其最新拟定的作战计划中，特别规定："抽调较次之三—五个师，回任首都之巩卫，并构筑工事。"③

经过南京军民的共同努力，至 11 月底，在南京外围，已筑成一道半圆形百里战壕。日本方面援引 11 月 30 日一家通讯社发自南京的报道称："数千市民，在将校指挥之下，构筑堑壕，其堑壕由市内延至扬子江岸，成半圆形，

---

① 《蒋介石致何应钦电》(1937 年 9 月 2 日)，中国第二历史档案馆编《抗日战争正面战场》(上)，江苏古籍出版社 1987 年版，第 395 页。

② 程奎朗：《南京复廓阵地的构筑及守城战斗》，全国政协文史资料研究委员会《南京保卫战》编审组编《南京保卫战》，中国文史出版社 1987 年版，第 40 页。

③ 蒋纬国总编著：《国民革命战史第三部——抗日御侮》(5)，台湾黎明文化事业有限公司 1979 年版，第 67 页。

长达五十八公里。”[①]据国民政府军事委员会战史会档案资料《全国已成国防工事报告表》载，至 1937 年 8 月初，在南京长江沿岸及城厢内外，已由城塞组完成工事 265 座；在南京东南一带，自板桥经淳化、汤山迄龙潭，由独立工兵第 1 团完成工事 223 座；在南京西、北部长江左岸，由第 85 师完成工事 45 座。综计在南京四周共完成工事 533 座。[②]

11 月底、12 月初的南京城内外，到处布满了战壕。在一些交通要道，还堆置了沙包，拉起了带刺的铁丝网。光华门、中山门、太平门等城门，也都用沙包堵塞关闭。军民们忙碌地布置着各式各样的防御工程。据 12 月初上海《时报》发自南京的报道：“南京各要点街道，均赶筑有带刺铁丝障碍物，城外则开挖战壕，并布置其他防御工程。”“街衢交通要点均置沙包电网，城外各军事要点亦均布置炮位，埋藏地雷。”[③]

南京军民，在大敌当前的情况下，为保卫首都、赶筑工事，竭尽了自己的努力。至临战前，京城内外，已是战壕纵横、街垒处处，一片紧张的战斗气氛。

但是，由于战争准备、行政效率、军事指挥等方面的缺陷，南京城的工事构筑，存在着严重的问题。由大本营核定的工事构筑计划，多数未能完成。有的是征集不到相当数量的民工，施工进展迟缓；有的是实施一段时间，临时又改变防守策略，中止原有的工程。已筑成的工事，有的位置过于暴露，有的缺乏侧射、斜射火力配置。淳化镇、牛首山一带建筑的钢筋水泥工事，有的用土埋着，有的门打不开；而机关枪掩体的枪眼，一般都做得太大，易被敌人发现，集中火力加以摧毁。位于四郊的炮台工事，虽以钢筋水泥构筑，但“几全不切用”，“暴露而且密集于狭小之地域”[④]。乌龙山江防要塞，炮台

---

① ［日］陆军恤兵部发行：《支那事变战迹之刊》中卷，中央陆军军官学校第四分校 1941 年印，第 103 页。

② 《全国已成国防工事报告表》(1937 年 8 月 3 日)，中国第二历史档案馆藏，档案号七八七—2209。

③ 上海《时报》1937 年 12 月 1 日、2 日。

④ 《澄镇宁各要塞区作战经过及心得概要》，中国第二历史档案馆藏，档案号七八七—7587。

炮位露天，“经敌舰半日之炮击，全台炮位即毁坏无遗”①。指挥机关对工事的侦察、检查和核定，比较马虎。有时只由参谋人员陪同德国顾问前去巡视一遍，实际并未施工；有的地段，南京警备司令部连去现场侦察的参谋人员也派不出，只能由主管作战的参谋在五万分之一的地图上，将工事位置标定即算了事。有些工事的质量，因偷工减料而根本不能起到防御的作用。如中山门至光华门之间的城墙上构筑的“永久工事”，只是在外面涂了些水泥，内部的横梁均以南竹充数，官兵见之，无不愤慨。

南京城在工事构筑上存在的严重问题，浪费了大量的人力、物力，滥用了军民的抗战热情，给保卫战造成了惨痛的损失。

二　战争动员

南京城准备战斗的气氛，除了遍布城郊的工事外，还表现在居民疏散、城市防空、壮丁训练，后勤保障、医疗救护和广泛的动员等方面。国民政府和南京军政当局，在这些方面，做了不少工作，而南京的军民，更表现出了高昂的斗志。

早在淞沪抗战爆发前，中国军事当局就已经预感到首都的人口疏散，将是抗战中亟待解决的一大问题。7 月 29 日，军政部长何应钦在军委会会报会议上指出：“南京市百余万人口，战时甚感不便，亦可先将妇孺迁移他处……尤其机关职员之眷属，尤宜先秘密移动。”②此后，随着淞沪战事的爆发和上海的失陷，南京市共有四五十万人口被有组织迁移或自动逃难。此外，还有大批外地难民和前线伤兵，经南京转运到后方。据世界红卍字会南京分会报告，该会下关救济队，于车站、码头设立临时收容所 10 处、粥厂 2 处，救济来

---

① 《第二军团京东战役战斗详报》，中国第二历史档案馆藏，档案号七八七—7591。

② 《卢构桥事件第十九次会报》(1937 年 7 月 30 日)，中国第二历史档案馆编《抗日战争正面战场》(上)，江苏古籍出版社 1987 年版，第 241 页。

往难民，并帮助交涉车船、遣回原籍，先后共计收容遣散难民达155 690名。[①]另据中国红十字会总会南京下关车站伤兵接应所的统计，仅1937年10月13日至月底，即接受、转送伤兵12 747名，并为其中6 620名轻伤官兵换药敷料。[②]

8月5日，蒋介石亲书手令致军事委员会，敦促指定首都防空统一机关。其内容为：

> 军委会：首都防空统一机关，与负责主管长官，应明令指定，负责进行，以免推诿纷歧。中正。[③]

后来共有27门高炮，统一编入南京卫戍部队所属的防空司令部。防空司令部在雨花台、富贵山、北极阁等处都筑有防空工事，并部署了高炮部队。为了提醒人们注意日机的空袭，防空司令部特在闹市区新街口广场的中央，设置了一个巨大的灰色炸弹模型。在整个日机空袭期间，该司令部不断施放防空警报，使市民能够及时躲避日机的轰炸。据炮兵第42团的一位副连长沈咸回忆：该高炮连从淞沪战场撤退后，于10月下旬分别布防于浦口、紫金山和雨花台，各配2门德国造2吨重的高炮，其性能可高射2 500—3 000米，平射4 000米。蒋介石批准这些高炮部队官兵，在11月发给双饷。高炮部队在各自的阵地上召开了誓师大会，缪范团长命令参战官兵"为民族、为国土、为生存战斗到底"。[④] 南京各界的代表，也纷纷来到阵地慰问，召开慰问会，军民代表都作了慷慨激昂的发言，表示了军民一心、宁死不屈、抗

---

① 《世界红卍字会南京分会民国二十六年至三十四年慈善工作报告书》，南京市档案馆藏，档案号1024-1-34512。

② 《中国红十字会总会南京下关车站伤兵接应所十月份工作报告节录》(1937年11月10日)，中国第二历史档案馆等编《侵华日军南京大屠杀档案》，江苏古籍出版社1987年版，第708页。

③ 秦孝仪主编：《中华民国重要史料初编——对日抗战时期》第2编第2册，中国国民党中央委员会党史委员会1981年编印，第215页。

④ 沈咸：《高炮连参加南京保卫战简记》，全国政协文史资料研究委员会《南京保卫战》编审组编《南京保卫战》，中国文史出版社1987年版，第223页。

战到底的决心。为了适应敌人不断空袭的情况，尽量减少伤亡和人员损失，蒋介石亲签致南京市长马超俊条谕：

> 马市长：南京市各马路及要口附近，相隔二三里之距离各点，必须多设平民与行人避难所，其计划地点构造法，皆希呈报；并于此十日内，壮丁全体动员，构筑避难所为要。中正。[①]

马超俊将此任务布置于各区，采取了一些相应的措施。但是，由于组织不力、社会动荡，其实际发动，与“壮丁全体动员”的程度相差甚远。

为了保证战时南京人民米盐等生活必需品的供应，蒋介石曾于 9 月上旬给实业部长吴鼎昌、南京市长马超俊下达手令，命令“南京市除现存之米不计外，另行筹足五十万人所食六个月之米粮及食盐”，并“限本月内办足”[②]。吴、马二人是否按期如数准备好了规定的粮、盐物资，现无准确资料查对，但据英国记者田伯烈所著《1937：一名英国记者实录的日军暴行》所附文件记载：马超俊曾先后函准拨给南京安全区国际委员会大米 3 万担、面粉 2 万袋；且除拨给国际委员会的粮食外，“中国军事当局在南京附近尚存米十万担”[③]。由此可见，南京军政当局，确曾准备了大批粮食，以供较长时间坚守南京之用。

11 月下旬，南京建立了由 1 000 多名官兵组成的第二救护总队，以应城防救护之急需。当时已届初冬，寒气袭人，但这批救护总队的官兵们还只穿着单衣。他们不为寒冷所惧，精神振奋、热情高涨。当枪炮声已在城墙四周猛烈响起的时候，有人动员正在从事救护工作的军医官蒋公穀离京出走。蒋答：“我是负着重大责任的人，断不能自由自在的出走。倘我现在跟你到

---

① 秦孝仪主编：《中华民国重要史料初编——对日抗战时期》第 2 编第 2 册，中国国民党中央委员会党史委员会 1981 年编印，第 21 页。

② 同上，第 216 页。

③ [英]田伯烈著，杨明译：《1937：一名英国记者实录的日军暴行》，湖北人民出版社 2005 年版，第 214 页。

汉口，这叫作逃。逃的人生命是有了，再拿什么面目去见人呢？生死成败，早已置诸度外，请你不要代我着急。”①参加南京救护工作的，还有从外地赶来支援的热心青年。苏州红十字会救护队的20名男女青年，于11月30日徒步来到南京。他们不避艰险，护送伤兵过江，传送与救护有关的各项命令。

南京的市民，面对敌人的空袭与炮火，同仇敌忾，组织动员起来。正如一家杂志所报道的那样：

> 南京市的一般民众，有组织，有训练，抗敌情绪始终保持着最高度。开战以后，感到敌机的威胁，妇孺老幼有一部分离开首都了，但有所有的壮丁，所有的生产者，不止是镇静，反而更积极的工作。前方回来的伤兵，他们有担架队，有救护团，勤慎敏捷的送到指定的医院；增援部队陆续的经过南京，他们都热烈的招待，热烈的欢迎，使每一个战士都感到为国效力的光荣。②

工人们坚守岗位，积极支援前线。浦口的火车，在敌机的狂轰滥炸之下，坚持行驶，运送部队和军用物资。电厂、水厂和邮电局的工人，保证了电、水的正常供应和信件、电话、电报的畅通。建筑工人忙于构筑遍布城郊的碉堡、工事，一直坚持到城陷的一刻。处于社会最下层的人力车夫，抗敌意识尤强。有一位伤兵要从下关乘车到中央大学，但是他身无分文。人力车夫说：“我不要钱，因为你是打日本受伤的！”

商人们为爱国心所驱使，踊跃购买公债，销毁日货，捐助衣服和食品给伤兵和难民，遵守政府对于汽油、药品等统制物资的政策，真正做到了“有钱出钱”。

---

① 蒋公穀：《陷京三月记》，“南京大屠杀”史料编辑委员会等编《侵华日军南京大屠杀史料》，江苏古籍出版社1985年版，第68页。

② 《伟大的南京》，载《时事半月刊》第1卷第5期。

向来被人们轻视的秦淮歌女，也自觉地为抗击敌人、保卫南京贡献自己的一份力量。她们组织起来，为伤兵唱戏，募捐棉衣，劝募公债，高唱抗日歌曲，其情景十分感人。

南京的大学生，一般都由政府组织转移到了后方。留下来的中小学校学生，组织了歌咏团，到电台去播音，去伤兵医院慰劳。由中小学生组成的战场服务团，还活跃在城区各地，从事运输、救护等工作。

南京市民个个痛恨汉奸，对汉奸的活动保持着高度的警惕。有位汽车司机，见一名乘客带了整箱的钞票，觉得形迹可疑，便把车子一直开到了宪兵司令部。经查，乘客果然是一个负有扩展不法组织任务的汉奸。[1]

战火已经迫近南京。南京军民正以昂扬的斗志准备战斗。

三　短期固守方针的确定

自中国军事当局下令自淞沪战场撤退、日军追逐西进起，首都南京的防卫问题，就正式提到了议事日程上来。

蒋介石多次召开高级幕僚会议，并个别征求过一些高级将领的意见，研究南京之守与不守问题。

当第三战区部队开始从上海苏州河一线撤退时，蒋介石电召在淞沪前线指挥作战的陈诚到南京，征求其意见。陈诚主张不守南京。

在高级官员中，主张不守南京的，还有第五战区司令长官李宗仁和张群等人。

李宗仁认为：在战术上说，南京是个绝地，敌人可以三面合围，而北面又阻于长江，无路可退。以新受挫折的部队来坐困孤城，实难望久守。历史上没有攻不破的堡垒，何况我军新败之余，士气颇受打击，又无生力军增援；而敌人则夺标在望，士气正盛，南京必被攻破。与其如此，倒不如我们自己宣

① 《伟大的南京》，载《时事半月刊》第1卷第5期。

布南京为不设防城市，以免敌人借口烧杀平民。而我们可将大军撤往长江两岸，一面可阻敌人向津浦线北进，同时可拒止敌人的西上，让他徒得南京，对战争大局无关宏旨。[①]

张群也认为，当前南京不具备防守的条件。他还持有一种见解，即："如果我军自动退出南京，日军不是以武力攻占的，万一将来和谈时，它就不能以战胜者自居而对我进行要挟。"[②]

上海失陷后，蒋介石召集何应钦、军事委员会常委白崇禧、军委会办公厅主任徐永昌，以及大本营作战组组长刘斐等人，商讨防守南京的问题。刘斐在会上发表了比较有代表性的意见，详细分析了防守南京的利害、得失。他认为：

"日军利用它在上海会战后的有利形势，以优势的海陆空军和重装备，沿长江和沪宁、京杭国道等有利的水陆交通线前进，机动性大，后方联络线也很便利。而南京在长江弯曲部内，地形上背水，故可由江面用海军封锁和炮击南京，从陆上也可由芜湖截断我后方交通线，然后以海陆空军协同攻击，则南京将处在立体包围的形势下，守是守不住的。我军在上海会战中损失太大，又经过混乱的长途退却，已无战斗力，非在远后方经过相当长时期的补充整训，不能恢复战斗能力。"

"我军应坚持持久消耗战略原则，不应该在一城一地的得失上争胜负，而要从全盘战略着眼，同敌人展开全面而持久的战争。"

"南京是我国首都所在，不作任何抵抗就放弃，当然不可。但不应以过多的部队争一城一地的得失，只用象征性的防守，作适当抵抗之后就主动地撤退。对兵力使用上，以用十二个团，顶多十八个团就够了，部队太多将不便于机动。"[③]

白崇禧则持与前述李宗仁相同的主张，认为东战场部队已残缺不齐，

---

① 李宗仁：《李宗仁回忆录》（下），广西人民出版社 1980 年版，第 699 页。

② 宋希濂：《鹰犬将军》，中国文史出版社 1986 年版，第 125 页。

③ 刘斐：《抗战初期的南京保卫战》，全国政协文史资料研究委员会《南京保卫战》编审组编《南京保卫战》，中国文史出版社 1987 年版，第 8—9 页。

疲劳不堪，无法在短期内再组织大规模的守城战役，应宣布南京为不设防城市。其理由为："南京是总理指定之首都，为总理陵寝之所在地，不忍为军事破坏，应宣布为不设防之城市，以主力退至城之西部、西南部一带，一部集结于浦口，监视南京，掩护徐州，保留实力，以便机动打击敌人。"[1]这一意见，就当时的军事形势而言，为保存实力，又不失体面，确有一定道理。但他考虑到蒋介石在会议一开始，就提出了"防守南京"的问题，自己"不设防"的建议与其研讨基调相去甚远，故未便提出，只表示赞同刘斐的意见。

何应钦、徐永昌也没有发表什么新的见解，都表示支持刘斐的看法。

这次会议，没有作出最后的决定。蒋介石认为，刘斐的意见有道理，凡在上海作战中损失很大的部队，都应一律调到后方整补。他又说："南京是国际观瞻所系，守是应该守一下的，至于如何守法，值得再加考虑。"[2]

约于11月15、16日，蒋介石在他的中山陵住所，召开了第二次幕僚会议，继续商讨关于防守南京的问题。出席会议的人员，除前次参加者外，又增加军委会执行部主任唐生智和南京警备司令谷正伦等人。此时，第三战区的主力部队已奉令向广德、安吉、宁国一带退却，该战区的主要指挥官顾祝同、陈诚等人，也已去皖南部署部队的整补工作。刘斐介绍了这一战场形势的发展，继续坚持只以12—18个团的兵力，对南京作象征性防守的意见。唐生智认为："南京是我国首都，为国际观瞻所系，又是孙总理陵墓所在，如果放弃南京，将何以对总理在天之灵?"[3]蒋介石在此次会议上，仍然没有作出最后的决定，只是说："孟潇（唐生智号）的意见很对，值得考虑，我们再研究吧!"不过，在他的思想上实际已形成了与唐生智意见相近的看法。他主张对南京作短期固守。按照这一方针，虽不致像淞沪抗战那样死拼硬守，但也决非12—18个团的兵力所够用。其实，唐生智对守南京，还有从战略上

① 白崇禧：《白崇禧回忆录》，解放军出版社1987年版，第119—120页。

②③ 刘斐：《抗战初期的南京保卫战》，全国政协文史资料研究委员会《南京保卫战》编审组编《南京保卫战》，中国文史出版社1987年版，第9页。

考虑的一面。他在后来的回忆中写道："我同意守南京，掩护前方部队的休整和后方部队的集中，以阻止和缓延敌人的进攻。""我认为守南京主要的目的还是多争取一些时间，使撤下来的部队得到休整和准备；而不单纯从南京是首都或中山陵园所在地来考虑。"①当时在唐生智领导的南京警卫执行部任第一组科长的谭道平，深悉唐的战略思想。他在关于南京卫戍战的著作中写道："南京的守城战，是中外人士观瞻所在，富有政略的意义，在战略上看来，也可以吸引追击的敌人向南京前进，使从上海撤退下来的五六十个师，至少也可以减轻一些压迫，得到转进喘息的时间。""南京卫戍战的另一个伟大的意义，是在掩护我上海大军得以安然地向浙皖边区退却，而她自身却不得不忍受战争的一切痛楚。"②

后来，蒋介石在日记中写道："南京孤城不能不守，对上、对下、对国、对民殊难为怀也。"③他并将防守南京的方针表述为："南京守城，非守与不守之问题，而是固守之时间问题。在敌军火力优势，长江得自由航行之情势下，欲期保持，颇属难能，故只可希望较短时间之防守。""既作短时间守城之望，则不必将全部之基干部队，全部牺牲，须预为撤退之掩护。""若是至不得已放弃南京时，各防守部队撤退，得有掩护。"④

四　唐生智走马上任

蒋介石在逐步形成了短期固守南京的方针之后，面临的主要问题便是：由谁来负责守卫南京？为此，他于 11 月 18 日晚，又在自己的中山陵住所，召开了一个高级幕僚会议，出席者有何应钦、白崇禧、徐永昌、唐生智、谷正

---

① 唐生智:《一九三一至一九四九年概括回忆的几件事》，载全国政协文史资料研究委员会编《文史资料选辑》第 15 辑(合订本第 4 册)，中国文史出版社 1986 年版。

② 谭道平:《南京卫戍战史话》，东南文化事业出版社 1946 年版，第 47、117 页。

③ 秦孝仪总编纂:《总统蒋公大事长编初稿》卷 4 上册，中国国民党中央委员会党史委员会 1976 年编印，第 145 页。

④ 第三战区长官司令部编制:《抗战纪实》，中国第二历史档案馆藏，档案号七八七—6700。

伦、刘斐等人。

蒋介石在会上首先说:“南京是我国的首都,为国际观瞻所系,对全国人心也有重大影响,完全不守是不可以的。应较十二个团的兵力酌量增加。”①接着便问由谁来守。当时会场上大家都默不作声。

蒋见无人应承,便说:“如果没有人守,我自己守。”

唐生智说:“用不着你自己守,派一个军长或总司令,带几个师或几个军就行了。从前方下来的人中间派一个人守,或者要南京警备司令谷正伦守都可以。”

蒋介石认为,唐生智提议的人选,资历太浅,不能胜任。他见唐生智在守南京问题上的观点与自己比较接近,又有较深的资历,便对唐说:“关于守南京的问题,要就是我留下,要就是你留下。”

在这样“将军”的情况下,唐生智决定答应蒋介石的要求,担当起守卫南京的重任。他对蒋介石说:“你怎么能留下呢? 与其是你,不如是我吧!”②接着又补充说:“我愿意勉为其难,一定坚决死守,与南京城共存亡!”③

蒋又问唐:“你看把握怎么样?”唐答:“我只能做到八个字:‘临危不乱,临难不苟’。”④蒋遂对何应钦说:“就这么办,有什么要准备的,马上办,可让孟潇先行视事,命令随即发表。”⑤

蒋介石于19日以手令,特派唐生智为南京卫戍司令长官。20日,唐生智走马上任,并随即将自己执掌的军委会执行部改组为卫戍司令长官部。唐氏就任伊始,特颁发布告:“凡文武机关暨一般民众,当此国难严重时期,均应各竭所能,各尽所知,沉着应变,共赴事机。倘有不轨奸徒造谣生事,摇惑人心,或乘机扰乱,妨害安宁者,均为国法所不容,本司令长官职责所在,

---

① 宋希濂:《鹰犬将军》,中国文史出版社1986年版,第125页。

②④ 唐生智:《卫戍南京之经过》,全国政协文史资料研究委员会《南京保卫战》编审组编《南京保卫战》,中国文史出版社1987年版,第3页。

③⑤ 刘斐:《抗战初期的南京保卫战》,全国政协文史资料研究委员会《南京保卫战》编审组编《南京保卫战》,中国文史出版社1987年版,第10页。

决不稍予宽纵。”[1]24日，国民政府正式发布任命唐生智为南京卫戍司令长官的公告。

唐生智，湖南东安人。少时在家读书，15岁进入湖南陆军学校学习军事，后又先后进入著名的武昌军官学校、保定军官学校。他的军事生涯，以及与蒋介石的关系，充满着传奇色彩。北伐战争期间，他在蒋介石麾下，任国民革命军第8军军长，北伐军前敌总指挥。1927年10月，唐军与蒋桂方面发生冲突，唐兵败下野，出国赴日，还被开除了国民党党籍。1929年，他利用蒋桂矛盾，归国重掌兵权，出任讨桂军第五路军总指挥。同年底，唐与蒋决裂，就任反蒋的“护党救国军”第四路军总司令，旋即失败，逃赴港澳。“九一八”事变后，重新被南京方面任命为军事参议院院长。1934年12月，出任军委会训练总监部总监。1935年，再兼任军委会执行部主任，曾负责构筑京沪杭一带国防工事及军事训练。同年秋，以参谋长身份指挥拱卫首都的“秋季大演习”。1937年11月，出任南京卫戍司令长官。

11月27日，刚刚就任新职的唐生智，对驻京中外记者发表谈话，表示了誓死守城的决心。他说：

> 中国为一爱好和平之民族，从不侵略他国，讵九一八后，日本以数十年之准备，大举进犯中国国土。中国在物质上虽乏准备，但精神上则具无上之抵御决心。自卢沟桥事件以来，我军在各地多遭挫败，但吾人将屡败屡战，至最后胜利为止。本人奉命保卫南京，至少有两事最有把握：第一，即本人及所属部队誓与南京共存亡，不惜牺牲于南京保卫战中；第二，此种牺牲定将使敌人付与莫大之代价。[2]

唐生智并在谈话中特别申明，南京军事当局将竭力保护留京外侨的生命财产的安全。他说：“外人之能离京者以离京为上，惟中国政府自将竭其

① 《中央日报》1937年11月22日。

② 汉口《大公报》1937年11月28日。

能力，担保留京外人之安全……假使外人有不满之处，吾人闻悉之后，即当竭力矫正之。余为负责之员，拟尽余力所能为，以遏止纷乱。在数日之中，局势尚不致骤行严重，惟一旦局势转危，则各城门均将紧闭，且将取其他行动，但无论如何，余必竭力保护外侨也。”①

此时，适值南京警备司令谷正伦胃疾复发，辞职随宪兵司令部去湖南就医，原警备司令部人员均编入南京卫戍司令长官部，其机关亦从雨花台迁至唐生智公馆对面教育部长王世杰家中。唐生智对这批刚编入的参谋人员说：“谷司令有病到后方休养，防守南京的任务，只好由我承担起来了。我是统帅，守土有责，决心与南京共存亡。南京失守，我亦不生。你们是幕僚，和我所处地位不同，我不要求你们和我一道牺牲，万一城破，你们到时还可以突围出去。我只要求你们在我还活着的时候，坚持工作到底。”②其语甚为悲壮感人，听者无不受到激励、鼓舞。

12 月 6 日晚，蒋介石、宋美龄与侍从室主任钱大钧来到唐生智公馆，由蒋介石向参加守城的少将以上将领，作离开南京前的最后训话。蒋介石讲话历时 1 小时左右，其要点为：

1. 抗战 5 个月来，虽然军事上是暂时失败了，丧失了许多地方，但也给了日军以相当大的打击，使日军不能达到它速战速决的目的。

2. 由于我国的英勇抗战，已经获得了国际上的广泛同情和支援。

3. 南京是我国的首都，又是总理陵墓所在，为国际观瞻所系，同时对国内人心的影响也很大，所以必须固守。

4. 守南京可以牵制敌人兵力，而使其他部队得有喘息和整补的机会。

5. 希望大家抱定决心，努力固守。现云南部队 3 个师装备齐全，兵力充足，又有作战经验，不久可到达武汉。我将亲自率领这个部队从皖南方面来

① 《唐生智发表讲话“与南京共存亡”》(1937 年 11 月 27 日)，马振犊等编《南京大屠史料集》第 2 册《南京保卫战》，江苏人民出版社 2005 年版，第 79 页。

② 程奎朗：《南京复廓阵地的构筑及守城战斗》，全国政协文史资料研究委员会《南京保卫战》编审组编《南京保卫战》，中国文史出版社 1987 年版，第 41 页。

解南京之围。①

蒋介石还勉励大家，服从唐生智的领导，为守土抗敌尽责。他说：

> 现在各方面的战争形势，都在继续发展，我不能偏于一隅，所以，责任逼着我离开，这在我内心是感到异常的沉痛。今天，我把保卫首都的责任交给唐生智将军，唐将军是身经百战，智勇兼备的将领，他必定能秉承我的意旨负起责任。诸君服从唐将军，正像服从我一样。
>
> 守卫首都的历史使命，现在已交给唐将军和诸君了，我们应了解这是千载一时的机会，大家能够达成任务，当然是我们报国的最大愿望，我在外面，也自当调动部队，来策应首都的……②

唐生智即席作了发言，再次表示了对国家和民族的忠诚，决心以死报国。他说：

> 本人受国家厚恩，受委员长的殊遇、培植，感激到无以为报；加之，首都的工事，又为我一手设计督造。本人自当敬遵委座命令，与诸君共负守城的责任。即使万一有什么，那也是神圣使命的完成。我们能够做一个无愧天人、无愧党国的军人，那正是自己创造光荣历史，创造伟大的民族历史！诸君，今日正是我们戮力用命的日子！只要我们能以一死报国家，一死报委员长，什么愿望，我们也都达成了。③

当唐生智送蒋介石夫妇上汽车时，蒋深情地对唐说："孟潇兄，你的身体还没有恢复，有劳你守南京，我很难过。"蒋还称赞唐"患难见交情"。唐对蒋说："这是军人应该干的事嘛！我还是要重复以前对你说的话，我可以做到

---

① 宋希濂：《鹰犬将军》，中国文史出版社1986年版，第128—129页。

② 谭道平：《南京卫戍战史话》，东南文化事业出版社1946年版，第58页。

③ 同上，第59页。

‘临危不乱，临难不苟’，没有你的命令，我决不撤退。”[1]

次日晨，蒋介石乘飞机离宁飞赣。唐生智遂成为留在危城南京指挥保卫战的中国最高军事首脑。

五　组成南京卫戍军

就在国民政府发布公告，特任唐生智为南京卫戍司令长官的第二天，即11月25日，蒋介石以“有酉一作元”代电，颁布了首都卫戍部队最初的战斗序列：

（一）司令长官唐生智。（二）第七十二军孙元良部。（三）第七十八军宋希濂部。（四）首都警卫军谷正伦：（甲）桂（永清）总队；（乙）宪兵部队。（五）其他特种部队之一部。[2]

后来，随着锡澄线被突破，日军日益向南京郊区逼近，南京卫戍部队阵容不断扩大。12月5日晚，蒋介石电令正在皖南前线指挥作战的第16军团军团长罗卓英，离防赴京，就任南京卫戍副司令长官[3]。罗卓英，字尤青，广东大埔人。少时好古诗文辞，中学毕业后在家教书。1919年考入保定军官学校，后又因陈诚关系入黄埔，成为陈诚在军中的得力助手和亲信将领，先后担任第11师师长、第18军军长。淞沪抗战中，他率部在陈诚指挥的左翼作战军中，浴血苦战，任第15集团军总司令；上海失陷后，部队撤退皖南，任第16军团军团长。

12月6日，正式明令，以罗卓英、刘兴为南京卫戍副司令长官。刘兴为

---

① 唐生智：《卫戍南京之经过》，全国政协文史资料研究委员会《南京保卫战》编审组编《南京保卫战》，中国文史出版社1987年版，第4页。

② 《蒋介石颁布首都卫戍部队战斗序列代电》（1937年11月25日），中国第二历史档案馆编《抗日战争正面战场》（上），江苏古籍出版社1987年版，第400页。

③ 《第十九集团军东战场战斗详报》，中国第二历史档案馆藏，档案号七八七—6536。

唐生智大革命前多年的部属、共过患难的亲信。北伐战争期间，唐任第 18 军军长，刘为其所辖第 4 师师长。抗战前担任过南昌行营所属北路军第 1 路军副总指挥兼第 8 纵队指挥官、守备队指挥官等职。抗战爆发后，刘兴率部参加淞沪抗战，任江防军总司令兼第 15 军团军团长、第 27 军军长；上海失陷后，率第 112 师、103 师，暨江阴、镇江、江宁各要塞部队，守护江防。

经过不断充实，南京卫戍部队最后形成的完整序列为[①]：

南京卫戍军	司令长官	唐生智
	副司令长官	罗卓英
		刘　兴
	参谋长	周　斓
	副参谋长	佘念慈
第 2 军团	军团长	徐源泉
第 41 师	师长	丁治磐
第 121 旅	旅长	张习崇
第 241 团	团长	不　详
第 242 团	团长	不　详
第 123 旅	旅长	芮勤学
第 245 团	团长	不　详
第 246 团	团长	不　详
第 48 师	师长	徐继武
第 142 旅	旅长	杨绍东
第 283 团	团长	不　详
第 284 团	团长	不　详

① 资料来源：马振犊等编《南京大屠杀史料集》第 2 册《南京保卫战》，江苏人民出版社 2005 年版；中国第二历史档案馆、侵华日军南京大屠杀遇难同胞纪念馆编《南京保卫战殉难将士档案》(全 10 册)，南京出版社 2007 年版；谭道平著《南京卫戍战史话》，东南文化事业出版社 1946 年版；《南京保卫战中国军队战斗序列》，《现代快报》2005 年 7 月 7 日；全国政协文史资料研究委员会《南京保卫战》编审组编《南京保卫战》，中国文史出版社 1987 年版。

第 144 旅	旅长	郭　浚
第 287 团	团长	赵我华
第 288 团	团长	曹　毅
第 289 团	团长	不　详
第 66 军	军长	叶　肇
第 159 师	师长	谭　邃
第 475 旅	旅长	林伟俦
第 949 团	团长	黄纪福(副旅长兼)
		谢彩轩(副旅长兼,黄牺牲后继任)
第 950 团	团长	林伟俦(旅长兼)
第 477 旅	旅长	司徒非(12 月 11 日任第 160 师参谋长)
第 952 团	团长	何全标
第 953 团	团长	不　详
第 160 师	师长	叶　肇(军长兼)
第 478 旅	旅长	邓志才
		喻英奇(12 月 11 日代)
第 955 团	团长	梁卓芬
第 956 团	团长	喻英奇
		蔡如柏(12 月 11 日任)
第 480 旅	旅长	不　详
第 958 团	团长	梁佐勋
第 959 团	团长	翟洪宇
教导旅	旅长	不　详
第 71 军	军长	王敬久

第 87 师	师长	沈发藻[①]
第 259 旅	旅长	易安华
第 517 团	团长	不　详
第 518 团	团长	石仲和
第 261 旅	旅长	陈颐鼎(副师长兼)
第 521 团	团长	郏国选
第 522 团	团长	向凤武
补充旅 (后改第 260 旅)	旅长	刘启雄
补充团	团长	谢家珣
补充 1 团	团长	蔡　祺
第 72 军	军长	孙元良
第 88 师	师长	孙元良(军长兼)
第 262 旅	旅长	朱　赤
第 523 团	团长	吴求剑
第 524 团	团长	韩宪元
第 264 旅	旅长	高致嵩 廖龄奇(12 月 12 日任)
第 527 团	团长	李　杰
第 528 团	团长	沈芝生
补充旅	旅长	不　详
补充 1 团	团长	华品章
补充 2 团	团长	不　详
第 74 军	军长	俞济时

① 《南京卫戍军战斗详报》,中国第二历史档案馆藏,档案号七八七—7593。另有资料认为,沈发藻在南京保卫战时任第 87 师副师长,师长由第 71 军军长王敬久兼任。本书从《南京卫戍军战斗详报》说。

第51师	师长	王耀武
第151旅	旅长	周志道
第301团	团长	纪鸿儒(代)
第302团	团长	程　智
		吴克定(12月12日任)
第153旅	旅长	李天霞
第305团	团长	张灵甫
第306团	团长	邱维达
第58师	师长	冯圣法
第172旅	旅长	不　详
第343团	团长	戚永年
第344团	团长	不　详
第174旅	旅长	不　详
第347团	团长	钟学栋
第348团	团长	不　详
第78军	军长	宋希濂
第36师	师长	宋希濂(军长兼)
第106旅	旅长	顾葆裕(代)
		李志鹏
第211团	团长	王芝瑞
第212团	团长	熊新民
第108旅	旅长	刘　英
第215团	团长	伍光宗
第216团	团长	张绍勋
补充旅	旅长	李钦若
补充2团	团长	李牧良
第83军	军长	邓龙光

第 154 师	师长	巫剑雄
第 460 旅	旅长	不　详
第 919 团	团长	不　详
第 920 团	团长	不　详
第 462 旅	旅长	不　详
第 922 团	团长	不　详
第 923 团	团长	不　详
第 156 师	师长	李　江
第 466 旅	旅长	不　详
第 931 团	团长	不　详
第 932 团	团长	不　详
第 468 旅	旅长	黄世途
第 934 团	团长	不　详
第 935 团	团长	不　详
教导总队	总队长	桂永清
第 1 旅	旅长	周振强(副总队长兼)
第 1 团	团长	秦士铨
第 2 团	团长	谢承瑞
第 2 旅	旅长	胡启儒
第 3 团	团长	李西开
第 6 团	团长	刘子淑
第 3 旅	旅长	马威龙(代)
第 4 团	团长	睢友蔺
第 5 团	团长	马威龙(兼)
直属炮团	团长	楼迪善
直属骑兵团	团长	王翰卿
直属工兵团	团长	杨厚灿

直属军士团（营）	团长	吴曙青
直属辎重团	团长	郭旭泉
第103师	师长	何知重
第613团	团长	罗熠斌
第615团	团长	周相魁
第618团	团长	万式炯
第112师	师长	霍守义
第334旅	旅长	马万珍
第667团	团长	方叔洪
第668团	团长	崔锡璋
第336旅	旅长	李德明
第671团	团长	许赓扬
第672团	团长	万　毅
宪兵部队	副司令	萧山令
第2团	团长	罗友胜
第5团	团长	不　详
第10团	团长	陈烈林
教导第2团	团长	周竞仁
练习团	团长	吴志勋
江宁要塞部队	司令	邵百昌
运输司令部	司令	周鳌山
防空司令部	副司令	黄镇球
炮兵第8团	团长	娄绍恺
炮兵第10团	团长	不　详
高射炮第42团	团长	缪　范

战车部队　　　　指挥官　　　刘介辉

在上述部队中，除配属性质的运输、炮兵、防空、装甲、通信、特务等部队外，其主力部队共为 13 个建制师又 15 个建制团（教导总队 11 个团，宪兵部队 4 个团）。这支部队总共有多少人？迄无完整、准确的数字。最少的认为只有 5 万人，多数估计为 10 余万人；最多的称有 20 万人。时任南京卫戍司令长官部参谋处第一科科长的谭道平先生，曾直接从事保卫战中的军务统计工作，在战后的一本专著中，认为南京卫戍部队总数为 81 000 人。详表如下①：

部　队	战斗兵	杂　兵	合　计	备　注
第 2 军团 （含第 41 师、48 师）	12 000	6 000	18 000	内新兵 占 4/5
第 66 军 （含第 159 师、160 师）	4 500	2 500	7 000	
第 83 军 （含第 154 师、156 师）	4 000	1 500	5 500	
第 36 师	4 000	3 000	7 000	内新兵 2 000
第 51 师	4 000	2 000	6 000	内新兵 2 000
第 58 师	4 000	3 000	7 000	内新兵 2 000
第 87 师	3 500	3 000	6 500	内新兵 2 000
第 88 师	4 000	3 000	7 000	内新兵 3 000
教导总队	7 000	4 000	11 000	内新兵 5 000
第 103 师、112 师、 宪兵及各直属部队	2 000	4 000	6 000	
合　计	49 000	32 000	81 000	

上表对于考察南京保卫战中各部队兵力的构成，有一定的参考价值，但是就其所列各部队人数，对照现存档案、资料，似有较大出入。

① 谭道平：《南京卫戍战史话》，东南文化事业出版社 1946 年版，第 93—95 页。

按照中国军事当局在1937年制定的军队编制，每步兵师应为10 923人。每步兵师含2个步兵旅、4个步兵团，以及炮兵、工兵、辎重兵各1个营。[①] 以此推算，每个步兵团约2 200人。因此，如果守卫南京的13个建制师又15个建制团均满员的话，这支部队应约有17.5万人。可是，守卫南京的部队，大多从淞沪战场撤退下来，在淞沪战役及沿京沪线和宁杭公路的战斗中，损失惨重，虽经应急补充，多数部队仍未达到满员的水平。当然，也有少数部队，如教导总队、第36师等，由于编制、任务的特殊，以及新兵补充及时，其实际人数反而超过了一般额定满员数。

据现存档案及回忆资料，部分守城部队的实际人数为[②]：

第160师	9 000人
第78军（即第36师）	11 968人
第103师	2 000人
宪兵部队	5 490人
第72军（即第88师）	6 000人
第2军团（含第41师、48师）	16 929人
第71军（即第87师）	约10 000人
第74军（含第51师、58师）	17 000人
教导总队	35 000人

上述9个单位共9个师又15个团，计为113 387人，相当于同等师、团满员数的86.4%。若以此百分比去推算南京守军中其余4个师的人数，则可约知该4师应有37 000余人。如此相加，当时南京守军较为准确的数字为15万人。

这便是中国军事当局推出，由唐生智将军统率，用以保卫首都、抗击日军的实力和阵容。

① 《战争直前敌我师编制装备比较表》，浙江省中国国民党历史研究组（筹）编印《抗日战争时期国民党战场史料选编》（一），1985年版，第319页。

② 孙宅巍：《民国史论丛》，凤凰出版社2010年版，第44—45页。

六 兵力配置

唐生智在接受南京卫戍司令长官的任命之后，便在南京现有人员和物质条件的基础上，策定了首都城防计划的概略：

一、利用雨花台、天堡城、红山及幕府山已完成的骨干工事编成核心阵地；

二、命要塞用全力掩护长江的封锁线，并协同核心守备队战斗；

三、各守备部队须作物质及械弹上准备，都要有独立作战的能力。①

日本方面认为，南京的防御阵地，主要集中于东、南两个方向，分作两个层次：外线阵地自栖霞山向南，至秣陵关、铜河口附近，布置了半圆形的防线；内线阵地沿幕府山至太平门、雨花台而至长江边的北河口。②

此时，南京卫戍军直属军事委员会指挥，其防区属东战场的一部分，与第二、第七战区防区相衔接。蒋介石于 11 月底，对整个东战场的力量曾作如下部署：

> （一）第七战区除固守现地外，其左翼须以有力部队留置于安吉、孝丰山地，相机攻击敌侧背，迟滞其前进。
>
> （二）第三战区依前令开始转进，以后须以有力部队分别留置于龙潭以南、广德以北各地，迟滞敌之前进，掩护主力之行动，并破坏重要交通线。
>
> （三）各战区须与首都卫戍军相策应，对敌作战保持动作之自由，其损失过大之部队，应酌令其撤退于宁国、芜湖以西地区，积极整理补充待命。

---

① 吴相湘：《第二次中日战争史》上册，台湾综合月刊社 1973 年版，第 399 页。

② [日]陆军恤兵部发行：《支那事变战迹之刊》中卷，中央陆军军官学校第四分校 1941 年印，第 103 页。

（四）首都卫戍军除固守南京既设阵地外，应与第三战区部队密切协同，相互策应，击破敌之攻围军。[①]

在东战场的整体布局之下，唐生智以固守附廓据点及城垣之目的，先将第一批到达南京之兵力，配置于内线。其部署为：

一、第八十八师以主力位置于雨花台附近，任水西门、中华门至武定门及雨花台之守备。

二、第三十六师以主力位置于龙王庙附近，担任玄武门、红山、幕府山至挹江门之守备，并与幕府山要塞协同作战。

三、教导总队以主力位置于小营（在中央军校西），担任光华门、中山门至太平门及天堡城之守备，并以一团归要塞邵百昌司令指挥，任乌龙山要塞守备。

四、宪兵队以兵力位置于清凉山附近，担任定淮门至汉中门及清凉山之守备，并于龙潭、汤山、淳化等处，各派兵一连，处置退回之散兵，待命撤回。

五、警察队担任城内秩序之维持，及交通点、重要仓库、自来水塔、电灯厂等处之守护。

六、要塞部队固守乌龙山、幕府山之要塞地区，并掩护长江封锁线。

七、防空队以七公分五高射炮位置于五台山附近，其余分别位置于大校场及下关等处，主任城市、大校场、轮渡、自来水塔、电灯厂之掩护。[②]

待第66、第74、第83各军陆续开到南京后，各部虽均久经战斗，补充整理尚未完毕，但当即被部署于南京东南面之第一道防御阵地，负责外围作战。具体配置如下：

1. 第72军派出右侧支队至江宁镇附近，任右翼掩护；

2. 第74军任牛首山至淳化镇附近之守备，并向秣陵关、湖熟镇派出前

---

① 《蒋介石致顾祝同等密电稿》(1937年11月30日)，中国第二历史档案馆编《抗日战争正面战场》(上)，江苏古籍出版社1987年版，第400页。

② 台湾"国防部"史政编译局编：《抗日战史》"淞沪会战"部分，1966年版，第247—248页。

进部队；

3. 第 66 军任淳化镇附近至凤牛山之守备，并向句容附近派有力之前进部队；

4. 第 83 军任凤牛山附近经拜经台至龙潭之守备，向下蜀派出前进部队。

后第 2 军团徐源泉部开到，卫戍军司令长官部便令其接守龙潭至孟塘一段阵地，以及乌龙山要塞阵地；第 83 军则调至丹阳、镇江作战。[1]

第 2 军团之第 41 师于 12 月 5 日到达南京。军团遂令其 1 个团守龙潭，2 个团守栖霞山、龙王山之线，1 个团开往乌龙山；但其右翼尚不能与第 66 军阵地衔接，中间发生空隙，不得以令栖霞山线上之部队迅向保国山、拜经台之线推进。7 日，其第 48 师开到，奉命开往杨坊山、乌龙山之线占领阵地，并从第 41 师手中接防乌龙山要塞。

在上列各支守城部队中，除第 2 军团外，第 36 师、教导总队、第 74 军的防守正面也较宽，而宪兵部队防地则较为分散。各部本阵地之部署为：

第 36 师宋希濂部。该部防守重点为：东正面指向红山，西正面指向下关附近；左右依托玄武湖与幕府山要塞。其第 108 旅，担任东正面红山、北崮山的守备，右与教导总队联系，左与第 106 旅联系；第 106 旅担任挹江门、和平门至晓庄师范学校一带的守备，右与 108 旅联系，左与宪兵团联系；师司令部位于挹江门附近。[2]

教导总队桂永清部。步兵第 1 旅率本旅第 1、第 2 团，军士营，附工兵 1 营为右翼，担任紫金山老虎洞、西山到工兵学校之线的防守；步兵第 3 旅率本旅第 4、第 5 团为左翼队，担任紫金山老虎洞左侧到岔路口之线的防守；步兵第 2 旅率本旅第 3、第 6 团，附工兵 1 连，担任陵园新村、中山陵西侧、灵谷寺至老虎洞南侧一带地区之守备；骑兵团在汤山、青龙山之间占领警戒阵

---

① 《南京卫戍军战斗详报》，中国第二历史档案馆藏，档案号七八七—7593。

② 宋希濂：《南京守城战》，全国政协文史资料研究委员会《南京保卫战》编审组编《南京保卫战》，中国文史出版社 1987 年版，第 231—232 页。

地，阻击敌人前进；炮兵团在富贵山一带占领阵地。①

第 74 军俞济时部。以第 51 师担任方山至淳化镇之守备；以第 58 师占领牛首山；军部设于通济门外村庄中。②

宪兵部队。萧山令部宪兵第 2 团、教导团、特务营、第 5 团之第 1 营及重机枪 10 连为清凉山守备队，守备清凉山至汉中门、水西门、棉花堤、上新河一线阵地，宪兵第 10 团为明故宫守备队，守备明故宫、复成桥、三十四标一线阵地。③

12 月初，守备南京部队达 15 个师强，据第三战区概述，经调整、充实后，其各部配置为：

> 1. 主阵地，板桥至淳化镇之线，以 74A 之两师担任，孟塘至龙潭之线，以 83A 担任(后改为 10A 担任)。
>
> 2. 复廓阵地，狮子山及城北一带，由 36D 担任，安德门至雨花台，由 88D 担任；河定桥至工兵学校，由 87D 担任；其北经紫金山前缘至蒋王庙，由教导总队担任。④

南京卫戍军的兵力配置，虽受兵力不足的客观限制，但在组织指挥上，也存在一定缺陷。各部队防守正面过宽，并互相间往往衔接不上。这一问题，尤其反映在东北部第 2 军团与教导总队的防务上。第 2 军团的实施正面达 40 公里，其军团长徐源泉称："各以全师兵力完全展布，犹觉不敷分配，而敌之攻我，专注一点，我则处处薄弱，坐以受攻，终至被各个击破。"⑤该军

---

① 周振强：《教导总队在南京保卫战中》，全国政协文史资料研究委员会《南京保卫战》编审组编《南京保卫战》，中国文史出版社 1987 年版，第 166—167 页。

② 王耀武：《第七十四军参加南京保卫战经过》，全国政协文史资料研究委员会《南京保卫战》编审组编《南京保卫战》，中国文史出版社 1987 年版，第 142—143 页。

③ 《宪兵司令部战斗详报》，中国第二历史档案馆藏，档案号七八七—7595。

④ 《第三战区南京会战经过概要》，中国第二历史档案馆编《抗日战争正面战场》(上)，江苏古籍出版社 1987 年版，第 415 页。"A"、"D"分别为部队"军""师"之符号；第 10 军即指第 2 军团。

⑤ 《第二军团京东战役战斗详报》，中国第二历史档案馆藏，档案号七八七—7591。

团之第48师，以1个团守乌龙山，3个团担任和尚庄至杨坊山北麓间的防务，而教导总队却未能按照规定进驻杨坊山阵地，致使该师的防御处于敷衍应付的状态，造成“一线配备尚虑不足，纵深配置实所不能”的困难局面。①

南京卫戍部队的阵地设置与构成，既表明了其领导者守土奋战、顽强抗敌的决心，但也显示出消极、被动的弱点，为保卫战的失利和失算，埋下了伏笔。

① 《第二军团京东战役战斗详报》，中国第二历史档案馆藏，档案号七八七—7591。

第六章　外围激战

一　首战句汤线

11 月底、12 月初，西进日军已渐次抵达句容、淳化、秣陵关等南京外围地区。其第 9、第 3 师团之一部，沿京杭国道，向句容、汤水镇攻击前进，在该地区拒敌之中国部队，为第 66 军叶肇部。

12 月 4 日，日军先头部队三四百人，已到达天王寺附近。守军第 66 军之第 160 师布防于句容及其以西一线，第 159 师则布防于汤水镇、仙澜桥南北之线已设阵地。是日，第 66 军电令：着第 478 旅（欠 956 团）附 959 团，迅即占领句容西端已设阵地，为前进部队极力拒止敌之前进，无令不得撤退；着 956 团即在珠山、青龙山、多子山之线占领阵地。[①] 各该部遂奉令占领规定之阵地。

5 日拂晓，驻守句容之第 478 旅所属第 955、956 团与日军接触，但略经射击，日军即后退。9 时，日军 200 余名绕至句容以西的土桥镇，企图骚扰守军后方。当经第 74 军部队在土桥附近的山坳中，将日军击溃，共击毙六七十名，缴获机枪 20 挺、涂有日本国徽的钢盔 60 余顶。[②] 上午 11 时，守军第 160 师潜伏于句容东端的便衣队，又与百余名日军发生接触。13 时，日军数百名突破守军句容防守阵地，进入句容，并向万家边、朱家下、邵家村等阵地施行威力搜索。下午，续有步炮协同的日军 3 000 余人到达土桥镇，并有向

---

① 《陆军第一六〇师锡澄南京两役战斗详报》，中国第二历史档案馆藏，档案号七八七—7582。

② 汉口《大公报》1937 年 12 月 6 日。

新塘市前进企图;另一队1 000余人,经牧马场向汤水镇前进。卫戍军总部“当命六十六军严加防范,并命前进部队,于不得已时,可相机归还建制”[①]。

当晚,日军3个联队,兵分两路:以一部向守军前进阵地正面攻击,主力向土桥镇、牧马场前进包围;另一部由土桥镇转向新塘市迂回,企图截断守军句容部队归路。守军第66军遂派兵1个团向新塘市之日军攻击,同时在东昌街之第83军第154师亦向句容前进助战。但因日军大量增援新塘市,防守句容之第478旅,遂陷重围。

6日,被围困的守军第478旅官兵,与日军整日血战,进行了殊死的搏击。日军战史记称:“敌人在高地上架设了数道三百米宽的铁丝网,并在各要点构筑了机枪掩体。”当日军夺取了前沿阵地后,“敌人凭借第二线阵地继续顽强抵抗”,使“向南京急速挺进的师团在此遇到了预想不到的阻碍”。[②]这一天自拂晓起,日军步炮联合部队五六千人,将守军第478旅阵地包围,水泄不通。日机20余架不断轰炸,日军炮兵亦向守军阵地猛烈轰击,步兵则轮番发起冲击。守军于凌晨3时,派出支持第478旅的弹药车2辆,亦被日军截于新塘市,无法送达。第478旅所属2团官兵,顽强守卫阵地,与日军搏击终日,时该部与外界电话联系已经中断,致中午12时,虽奉到军之撤退令,但无法送达,遂由第160师派第956团2营部队前往策应,并携译成密码的撤退令,分两路急送,但因战场形势恶化,仍未能送达。至黄昏后,第478旅自主决定突围;由中校团附刘栋才率兵1营,向土桥方面佯攻,俟主力突出重围后,方随队尾跟进;第955团选择日军兵力较为薄弱的京杭国道以南地区,奋勇冲击,突破日军包围;第959团一部于主力右侧拒止日军攻击,掩护主力转移。[③] 至7日凌晨3时,该第478旅终突出重围,到达白家场附近集中。报载:守卫句容之部队,“在日军四面包围中,抗战三日有半,牵制日军前进,收得极大效果……该两团忠勇士兵,以牺牲过重,弹药亦将用罄,

---

① 《南京卫戍军战斗详报》,中国第二历史档案馆藏,档案号七八七—7593。

② 岛田胜巳:《步兵第三十三联队史》,王卫星编,刘军等译《南京大屠杀史料集》第56册《日军文献》(上),江苏人民出版社2010年版,第270页。

③ 《陆军第一六〇师锡澄南京两役战斗详报》,中国第二历史档案馆藏,档案号七八七—7582。

乃由梁卓芬及翟洪宇两团长命令，以最后之弹粒，冲出重围，一时交战至烈”。[1] 第478旅在此次突围战斗中，共歼灭敌军300余名，而该部官兵亦伤亡300余人。

日方军事资料中，也记述了从12月4日至7日，在句容、汤水一带作战的过程。该资料称：“至四日晚，进入句容东方七公里之太平庄，开始向句容攻击，反复实行夜袭，并扫荡残敌，由城外西北角，进占飞行场。”5日占句容后，“复由六日午前起，开始攻击汤水镇附近之敌阵地。至翌七日，由汤水镇东北方及东方，占得包围之态势，更以一部进入汤水镇西南之高堰，以压迫敌军之退路”。[2] 日军第16师团第38联队的“战记”中亦称：“敌军一边退却，一边还利用宝华山等高地迅速做好了防御的准备。其实，敌人从一开始就在进行顽强的防御战，所以，不难想象我军在这里的山地战有多么艰难。”[3]

在汤山附近，除进行了紧张、激烈的阵地战外，还发生了不少小规模的遭遇战。中国军队在这些遭遇战中，临危不惧，显示了勇敢顽强的战斗意志。据报纸报道：12月6日下午7时许，守军工兵10名，荷枪由龙潭沿崎岖道路，行至汤山附近，突遇日军游击队14名，从10米距离外迎面走来。工兵因时越黄昏，不能分辨，遂趋前查问来人之番号，对方不应；再问，仍不应。10名勇士便接上刺刀，持枪散开，徐徐前进。及至相距四五米处，日军突发手枪射击，工兵被击倒5人，余者一拥而上，冲至敌前，与敌肉搏，刺倒4人；后在双方混战中，又刺死日军5人，而自己又伤3人，仅余2人。该仅存的2名中国工兵，继续持刺刀与日军肉搏。日军因天黑，恐伤及同伙，未敢多行射击，故又被守军格毙3人、伤2人。2名工兵，一死、一负重伤。至次晨，其重伤者李茂林方被中方通信兵发现，移至安全地带，并讲述与敌搏斗过程。[4]

---

① 《申报》1937年12月9日。

② ［日］西垣新七：《中国事变史》，中国第二历史档案馆等编《侵华日军南京大屠杀档案》，江苏古籍出版社1987年版，第19页。

③ 野口俊夫：《奈良联队战记》，王卫星编，刘军等译《南京大屠杀史料集》第56册《日军文献》（上），江苏人民出版社2010年版，第334页。

④ 《新蜀报》1937年12月8日。

在汤山铁塔附近，还发生了3名残留守军，用机枪横扫日军的英雄事迹。据82岁的村民庞必有在2006年口述："王连岗（音）那里有个铁塔，鬼子打国民党的时候漏了三个没有打死，这三个人还有一挺机枪。晚上鬼子住下来后，把枪摆在一起，这几个国民党用机枪打鬼子，打死不少，后来他们还跑掉了。"①

12月7、8日间，中日双方部队继续在汤山附近发生激战。7日，南京守军设于汤山镇前面的第一线阵地，受到来自炮兵营房优势日军的攻击，多处被突破，不得已于入暮后，撤退至第二线，固守汤山及汤山镇。8日，日军复以主力及炮兵机械化部队进攻汤山之第二道防线，与守军发生激烈混战。第66军及刚调至汤山后方之第83军部队，在此协力坚守，顽强打击敌军。据当时在第156师的一个步炮连里当兵的骆中洋介绍：该部在到达麒麟门之前，曾遭遇日军坦克的三次袭击，但官兵们都表现出视死如归的精神。为了对付日军的坦克，大家想出了各种各样的办法，有用炸弹去炸履带的，有搬大树桩去铲坦克履带的。骆中洋说："我们当时只有一个念头，就是消灭敌人，决不能让敌人在中国的土地上耀武扬威。"②在汤山附近的一个山头上，大约300名守军，战斗到几乎只剩下一个人。美国《纽约时报》著名记者提尔曼·德丁，当时在这个被包围的山头附近，目睹了中国军人的惨烈战斗。他在一篇快讯中报道："300名中国军人被日军围困在离南京12英里的汤山公路边一座锥形山峰上，经昨天一整天激战，伤亡殆尽，几乎只剩一个人。""中国军队竭尽全力反击。他们只有自动手枪，弹药很快打完。一小群士兵冒着杀伤力极强的机枪火力，从进攻者之间的空隙往外冲，和笔者在一起的个别人活着冲了出来。"③

8日下午4时，南京卫戍军总部下达转移阵地命令：第83军之第156师

---

① 《庞必有口述》，蒋晓星等编《南京大屠杀史料集》第38册《幸存者调查口述续编》（中），江苏人民出版社2007年版，第1136页。

② 《现代快报》2005年7月7日。

③ 《火焰蔓延威逼/机枪扫射兵士》，张生编《南京大屠杀史料集》第6册《外国媒体报道与德国使馆报告》，江苏人民出版社2005年版，第56页。

及第 36 师之 1 团，在青龙山、龙王山一线掩护撤退；第 66 军撤至燕子矶、大水关附近集结整理待命。[①] 于是，汤山阵地被日军占领。

二　激战孟塘、大胡山

自日军于 12 月 5 日侵占句容后，在中日双方激烈争夺句汤线的同时，位于汤水镇以北的孟塘、大胡山一带，也发生了持续数日的血战，守军第 66 军、第 2 军团、第 78 军，以及配属的战车、炮兵部队，在该处顽强战斗，坚守阵地，阻滞了日军的攻击行动。

6 日上午 10 时，从句容向牧马场前进之日军，突有一部由九华山北麓侵入孟塘，并利用凹地，继续西进，至下午 2 时，其先头部队，已进抵高家庄、大胡山附近。南京卫戍军总部遂命第 2 军团之第 41 师由北，第 66 军由南，向孟塘、大胡山间凹地围攻；同时命第 36 师之补充 2 团，配属战车防御炮等驰援。

第 2 军团第 41 师，奉命后即将部队推进至龙潭、拜经台、射乌山、孟塘之线，以与汤水友军齐头。其第 246 团进至石洞山附近，即与日军遭遇，发生激战，经肉搏终日，方占领石洞山，但同时亦遭日军围困，在众寡悬殊的险恶情况下，顽强抵抗，壮烈牺牲。其第 241 团则于占领拜经台、龙潭一带后，亦开始与日军接触。

第 66 军第 160 师之第 956 团派该团营长刘厚率部抵达孟塘阵地，以主力集结于珠山，并分出一部至大胡山占领阵地，当天与日军相持入夜。

第 36 师于当日下午 3 时，接到唐生智命令："1. 我第六十六军在汤水镇前方与敌激战中，孟塘附近发现敌之一部。2. 着三十六师派步兵一团进驻麒麟门附近，向前面酌派警戒部队。"[②]第 36 师遂派补充第 2 团，开赴麒麟门附近担任警戒。

① 《南京卫戍军战斗详报》，中国第二历史档案馆藏，档案号七八七—7593。
② 《陆军第七十八军南京之役战斗详报》，中国第二历史档案馆藏，档案号七八七—7590。

7日凌晨2时，南京卫戍军总部据第66军之不确情报，进据孟塘、大胡山之日军，突然失踪，似有向北转进进攻龙潭之企图。总部遂命第36师补充第2团，暂控制在麒麟门附近待命，第41师照常占领阵地，并向孟塘前进，与第66军左翼确实联系。

拂晓后，总部得知大胡山附近之日军，仍盘踞未去，因令各部继续保持联系，向既定目标前进，尽快将日军消灭。

第41师之第242团奉命向石洞山左翼增援，与被围困之第246团共同对日军激战。经反复冲锋，该2团夺得乌山、丁家山、鸡笼山、东山头等处，毙日军甚多，但守军亦伤亡过半。

第160师之第956团，于是日清晨，向进至复兴桥附近的日军，发起侧击，歼其一部，使其未敢再向前进。8时，日军主力转向大胡山、岘山、龙山阵地攻击，企图进出白家场，以断绝守军后方联络，但因第956团官兵拼死抵抗，使其终不能得逞。鉴于日军之后续部队，仍不断向孟塘方面移动，故第160师再增调3个连队，归营长刘厚指挥，以堵截孟塘之日军，掩护守军左侧。

第36师之补充第2团，自是日起，归卫戍军司令长官直接指挥。中午12时，该团奉令展开于葛家边、复兴桥、北冈之线，向东攻击。午后2时许，其先头部队进抵东流镇西端，得知许巷、复兴桥已先被日军占领，遂以所部展开于眼前庙南北高地之线，向许巷、复兴桥攻击。至下午6时，补充第2团攻占许巷，但复兴桥日军猛烈顽抗，终不能下，遂成相持之局。

夜12时，南京卫戍军总部发出“卫参作命第25号”命令，内称：“侵入孟塘附近之敌约二三百人，仍盘踞火龙山、大胡山附近顽强抵抗中。”“我军以彻底消灭敌之目的，决自岘山—狮子山—射乌山三方面包围攻击，并限明(八)日将该敌捕捉歼灭之。”命令规定：第66军以有力部队展开于棘山—空山之线，截断孟塘附近敌之退路；第36师补充第2团，展开于岘山—马基山之线，向当面之敌攻击前进；第41师除守备龙潭、拜经台之部队外，应展开于射乌山、木山、龙王山之线，向当面之敌攻击前进；战车队主要协力第36

师补充第2团战斗。[①]

第160师的兵力，由于连日苦战，已十分有限。其第956团经7日与日军激战终日，损失不少，只剩千人左右。而第955、959两团，经由句容突围后，残兵败卒，已不堪再战。该师遂决心使用第956团于第一线，其他各团则待编配完毕后，作预备队使用。其于8日凌晨，下达命令："（一）侵入复兴桥方面之敌，约千余人，现与我对峙中。我三十六师补充团及四十一师，现已进出东流镇、狮山之线。我炮兵连现在东西流之间地区占领阵地。（二）师以先行歼灭该敌之目的，拟即协同友军包围敌之左侧背而歼灭之，攻击重点，指向复兴桥东南地区。（三）九五六团第一营（附一连）应固守孟塘原阵地，截断敌之后方联络。（四）九五六团（欠第一营又一连）应在原线，于拂晓前完成攻击准备。"[②]该师自拂晓起全线开始攻击。至上午9时，大胡山方面略有进展，但汤水阵地为日军突破，防守孟塘的第956团1营，亦被四面包围。其第956团以全力向复兴桥之日军进攻，以求缓解孟塘、汤水之危，但未达目的。下午2时，防守孟塘部队已全部牺牲，营长刘厚阵亡，汤水方面，日军后续部队源源到达，守军则已无预备队可以使用。虽情况至此，但该师"官兵咸抱与阵地共存亡之决心，不稍后退"。下午4时，第160师奉到第66军"撤至大水关、燕子矶附近地区整理"的命令，遂命令：第956团于黄昏后，经麒麟门、仙鹤门向燕子矶前进；余部按师部、478旅、955团、959团之次序，向燕子矶前进。[③]

第2军团之第41师，于8日午前6时开始攻击，而此时适值日军步兵数千，配以大炮30余门，向该师丁家山、石洞山、射乌山、狮子山之线发起攻击。双方激战至9时许，日军又增加飞机、大炮、战车等作战手段，与原有步炮联合的部队，协同发起猛烈进攻。第41师则以守备龙王山之第245团（欠1营）由左翼出击，在东西斗山、丁家山一带与日军争夺激烈。据战史档案记载：该处"终日肉搏，旋失旋得"，该师官兵伤亡甚众，迄至十八时仍固守

① 《第二军团京东战役战斗详报》，中国第二历史档案馆藏，档案号七八七—7591。

②③ 《陆军第一六〇师锡澄南京两役战斗详报》，中国第二历史档案馆藏，档案号七八七—7582。

原阵地。① 当晚，第 41 师及刚到之第 48 师，奉命撤退至乌龙山至杨坊山一线。

第 36 师之第 2 团，配以轻战车 7 辆，于 8 日拂晓，向复兴桥及大、小胡山之日军发起攻击；至 10 时许，经连续数次冲锋，攻占马基山。但此时日军大部增援到达，全线转移攻势，并有战车 5 辆，由小胡山掩护步兵向西出击，将守军战车击毁 2 辆，迫其余战车不得已撤退，旋将马基山南半部占领，复以主力向守军左侧后移动。补充第 2 团团长李牧良衣襟被穿两弹，仍于第一线指挥部队作战，奋勇拼杀，屡次突破日军之包围。该团属新组建部队，连排长指挥能力较差，士兵亦缺乏训练，战斗力不强，“其第二营大部遂被敌完全歼灭，其余众亦完全溃散，营长朱丹负伤；第一、三营共伤亡连排长以下百余名”。②

当晚，该团在掩护两翼友军撤退后，于夜 12 时许，奉令经麒麟门、尧化门以西岔路口附近开回南京，归还第 36 师建制。

对于 7、8 日间发生在孟塘、大胡山一带的激烈战斗，12 月 8 日的中央通讯社电讯称：

> 东面之敌，窜至汤山与空山间小道中，约千余人。昨晚经我某军一团在汤山东麓孟塘镇将敌后路截断，可一举将之歼灭，卒以联络未周，敌又自孟塘东北方获得大量援军，与我自北开到之某师一部发生激战。今晨我西部正面之生力军部队在复兴桥阻敌进攻，又生激战，敌与我互争复兴桥、老虎桥、孟塘两侧高地，战斗之烈，为守卫南京第一线开始后所未见。③

南京卫戍军的战斗详报中，对于 8 日发生于大胡山一带的战斗，叙述如

---

① 《第二军团京东战役战斗详报》，中国第二历史档案馆藏，档案号七八七—7591。

② 《陆军第七十八军南京之役战斗详报》，中国第二历史档案馆藏，档案号七八七—7590。

③ 汉口《大公报》1937 年 12 月 9 日。

下："惟占大胡山、高家庄之敌，昨晚得增援后，本日拂晓向我进攻部队激烈反攻，并调主力向栖霞山方面包围，我四十一师及三十六师之一团，反复冲击，毙敌甚多，终以敌机轰炸及炮兵优势，到处呈苦战状况，未能将侵入之敌依限解决，我进攻部队伤亡很大。"[①]基于当日上午汤山阵地即为敌突破，而孟塘、大胡山一线，在激战终日后，人员又遭严重损失，南京卫戍军总部为集中兵力，固守南京起见，于当晚下达命令，重新调整南京外围阵地的部署，孟塘、大胡山一线阵地，亦决撤守。

三　湖熟、淳化之战

11 月 28 日，南京卫戍司令长官唐生智，命令刚由句容开抵上坊镇附近的第 74 军之第 51 师：

> 着以主力担任方山至淳化镇之守备，以国防工事为主，构筑野战阵地，尽量联系加强之，以一部位于高桥门、河定桥（不含）之线，构筑预备阵地，于湖熟镇派出警戒部队，严密监视，左与 66A 右与 58D 切取联络。[②]

担任从正面进攻淳化的日军部队，主要是由吉住良辅中将担任师团长的第 9 师团。这支日军部队，从上海出发后，沿京沪线，经昆山、苏州、无锡等地，于 11 月 29 日占领常州。自常州起，开始离开京沪线，向西进入常州—金坛—天王寺—淳化公路，于 12 月 4 日抵达淳化附近。

南京守军第 51 师各团，按照军师部命令，在淳化附近利用既设之碉堡，又构筑了纵深防御工事。据进攻淳化之日军主力步兵第 36 联队军史记载："淳化镇附近设有南京防御战线的第一线阵地，这里构筑有三道防线，重要

① 《南京卫戍军战斗详报》，中国第二历史档案馆藏，档案号七八七—7593。

② 《陆军第五十一师战斗详报》，中国第二历史档案馆藏，档案号七八七—7592。

地点都配置了混凝土碉堡，其间还有机枪掩体阵地相连，阵地前架设了两道屋脊形铁丝网和一条反坦克壕，防备极为坚固。”[①]但据守军第 51 师战斗详报记述，淳化阵地工事之构筑，因先天不足，且防守正面过宽，在战火迫近的情况下，其效果并不理想。“战斗详报”称：“在淳化附近之国防工事，均为距离甚远而目标显明之机关枪掩体，欲构成坚固而纵深之阵地，需工甚大，而担任外线作战之部队输送力量薄弱，爆破材料及障碍材料极感缺乏，虽经星夜赶筑，终以正面过宽，材料缺乏，阵地未能完成预期之坚固程度。”[②]

第 51 师按照卫戍军总部的命令，遂部署：以第 301 团占领右由宋墅经淳化镇至上庄之线，左与第 66 军切取联络；以第 302 团占领右由方山、左迄宋墅之线，右与第 58 师切取联络，限 3 日内完成可御中口径炮弹之防御工事；以第 306 团为师预备队，位置于宋墅附近，策应第一线部队之战斗，重点保持于左翼；以第 305 团位置于高桥门至河定桥之线，构筑预备阵地；又由第 301 团派步兵 1 连，担任警戒句容、汤山、秣陵关一带。[③]

第 51 师所属部队，甫经淞沪战场恶战两月，又于撤退途中担任掩护，原有官兵伤亡过半，虽数度补充，但多为未经训练之新兵，故战斗力明显不足。但该师部队接获在湖熟、淳化一线占领阵地的命令后，仍全力以赴，誓死守土。

12 月 4 日下午 2 时，由土桥、索墅西犯之日军，约 500 余人，配备火炮 4 门，与防守淳化之前进部队接触，同时，由天王寺西犯之日骑百余人，后续步兵 500 余人，亦直趋湖熟，与该处警戒部队发生接触。至 5 日下午，淳化正面之日军，由第 9 师团之第 18 旅团旅团长井出宣时指挥，以步兵第 36 联队为基干，共 2 000 余人，并配以火炮 10 余门，与守卫部队终日激战。日方之飞机、大炮，对守军阵地进行了猛烈的轰炸和射击。是日，守军战车部队 1 个排参加守卫淳化之战。战车撞、辗死伤日军 40 余人，中方战车被日军击

---

① 《靖江步兵第三十六联队史》，王卫星编，刘军等译《南京大屠杀史料集》第 56 册《日军文献》（上），江苏人民出版社第 2010 年版，第 128 页。

②③ 《陆军第五十一师战斗详报》，中国第二历史档案馆藏，档案号七八七—7592。

毁3辆，排副王承德、班长于振江等4人牺牲。[①]

6日晨，由土桥前进之日军已进至索墅镇，并派队向淳化镇进行威力搜索，大批日机更竟日轮番在淳化镇阵地施行猛烈轰炸。据档案记载，“我军沉着应战，并派队向索墅镇驱逐，得敌旗数面，枪十余支，斩获颇多。”[②]至下午，守卫湖熟镇阵地之1个连队官兵，大多牺牲，仅剩20余人突围撤退。

南京卫戍军总部参谋处科长谭道平对于最初发生在淳化附近的战斗，有如下的叙述：“沿京杭国道北犯的日军步炮联合纵队与机械化部队于十二月四日窜入溧阳南渡间，一部分窜经天王寺与武进丹阳间西窜的日军会合于句容以东四十华里处，一部分窜经天王寺西北之上葛村，于五日窜向湖熟镇，与我第五十一师前进部队接触，同时，索墅镇、禄口镇也有日军骑探出没。六日由天王寺上葛村前进敌约一联队向湖熟镇我前进阵地猛攻，我五十一师守军一度积极抵抗后，始将湖熟镇放弃。同时，由土桥镇窜入索墅镇之日军，复向我淳化镇阵地，施行威力搜索，大批日机，整日在淳化镇阵地更番轰炸，我守军冒死抗战，并派队驱走索墅镇日骑，斩获甚多。”[③]

此后，战斗更加猛烈地在淳化镇附近进行。7日晨，由湖熟北进之日军约500余人，由咸墅、李墅攻击宋墅、下王墅阵地，并向方山迂回，与守军第302团接触；又以一部约200余人，向上庄攻击，企图由左翼进攻，威胁淳化之侧背。对淳化正面，则以炮火、飞机竟日轰炸，其步兵更猛烈攻击，战况异常激烈。在日军的猛烈轰炸、攻击下，守军机枪掩体被击毁10余座。但第51师守军，“奋勇抗战，杀敌甚多，阵地屡失屡得”[④]。

综计，自5日以来的三天战斗中，日军向淳化附近一带阵地，发起全力进攻，不下10余次，但都为守军击溃。守军共缴获步枪30余支，战旗13面，地图2幅，毙日军200余名、伤300余名，守军官兵伤亡亦达900余人。[⑤] 第

① 何嘉兆：《战车三连卫戍南京纪实》，全国政协文史资料研究委员会《南京保卫战》编审组编《南京保卫战》，中国文史出版社1987年版，第219页。

②④ 《南京卫戍军战斗详报》，中国第二历史档案馆藏，档案号七八七—7593。

③ 谭道平：《南京卫戍战史话》，东南文化事业出版社1946年版，第54页。

⑤ 《陆军第五十一师战斗详报》，中国第二历史档案馆藏，档案号七八七—7592。

51 师于 7 日调整部署，以第 301 团之一部，对左翼形成钩形配备，以确实掩护左侧背，以第 306 团之一部，增援对下王墅之日军的攻击。经彻夜激战，终将日军赶出下王墅阵地。

湖熟、淳化间的战斗，进行至 12 月 8 日，达到白热化程度。这天清晨，日军即由湖熟开来 2 000 余人，炮 10 余门，参加下王墅至淳化间的战斗；同时，以主力部队由上庄抄袭破口山，切断守军之归路。其正面部队，则在飞机、炮兵、坦克的掩护下，向淳化发起猛攻，“战况之烈，炮火之密，前所未有”。守卫宋墅、淳化的第 51 师部队，“虽在硝烟弹雨中仍拼死撑持，与敌肉搏冲锋，杀声振天”[①]。淳化镇整日处于紧张的血战之中。

对于 12 月 8 日在淳化附近进行的激烈战斗，担任正面进攻淳化阵地的日军第 9 师团及其所属第 36 联队的战史、战记与“阵中日记”，留下了大量文字资料。其《第九师团战史》记载：“8 日拂晓，师团将所属炮兵全部在阵地上展开，以掩护步兵再次进攻。敌我双方的炮战极为猛烈。我第一线官兵冒着枪林弹雨，一步步地逼近淳化镇敌军阵地……尤其是左翼队的第三十六联队第二、第三大队，于下午 2 时 50 分进抵淳化镇西侧，转而继续追击时，遭到山下村附近敌军的猛烈射击及数次反攻。他们经过奋勇作战将敌人击退，确保了马鞍山南麓高地，使师团主力得以顺利攻击淳化镇。”[②]其《步兵第三十六联队战斗详报》记述了第 12 中队与第 8 中队在这一天进攻中的失利：凌晨 4 时后，“在佐藤大尉的激励下，第十二中队虽然杀入敌碉堡阵地并夺取了该阵地之一部，但因遭遇敌交叉火力之猛烈射击及敌之反击，连续出现伤亡，加之佐藤大尉阵亡，攻击终归失败”；“上午 10 时，第二大队正面之掩体群因友军炮兵之射击而被压制。乘此时机，第八中队立即向当面之掩体群发起突袭，但因偶有助战炮兵偏离目标的炮弹飞来，击中该中队之中

① 《陆军第五十一师战斗详报》，中国第二历史档案馆藏，档案号七八七—7592。

② 《第九师团战史》，王卫星编，刘军等译《南京大屠杀史料集》第 56 册《日军文献》(上)，江苏人民出版社 2010 年版，第 114 页。

央，中队伤亡惨重，此次行动遂受挫”。[①] 其第 12 中队的“阵地日志”，则更详细地记录了 8 日凌晨 5 时 30 分开始的激烈战况与日军官兵不断伤亡的惨状：“中队长亲自上阵，他挥舞着军刀冲锋，占领了部分敌人阵地。可当时那里只有中队长、桥本少尉、东伍长、小野伍长、小原和山本两名上等兵及 23 名士兵。中队长左脚被炸伤了。中队长等死守住阵地，并派小原上等兵去向大队本部报告情况：‘虽然占领了部分指定的阵地，但留守的人不多，请求增援。’然而，增援没来，中队长腹部再次被子弹击穿，桥本少尉胸部被子弹击中而阵亡。”[②]

经过 10 个小时的艰难争夺，日方方依靠飞机、重炮与坦克的配合，于 8 日下午 2 时许，占领淳化阵地。在日军第 36 联队《南京城攻击记》中记称：“下午 2 时前，友军飞机开始对淳化镇一带进行轰炸，炸弹爆炸声震天动地，硝烟覆盖了敌军阵地，敌军的火力越来越弱。下午 2 时，炮兵将射程延伸，并发射烟幕弹，接着桧皮部队首先发起猛烈的进攻，而后清水部队也随着轻装甲车的进攻勇敢地冲锋，伊藤部队一部也冲入敌阵，与敌投手榴弹的敌军进行白刃战，展开了一场短兵相接的肉搏战。终于在下午 2 时 30 分，桧皮、清水两大队占领了敌阵地，并不失时机地追击败退的敌人。”该联队在战记中承认，“血战之日的猛烈攻击”，“部下多有伤亡，疲惫至极”[③]。

中国报纸对于这一天，日军 3 次向淳化附近阵地发起进攻的情况，作了详细的报道。据《新蜀报》消息：上午 6 时左右，敌主力千余名，由坦克一批掩护，向下王墅发起攻击；同时并以飞机 20 余架，向该地村舍、树林，依次轰炸。守军首以反坦克炮向敌坦克猛射，继以机枪堵截，经激战 3 小时，300 余官兵牺牲或负伤；日军始终未能得逞，并被击毁坦克 5 辆，遗尸百余具、轻机

---

① 《步兵第三十六联队战斗详报》，王卫星编，叶琳等译《南京大屠杀史料集》第 32 册《日本军方文件与官兵日记》，江苏人民出版社 2007 年版，第 154—155 页。

② 《步兵第三十六联队第十二中队阵中日志》，王卫星、雷国山编《南京大屠杀史料集》第 11 册《日本军方文件》，江苏人民出版社 2006 年版，第 148—149 页。

③ 胁坂部队：《南京城攻击记》，王卫星、雷国山编《南京大屠杀史料集》第 11 册《日本军方文件》，江苏人民出版社 2006 年版，第 140—141 页。

枪两挺、步枪50余支，伤者无算，随余部退去。下午2时许，敌复以坦克10辆，猛冲下王墅，野炮更不断集中轰击该处阵地，其战况较前尤烈。守军沉着应战，顽强抗击，未后退半步。傍晚，敌人发起一天中的第三次攻击，兵力与上午同，炮弹较前更密，主攻我右翼之宋墅阵地，企图威胁淳化守军侧背。守军官兵死守该地，前仆后继，伤亡连长以上军官14人、士兵270余人。[①]

据战史资料记载，在是日战斗中，守军第51师损失严重，第301团代团长纪鸿儒负重伤，连长伤亡9人，排长以下伤亡1 400余人。[②]

8日晚，第51师奉到唐生智司令长官的命令，放弃淳化、方山阵地，向河定桥、麻田之线转移。当晚，由驻于管头附近的第305团作掩护，该师第一线部队遂从淳化阵地后撤。第305团在管头、上坊镇之间，与敌激战甚烈，团长张灵甫负伤，连长伤亡5员，排长以下伤亡600余名。因河定桥已先期为敌占领，第51师后撤部队经激战半日，方按命令占领河定桥至麻田间阵地。在撤退过程中，由于天黑事急，守军第51师部分部队行入日军进攻部队中，造成了不必要的损失。据日军第36联队战史记载，8日晚，有约60名左右的守军士兵在上坊附近，因误入日军该联队第3大队队伍中，而遭残杀。其战史记称："在这期间，从山下村撤往上方[坊]镇方向的三五成群的敌军将占领该地的第三大队误认为友军，毫无戒备地走了过来，我军官兵发起突袭，刺杀砍死了约六十名敌兵。"[③]

事后，南京卫戍司令长官唐生智、副司令长官罗卓英、刘兴，在写给蒋介石的报告中称：第51师"淳化镇之役，力战三日夜，毙敌颇众"，"惟于八日晚撤退蒙重大之损失"[④]。

---

① 《新蜀报》1937年12月9日。

② 《第五十一师战斗详报》，中国第二历史档案馆藏，档案号七八七—7592。

③ 《靖江步兵第三十六联队史》，王卫星编，刘军等译《南京大屠杀史料集》第56册《日军文献》(上)，江苏人民出版社第2010年版，第130页。

④ 秦孝仪主编：《中华民国重要史料初编——对日抗战时期》第2编第2册，中国国民党中央委员会党史委员会1981年编印，第224页。

四　牛首山、将军山战斗

与湖熟、淳化一线激战的同时，战略要地牛首山、将军山，也发生了猛烈的战斗。

牛首山阵地位于南京的南部，淳化、方山防线的右侧，山高 242.9 米，双峰角立，状如牛首，形势十分险要。南宋时，岳飞曾在此设立营垒，大败金兵。将军山高 150 余米，因岳飞部将在此藏身而得名，山上有抗金故垒遗址。日军第 6 师团战史中记有："将军山、牛首山海拔都在 200 米左右（比照本市的花冈山和立日山略高），和栖霞山、青龙山、汤山、方山皆为南京城外防御阵地的最后据点。两高地上皆为岩石，敌人构筑了水泥碉堡和机枪掩体，并有纵横交错的壕沟相连。"①

南京卫戍军组建后，被部署于南郊一带阵地的部队为第 74 军俞济时部。俞将所辖第 51 师和第 58 师布防于淳化至牛首山一线，其第 51 师防守左翼淳化、方山间阵地，第 58 师则防守右翼牛首山阵地。牛首山守军，右与第 88 师防地相接，左与第 51 师阵地毗连。守卫牛首山阵地的第 58 师冯圣法部，曾在上海罗店长期坚守，后又在望亭担负掩护主力撤退任务，再经苏州、武进、句容，于 11 月 28 日撤至南京城郊。该师在此前的战斗中，牺牲重大，兵员缺额颇多，亟待整训，但因南京守城需要，只得奉命边补充、边进入阵地防守。

进攻该阵地的日军部队，先为第 10 军所属之第 114 师团，后该军第 6 师团谷寿夫部由第 114 师团后方赶到，遂改由第 6 师团主攻。第 6 师团之第 45 联队竹下义晴部主攻牛首山，其第 13 联队冈本保之部主攻将军山。

牛首山一带，有早经筑好的永久国防工事，但是，这些工事管理不善，交接仓促，有的用土埋着；有的大门紧锁，无法开启；还有的机枪掩体，构筑不

---

① 《熊本兵力战史——支那事变》，王卫星编，刘军等译《南京大屠杀史料集》第 56 册《日军文献》（上），江苏人民出版社 2010 年版，第 418 页。

符合实战要求，枪眼太大，容易被敌人发现目标，被炮火击中。第 58 师官兵进入该处阵地后，克服了各种困难，加紧修筑临战所需各种掩体、工事，以高昂的斗志，迎接即将来临的保卫首都之战。日军主攻牛首山阵地的第 45 联队少尉军官大宫司明在一篇回忆文章中写道："牛首山海拔 215 米，山势陡峭。可以看到山腰及靠近山脚的地方，有五六个环绕着铁丝网的掩体，山顶上还利用天然岩壁，设置了坚固的机枪掩体。我尖兵一行动，敌兵就从各掩体一齐开枪射击。"①

12 月 7 日，日军从早至晚，以陆空联合部队，向牛首山阵地发动持续的猛攻。中央通讯社对第 58 师坚守牛首山的战况报道说："我据高临下，以手榴弹及钢炮弹阻截敌机械化部队。我某一营死守山前高地，为敌射击之的，牺牲殆尽，另一营立即挺至，继续奋战。敌机二三十架在殷巷镇与高井巷间滥事投弹，终日未息。我营长阵亡两员，伤一员，团长轻重伤各一，士兵死亡数百；同时敌亦死伤三百余人，遗坦克车五辆。"②直至记者 8 日发电时止，牛首山争夺战仍在猛烈进行中。

8 日一早，进攻牛首山之敌，又以 40 余辆坦克为先导，向将军山附近猛扑。守军以反坦克炮射击，毁其 6 辆，迫敌后退。此后战况沉寂，但右侧部队因受敌部队有力攻击，战况惨烈，团长石补天受重伤，营长张介夫、姚永发阵亡，官兵伤亡 800 余人，故战线渐呈不支状态，下午起由江宁镇向板桥镇后移。

日军的战史与官兵回忆资料中，记录了牛首山、将军山战斗的实况。其步兵第 45 联队第 2 中队战记写道：12 月 8 日，石原伍长在冲上牛首山第一高地后，由于分队长受伤，便接任敢死队指挥，"在冲向第二高地时，遭到五六十个敌兵两次猛烈的反击"；"第三高地的敌军抵抗甚为顽强，还有来自牛

① 大宫司明：《攻打牛首山》，曹大臣编，罗文文等译《南京大屠杀史料集》第 62 册《日军第六师团官兵回忆》，江苏人民出版社 2010 年版，第 276 页。

② 汉口《大公报》1937 年 12 月 9 日。

首山山顶左边和庙宇附近的俯射，以及左右两侧猛烈的交叉火力”。[①] 其第6师团战史，则详细描述了步兵第13联队攻占将军山的艰难战况。该战史写道：“从主干道两侧的将军山以及隐龙山附近，敌人的枪炮弹如雨点般飞来，联队不易展开。井上轻装甲车中队的两三辆装甲车也被正面牛首山方向射来的炮弹击中起火。”“12月8日夜，步兵第十三联队与敌军反复进行了夜袭和反击，激战持续了一整夜。半夜时分，我军终于夺取了将军山和隐龙山。9日拂晓，第一线中队攻占了牛首山。”[②]日本《东京朝日新闻》以“将军山的激战/我两中佐等负伤”为题，报道了7、8两日将军山的战况。报道称：“屹立在通往南京道路正前方的要塞将军山一带，配有野炮、迫击炮和机枪的约两千名顽强的敌军，从西侧高地对果敢实施中央突破的我军不断进行炮火攻击。7日、8日，敌军进行了殊死抵抗。”“在极其惨烈的将军山激战中”，一刈勇策中佐、鹤见鸿二中佐等一批军官负伤，数十名官兵阵亡。[③]

8日晚，南京卫戍军总部下令收缩防御阵地，命令第74军的防御正面由淳化—牛首山一线，收缩至河定桥—牛首山一线；第58师则奉命继续坚守牛首山。于是，淳化正面之敌，趁守军第51师向西撤退，让出淳化—上坊—光华门公路，而第87师部队尚未完全接防和破坏沿线桥梁之际，一举推进到光华门外的大校场和通光营房。

在南京卫戍军下达收缩防御阵地的命令后，第58师仍奉命坚守牛首山。9日，在这里又进行了整日的血战。自拂晓起，日军向牛首山阵地重又发动新的攻势。第58师官兵严守阵地，与日军血战终日，终因其右侧部队过早撤退，使第58师阵地益显孤立。入晚，卫戍军总部命令该师撤退，与第51师联合担任双闸镇至宋家凹一线的守备。第58师因连日苦战，部队损失

① 步兵第四十五联队第一大队第二中队：《石原伍长的奄战》，曹大臣编，罗文文等译《南京大屠杀史料集》第62册《日军第六师团官兵回忆》，江苏人民出版社2010年版，第280页。

② 《熊本兵团战史——支那事变》，王卫星编，刘军等译《南京大屠杀史料集》第56册《日军文献》（上），江苏人民出版社2010年版，第418—419页。

③ 《将军山的激战/我两中佐等负伤》，王卫星编，王卫星、李斌等译《南京大屠杀史料集》第59册《〈东京朝日新闻〉与〈读卖新闻〉报道》，江苏人民出版社2010年版，第168—169页。

巨大。一位姓吴的营长率队通过第 51 师防线时说："部队损失严重，被打得七零八落，我只带一个连冲出来。"[①]由此可见战斗之惨烈。日方资料也记载：日军竹下、冈本部队，在这天晚上经过 30 余次反复冲杀，方占领了将军山西侧的高地、并沿将军山侧翼主公路迅速推进，至 10 日拂晓前，已进抵离南京城墙 5 公里的河渠阵地前线。[②] 日军少将谷田勇在《南京菊花台附近谷兵团奋战记》一文中则记称："谷兵团在末松兵团之左翼展开，协助该兵团进攻将军山(包括)以西阵地。全力奋战了一昼夜多，到 9 日薄暮时分，兵团突击夺取了将军山以西之高地。由于打回了这根桩，敌人主阵地的一角被破坏了，敌人阵地出现了动摇。"[③]

牛首山、将军山阵地的丢失，使首都南部雨花台阵地失去了最后一道屏障，而直接暴露在日军的面前。但是，中国军队在牛首山、将军山的英勇战斗，无疑是南京保卫战中光荣的篇章之一。

事后，守卫牛首山的战斗，得到了南京卫戍军总部的肯定。在该总部的一份总结报告中称："第五十八师担任牛首山一带阵地之守备，得俞济时军长之部署谨慎，执法严厉，虽遇锐众之敌，而能固守不拔。"[④]

五　镇江战情

在南京外围发生一系列激战的时候，地处南京以东、濒临江边的镇江要塞，也进行了猛烈的战斗。

由于镇江地区乃首都之东大门，是继吴福、锡澄以后，屏障首都的又一

---

① 邱维达：《淳化阻击战》，全国政协文史资料研究委员会《南京保卫战》编审组编《南京保卫战》，中国文史出版社 1987 年版，第 149 页。

② [日]陆军恤兵部发行：《支那事变战迹之刊》中卷，中央陆军军官学校第四分校 1941 年印，第 112 页。

③ 谷田勇：《南京菊花台附近谷兵团奋战记》，王卫星、雷国山编《南京大屠杀史料集》第 11 册《日军军方文件》，江苏人民出版社 2006 年版，第 315 页。

④ 秦孝仪主编：《中华民国重要史料初编——对日抗战时期》第 2 编第 2 册，中国国民党中央委员会党史委员会 1981 年编印，第 22 页。

战略要地，因此国民政府对于这里的国防工事构筑，十分重视。抗日战争全面爆发前，先后有朱培德、唐生智、冯玉祥等高级将领，来这里视察地形与工事构筑情况。

上海失陷后，镇江要塞进一步加强了戒备。要塞司令为林显扬，参谋长为王乐坡，司令部设于镇江城内河边街的仓库内，下辖象山、焦山、都天庙、圌山关 4 个炮台，另有 1 个守备营及通信连、工兵连等部队。象山炮台位于东码头附近，有备炮 12 门，内含 24 公分、15 公分炮各 4 门；焦山炮台位于长江中心小岛，与象山隔江而望，有 9.5 公分备炮 8 门；都天庙炮台位于长江北岸，有备炮 8 门，内含 24 公分、9.5 公分炮各 4 门；圌山关炮台位于大港镇附近，距城约 50 华里，有备炮 12 门，分别为 24 公分炮 4 门和 9.5 公分炮 8 门。①

12 月 1 日，第 71 军王敬久部由淞沪战场转战到达镇江，经南京卫戍司令长官唐生智命令，镇江要塞归该军指挥，其第 87 师副师长兼第 261 旅旅长陈颐鼎，兼任镇江警备司令。据陈颐鼎回忆："十二月初，镇江外围战斗就打响了，以镇江南部竹林寺、鹤林寺等地战斗打得最为激烈，另有日军六辆坦克沿丹徒到镇江公路窜抵市中心，均被我军击退。"②隔数日，王敬久率第 71 军军部至龙潭，镇江要塞改由第 87 师师长沈发藻指挥。不久沈发藻也率第 87 师调龙潭，该要塞则改归第 103 师副师长戴之奇指挥。第 103 师时有 2 000 余人，连同要塞部队、保安队各一部，即构成守卫镇江之全部兵力。

随着江阴的失守和日军的步步逼近，镇江要塞区司令部在其守备营中，采用自愿报名方式，挑选了 50 余名敢死队员，置于司令部内，随时听候调遣。要塞区参谋长王乐坡向守备营全营官兵宣布："根据形势的需要，要临时组织一个敢死队，从官兵中选出军官二名、士兵五十名。具有作战经验，

① 王庚：《坚守镇江要塞记》，全国政协文史资料研究委员会《南京保卫战》编审组编《南京保卫战》，中国文史出版社 1987 年版，第 130—131 页。

② 陈颐鼎：《第八十七师在南京保卫战中》，全国政协文史资料研究委员会《南京保卫战》编审组编《南京保卫战》，中国文史出版社 1987 年版，第 152 页。

体格健壮，勇敢不怕死的人，请站出来，不要勉强。”[1]他话音一落，即有许多人踊跃报名，报名的数字，超过了预定的人数。王乐坡从中挑选了 50 余名，组成敢死队。司令部并向各炮台和守备部队下达命令：守备第 1 连，附重机枪 2 挺、通信兵 1 班，进入禹山阵地，监视丹徒方向敌人；守备第 2 连，附重机枪 2 挺，通信兵 1 班，进入镇象路小高地，监视京沪铁路、公路方向；守备第 3 连，附工兵连，为预备队；象、焦、都、圌 4 台官兵，坚守各自炮位，随时进入战斗；司令部指挥所设象山。[2]

12 月 7 日，攻占句容的日军，自镇江西南之十里长山方向，向镇江攻击前进，开始与守军第 103 师接触。

8 日拂晓，日军以猛烈炮火向第 103 师阵地射击，要塞各台火炮，都无法超越镇江城实施支援射击。上午 9 时，第 103 师渐感不支，遂给要塞区下达命令：

> 1. 敌以猛烈炮火，攻击甚烈，我军有不支之势，拟向龙潭方向转进。
> 2. 贵部即行渡江，向六合转进。[3]

要塞区奉命后，仍自愿坚守，并扩大组织敢死队 113 名，配置于小合山一带，以拒止日军。中午 12 时，日军占领镇江城。要塞区因兵力薄弱，退守象山一隅。午后 3 时，日军炮兵占领甘露寺阵地，向象台猛烈射击，并以坦克 18 辆、步兵 200 余人，沿镇象公路攻击前进。守军因时间仓促，来不及破坏公路，加之象、焦二台，一共只有 4 门火炮能够对陆上射击，致使日军一部冲入象台。面对冲进阵地的日军，守军官兵临危不惧。象、焦两台备炮，以密集炮火射向日军，步兵敢死队勇敢抵抗，当即毁日军坦克 3 辆，迫使进攻

---

① 王庚：《镇江要塞在抗日中》，《江苏文史资料选辑》第 16 辑，1985 年，第 114 页。

② 王庚：《坚守镇江要塞记》，全国政协文史资料研究委员会《南京保卫战》编审组编《南京保卫战》，中国文史出版社 1987 年版，第 131—132 页。

③ 《镇江要塞区作战经过概要》(1937 年 12 月 8 日至 12 月 12 日)，中国第二历史档案馆藏，档案号七八七—7587。

日军暂时后退。[①] 但因日军不断增加，而象台已成孤立之点，遂由要塞区参谋长王乐坡召集象台台长范圣域、守备营营长卢超和敢死队队长焦建和到指挥所，当面部署：

1. 象山炮台所有炮闩全部拆卸，到傍晚渡江。所有炮弹，运给都天庙炮台。炮闩带到司令部保管。

2. 守备营坚守阵地，掩护炮兵安全渡江后，撤退到都天庙炮台两侧阵地，与保安处部队联系。

3. 敢死队掩护指挥所人员安全渡江。

4. 守备营必须控制民船听候调遣，不得有误。

5. 指挥所撤退到都天庙炮台右后方。[②]

象山炮台及驻象山之要塞区指挥所，均于当晚撤离象山。敢死队员则在完成掩护指挥所人员渡江后，撤退到焦台，归其指挥。

9日清晨5时，日军进占象台，随即利用该处原有工事，并于甘露寺、九里街、袭山等处设立炮兵阵地，协同飞机，整日隔江向焦山阵地轰炸、射击，致焦山建筑及焦台设备，全被破坏，守台官兵伤亡达1/3，已无法继续战斗。据中方军事档案记载，在竟日战斗中，“我虽尽力还击，终以敌占遮蔽阵地，而我观察器材缺乏，难收显著效果。当日，焦山建筑几全破坏，焦台三、四两炮被毁，伤亡官长一员，士兵四十余名”。[③]

由于焦山与陆地间，有长江中隔，不利日军机械化部队进攻，故该阵地在遭重大损失、伤亡后，仍继续勉力坚持。9日，有守军40余名敢死队员登焦山据守，复与日军血战终日，将进攻日军暂时击退。据该山定慧寺德峻和尚记述：“九日早二时，我军敢死队四十名来山，拟继续死守三日。是日午前，敌猛攻如昨，我军自得后援，士兵大旺，亦立予还击。午后，突有满装敌军之汽艇十数艘，疾驶来山，将欲登岸，我军以机枪向之扫射，敌不支而

①③ 《镇江要塞区作战经过概要》(1937年12月8日至12月12日)，中国第二历史档案馆藏，档案号七八七—7587。

② 王庚：《镇江要塞在抗日中》，载《江苏文史资料选辑》第16辑，1985年。

溃。”[①]10 日，日军以猛烈炮火与飞机 5 架，续向焦台轰炸、射击，至午后 4 时，又增加 15 公分火炮，掩护步兵登陆。在不得已的情况下，要塞区参谋长王乐坡作出如下部署：(1) 现有所有炮台官兵，由各台台长集中率领到高邮待命；(2) 敢死队队长即刻率部归还守备营使用；(3) 守备营仍坚持原阵地，与保安部队并肩奋战，不得擅离；(4) 要塞区指挥所转移到江北施家桥。[②] 焦台及指挥所人员，遂于当晚撤离焦台，转移江北。

与焦台激战的同时，孤立于镇江下游的圌台阵地，因镇江城被占，电线被割断，该地即与要塞区失去联系。这里守台的 40 余名官兵，组成敢死队，修复毁坏的大炮，搜集散落的炮弹，顽强抗击日军，轰击在江边骚扰的日舰。9 日午后，300 余名日军向圌山阵地进攻，守军五峰山步兵和龟山备炮，协同作战，猛烈还击进攻日军。战斗至晚，守卫圌台官兵才在众寡悬殊的形势下，撤出阵地。

在守军先后撤守象、焦、圌三台后，江北岸的都台，成了镇江要塞扼守长江，打击日舰的最后阵地。都台守军不断以猛烈炮火，射向溯江之日舰。自 11 日起，日军集中一切火力，向都台阵地猛烈轰击。12 日，日军又自焦山居高临下，向都台射击。日轰炸机数十架，飞临都台上空，轮番轰炸。都台地面建筑物与防御工事尽皆被毁，守军官兵伤亡 10 余人。幸该处有坚固的地下掩蔽部，方使大部战斗官兵，得以保存。要塞区守备营部队，在江边阵地与渡江日军展开了十分激烈的战斗，双方相持 10 余小时。至 12 日下午 4 时，要塞守备营始被迫放弃江边阵地，向施家桥、扬州、高邮一线转进。

镇江守军的英勇抵抗，迟滞了日军右翼向南京进击的速度，为保卫南京贡献了一份力量。镇江守军陆续撤离后，该翼由山田栴二率领的一个支队以及海军舰艇，便先后进抵南京近郊及其附近江面。

---

① 张怿伯：《镇江沦陷记》，人民出版社 1999 年版，第 77 页。

② 王庚：《镇江要塞在抗日中》，载《江苏文史资料选辑》第 16 辑，1985 年。

六　收缩阵地

南京卫戍军自12月初，将所率部队作外围和复廓两个层次部署后，在差不多一个星期的时间里，外围阵地从东而南，不断发生猛烈战斗。

最东边的镇江，自12月7日起，日军从西南面开始向县城及要塞阵地发动进攻，8日城陷，守军自象山炮台后撤。

位于京杭国道上的句汤一线，成为敌军重点进攻的地段。12月6日，句容陷落，日军随即推进到汤山附近，并在孟塘、大胡山一线与守军连日发生激战。8日，汤山被占，守军在孟塘亦渐不支。

在南面湖熟、淳化一线，自6日起接战，经过3天连续战斗，终于在8日丢失该线。

西南面从秣陵关攻击前进的日军第6师团，6日进至杜桥、杨山，开始向守军右侧迂回，7日起在牛首山发生激战；8日，守军在击退日军的进攻后，战事转入沉寂，日军准备发起新的大规模进攻。

据第78军“战斗详报”记载，8日各阵地战况为：

“1. 淳化镇附近，自六日以来，敌我发生激战，本日午后已入混乱状态中。2. 我六十六军于本日午后，已放弃汤水。3. 栖霞山附近，本日拂晓以来，敌我激战甚烈。午后七时以后，亦入于混乱状态。4. 军补充第二团(轻战车七辆协同)，本日向复兴桥、大小胡山之敌行拂晓攻击，十时许，连续冲锋数次，得攻占马基山……迄午后七时，遂仍退守原阵地，与敌对峙。”[①]日本军方文件中，将12月最初一周前后，其各部队向南京攻击前进的战况，记述为：“经溧水北上的千叶、山田等各部队，越过南京城南方唯一的要地秣陵关到达岔路口，进而逼近雨花台。自句容起并驾西进的助川、大野两部队，突破麒麟门这一难关后，在紫金山麓扎紧口袋，消灭山顶之敌后继续进军。从

① 《陆军第七十八军南京之役战斗详报》，中国第二历史档案馆藏，档案号七八七—7590。

金坛起，经助川、大野两部队中间穿插长驱直入的胁坂、下村两部队，越过南京城外四公里处的高桥门后，占领了飞机场。”[①]中国报纸根据外国电讯消息，将当时日军包围、进击南京的态势，归结为三路进军：一为自句容以北绕至汤水镇北、九华山之背面，沿小路而攻击麒麟门，兵力约为两个联队；二为自句容正南 22 公里之天王寺沿石子路，攻击光华门东南 12 公里之淳化镇，兵力约为 3 个联队及 1 个机械化兵团；三为自溧水北击，人数亦约为 2 个联队左右。[②]

至 8 日前后，位于南京东南两面的大弧形外围阵地，已有多处被突破，少数阵地虽未被突破，但也已呈现不支之势。另一方面，此时列入南京卫戍军序列的第 87 师，大部已由镇江开抵南部阵地。第 154 师、第 156 师正从丹阳、句容一带向南京转进中。鉴于外围战斗和部队调动的实际情况，南京卫戍军总部于当晚下达“卫参作字第二十八号”命令，决定退守复廓阵地，其调整部署如下：

> 右侧支队固守板桥镇、大山之线。
>
> 第七十四军固守牛首山一带据点至河定桥之线。
>
> 第八十八师固守雨花台。
>
> 第七十一军之八十七师固守河定桥至孩子里（江南铁路北）之线，右与八十八师及五十一师、左与教导总队连系。
>
> 教导总队固守紫金山。
>
> 第二军团固守杨坊山、乌龙山之线及乌龙山要塞。
>
> 第三十六师固守红山、幕府山一带。
>
> 第六十六军至大水关附近集结整理待命。
>
> 第八十三军之一五六及三十六师之一团，在青龙山、龙王山线掩护

---

① 《大陆战史》，王卫星编，叶琳等译《南京大屠杀史料集》第 32 册《日本军方文件与官兵日记》，江苏人民出版社 2007 年版，第 38 页。

② 《申报》1937 年 12 月 8 日。

撤退。

在镇江之一〇三、一一二师向南京急进。①

这一部署变更的指导思想，在于“集中兵力，固守南京”。原来的大防御线，西起濒临长江的江宁镇，向东延至秣陵关、湖熟镇，再至句容、龙潭，而达于下游之长江边。经收缩阵地后，新阵地以南京城垣为依托，以复廓地区为重点防御的地带。该复廓防线，西自靠近长江边的板桥镇、牛首山，向东伸延至河定桥、紫金山，再至杨坊山、乌龙山，而达下游长江边。

这种阵地的收缩，固然是由当时敌我军事力量悬殊的形势所决定，乃不得已之举，但如此划一收缩，也反映了最高指挥官战略、战术上的呆板。这是一种消极防御，而非积极防御。积极的防御，应将前进与后退、进攻与防守、外线与内线等作战手段，交叉使用，不怕阵地犬牙交错。发生在 12 月 8 日的阵地消极调整，既表明了南京军事当局背城一战的决心，又预示着保卫战失败的结局即将来临。

经过 9 日一天的激战，战事已逐渐推进到雨花台、通济门、光华门、紫金山等东南城垣一带。

10 日，在城东南通济门、光华门、中山门一带发生激烈战斗的情况下，南京卫戍军总部对几支较为机动的部队改变部署如下：(1) 以第 156 师增援通济门及光华门之城垣守备，一面于城内赶筑工事；(2) 以第 159 师控制明故宫附近，策应第 156 师作战；(3) 以新由镇江撤回之第 103 师担任中山门附近城垣守备，归教导总队总队长桂永清指挥。②

此时，敌军已从各个方向，攻至南京城下，守城官兵按照调整后的部署，开始同凶猛的日军进行最后的殊死决斗。

---

①② 《南京卫戍军战斗详报》，中国第二历史档案馆藏，档案号七八七—7593。

第七章　劝降闹剧

一　松井石根劝降

12月8日，南京守军在经过连续一周的外围激战之后，决定收缩战线，将一线部队撤退至以城垣为依托的复廓阵地。

此时的南京城，可谓炮声隆隆、战火熊熊。中国报纸刊登的路透社电讯称："本日战事已逼近南京，东南郊外已发生冲突，日军主力部队，似拟以飞机、机械化部队及炮兵为助，进攻光华门外之淳化镇。日军一部刻在作包围九华山之行动，并向麒麟门前进；另有一部，则向中山门进逼。中日两军之前哨，已在群山中腰有接触，昨夜城内可闻炮声。华军为准备防地起见，现着手焚毁各建筑物，中山门外中山陵区内之美丽新屋，现多在焚毁中。同时，一般平民已奉命移至安全区，区外除佩黄色臂章之宪兵外，不许车辆或人民往来，全城今日已宣布为战区。"①

在南京军民义愤填膺、同仇敌忾的同时，日本侵略者却趾高气扬，不可一世，正为即将攻占南京而洋洋自得。据日方12月9日电讯称："9日早晨以来，由于我后续主力部队的进击，对南京的包围态势更加巩固。我攻击南京的各部队，以南京城为目标，继续逼近南京城。下午，右翼的助川、大野、野田各部队的主力，突破了南京东北方向扬子江岸边的乌龙庙。与此相呼应，伊佐、富士井、胁坂等各部队也一齐展开攻击，突破了南京城以东一里处

① 《申报》1937年12月9日。

的孝陵卫、上方[坊]门。此外，千叶、矢ケ崎、山田各部队主力也突破了南京城以南的西善桥，并与正从南京城西面迂回的冈本、长谷川、神田、猪木等左翼部队相连。由此，南京大包围圈逐渐收紧。我斗志昂扬的各部队之先头已一举逼近了城墙。一旦敌人不服从我最高指挥官的开城劝告，南京城注定将逃脱不了顷刻覆灭的命运。”①日方的报道，虽有炫耀和夸张的成分，但南京城的危急，却是不容粉饰的事实。

在日军已全面突破南京外围防御阵地，正向复廊城垣推进的情况下，日本华中方面军司令官松井石根决定，于12月9日向守军空投“劝降书”，作为最后通牒，规定中方守军若在24小时内不派出使节谈判投降，日军将向南京城发动总攻击。据时任华中方面军副参谋长的武藤章在后来的宣誓证词中说：“12月8日，接到我们的先头部队已越过磨盘山并已逼近南京的消息后，松井将军立刻下令：……为了劝南京城内的士兵投降，将派飞机空投劝降传单……假如中国军队到12月10日中午仍然没有投降，那么，将下令进攻南京。”②日本军方文件《支那事变经过概要》中写道：“南京总攻战打响之前的9日正午，最高指挥官松井石根大将命令我军飞机向南京卫戍司令唐生智投下劝降书，要求唐生智在24小时内即10日正午前投降。”③

日军“劝降书”全文为：

百万日军已席卷江南。南京城将陷入重围之中。观之战局大势，今后交战唯有百害而无一利。盖江宁之地乃中国故都，亦为民国之都城，明孝陵、中山陵等名胜古迹猥集。有宛若东亚文化精髓之感。日军将严厉处置抵抗者，不予宽恕，然对无辜民众及不怀敌意之中国军队，

① 《今天决定南京城的命运/我军持续攻击/全线收紧大包围》，王卫星编，何慈毅等译《南京大屠杀史料集》第58册《〈东京日日新闻〉与〈大阪每日新闻〉报道》，江苏人民出版社2010年版，第171页。

② 《律师宣读武藤的宣誓证词(部分)》，杨夏鸣编《南京大屠杀史料集》第7册《东京审判》，江苏人民出版社2005年版，第442—443页。

③ 《支那事变经过概要》，王卫星编，叶琳等译《南京大屠杀史料集》第32册《日本军方文件与官兵日记》，江苏人民出版社2002年版，第25页。

则宽以待之。乃至东亚文化亦有保护保全之热忱。然若贵军继续交战,南京势必难免战祸,千载文化归于灰烬,十年之经营化为泡影。故本司令官代表日本军劝告贵军,立即和平开放南京城,然后按下文所记处置。

大日本陆军司令官　松井石根

对本劝告书之答复,应于12月10日正午,在中山门至句容道路之步哨线,由我军收领之。若贵军派遣司令官代表,应准备于答复收领处,与本司令官代表达成关于接收南京城之必要协定。若于指定之时间内未得到任何答复,日本军将不得不开始攻占南京。[1]

据日本同盟通讯社随军记者前田雄二记述,9日投下的“劝降书”,“由两架陆军飞机投在了市内的八个地方。接着,在下午4时,为了观察中国方面的反应,向全军下达了停止攻击的命令”。[2] 从日军的某些军方文件中也可见,各部队确实接到了暂时停止战斗的通知。主攻南京东郊的日军第16师团步兵第33联队第12中队,在其12月10日的从军日志中记载:“根据军(按指上海派遣军)的命令,禁止部队进入城墙以内……今天下午1时以前,若有从中山门方向举白旗来我军的军使,要暂时停止战斗,等候军使的到来。”[3]其第16师团步兵第9联队第3中队中队长赤尾纯藏大尉后来回忆说:12月10日早晨,“我往左前方一看,突然发现一个白色巨大广告气球升在高空,上面有几个红色大字赫然在目。‘放弃无益的抵抗,开城投降!’这是用中文写的,中国军队从南京城内也能看到”。[4]

---

① 《支那事变经过概要》,王卫星编,叶琳等译《南京大屠杀史料集》第32册《日本军方文件与官兵日记》,江苏人民出版社2007年版,第25—26页。

② 前田雄二:《在战争的激流中》,王卫星编,叶琳等译《南京大屠杀史料集》第33册《日军官兵回忆》,江苏人民出版社2007年版,第435页。

③ 泽林次郎:《步兵第三十三联队第十二中队从军日志》,王卫星编,叶琳等译《南京大屠杀史料集》第32册《日本军方文件与官兵日记》,江苏人民出版社2007年版,第192页。

④ 赤尾纯藏:《火化的青烟——悼念殉国之士》,王卫星编,叶琳等译《南京大屠杀史料集》第33册《日军官兵回忆》,江苏人民出版社2007年版,第73—74页。

可是，日军的威胁和恫吓，却激起了南京军民的无比义愤。中央通讯社的一则电讯称："敌军总司令松井石根，九日由敌机掷下对我南京卫戍司令长官唐生智之所谓最后通牒，内容极端荒谬……竟劝我唐司令长官向敌投降，并限十日中午以复函交在句容公路之敌方哨兵，逾限不复，敌军即向南京进攻云云。敌方此种通牒，固属对我军之莫大侮辱，且亦为敌军不择手段对我非战斗员之京市民众大肆屠杀之先声。"①

日军的劝降一举，不过是"搬起石头砸自己的脚"，"最后通牒"从反面向全城军民下达了动员令，它激起了守城爱国官兵的猛烈反击。

二　唐生智拒降

差不多与日军在南京散发"劝降书"的同时，中国方面在汉口发表了一则措辞强硬的声明。据国民海通社于12月9日发自汉口的电讯称："据此间中国权威人士宣称，防守南京之华军，只要有一兵一卒，均必坚守到底。中国有利之战略，在尽量延长抗战，以待日本之枯竭。"②这一声明，预示了南京军民将决不屈服于日本的劝降和讹诈。

南京卫戍司令长官唐生智，在接获敌人的劝降传单后，随即发布命令，重申全军与阵地共存亡的决心，并为背水一战，将各部队所有船只尽行收缴。他在12月9日晚7时，下达"卫参作第三十六号"命令：

1. 本军目下占领复廓阵地为固守南京之最后战斗，各部队应以与阵地共存亡之决心，尽力固守，决不许轻弃寸地，摇动全军，若有不遵命令擅自后移，定遵委座命令，按连坐法从严办理。

2. 各军所得船只，一律缴交运输司令部保管，不准私自扣留，着派第七十八军军长宋希濂负责指挥。沿江宪、警，严禁部队散兵私自乘船

① 汉口《大公报》1937年12月11日。

② 《申报》1937年12月11日。

渡江，违者即行拘捕严办。倘敢抗拒，以武力制止。[①]

第78军军长宋希濂，接奉唐生智上述命令后，随令下关守备部队第212团协同宪、警，负责办理收缴船只、不准散兵私自乘船事，并出示布告，使各友军知照。布告要旨为：

1. 无司令长官公署通行证而渡江者，认为私行渡江。
2. 私行渡江不服制止者，准一律拘捕转送核办。[②]

南京守军，在唐生智的指挥下，用猛烈的炮火和激烈的战斗，回答了日军的劝降之举。报载：整个10日上午，“南京之战事，不因日军司令官松井石根致牒唐生智将军，要求和平入城而比较缓和，抑且光华门、通济门、中山门一带战事，更形激烈，自朝至午，未有片时停息，华军对于死守南京，至为坚决，予日军以重大打击”。[③] 中央通讯社报道称：“敌方此种通牒，固属对我军之莫大侮辱，且亦为敌军不择手段对我非战斗员之京市民众大肆屠杀之先声，我唐司令长官奉令卫戍南京，誓与南京城共存亡，刻正督率所部，奋勇抗战，对敌方之荒谬通牒，决不置理。”[④]日方资料称：“华军司令官唐生智，对此劝告，迄十日正午，并无回复，且是日晨，复以猛烈之炮火，续行攻击。”[⑤]

日军方面，9日早晨，由华中方面军参谋长塚田攻率高级参谋公平、情报参谋中山和翻译官冈田尚等人，从苏州方面军司令部出发，绕经太湖北岸，到达南京郊外。10日接近中午时，塚田一行来到中山门外日方步兵哨线，准备和中国军队的代表谈判接受投降的问题。但直至下午1时，也没有出现中国军使的身影，他们只好失望而归，而总攻南京城的命令，亦即同时下达。

---

①② 《陆军第七十八军南京之役战斗详报》，中国第二历史档案馆藏，档案号七八七—7590。
③ 《申报》1937年12月11日。
④ 汉口《大公报》1937年12月11日。
⑤ [日]陆军恤兵部发行：《支那事变战迹之刊》中卷，中央陆军军官学校第四分校1941年印，第111页。

翻译官冈田尚后来在东京法庭的宣誓证词中说:"12月9日早晨我乘车和塚田以及参谋公平和中山从苏州出发,一到南京郊外,我们就在某个部队营地休息。第二天上午11点,我们几个人(塚田、公平、中山和我)前往中山门并在那里等候中方谈判人员的到来。可是直到下午1点,他们都没有出现。我们只能离开那里,之后不久,假如我没记错的话,总攻的命令就下达了。"[1]

日军头目为中国军队的拒降而恼羞成怒。他们按照"最后通牒"中规定的时间,于10日午后1时正,正式下达了对南京的总攻击令。此时正在苏州患肺炎的华中方面军司令官松井石根随即下达了"中方作命第34号"令:

华中方面军命令

12月10日下午1时于苏州　方面军司令部

一、支那军不接受我军之劝告,仍在顽强抵抗。

二、上海派遣军与第十军,当继续南京攻城战,并扫荡城内之残敌。

三、我在苏州方面军司令部。

华中方面军司令官　松井石根[2]

松井石根在当天的日记中写道:"今天一直到中午,仍然没有接到支那军的答复。于是我对两军下达命令,从下午开始攻打南京城。"他并在日记中故作姿态地慨叹:"我真为敌军的顽固不化感到可惜。攻打是不得已的事。"[3]据《朝日新闻》报道:正在前线指挥作战的上海派遣军司令官朝香宫鸠彦王,俨如拿破仑一世,站在城东的小山上,"观看南京城在硝烟迷漫中攻陷"。[4]

---

① 《冈田尚宣誓证词》,杨夏鸣编《南京大屠杀史料集》第7册《东京审判》,江苏人民出版社2005年版,第473—474页。

② 《中方作命第34号》,王卫星、雷国山编《南京大屠杀史料集》第11册《日本军方文件》,江苏人民出版社2006年版,第30页。

③ 《松井石根阵中日记》,王卫星编《南京大屠杀史料集》第8册《日本官兵日记》,江苏人民出版社2005年版,第147页。

④ [美]戴维·贝尔加米尼:《日本天皇的阴谋》上册,商务印书馆1984年版,第78页。

根据日方军史资料记载，10日正午以后，日军先以炮兵全力轰击，接着全线步兵出击，并辅以飞机的轰炸相配合，“协力于地上部队的陆海航空队之巨弹，则对于城内之敌，或江面退窜之敌，加以攻击，或远向敌空军再建之根据地，对于正编成之飞行场，与待抗中之新锐机，加以攻击”。[①] 日本同盟社于当天发出的战地通讯中写道：“从10日早晨起，城内的支那军进一步加强防备，凭借城墙继续进行拼死抵抗。照此形势看来，敌人决心固守城池，展开最后一战。南京的命运到了最后时刻。”“唐生智毫无礼节，不仅未在10日正午前的期限内作出任何答复，反而从10日早晨起向我军猛烈炮击。我军遂于下午1时30分拉开了南京城总攻击的战幕。”[②]

中国新闻机构，则迅速报道了日军讹诈不成后猖狂进攻和守军英勇抗击的消息。中央通讯社于当夜11时，从南京战地发出电讯称：“下午一时余，敌大部又以坦克车先导，辅以机械化部队，仍向我东南郊猛冲，企图攻进城门，同时飞机滥炸，大炮频发，较昨晨尤烈。我守军各部拼死御敌，奋厉无前，激战至晚，炮声始渐稀，敌我仍相持于大校场附近。我阵地视昨日未有变动，惟双方伤亡均极重。敌企图一举而入城之梦想，已为我忠勇将士坚强之抵抗所摧破矣。”[③]《申报》称我军“沿城扼守，对于逼进城脚之日军，以机枪及迫击炮轰射，并亦以重炮向日军阵地轰击”，“双方炮火之密，几无一分钟时间之停息”。该报综合各方消息，报道当日诸阵地战况为：汤山与中山门间之孝陵卫，双方争夺激烈，传日军已逼近中山门；大校场日军分兵二路，分向通济门、光华门进攻，该二门城墙有数处被毁，但涌进城门之少数日军，均为守军堵截击退；雨花台方向日军被堵于岔路口以北，但其西南边之西善桥已为日军攻占；紫金山日军向乌龙庙、蒋王庙推进，已离太平门不远。[④]

---

① [日]西垣新七：《中国事变史》，中国第二历史档案馆等编《侵华日军南京大屠杀档案》，江苏古籍出版社1987年版，第22页。

② 《不回应我劝降书/一举攻占南京/下午1时30分终于拉开战幕》，王卫星编，何慈毅等译《南京大屠杀史料集》第58册《〈东京日日新闻〉与〈大阪每日新闻〉报道》，江苏人民出版社2010年版，第190页。

③ 汉口《大公报》1937年12月11日。

④ 《申报》1937年12月11日。

面对敌人的凶猛进攻，南京卫戍司令长官唐生智表示：吾军以血肉之躯，与钢铁相争，伤亡之数，当然重大。目下南京全城已处猛烈轰炸之下，雨花台及紫金山附近仍在激战中。我军现正扼守雨花台山顶之炮台，猛力抵御。首都局势，仍在我军控制之下，现正坚决抵抗。我军之士气，殊为激昂。[①]

猛烈、复杂的战况，虽对守军不利，但是持续不断的枪炮声和敌我严重的伤亡，都有力地证明：中国守军并未被日军的要挟所吓倒，日军如不付出重大的伤亡代价，是不可能进入南京城的。

① 《申报》1937年12月12日。

第八章　东线战事

一　紫金山激战

位于东郊的钟山，又称紫金山，是孙中山先生陵墓所在地，又是南京东面的天然屏障。钟山地势雄伟，居南京城群山之首，享有“钟山龙盘”之称。山岭东西长7公里，南北宽3公里，主峰北高峰高约450米。太平天国时，曾在第三峰筑天堡城抵抗清军，迄今遗址仍存。

南京保卫战中，唐生智将装备优良、战斗力较强的教导总队部署于紫金山阵地。教导总队享有“蒋介石的铁卫队”之声誉，总队长桂永清，副总队长周振强，参谋长邱清泉。下辖步兵3个旅6个团，另有3个新兵团在湖南、江西训练，其直属部队有炮兵团、骑兵团、工兵团、辎重团，以及通信营、军士营、特务营等，共约11个团兵力。该总队由德国顾问训练，其步兵第1、3、5团，装备和编制，均仿效德国步兵团。此3团，每团辖3个营，每营辖3个步兵连、1个重机枪连、1个八二迫击炮排；另有直属团部的榴弹炮连、战车防御炮连、通信连、输送连；共计每团辖16个连队。第1旅旅长由周振强兼，下辖第1、2两团，第1团团长秦士铨，第2团团长谢承瑞。第2旅旅长胡启儒，下辖第3、6两团，第3团团长李西开，第6团团长刘子淑。第3旅代旅长马威龙，下辖第4、5两团，第4团团长睢友蔺，第5团团长马威龙(兼)[1]。

教导总队于11月末，遵照唐生智向各部队下达的防御命令，命令本总

① 李西开:《紫金山战斗》,全国政协文史资料研究委员会《南京保卫战》编审组编《南京保卫战》,中国文史出版社1987年版,第170页。

队:"以协同友军固守南京为目的,决定于工兵学校、西山、紫金山、岔路口、中山门、太平门附近地区,占领阵地,加强防御工事,阻击歼灭沿京杭公路来犯之敌。"①总队部置于富贵山地下室内。12 月的最初一周,随着各个方向战况的变化,整个南京外围阵地的部署也几经变化。不过紫金山阵地一直由教导总队固守,并未变化。阵地调整后,教导总队的右翼与第 87 师相接,左翼与第 48 师为邻。

进攻紫金山及其附近阵地的日军为第 16 师团中岛今朝吾部。该部以第 33 联队野田谦吾部主攻紫金山;第 38 联队助川静二部为其右翼,从玄武湖北侧及紫金山北侧地区向南京北部进攻;第 9 联队片桐护郎部为其左翼,进攻紫金山南侧地区;第 20 联队大野宣明部为最左翼,沿东部主干道向中山门进攻。② 同时,位于第 16 师团左翼的第 9 师团第 35 联队富士井末吉部,也在最后阶段,派出 1 个大队参加了攻击紫金山顶峰的战斗。

早从 12 月 8 日起,从汤山方向西进的日军,便进抵紫金山地区,在红毛山与老虎洞与守军发生激战。

红毛山位于孝陵卫营房东南,是南京中山门外京杭国道上的前哨阵地,同时也是紫金山的外围防地。教导总队的第 1 团第 3 营在这里防守。8 日晨,日军在以空、炮向紫金山主阵地实施轰击的同时,派遣一支装甲部队向红毛山之线发起进攻。守军当即给予有力还击,狙击手炸毁装甲车 1 辆。由于日军不断增援,战况愈趋激烈,守军伤亡严重。该营营长周石泉,在紧急情况下,将预备队第 11 连调上前线,加入战斗。教导总队又派吴曙青营长率军士营带战车防御炮前来增援。守军经过激烈搏斗和顽强抵抗,使敌伤亡惨重,迫其只留少数兵力在正面阵地牵制,而以主力猛扑光华门外的工兵学校。

老虎洞为一突起小高地,是从东面屏障紫金山第二峰、第一峰的重要据

① 李西开:《紫金山战斗》,全国政协文史资料研究委员会《南京保卫战》编审组编《南京保卫战》,中国文史出版社 1987 年版,第 170—171 页。

② 《步兵第三十三联队史》,王卫星编,刘军等译《南京大屠杀史料集》第 56 册《日军文献》(上),江苏人民出版社 2010 年版,第 276 页。

点。12 月 8 日一早，日军便升起了侦察气球，指挥炮兵向老虎洞阵地猛击。当天午后，日军在炮火延伸射击后，步兵随即发起冲锋。据当时在前沿指挥作战的教导总队作战参谋刘庸诚叙述：“当敌人接近我阵地时，防守该地之罗雨丰营利用构筑好的阵地，以密集的火力向敌猛烈射击。居高临下，目标显明，敌人这天伤亡惨重。”[1]9 日拂晓，敌飞机再度对老虎洞阵地滥施轰炸，炮兵同时猛烈射击，阵地上满是炸弹的爆炸声与烧夷弹、烟幕弹腾起的烟雾。日军凭藉浓重的烟幕，再度发起冲锋。守军罗雨丰营长沉着指挥，率全营将士拼死抵抗，终在友军的配合下，又一次保住了老虎洞阵地。下午，风向对守军不利，日军施放更多的炮弹和燃烧弹，并趁势发起猛攻。守军 1 营官兵，大半牺牲，营长罗雨丰壮烈殉国，遂放弃老虎洞阵地，退守紫金山第二峰主阵地。

日军各进攻紫金山部队于 9 日进入攻击出发地。其主攻紫金山主阵地之步兵第 33 联队遂进入干道北侧地区，“和右翼支队的作战区界为五旗、蒋王庙、玄武湖东 500 米至南京城东北角一线”[2]。其他各联队也同时进入了准备发起攻击的阵地。中日双方部队，在这里剑拔弩张。据参加左翼攻击的第 9 联队第 3 中队中队长赤尾纯藏记述：“我发现隔着山谷距离我们所在位置约 300 米远的对面山脊上，有数十个机枪火力点(用泥土和砖瓦构筑的碉堡)，各碉堡之间有战壕相连，敌人兵力不明。只要我稍微一探脑袋，子弹就从几个碉堡毫不留情地飞过来。而且敌人在阵地前面的深谷中设置了好几道铁丝网。这些铁丝网都在敌人机枪的射程之内，当穿越这些铁丝网的时候就会被敌人全部消灭。”[3]

10 日拂晓，日军炮兵即在空中观测气球的指导下，逐段猛烈轰击西山、

---

① 刘庸诚：《南京抗战纪要》，全国政协文史资料研究委员会《南京保卫战》编审组编《南京保卫战》，中国文史出版社 1987 年，第 181 页。

② 《步兵第 33 联队南京附近战斗详报》，王卫星、雷国山编《南京大屠杀史料集》第 11 册《日本军方文件》，江苏人民出版社 2006 年版，第 77 页。

③ 赤尾纯藏：《火化的青烟——悼念殉国之士》，王卫星编，叶琳等译《南京大屠杀史料集》第 33 册《日军官兵回忆》，江苏人民出版社 2007 年版，第 76 页。

陵园新村和第二峰主阵地，日机也不断前来轰炸扫射。炮击后，日军坦克分两路引导步兵向前猛冲。左路由孝陵卫街公路向守卫西山的第 1 团进攻；右路则由灵谷寺向守卫中山陵、陵园新村的第 3 团进攻。守军第 1、3 两团的战车防御炮连奋勇迎击，一连击毁日军坦克 2 辆，使之不敢再进；而守军第 1 团战防炮连连长王峻和全连战士也都在这一天的战斗中，全部壮烈牺牲。第 3 团团长李西开曾这样形容当时教导总队主阵地的战况："战斗猛烈，硝烟弥漫，枪炮声震撼山谷，双方伤亡甚众，战斗已达全线最高潮。"[①]战斗虽然残酷激烈，但由于教导总队已驻守孝陵卫一带 4 年之久，对这里的地形熟悉，构筑的工事比较坚固，官兵作战又很勇敢，因此杀伤敌人很多，阵地始终在守军手中。担任正面进攻第二峰的日军步兵第 33 联队，在这一天的进攻中，"一直受到 382.5 高地敌军的抵抗"，遂决定由第 6 中队实行夜袭。该联队战史记载："第六中队勇猛地实施了攻击，但是，敌军用手榴弹进行顽强的抵抗，并且左后方受到两百余名敌军的反击，中队出现了多人伤亡，进攻暂时受挫，但是至凌晨时，终于夺取了敌阵一角。"[②]

与此同时，位于第 16 师团左翼的第 9 师团步兵第 35 联队也在这一天派出 1 个大队，参加了攻击紫金山第二峰的战斗。该联队战史记载了在这一战斗中，指挥进攻的第 3 大队长阵亡的惨烈场面。战史写道："大队长让第九中队远远地迂回到黄马方向，从侧面进攻紫金山 Δ382.5 高地。让各种重兵器及大队主力进入马群北方高地以协助他们。大队长进入前线。上午 10 时 30 分，大队长在高地上正要命令第十二中队从第九中队的左边展开时，被敌军的机枪子弹击穿头部，壮烈牺牲。第九中队不断击退敌军的反击，然后从其阵地侧面继续进攻。"经过激烈的白刃格斗，该部方于上午 11 时占领

① 李西开：《紫金山战斗》，全国政协文史资料研究委员会《南京保卫战》编审组编《南京保卫战》，中国文史出版社 1987 年版，第 173 页。

② 岛田胜巳：《步兵第三十三联队史》，王卫星编，刘军等译《南京大屠杀史料集》第 56 册《日军文献》(上)，江苏人民出版社 2010 年版，第 277 页。

了该高地。[1] 在步兵第35联队的右翼，是第16师团攻击紫金山的最左翼步兵第20联队。该联队在四方城阵地前，也经历了十分激烈的搏击。该联队士兵长谷川信吉回忆这一段战斗经历时称："紧邻四方城前不高的山丘顶上，实力不可小视的敌后卫部队的残敌开始了抵抗和反击。""敌军拼命地猛烈射击，企图阻止森中队突击……中国军队掩护后卫部队的炮弹断断续续地从四面八方向我们射击。"[2]

11、12两日，在紫金山第二峰与西山主阵地，中日两军日夜鏖战。日军为攻夺紫金山阵地，派出大量部队增援，并以加农炮用穿甲弹直射守军阵地。教导总队的一些机枪掩体被击毁，陵园新村的房屋也有数处起火，烟火冲天。总队指挥部也不断增派预备队，参加第一线作战。主阵地的激战，愈趋激烈。

11日凌晨，中山门外主干道附近的中国守军，冒着敌人猛烈的炮火，顽强抗击，迫使进攻的日军不得不在山坡上暂时停止前进。日军步兵第20联队士兵牧原信夫在其阵中日记中感叹："敌人受到如此强大的炮击还仍然顽强地抵抗到最后，实在令人佩服。第十中队或被这些残兵反击，或在冲上去后还受了相当损失。"[3]这一天，守军在失去西山阵地后，又于当晚组织了反击，尽管牺牲惨烈，仍顽强抵抗，坚守后方阵地。日军步兵第20联队士兵田中实男记述："夺取了西山后，敌兵又利用夜色逼近到我们附近，并用机关枪向我们扫射。山上、山下敌我双方的炮弹雨点般落下，发出'轰、轰'的爆炸声。弹片击中右边的树木，折断了树枝，战斗十分惨烈。我看到一个敌人就开了枪，把他击毙了。我们度过了一个令人不快的夜晚。敌人猛烈的射击

---

① 《步兵第三十五联队上海、南京附近战斗经过概要》，王卫星、雷国山编《南京大屠杀史料集》第11册《日本军方文件》，江苏人民出版社2006年版，第121页。

② 长谷川信吉：《死亡出征》，王卫星编，叶琳等译《南京大屠杀史料集》第33册《日军官兵回忆》，江苏人民出版社2007年版，第197页。

③ 《牧原信夫日记》，王卫星编《南京大屠杀史料集》第8册《日军官兵日记》，江苏人民出版社2005年版，第602页。

与前一天一样。山上有许多敌人的尸体，土地都被染红了。”[①]据担任左翼作战的步兵第 9 联队 1 个大队的统计，在 11 日的攻击作战中，共阵亡 50 名，负伤 100 余名，在战死者中包括 2 名中队长，大队长以下有 14 名军官负伤，“部队的骨干受到了近乎毁灭性的损失”[②]。

12 日，紫金山阵地的战斗进入最后阶段，该处日军的目标为夺取南京城的制高点紫金山顶峰及南京城的东门中山门。中日双方部队在这一天进行了更加惨烈的拼杀。

是日中午时，据在廖仲恺墓附近指挥战斗的教导总队第 2 团榴炮连代理连长严开运见闻：“枪炮声越来越密，经明孝陵、廖墓这条路上后送的伤员越来越多，我连阵地附近的树木和地面的枯草已被敌机投掷的烧夷弹引火烧烧。”严开运为避免连队的损失，向总队参谋长邱清泉报告，准备把阵地向后转移。邱清泉指着地图上的明孝陵、四方城、卫岗地段说：“这里我们第一线的部队仍继续在坚持战斗，你连的阵地不能转移。你们转移，第一线的部队会受影响。为了避免遭受火烧，班、排阵地，可在连阵地范围内作调整，但决不许后撤。”[③]于是，该榴炮连在进行了某些局部调整后，继续冒着敌人的炮火和熊熊燃烧的山火，在原阵地坚持奋战。

日军担任主攻紫金山顶峰的步兵第 33 联队“战斗详报”称：该部经上午数小时激战，方冲入顶峰东南麓阵地，“这期间，敌军也利用步枪、机枪的猛烈射击及投掷手榴弹等进行顽强抵抗。占领着顶峰东北方地区数道阵地的敌兵从顶峰北侧方向参加战斗，同时，从顶峰南侧地区后方陆续增加了敌军援兵，战斗逐渐激烈起来”。[④] 该联队士兵高岛市良在其 12 日的日记中见

---

① 田中实男：《攻击西山》，王卫星编，叶琳等译《南京大屠杀史料集》第 61 册《日军官兵日记与回忆》（下），江苏人民出版社 2010 年版，第 464 页。

② 赤尾纯藏：《泥与血之中》，王卫星编，叶琳等译《南京大屠杀史料集》第 61 册《日军官兵日记与回忆》（下），江苏人民出版社 2010 年版，第 434 页。

③ 严开运：《难忘的战斗》，全国政协文史资料研究委员会《南京保卫战》编审组编《南京保卫战》，中国文史出版社 1987 年版，第 197 页。

④ 《步兵第三十三联队南京附近战斗详报》，王卫星、雷国山编《南京大屠杀史料集》第 11 册《日本军方文件》，江苏人民出版社 2006 年版，第 83 页。

证："昨夜第六中队夜袭过的山顶的碉堡和阵地很顽固，经过艰苦奋战，有 70 人死伤。山顶的道上有敌人子弹飞来。就沿着斜坡上险峻的岩石之间，运送战死者和伤员。这些牺牲者真可怜，好不容易期待着进入南京奋战到了今日。"[①]其担负突击最高峰的第 6 中队，在夺取 371 高地后，随即向第一峰 488.5 高地仰攻，并前进至守军阵前 300 米处。该联队战史记述了发生在这里的激烈战况。"战史"记称："敌军不愧是精锐的教导总队的士兵，其抵抗无比猛烈，从山顶的碉堡和下方的水泥机枪掩体到处不断有迫击炮和机关枪的近距离反击，进行最后的挣扎……一场激烈的战斗随即展开，紫金山上已成为双方肉搏的战场。"[②]此时，配合第 16 师团，从其左翼干道向中山门进击的第 9 师团步兵第 35 联队，也遭遇到守军的顽强抵抗，攻击受阻。该联队的战斗报告中记述："12 日，虽然继续猛攻近在咫尺的南京城，但由于受到来自右侧山地方向的侧射和城门前敌军的顽强抵抗，部队无法冲向中山门。"[③]

至 12 日下午 6 时，第二峰与西山阵地被日军突破。虽然此时卫戍军总部已经下达了总撤退令，但教导总队的官兵，仍在紫金山一号高地，居高临下，与敌血战。13 日凌晨，据已经撤退到明孝陵的教导总队排长李慕超所见："中山门外的阵地上，一片沉寂，惟独紫金山上的守军，与敌鏖战正酣，火光冲天，呼声震地。"[④]

总队第 2 团战车防御炮连连长颜希儒，在战斗到最后、最紧张的时刻，坚决表示："不管怎样撤退，我都不走了！"他在腰里藏着两颗用绳拴着的卵形手榴弹，决心和敌人同归于尽。后来，该连果然接到了上级的撤退命令，

---

① 《高岛市良日记》，王卫星编《南京大屠杀史料集》第 8 册《日军官兵日记》，江苏人民出版社 2005 年版，第 711 页。

② 岛田胜已：《步兵第三十三联队史》，王卫星编，刘军等译《南京大屠杀史料集》第 56 册《日军文献》(上)，江苏人民出版社 2010 年版，第 280 页。

③ 《步兵第三十五联队上海、南京附近战斗经过概要》，王卫星、雷国山编《南京大屠杀史料集》第 11 册《日本军方文件》，江苏人民出版社 2006 年版，第 120 页。

④ 李慕超：《血战白骨坟》，全国政协文史资料研究委员会《南京保卫战》编审组编《南京保卫战》，中国文史出版社 1987 年版，第 194 页。

他在组织部队撤退后，自己随身带了两名战士留下来检查阵地。然而，从此他再也没有归队。[1]

各路日军于13日从不同地点攻入南京城。但这一天紫金山的战斗并未停止。教导总队官兵在被四面包围的情况下，勇敢突围。日方资料中清楚地记载着紫金山阵地最后的战斗场景。日军第16师团第30旅团旅团长佐佐木到一在13日的日记中写道："敌军还在不断地从紫金山上往下冲，一群又一群，铺天盖地，满眼是敌军。他们都是驻守在紫金山顶的教导师的士兵。他们试图从我支队的缝隙间杀开一条血路，进行反攻，突围出去。"在这场突围与反突围的血战中，日军第16师团动用了司令部的预备队、通信兵、运输兵，甚至连传令兵都参加了战斗。佐佐木日记称："野战炮大队一直苦于道路而行进困难，那天夜里又遭到袭击，进行掩护的一个步兵中队和一个工兵小队，大家不分彼此共同奋起应战，进行了长达四个小时的战斗。其后方，原来部署了两个步兵中队作为后卫的，半夜后，也与来自两个方向突围反攻过来的敌军大部队进行了战斗，并将该股敌军歼灭。另外，驻守在后方卫生所附近的混成骑兵团，黑暗中遭到敌军袭击。敌军冲进院内，使他们损失人员二百余名，马六十余匹，他们当时是慌作一团。"[2]日本华中方面军司令官松井石根在事后，也不得不承认："南京教导总队曾发挥相当勇猛的抵抗。"[3]

南京保卫战的最高指挥官唐生智与罗卓英、刘兴，对于教导总队官兵在紫金山的顽强抵抗，给予了较高的评价。他们在事后写给蒋介石的报告中说："守紫金山之部队，亦能沉着勇敢，迨我军退出南京之翌日，犹有一部官兵死守阵地，作壮烈之牺牲。"[4]

---

① 严开运：《难忘的战斗》，全国政协文史资料研究委员会《南京保卫战》编审组编《南京保卫战》，中国文史出版社1987年版，第197—198页。

② 《佐佐木到一日记》，王卫星编《南京大屠杀史料集》第8册《日军官兵日记》，江苏人民出版社2005年版，第315页。

③ 《松井与山本对谈》，载《文摘》第11号，1938年2月。

④ 秦孝仪主编：《中华民国重要史料初编——对日抗战时期》第2编第2册，中国国民党中央委员会党史委员会1981年编印，第224页。

二　血战杨坊山、银孔山

位于紫金山阵地左侧的杨坊山，地扼京沪铁路线和尧化门通向南京公路的要冲，地形十分险要，是南京东北方向的重要屏障。

南京卫戍军总部将第2军团徐源泉部部署在乌龙山—杨坊山一线。第2军团原驻防武汉，下辖第41师丁治磐部和第48师徐继武部。淞沪会战爆发后，为补充东战场的大量伤亡，该军团抽调出班长的半数以上、连排长的1/3和士兵的全部，共1万余人，由营级军官率领，前往补充。经抽调以后的第2军团，只保留了一部分班、排、连长等战斗骨干，士兵绝大部分为刚征集的新兵。有的新兵，在部队上船开赴前线时，刚被接收，“他们在船上换上军装，领取枪支弹药，学习怎样装退子弹，怎样瞄准射击，怎样投掷手榴弹”。①

第2军团奉命于12月2日由汉口登船，开赴南京，列入南京卫戍部队的战斗序列。其先头部队第41师师部及所属第121旅，于4日上午10时抵达南京煤炭港，登陆后即开赴尧化门外甘家巷。第123旅则于6日凌晨3时许抵煤炭港登陆，并跟进甘家巷。其第48师及所属第142旅、144旅，因沿途空袭，迟至8日方登陆完毕。

8日下午4时，卫戍长官司令部下达“卫参字第28号”命令：

> 第二军团之第四八师(欠一团)占领杨坊山122.5高地北麓薛氏坟、曹村、和尚庄、杨家边、下西风头、曹庄之线，左与乌龙山守备队，右与教导总队连络，务速构筑工事。②

第48师遂令第144旅附第283团共3个团，展开于北自曹庄、南达杨坊

---

① 郭浚：《第二军团驰援南京述要》，全国政协文史资料研究委员会《南京保卫战》编审组编《南京保卫战》，中国文史出版社1987年版，第138页。

② 《第二军团京东战役战斗详报》，中国第二历史档案馆藏，档案号七八七—7591。

山之20公里防线。该线虽极具防御价值，但沿线极少既筑工事，多需在日军炮火下临时构筑。第48师部队遂全力以赴，勉强筑成粗具野战规模的工事。该防线南端之杨坊山，为第2军团与教导总队防区结合部。按卫戍司令部命令，第2军团只需布防至杨坊山北薛氏坟为止，但教导总队未及派队占领该山，第2军团部队遂主动派第288团第3营延伸占领，以为本部防线右翼的支撑。

主攻杨坊山阵地的日军部队，为第16师团第30旅团之步兵第38联队助川静二所部。该部系日军攻击紫金山阵地之右翼，沿紫金山、玄武湖北侧向和平门、下关攻击前进。为达此目标，杨坊山、银孔山为必须夺取之重要通道。

10日下午2时许，日军向第48师防线中的和尚庄发动猛攻，经守军痛予回击，未能得逞。

11日晨，日军以大炮30余门、飞机10余架，连续不断向杨坊山发起攻击，先将山上工事毁平，续以坦克16辆掩护2 000余名步兵，将该山包围，频频实施冲击。守卫杨坊山阵地之第288团第3营官兵，在营长陈庆勋指挥下，顽强抗击，与日军反复混战。后终因其炮火猛烈，第3营官兵全部壮烈牺牲，陈庆勋营长亦身负重伤，被救下火线，该阵地遂为日军占领。与此同时，沿杨坊山至曹庄一线，是日均发生猛烈战斗。第288团中校团附何继厚、第1营营长苑师温，第287团第3营营长秦慎符等，先后负伤，连排长以下官兵之伤亡，更难计数。[①]

防守杨坊山一线的主力第144旅，多为未经训练的新兵，在开始参加战斗时，“有的把头埋在地下盲目地射击；有的投掷手榴弹不知道拉引线，有的把手榴弹扔出去，不但没有炸死敌人，反而炸死炸伤了自己”。但是，新兵在老战士的影响下，“越打越强，越打越勇，战斗情绪很高”。第288团团长曹毅，曾指挥1个连队，集中一部分轻重机枪和集束手榴弹，隐蔽在一个小树

① 《第二军团京东战役战斗详报》，中国第二历史档案馆藏，档案号七八七—7591。

林中，对进攻的日军进行伏击。据该旅旅长郭浚叙述："当敌人走进伏击圈后，指挥员一声令下，各种武器一齐发动，敌人的坦克有的被炸毁了，有的被打翻了，有的调头向后逃窜，把自己的前进部队冲得七零八落，一时间尸横遍野。战斗结束后，我们缴获了几辆坦克，可是无法开动，只好把它们炸毁。"①

据日军文献记载：日军步兵第 38 联队于 10 日上午 7 时，从何家边穿越普陀寺一线，经仙鹤门逼近尧化门；与此相配合，其野炮兵大队与迫击炮队亦经麒麟门进抵仙鹤门北侧高地。战斗打响后，"杨坊山的敌人用机关枪和迫击炮发动猛烈袭击，敌军在该阵地上约有两个中队的兵力，乌龙山和岔路口的炮台也猛烈地炮击。……敌人从银孔山也开始猛烈炮击"。在攻占杨坊山后，"在陷落的山顶战壕里，敌兵的尸体重叠在一起"。② 由此可见杨坊山战斗之激烈与守军牺牲之惨重。

日军于占领杨坊山之后，紧接着又向其西侧的银孔山发起攻击。第 2 军团军团长徐源泉，早于杨坊山激战之际，即令第 142 旅之第 283 团进入银孔山抢筑工事，预为防守。杨坊山既失，银孔山随即发生激战。据第 2 军团战斗详报记载：

> 敌占杨坊山后，随以全力继向银孔山猛攻，轰炸惨烈，尤倍于前。我守该山 283 团第一营营长单喆渊、连长孙卉考，身先士卒，血战半日，饮弹殉国，而全营官兵亦伤亡殆尽。当单营激战时，该团之第二、三营前往增援，受敌炮击与飞机轰炸，未及赶到，又伤亡过半，银孔山遂为敌占。③

---

① 郭浚：《第二军团驰援南京述要》，全国政协文史资料研究委员会《南京保卫战》编审组编《南京保卫战》，中国文史出版社 1987 年版，第 139—140 页。

② 野口俊夫：《奈良联队战记》，王卫星编，刘军等译《南京大屠杀史料集》第 56 册《日军文献》（上），江苏人民出版社 2010 年版，第 336 页。

③ 《第二军团京东战役战斗详报》，中国第二历史档案馆藏，档案号七八七—7591。

日军第30旅团旅团长佐佐木到一在日记中，记述了该部攻击银孔山过程中守军之顽强抵抗。日记称：在夺取银孔山东西两侧阵地的战斗中，“敌军的抵抗实在太顽强了。因此，命令炮兵集中火力对他们进行轰击。堑壕里堆满了敌军士兵的尸体。尽管如此，当我步兵沿斜坡向上冲锋时，甚至还有敌兵宁死不退，死守阵地，宁死不屈”。佐佐木承认，在守军退出银孔山阵地后，仍在太平山阵地与其他友军部队，共同造成对该部的严重威胁，使其苦不堪言。他写道：“银孔山的敌军向太平山方向撤退，那里有构筑好的阵地和新的抵抗部队。此外，还有来自乌龙山炮台的重炮从右侧背后的炮击，岔路口敌军的野炮从左前方向我轰击。”“我支队一直暴露于敌军的交叉火力和迫击炮的射击下，且白天一直竭力进攻据守在高地工事中顽抗的敌军。加上我右翼方向的强大敌军不断阻挠我军，右侧背后还有敌军出没，威胁着后方部队，并一直企图切断我与师团主力的联系。”①

第2军团的杨坊山、银孔山战斗，系在明显劣势的条件下进行的，除了上述新兵居多、缺乏训练的情况外，其军团长徐源泉认为：工事与武器不配套，“纵有少数国防工事，或因重兵器不足，或因无是项兵器，大都不能利用”；兵力不足，“以全师兵力完全展布，犹觉不敷分配，而敌之攻我，专注一点，我则处处薄弱，坐以受攻”；无炮火支援，“敌炮每以数十门向我连续发射，弹如雨注，而我无一炮还击，于士卒精神上颇受打击”，“统计我军伤亡，被炮击者，占十分之七”。② 尽管如此，守卫杨坊山、银孔山的将士，仍能不畏强敌，浴血奋战，与阵地共存亡，将日军大量杀伤，迟滞其进攻速度，其爱国奋斗之志，令人钦佩。

① 《佐佐木到一日记》，王卫星编《南京大屠杀史料集》第8册《日军官兵日记》，江苏人民出版社2005年版，第310—311页。

② 《第二军团京东战役战斗详报》，中国第二历史档案馆藏，档案号七八七—7591。

第九章　南线鏖战

一　光华门拒敌

光华门位于南京南线之左翼，是保卫战战斗最激烈的阵地之一。由于这里是南京守军南线和东线阵地的结合部，因此先后有教导总队、第 87 师、第 88 师、第 156 师和宪兵部队等多支部队同时或交替参加防守。日军从淳化、高桥门向光华门进攻的主力部队，是第 9 师团的步兵第 36 联队胁坂次郎部；步兵第 19 联队人见参三部协助第 36 联队，参加了攻占城头的战斗。

日军步兵第 36 联队于 12 月 8 日攻占淳化镇后，趁守军第 51 师已撤守河定桥，而刚奉命赶到光华门外公路一线的第 87 师立足未稳之际，以步兵 2 000 余名、坦克 10 余辆，占领高桥门、七桥瓮及中和桥，于 9 日拂晓进至光华门外。此时光华门仅有少数部队防守，守军见情势紧急，遂将城门紧闭。光华门城墙高大，外有护城河环绕，加之守军在这里修筑的防御工事，给日军的进攻造成了很大困难。日军第 9 师团的战史，这样描述了光华门的防御和最初的战况：

> 高达 13 米的城墙、紧闭的城门、横在通向城门道路上的反坦克壕和五道铁丝网，再加上无法涉水过去的宽达 130 米、深 4 米的护城河，阻挡了我军的攻击。敌军一发现抵达城门前的第一大队，便立刻从城门两侧及城墙上方猛烈射击。第一大队无法突击，一时陷入进退维谷的窘境。

> 联队长在后方得知这一情况后，立即命令师团炮兵、联队炮将全部炮火集中到城门附近，掩护爆破班前进。爆破班拼死强行爆破铁丝网，然而士兵们相继倒下，爆破最终还是没有成功。
>
> 敌我双方就这样终日激战，而到了晚上，炮火越发猛烈，南京宛如一座不夜之城。①

激战中，守军也付出了很大的代价。第88师第524团的1个营，经一天奋战，有300名官兵阵亡，某连排长黄自强，在连长、代理连长相继牺牲后，挺身而出，继续指挥战斗。当他最后率队撤出战场时，全连只剩下了18人。②

在9日的战斗中，光华门城门屡遭日军炮击，曾几度被击穿，又迅速被修复，并将突入城内的少数日军予以消灭。不过，还是有部分日军钻入城门洞内，潜伏下来，造成对守军的威胁。据南京卫戍军“战斗详报”记载：

> 敌将野山炮推进高桥门附近，向光华门轰击，不一时洞穿二穴，敌军小部突入，当被我军击灭。此后随堵随破，几濒于危者凡三数次，赖八十七师后续部队之反攻及直属特务队之增援，至午后四时，始将大校场之敌击退。但盘据通光营房内及城门洞内之少数敌人则始终顽抗。③

守军宪兵教导团于9日奉命，组织一个加强排，从清凉山驻地赶往光华门增援。该团排长向鸿运遂率全排士兵，加配6挺捷克式轻机枪与充足的弹药前往。到达光华门阵地后，向排长果断指挥全排在光华门城楼上，配合教导总队谢承瑞团，与日军激烈交火，终将进攻日军击退。向鸿运叙述：“我

---

① 《第9师团战史》，王卫星编，刘军等译《南京大屠杀史料集》第56册《日军文献》（上），江苏人民出版社2010年版，第117页。

② 卢畏三：《第八十八师扼守雨花台中华门片断》，全国政协文史资料研究委员会《南京保卫战》编审组编《南京保卫战》，中国文史出版社1987年版，第164—165页。

③ 《南京卫戍军战斗详报》，中国第二历史档案馆藏，档案号七八七—7593。

组织了全排的火力攻击,命令六挺轻机枪都必须打三夹子子弹,其他人员要集中力量把手榴弹投下去。由于我们居高临下,一阵猛烈射击和投弹后,敌人开始动摇了。枪声刚停就见从战车后有两辆自行车疾驰而来,我马上命令士兵向那两辆自行车射去,是否击中看不清楚,我估计那是敌人传令兵。下午七时许,发现敌人有退却模样,敌战车开动后都掉转车头,我立即命令全排士兵对准敌人猛烈射击,不一会敌人就全部退光了。”[①]据宪兵部队的战斗报告称:“以我增援部队之沉着射击及友军教导总队之迫击炮命中精确,遂将已突进至光华门外护城河之敌击退。”[②]

主攻光华门的日军步兵第36联队在其战史中,记录了这一天三次爆破不成的艰难情况。战史写道:“部署的山炮兵大队从防空学校围墙直接对准了城门开始炮击。大门的一部分虽然受到破坏,但里面已被泥土木材填实,再加上来不及得到补给就急促追击,仅带了少量弹药,故未能打开突击的道路。接着,小坂二兵队大尉指挥的敢死队,在大路上的轻装甲车以及伊藤大队的火力支援下,搬开了路障,来到城门前,前后来回两次强行爆破。由于炸药量少,以及没有时间填埋炸药,故效果不大。晚上8时,增加了炸药量再次进行爆破,但还是没能完全打开突击的道路,再次被敌军填堵上了。”[③]

在光华门城外的守军,则于当天午后到夜晚,在防空学校和中和桥附近,不断组织营、团规模的突袭,与日军猛烈交火,使攻击光华门的日军腹背受敌。日军步兵第36联队在其战史中记称:

> 下午1时左右,在防空学校西侧附近的一个无名村落,有敌军陆续集结,有人看到其数量达四百至五百人,其在清水大队突击性扫射下,受到重创,向西面溃退。晚上10时左右,约有两百名敌军对中和桥以

---

① 向鸿运:《增援光华门侧记》,全国政协文史资料研究委员会《南京保卫战》编审组编《南京保卫战》,中国文史出版社1987年版,第205页。

② 《宪兵司令部战斗详报》,中国第二历史档案馆藏,档案号七八七—7595。

③ 胁坂部队:《南京城攻击记》,王卫星、雷国山编《南京大屠杀史料集》第11册《日本军方文件》,江苏人民出版社2006年版,第143页。

及与之并行的铁桥进行夜袭，第九中队及第三重机枪队与之猛烈交战，约三十分钟后将其击退到西南方向。[①]

在事后出版的日方书刊中，也对9日发生在光华门阵地的惨烈战斗，有详细的记述。《支那事变战迹之刊》一书中写道："九日年前五时半，我胁坂部队，已达南京城光华门前面之城墙附近，当时城上之敌军，仍顽强作最后抵抗，不断对我军加以猛射。于是展开壮烈凄绝之迫击战。""敌即陆续派出精锐部队，以机关枪从各方面向我猛射，几无片刻间断。复由明故宫飞机场及城内各炮兵阵地，不断以重炮及迫击炮猛烈射击，致使我军无法前进。是时在敌弹如雨注之下，与后方之联络完全断绝，弹药粮食之供给，已不可能。"[②]

10日，是日军对守城官兵拒不投降，滥施报复，发起总攻的日子，光华门的战斗更为惊心动魄。

这一天，在日军持续不断的轰击下，光华门两侧的城墙已被轰开两个缺口。午后，日军一部在坦克掩护下，突破了光华门右翼第87师之第259旅阵地。另一部约百余人在密集火力掩护下，突入光华门正面阵地约百米，占据桥南街道两侧房屋作据点，掩护后续部队扩大战果。有部分日军从城墙缺口处猛冲爬城，企图攻入城内。守军教导总队第2团及军士营、战车防御炮连努力反攻，与日军奋勇拼搏，将其击退。日军步兵第36联队在10日的"战斗详报"中记称："薄暮时分，第一大队长伊藤少佐率领作为预备队的第三中队向城门前进，在惨烈的战斗中，沉着指挥战斗。至晚9时，终因敌方投来手榴弹而战死光华门。""我冲入城门内之官兵由于受到敌机枪从城门

---

① 胁坂部队：《南京城攻击记》，王卫星、雷国山编《南京大屠杀史料集》第11册《日本军方文件》，江苏人民出版社2006年版，第143页。

② [日]陆军恤兵部发行：《支那事变战迹之刊》中卷，中央陆军军官学校第四分校1941年印，第112—113页。

内外的射击，以及敌从城墙上猛投手榴弹，不断出现伤亡。”[①]该联队的战史中，也记载了其官兵在攻击光华门战斗中伤亡惨重的战况。战史中写道：“第二天即 10 日，敌军将后续兵力集中到光华门附近。敌军的枪炮火力越来越猛烈，另外从背后的雨花台方向和紫金山方向也有炮火集中射来，人马多有死伤。”“当时，因为敌军已经在城墙上部署了对付战车的大炮，所以运送旅团副官武田大尉的装甲车一出防空学校大门，就立刻受到炮击而被击毁，同车士兵战死。”[②]日军步兵第 19 联队士兵宫部一三写道，当少数日军最初登上光华门城墙时，步兵第 36 联队联队长胁坂护郎曾命令：“伊藤大队即使全部战死，也要确保光华门。”而在伊藤善光大队长受了重伤、临死前，也仍然在“呼喊着每个中队长的名字，呼喊着要守住城门”。因而，“城门内的官兵牢记大队长的遗言，在沙袋、石块和木材崩塌形成的斜面上构筑了三道掩体，死守到底”。[③]

南京守军卫戍总部的参谋处科长谭道平在描述发生在光华门附近的战斗时说：

> 当时日军组成了一支小的敢死队，队长是一个四十余岁的瘦小的家伙。他野兽般疯狂地率领了他的十几个部下猛冲过来，即在光华门附近，为我教导总队的工兵排坚强地阻挡住了。于是在耀眼的阳光下就展开了白刃的肉搏。我们英勇的弟兄们受伤了，倒了下去，而他们，这十数个可怜的无名侵略小卒，也就一个个完毕了他们的生命。[④]

黄昏后，守军第 87 师部队组织了有力的反攻。由第 259 旅旅长易安华

---

① 《步兵第三十六联队战斗详报》，王卫星编，叶琳等译《南京大屠杀史料集》第 32 册《日本军方文件与官兵日记》，江苏人民出版社 2007 年版，第 163 页。

② 胁坂部队：《南京城攻击记》，王卫星、雷国山编《南京大屠杀史料集》第 11 册《日本军方文件》，江苏人民出版社 2006 年版，第 144 页。

③ 宫部一三：《风云南京城》，王卫星编，叶琳等译《南京大屠杀史料集》第 33 册《日军官兵回忆》，江苏人民出版社 2007 年版，第 42 页。

④ 谭道平：《南京卫戍战史话》，东南文化事业出版社 1946 年版，第 64—65 页。

率1个加强团，在通济门外，从西向东北方向攻击；由第87师副师长兼第261旅旅长陈颐鼎率2个加强营，在光华门外的清凉巷、天堂村从东向西，与第259旅共同夹击侵入光华门外正面之敌。[①] 经过这两支部队的奋力突袭，借着夜幕的掩护，终将这股突入的日军全部消灭。但是，第259旅旅长易安华、第261旅参谋主任倪国鼎，以及营长2人，连长以下官兵30余人，也牺牲在光华门外的阵地上。中央通讯社从南京发出电讯，报道说："十日傍晚，光华门一带城垣被敌攻城炮击毁数处，敌军一部虽冲入城内，当即被我包围歼灭，敌遗尸五百余具，仅十余人生还。城垣被毁之缺口，均经我工程队赶堵，并添置防御工事。我军士气悲壮，人人抱必死之决心。"[②]

经竟日血战，大股进攻光华门的日军虽已被消灭或逐走，但还有少数日军盘踞在通光营房里和潜伏在城门洞圈里，从而对守军构成了来日战斗中的威胁。各支守军采用了多种方法，来歼灭这些蜷缩在城门洞圈中的日军。教导总队第2团团长谢承瑞率部，先将汽油桶从城墙上摔下，点火燃烧，后又亲率敢死队冲出城门，给日军以严重杀伤。该部作战参谋刘庸诚叙述："谢团长亲率战士背着汽油桶放到城墙箭楼处。半夜，把汽油桶的口松开丢在城门洞口，立即投下火种，摔破的汽油桶里溢出的油，迅速燃烧起来。护城河边的敌人射击更密。拂晓，我军守卫在城墙上的各营连，利用居高临下之势，以密集火力压制敌人。这时，谢团长亲自率一排英勇的战士，突然把城门打开，十几挺轻机枪一齐向敌兵射击，多数均立遭击毙。"[③]奉命赶来增援的第156师官兵，这一天也以同样的方法，向潜伏在城门洞圈里的日军进行有效突袭。据《南京卫戍军战斗详报》记载："是夜，一五六师选敢死队坠城，将潜伏城门洞内之少数敌军焚毙，将盘踞通光营房之敌歼灭，光华门及

① 陈颐鼎：《第八十七师在南京保卫战中》，全国政协文史资料研究委员会《南京保卫战》编审组编《南京保卫战》，中国文史出版社1987年版，第155页。

② 汉口《大公报》1937年12月12日。

③ 刘庸诚：《南京抗战纪要》，全国政协文史资料研究委员会《南京保卫战》编审组编《南京保卫战》，中国文史出版社1987年，第184页。

通济门方面遂得转危为安。”①这数十名英勇的敢死队员，在歼灭和追击日军的过程中，一个也没有生还，全部为国捐躯。当时在卫戍总部参加指挥作战的参谋程奎朗曾亲见，第156师的官兵，在击退了日军的进攻后，还将一批战利品送到卫戍司令长官部来报捷，其中包括10余个日军的首级、轻机枪2挺、左轮手枪1支、三八式步枪10余支、战刀1把，以及钢盔、呢大衣、千人缝等。他由此感叹说：“据我所知，据守光华门的战斗，是南京保卫战中最壮烈的战斗。”②唐生智等南京卫戍军最高指挥官也赞扬第156师说：“迨光华、通济两门危急时，该师星夜驰援，官兵用命，卒使该方面战况转危为安。敌亦因此转移其攻击目标于雨花台方面。此其功不可没也。”③守军教导总队和第156师等部，对城门洞圈里的日军采用火攻的办法，使日军的肉体和精神受到严重的打击。日军步兵第19联队士兵宫部一三在后来的回忆文章中写道：“凌晨1时左右，敌人从城门上扔下木头，并浇上煤油点火焚烧。整夜燃烧的大火让我官兵吃尽了苦头。”④

11、12日间，日军仍在不断通过攀爬城墙与潜伏在城门洞圈中，进行光华门争夺战。双方展开拉锯战，但日军一直未能占领光华门城头。

据日军第9师团山炮兵山本勇记述：11日，由于光华门战事的紧张，粮食运送不上，攻击光华门的日军部队一天只吃了两餐，主攻的胁坂部队在与守军的拉锯战中，伤亡严重。他写道：这一天，“我部队以城门右侧为目标，用大炮轰毁城墙，墙壁上的凹陷部分从一端开始损坏，作战一直持续到傍晚”；“苦苦与三个方向的敌人交战，胁坂部队第一大队在这两三天的激战中牺牲大半。敌人炮击十分猛烈，因此中队在民居内挖掘战壕。城墙上的战斗也异常激烈，刚占领就被夺回，再占领又被夺回，就这样双方多次展开拉

① 《南京卫戍军战斗详报》，中国第二历史档案馆藏，档案号七八七—7593。

② 程朗奎：《南京复廓阵地的构筑及守城战斗》，全国政协文史资料研究委员会《南京保卫战》编审组编《南京保卫战》，中国文史出版社1987年版，第43页。

③ 秦孝仪主编：《中华民国重要史料初编——对日抗战时期》第2编第2册，中国国民党中央委员会党史委员会1981年编印，第224页。

④ 宫部一三：《风云南京城》，王卫星编，叶琳等译《南京大屠杀史料集》第33册《日军官兵回忆》，江苏人民出版社2007年版，第42页。

锯战。刚打算顺着绳梯爬上城墙挂上日章旗,就和敌人发生格斗,或是被城墙上的敌人用刺刀挑落,总之,真是一场恶战”。[①]

战斗进行到12日,对光华门城墙的争夺更趋激烈,日军伤亡惨重。但直至唐生智下达撤退令时,该城门仍在守军手中。日军步兵第36联队的军史文献记载了这一天发生在这里的猛烈战斗。该文献称:上午9时30分,日军重炮与飞机加强轰击,“城门内的步枪一个分队携带两挺轻机枪、一挺重机枪爬上城门上方并占据了城墙。可是就在我停止炮击的同时,敌军又大举反击,趁乱投掷手榴弹,并从远处向我猛烈射击。我弹药耗尽,死伤大半”。下午2时30分,胁坂联队长将光华门城外的第1大队残余官兵组成混成中队,由第2大队桧得少佐指挥,“桧得少佐命令第七中队增援混成中队,并试图再次向城门内补给弹药和粮秣。但直泄而下的弹雨封住了通道,突击者非死即伤,突击没有成功”。[②] 据该联队统计,在攻击光华门的数日战斗中,计有伊藤善光少佐等275人阵亡,小清川大尉等546人负伤。[③]

在历经数日的光华门争夺战中,南京守军一直坚守城头,勇敢拼搏。光华门战斗是整个南京保卫战中成功守卫阵地的范例。直到12日下午南京卫戍总部下达撤退令后,日军步兵第36联队及其于左翼协助进攻的第19联队,方艰难地登上了已无防守的光华门城头。当日军在坦克车的引导下,蜂拥入城时,许多守军仍在进行着最后的生死搏斗。汽车司机李宝清说:“日军攻开了光华门向里冲,我亲见我军不少兵绑了一身手榴弹,向日军坦克车滚。”[④]

由此可见,日军攻夺光华门,是何等困难,损失何等惨重!

---

① 山本勇:《南京、徐州、武汉三镇——回想中的进军》,王卫星编,叶琳等译《南京大屠杀史料集》第60册《日军官兵日记与回忆》(上),江苏人民出版社2010年版,第207—208页。

② 《步兵第三十六联队中支那方面行动概要》,王卫星编,刘军等译《南京大屠杀史料集》第56册《日军文献》(上),江苏人民出版社2010年版,第163页。

③ 《鲭江步兵第三十六联队史》,王卫星编,刘军等译《南京大屠杀史料集》第56册《日军文献》(上),江苏人民出版社2010年版,第143页。

④ 重庆《大公报》1945年9月10日。

二　坚守雨花台

地处中华门外的雨花台，是南京南线正面的重要防御阵地。台高 100 米，长约 3 500 米，由西向东，分有石子岗、凤台岗、梅岗三处主要山岗。因该处为城南制高点，被称为南京的南大门，历来为兵家必争之地。太平天国、辛亥革命时，均在此发生过激战。雨花台之西南，为安德门及其附近丘陵高地；其东南，则为武定门外之一片丘陵高地。此西南、东南一线的丘陵高地，为雨花台之南部屏障，是南来日军攻击雨花台的必争之地。

雨花台阵地在南京保卫战中，是中日两军交火的主要战场之一。这里的守军为第 72 军，即第 88 师孙元良部，左与第 87 师等部、右与第 51 师阵地相邻。其第 262 旅朱赤部为右翼，第 264 旅高致嵩部为左翼。参加攻击这一阵地的日军，自东而西，依次为右路之第 9 师团、中路之第 114 师团、左路之第 6 师团。

早在双方交火以前，南京军民就在这里修筑了由铁丝网、堑壕、火力点和混凝土碉堡等构成的防御工事网。较小的正面，纵横交叉的战壕与复杂的地形，使这一阵地易守难攻。据从左翼攻击雨花台的日军第 6 师团战史记载："这里到处是敌人构筑的阵地，反坦克壕随处可见，还有机枪掩体。在各个要地，以水泥碉堡为中心，布满了铁丝网。在这片具有一个风雅名称的丘陵上，敌人的迫击炮弹呼啸而来，发出可怕的声音，机枪猛烈扫射，在周围溅起尘土。"①其步兵第 23 联队的一位伍长宫永武义这样形容："长达十多公里的战线上配备着以混凝土结构为主的碉堡及无数个机枪地堡，地堡中的轻、重机枪不停地向我军喷射火舌。"②

12 月 9 日上午，日军第 9 师团之步兵第 19 联队向雨花台阵地东侧之白

---

① 《熊本兵团战史——支那事变》，王卫星编，刘军等译《南京大屠杀史料集》第 56 册《日军文献》(上)，江苏人民出版社 2010 年版，第 422 页。

② 宫永武义：《顽强的敌兵》，曹大臣编，罗文文等译《南京大屠杀史料集》第 62 册《日军第六师团官兵回忆》，江苏人民出版社 2010 年版，第 358 页。

壁高地发起进攻，遭守军奋勇还击，将其击退。下午，日军又增调部队，再次发起进攻。守军第 264 旅旅长高致嵩亲率第 528 团 2 个营增援，激烈的战斗经夜不息，使日军陈尸遍地，而守军第 264 旅也付出了很大伤亡代价。据参加进攻该处的日军第 9 师团步兵第 19 联队士兵宫部一三描述当晚的战斗情景：

> 敌人的抵抗极为顽强，迫击炮弹、手榴弹交织成火力网，多次拼命进行反击，我军伤亡不断。而且当面的地形复杂，无法了解敌之详情，所以此后的突进陷入了困境。第一线部队控制了业已占领的阵地，准备在拂晓时发动进攻。入夜后，敌人的炮击越发猛烈，并向我第一线部队开枪射击。敌步兵大部队在火力掩护下，连续多次对我军进行勇猛地反击，而我第一线部队死守阵地，击退了敌人，在当天的战斗中，联队伤亡一百五十多人。①

日军步兵第 19 联队于 10 日晨，再次向雨花台东侧发起猛烈进攻，遭到守军 3 个火力点的顽强抵抗。经整日激战，方在付出重大伤亡之后，占领了白壁高地的东侧。宫部一三在《风云南京城》一文中写道："我军用尽各种手段，持续进行攻击，但是敌人的抵抗依然非常顽强，战局毫无进展。随着日落，敌人由于畏惧我军的夜袭，火力越来越猛。第三大队于傍晚时分果断发起了进攻，并于晚上 8 时占领了白壁高地的东侧，代理大队长藤井伊之助大尉壮烈战死。当天，两大队死伤人员达一百多名，军官也死伤大半。"②

10 日，在雨花台西南侧的安德门阵地，日军继占领牛首山后，复以第 6 师团的步兵第 47 联队、第 23 联队和第 13 联队联合发起集团进攻。守军第 88 师部队官兵奋勇血战，一天中连续组织 5 次反冲击，使进攻日军伤亡惨

①② 宫部一三：《风云南京城》，王卫星编，叶琳等译《南京大屠杀史料集》第 33 册《日军官兵回忆》，江苏人民出版社 2007 年版，第 33 页。

重,“仍活着的士兵们以战友的尸体为沙袋,依靠刺刀和手榴弹战斗到了最后”[①]。主攻该阵地之步兵第 47 联队战史,称此为“82 高地血淋淋的攻防战”、“一场你死我活混乱的白刃战”。该战史写道:“敌兵除了具有非常好的射击技术外,还集中了猛烈的火力,日本军队伤亡不断、进攻无果。无论白昼还是黑夜,还是在很低洼的谷地,都招来敌军连续不断的射击,打得我军几乎无处躲藏。”“如果延长攻打时间,我军仅此就会加倍增加损失。第四十七、第二十三、第十三等联队,将火力集中在一起连续发起猛攻。敌军也集中全部火力击退我军一次次进攻。”[②]

经过一整天的反复搏击,日军在付出重大伤亡后,方占领了安德门 82 高地。但是守军在夜间,又组织了对 82 高地的大规模的突袭。日军步兵第 47 联队少尉仓迫俊男形容“敌方部队黑压压地压将过来”,“敌军趁着黑暗大举向 82 高地进攻,企图夺回阵地。轻机枪喷着火舌,手榴弹下雨一般砸下来。打退下去又攻上来,敌军十分顽强”。在这次守军的突袭中,双方伤亡都十分惨重。仓迫俊男描写道,“时松、山添、佐佐木等各小队长皆横卧于布满白霜的石头上”,“漫山遍野都是佩戴第八十八师臂章的敌兵尸体”。[③]

在日军第 6 师团右翼的第 114 师团,于 10 日下午 6 时发布了攻击雨花台东侧及中华门、通济门的作战命令。该命令将师团兵力,以周家凹—鲜鱼宁—周家楼子为界分作左右两翼,自当晚起,即开始向前方阵地发动连续不断的猛烈攻击。命令称:

一、敌军未接受我军劝降,仍在南京城外的一连串阵地勉强进行着最后的抵抗。

二、师团须将主力保持在曾家门—南京城东南角方向,夜晚也要继

① 《大分第四十七联队奋战记》,曹大臣编,罗文文等译《南京大屠杀史料集》第 62 册《日军第六师团官兵回忆》,江苏人民出版社 2010 年版,第 103 页。

② 同上,第 100 页。

③ 仓迫俊男:《回忆 82 高地激战》,曹大臣编,罗文文等译《南京大屠杀史料集》第 62 册《日军第六师团官兵回忆》,江苏人民出版社 2010 年版,第 412—413 页。

续进攻，迅速果断地攻克期待已久的南京。

三、右翼队应将主力保持在右翼，攻击正面之敌，进入周家凹东侧地区，并派部分部队冲进南京城东南角及共和门(通济门)。

四、左翼队应继续进攻，并进抵雨花台；派部分部队冲进南门及其东侧城墙。

五、两翼部队作战区域划定为周家凹—鲜鱼宁—周家楼子一线(该线以上属于左翼队)。①

11日的雨花台阵地，战斗更加惨烈。守军第264旅已将预备队第528团与所附工兵1营都调上第一线参加战斗，反复冲杀，一次次地击退日军之进攻。旅长高致嵩"多次率众奋勇逆袭，与冲入我军阵地的日军白刃格斗，杀得敌人胆战心惊，败退而归"。② 与第264旅并肩战斗的第262旅，也打退了日军的多次集团冲锋，使日军伤亡惨重，遗尸累累。该旅旅长朱赤，亲率敢死队，振臂高呼，杀入敌群。官兵们在旅长的带领下，勇气倍增，不怕牺牲，与日军浴血拼搏。当时报纸以"我扼守雨花台炮台"为题，在显著地位报道了该日发生在雨花台的战斗。《申报》称："日军藉飞机大炮及坦克车之助，猛攻中国守军，决欲占领南京，故首都五门均有激战，其中以中华门(即南门)外之战事为最烈。闻该处华军坚守雨花台山顶之炮台，猛烈抵御。雨花台山顶之上，共有炮台三座，保障南门之入口。"③

是日下午，第88师雨花台右翼阵地为日军突破。日军长谷川、冈本部队，"由安德门高地方面，极力扩张战果"；山本部队"已进迫距雨花台七八百公尺之线"。④ 当夜，南京卫戍司令长官部命令：

---

① 《一一四师作命甲分60号》，王卫星、雷国山编《南京大屠杀史料集》第11册《日本军方文件》，江苏人民出版社2006年版，第217页。

② 党德信、杨玉文主编：《抗日战争国民党阵亡将领》，解放军出版社1987年版，第180页。

③ 《申报》1937年12月12日。

④ [日]西垣新七：《中国事变史》，中国第二历史档案馆等编《侵华日军南京大屠杀档案》，江苏古籍出版社1987年版，第24—25页。

八十八师缩短战线，固守城外主要阵地，右与七十四军、左与八十七师密切连系。[①]

该师遂奉命收缩阵地，固守雨化台与中华门附近城垣。

日军的战史、文献资料中，详细记载了 11 日发生在雨花台阵地上的惨烈血战状况。

担任从中华门以西地域进攻的第 6 师团谷寿夫部，将部队分为左右两翼，其右翼自西向东为步兵第 13 联队与第 47 联队；其左翼为步兵第 23 联队。日本军方文件记载：右翼部队方面，是“菊花台及菊花里南面高地（干道东侧的采沙场高地）的敌军，集中火力对六师团猛攻。而从菊花台西南方的高地（从现所在地往左可见到的高台）又有三四百名敌军进行了十数次之多的反攻。中队长首藤中尉以及小队长都负了伤，中队兵力突然减少了四分之一”。[②] 在这里，中国军人视死如归的战斗精神，给日军官兵留下了深刻的记忆。其步兵第 47 联队的官兵回忆道：“大加称颂的应该还有支那军队的防御气概，他们面对日军阿修罗般的浴血奋战并没有逃跑，而是豁出性命阻击日本军队，猛烈地反攻了整整一昼夜，在‘全部战斗到死’的口号鼓舞下打到最后，有的被枪打死，有的被刺刀戳死。堑壕里留下了成堆的步机、机枪弹壳，以及倒下的无数尸体。”[③]左翼部队方面，“敌军占据了高地，巧妙掩盖部署了机枪，坚决不撤退”。[④] 主攻左翼阵地的步兵第 23 联队，遇到了守军顽强的抵抗。据该联队士兵宫永武义记述：“枪炮弹像雨点般飞了过来，其中，正面的重机枪仍然毫不示弱地吐着火舌。敌人中也有不怕死的士兵，真让人佩服。正在这时，趁着炮击的间隙，一个敌人肩上扛着重机枪出现在阵地上。‘快，射击！’我们一起向他射击，可是怎么也打不中。敌人隐蔽了起来，

---

① 《南京卫戍军战斗详报》，中国第二历史档案馆藏，档案号七八七—7593。

②④ 谷田勇：《南京菊花台附近各兵团奋战记》，王卫星、雷国山编《南京大屠杀史料集》第 11 册《日本军方文件》，江苏人民出版社 2006 年版，第 316 页。

③ 《夺取雨花台、大士庵》，曹大臣编，罗文文等译《南京大屠杀史料集》第 62 册《日军第六师团官兵回忆》，江苏人民出版社 2010 年版，第 104 页。

接着又出现了，如此反复地持续了几次。……在被炸毁的阵地上，他双手紧握着重机枪，已经停止了呼吸。”宫永武义感叹道：“敌人的这种精神又是何等令人敬佩啊！”①

担任从中华门以东地域进攻的日军第 114 师团步兵第 66 联队，在这一天经受了 2 000 名中国守军的反复冲杀，经历了自登陆杭州湾以来最为激烈的手榴弹战。其第 3 中队的战斗记录中写道：“敌人重新测定了距离，迫击炮和机枪向我军猛烈射击，我军伤亡惨重。联队长命令各中队长将伤亡者送至后方，于是，战友们拖拽着负伤者，将其送至阵地后方。这时，约两千名敌人在野炮、迫击炮、机关枪的掩护下进行反击，但铁丝网挡住了敌人，隔着铁丝网双方互投手榴弹。拼死相搏的攻防战持续了 30 分钟。敌人吹起军号，撤回阵地。面对 2 000 名敌人，在 50 米开外的手榴弹战是登陆以来最为激烈的战斗。”②

经过 3 日激战，日军于 12 日晨，集中大批轰炸机与数十门重炮，配合数千步兵，以绝对优势兵力，分三路向雨花台阵地发起集团冲锋。一时间，雨花台阵地浓烟四起，火光冲天，枪炮声震耳欲聋，据军事档案记载是日战况：

> ……敌挟战车、飞机、大炮及精锐陆军不断施行猛攻，我二六二旅旅长朱赤、二六四旅旅长高致嵩，团长韩宪元、李杰、华品章，中校参谋赵寒星，营长黄琪、符仪廷、周鸿、苏天俊、王宏烈、李强华各率部反复肉搏，奋勇冲杀，屡进屡退，血肉横飞。上午韩团长宪元，营长黄琪、周鸿、符仪廷先后殉难；下午旅长朱赤、高致嵩，团长华品章，营长苏天俊、王宏烈、李强华亦以弹尽援绝，或自戕或阵亡，悲壮惨烈，天日亦为之变色。全师官兵六千余员名均皆英勇壮烈殉国，五二七团李团长杰亦因

---

① 宫永武义：《勇猛之敌》，王卫星编，刘军等译《南京大屠杀史料集》第 57 册《日军文献》(下)，江苏人民出版社 2010 年版，第 485 页。

② 西泽弁吉：《我们的大陆战记——步兵第六十六联队第三中队的历程》，王卫星编，刘军等译《南京大屠杀史料集》第 57 册《日军文献》(下)，江苏人民出版社 2010 年版，第 712 页。

突围至飞机场，被敌击伤自杀。[①]

其第527团团长李杰率部，突围至飞机场，被敌击伤自杀。该师官兵，大部殉国。

日军经过连续3日的苦战，虽然夺取了雨花台阵地，造成了守军的重大伤亡，但其本身也付出了十分惨重的代价。据第6师团野炮第6联队大队长长野喜诚回忆：在攻击雨花台阵地的3天中，在野炮兵阵地附近作战的独立工兵队，为了爆破雨花台守军的碉堡，曾先后3次组织敢死队前去爆破，损失惨重。第一批敢死队由40名敢死队员组成，“此次敢死队的任务是在接近敌碉堡后，将绑上炸药近四米长的竹竿点燃后扔进去一举炸掉碉堡”，“悲哀的是最终他们并没有成功，听说40人中仅有3名伤员活了下来，其余全部阵亡了”。第二批敢死队，“没有完全成功，只完成了1/3的任务”。接着又组织了第三批敢死队前去爆破。随着第三次爆破的进行，一个步兵中队发起了冲锋，“这个步兵中队，最后只剩下几十人，其余的都为国捐躯了”。[②]

守军第88师广大官兵，在坚守雨花台阵地的战斗中，发扬了崇高的爱国主义精神，付出了巨大的牺牲。但是，在雨花台失陷后，未能组织好撤退转移，致再次遭到不必要的牺牲伤亡。由于中华门早已堵塞，因此退下来的官兵，无法入城，又无长梯、绳索等攀城工具，只好沿护城河两岸退却，为敌战车任意尾追、射击。“南京卫戍军战斗详报”载：“（12日）至午后三时，八十八、八十七两师各一部溃退部队，经中山路北走，拟出挹江门，至铁道部附近为本部特务队及三十六师所阻，不听，秩序益乱。”[③]混乱的撤退，是军事指挥的严重失误。据事后统计，第88师原有6 000名官兵坚守雨花台，经连日血战，大部伤亡，后又有部分官兵因未能撤退江北，遭日军屠杀，其最后被收容

---

① 《陆军第八十八师京沪抗战纪要》，中国第二历史档案馆藏，档案号七八七—7517。

② 长野喜诚：《遗憾与激动的交响乐》，曹大臣编，罗文文等译《南京大屠杀史料集》第62册《日军第六师团官兵回忆》，江苏人民出版社2010年版，第331—332页。

③ 《南京卫戍军战斗详报》，中国第二历史档案馆藏，档案号七八七—7593。

者仅剩四五百人。

三　中华门战斗

雨花台北面的城垣阵地是中华门。中华门位于南京城正南。原名聚宝门,辛亥革命后改名。它是南京最为雄伟的一座古城堡。南北长约 128 米,东西宽 90 米,总面积 11 720 平方米。前后有四重城门,并筑有藏兵洞 23 个,号称可藏兵三千。由于中华门城墙高大,又有秦淮河在城前横贯东西,便成为阻挡日军从南面进攻南京城的天然堡垒。在南京保卫战期间,雨花台失陷前后,这里曾发生了惊心动魄的战斗。

参加中华门一线防守的中国军队,其左翼为第 87 师王敬久部,右翼为第 51 师王耀武部。日军主攻中华门之部队为第 6 师团谷寿夫所部。谷部将由坂井德太郎所率第 11 旅团的步兵第 13 联队和第 47 联队分置于中华门东西两侧的攻击阵地,同时攻夺中华门。据其步兵第 47 联队官兵回忆:“当时,第六师团所下达的命令很微妙,第四十七联队奉命攻打的区域为面前的中华门向西约千米长的城墙。位于中华门右边的冈本部队(第十三联队)和第四十七联队谁都可以夺取中华门。”①

12 月 10 日,日军第 6 师团以“作命甲第 81 号”下达命令,将所属之第 11 旅团与第 36 旅团区分为右翼队与左翼队,联合攻夺中华门及其以西城垣一线。该命令称:

> 二、师团要一举攻占南京城。
>
> 三、右翼队应驱逐正面之敌,攻进南京城南门即中华门及西南角。
>
> 四、左翼队应逐步将兵力调至西北方,攻进水西门及汉中门。
>
> ……

---

① 《大分第四十七联队奋战记》,曹大臣编,罗文文等译《南京大屠杀史料集》第 62 册《日军第六师团官兵回忆》,江苏人民出版社 2010 年版,第 109 页。

右翼队、左翼队之间　宋家庄（安德门西北500米）—新开地—柏庄、水西门和西南角之间一线。[①]

据其步兵第13联队战史记载，当时第6师团步兵各联队的攻击目标分别为：第13联队攻击中华门；第47联队攻击中华门和城墙西南角之间；第23联队攻击城墙西南角；第45联队攻击水西门。[②]

自10日开始，日军即有少数部队突破守军防线，通过军便桥渡河攻击中华门。是日下午，雨花台守军第88师防线的部分阵地，为日军攻占。日军遂将炮兵阵地推至该处，掩护坦克和步兵，向中华门城垣攻击。日军的炮弹，如雨点般落在城墙上，使守城官兵伤亡严重。这时，有两辆坦克掩护步兵企图冲过中华门外秦淮河上临时架起的军桥。正在中华门城楼上指挥作战的第51师第306团团长邱维达，当即命令步兵炮数门，直接瞄准射击。日军两辆坦克均中弹掉入河中。日军步兵失去了坦克的掩护，纷纷后逃。邱维达又令1个加强连出击，击毙俘获数十人，使全团士气为之一振。[③]

10日至11日间，由于雨花台阵地未被全面突破，日军对中华门外护城河及中华门的突袭尚均为小股规模，故亦未对中华门阵地构成大的威胁。据担任从中华门东侧攻击的日军步兵第13联队官兵的记述：11日，该联队已前进至距中华门城墙500米的地点。在这里，日军再次遇到了守军来自城墙上和护城河堤坝上的坚强抵抗："敌军从城内射来的迫击炮弹越来越猛烈，无论是军工路还是田野中，都散布着灼热的弹片。因为怕暴露目标，所以绝对不能生火。""在毫无间断的炮火下，旁边的×队还是有几名战友被弹片击中倒下。黑乎乎挡在眼前的巨大城墙上也一直哒、哒、哒地喷出火舌，

① 《六师作命第81号》，王卫星、雷国山编《南京大屠杀史料集》第11册《日本军方文件》，江苏人民出版社2006年版，第265页。

② 《步兵第十三联队概史》，王卫星编，刘军等译《南京大屠杀史料集》第57册《日军文献》（下），江苏人民出版社2010年版，第444—445页。

③ 邱维达：《淳化阻击战》，全国政协文史资料研究委员会《南京保卫战》编审组编《南京保卫战》，中国文史出版社1987年版，第150页。

迫击炮弹不停地从头顶掠过，连夜色都在颤抖。远处近处传来的高声呼叫卫生兵的喊声撕裂了夜空，和城墙上的火舌一起让我们的心忽明忽暗。战斗异常激烈，仿佛全南京的敌人都仅向我们发起了攻击，只有我们在经历着这场战斗。”①

12 日，随着雨花台阵地的失守，日军开始了对中华门阵地的大规模进攻，战斗至为激烈。

这一天，中华门防线的战斗，首先发生在秦淮河上。日军欲攻夺中华门，必先渡过环绕在城门南面的秦淮河。中日两军为渡河和反渡河，展开了一场血战。主攻中华门的日军步兵第 47 联队第二中队“阵中日志”中，记载了渡河战斗的艰难困苦及蒙受牺牲的惨状：

“已做好充分准备等待时机的中队随即势如破竹般地冲向城墙。冲到河南岸一看，情况却和先前工兵小队长通报的不同，城墙南部的河水很深，根本不可能过河。”

“12 时 30 分，第二中队侦察兵攀上城墙，其主力在中队左翼前进，部分兵力渡河。但遭到来自城墙西南角河西部村庄的侧面火力攻击，渡河极其困难。城墙脚下的人员陷入危险之中。”

“……紧接着加藤上等兵及二宫伍长指挥的 5 人各持一根长杆跳入河中游过去。穿着衣服游泳是极其困难的，加上敌军的侧翼火力也越来越猛烈，加藤上等兵胸部中弹沉入水中；广濑少尉艰难地游到对岸。二宫分队中也陆续出现伤员及溺水人员，为救人跳入河里的中佃伍长也负了重伤。那情景实在是惨不忍睹。”②

在部分日军渡过秦淮河后，其炮兵遂以猛烈的炮火，为步兵轰炸开攀登城墙的通道。在东京情报社编写的日军第 47 联队战斗纪事中，记述了这一炮战的激烈场面。该纪事写道：“气急的长谷川命令联队炮中队的伊藤晃大

① 谷口胜：《征野千里》，王卫星编，叶琳等译《南京大屠杀史料集》第 61 册《日军官兵日记与回忆》（下），江苏人民出版社 2010 年版，第 680 页。

② 《步兵第四十七联队第二中队阵中日志》，王卫星、雷国山编《南京大屠杀史料集》第 11 册《日本军方文件》，江苏人民出版社 2006 年版，第 305 页。

尉、连射炮中队的安部康彦中尉，试图用第四十七联队自己的火炮，独自炸开突击通道。因此将隶属联队的火炮全部对准城墙，同时开炮。鏖战之中，不可能用马将大炮拉来，都是靠士兵们的肩扛手拉才好不容易将大炮拉到位。同时，竟还将500枚炮弹一并送到了第一线。”其连射炮“因连续猛射，过热的炮管融化了上面的油漆，引燃了火炮周围的草丛”，士兵们“将水壶里的水倒在毛巾上，将其敷在滚烫的炮管上使之冷却”。[①] 南京卫戍司令长官部参谋处科长谭道平先生述及这一场面时称：“重磅的炮弹，轰击中华门，坚固的城墙外壳，被震裂的万千的烂石块，飞在空中，掷向所有的住屋，屋子立刻倾坍下去，石壳里面的泥沙飞奔下来，正似湍急的流砂。”同时，还有30余架日机不断在天空盘旋，将炸弹和宣传品投掷下来，威胁守城军队赶快开城投降。[②] 从正午起，开始不断有小股日军冲上城墙，双方在城墙上的战斗十分猛烈。直至夜晚，守军已实施撤退，不再抵抗，日军方才占领了该地。

日军一股选择中华门至水西门间一段被炸开的城墙，于上午9时许，利用绳梯攀上。守军第306团团长邱维达立即命第3营营长胡豪，挑选100名精壮战士，组织敢死队，务于1小时内将突入城墙之日军完全肃清。胡豪领受命令后，迅速组成敢死队，向城墙突破口冲杀过去。他们在全团火力的有力掩护下，不到1小时，便将突入之敌全部肃清，并生俘10余人。可是，在格斗中，少校团附刘历滋与营长胡豪，不幸中弹牺牲。[③] 据中国军事档案资料记载：是日，卫戍军总部虽派第154师去增援中华门方向作战，“但八十八师退入城内之部队混乱异常，云梯、城门撤闭不及，为敌侵入约三百余”；[④]“我三〇六团虽奋力将该敌驱逐，然因受雨花台敌火之瞰制、兵力又极单薄，相持至晚七时，已阵亡营长万琼、胡豪二员，负伤团长邱维达一员，连长以下

---

① 《大分第四十七联队奋战记》，曹大臣编，罗文文等译《南京大屠杀史料集》第62册《日军第六师团官兵回忆》，江苏人民出版社2010年版，第117页。

② 谭道平：《南京卫戍战史话》，东南文化事业出版社1947年版，第69页。

③ 邱维达：《淳化阻击战》，全国政协文史资料研究委员会《南京保卫战》编审组编《南京保卫战》，中国文史出版社1987年版，第150页。

④ 《南京卫戍军战斗详报》，中国第二历史档案馆藏，档案号七八七—7593。

一千三百余名”。[①]

日军步兵第47联队曾组织了由中津留大作伍长等6名士兵组成的敢死队，首批突击中华门以西的城墙。他们在攻击中经历了十分惨烈的搏斗，最后只剩下中津留一人在城墙上接应后面的主力。据该联队官兵回忆：“被分散安排在城墙上的支那监视兵，大叫着从各个地方爬出来围向日本兵，互相投掷手榴弹，在浓浓的硝烟中，夹杂着刺刀穿过肉体的声音、殴打声和伤者的呻吟声。”“手榴弹扔完了，也没时间开枪，就拣起地上的石头砸，用脚踹，最后将带着刺刀的枪投向敌群，赤手空拳地扭打在一起。这是一场惨烈的肉搏战。”[②]在此次突击中侥幸存活下来的伍长中津留大作在其日记中记下了攀登城墙恐怖的一幕：

> 我们将事先准备好的长约十米的两架竹梯绑在一起爬上城墙，可是竹梯离城墙顶端还差三米。士兵们脚踩杂树和砖缝爬上城墙，并竖起了日章旗。然而守城的敌军集中火力阻止我军登城，好不容易竖起的日章旗也成了敌人的攻击目标，我们只好将旗帜放下。士兵们聚精会神地将城砖一块块挪出，终于打开了一个仅能容下身体的空洞。我们从空洞处爬上城墙，但是，由于敌人的猛烈射击，我们不能将头探出，于是就用挪出来的墙砖堆砌成小小的掩体，一边用轻机枪压制敌人，一边扩大桥头堡阵地。[③]

在日军第6师团左右两翼突袭中华门城堡的同时，位于其右翼的第114师团，也对中华门东侧的一段城垣实施了全面的攻击。12日上午11时，该部步兵第150联队已进抵距中华门东南城墙300米处。其“战斗详报”记

---

① 《陆军第五十一师战斗详报》，中国第二历史档案馆藏，档案号七八七—7592。

② 《大分第四十七联队奋战记》，曹大臣编，罗文文等译《南京大屠杀史料集》第62册《日军第六师团官兵回忆》，江苏人民出版社2010年版，第114—115页。

③ 《熊本兵团战史——支那事变》，王卫星编，刘军等译《南京大屠杀史料集》第56册《日军文献》（上），江苏人民出版社2010年版，第428—429页。

载:"敌军从周家凹附近高地及城墙方向用自动武器,野炮及迫击炮向我猛烈射击,我方虽极力压制,但还是出现了数名伤亡人员。"[①]该联队随即下达命令,令其第1、第2大队迅速调整部署,组织力量,突入中华门东侧的城门及附近城垣。命令称:

> 3. 第一大队(配属部队不变)应于目前地点调整部署,从东南角城门突进城内。应挑选勇敢的军官及一个小队趁炮兵射击之际接近城墙,负责夺取城门。
>
> 4. 第二大队(配属部队不变)应于目前地点调整部署,从城墙爆破豁口突进城内。应挑选勇敢的军官及一个小队趁炮兵射击之际,逐个接近城墙,负责夺取城墙爆破豁口。[②]

在城墙上,中日双方部队又进行了惨烈的肉搏战。其第150联队的"战斗详报"记称:"顽固的敌军用尽一切手段欲图拼命夺回城墙,或从城墙上下集中各种火力,或投掷手榴弹或不断地吹军号试图反击,造成我军不断有人员伤亡。"[③]

日本方面宣称,第6师团之步兵第47联队于昭和12年(即1937年)12月12日12时,这四个"12"重叠的时刻,"将太阳旗插上了城墙的一角"。西垣新七在其《中国事变史》中称:"由南方攻击之各部队,十二日晨,进入雨花台北端附近,继续对于城墙攻击。十二日正午,长谷川及千叶部队,对于南京城门中最坚固之中华门,相继突入,于城头高悬日章旗。冈本保[之]部队,复向其西方续行强攻。午后四时二十分,占领城墙之一角。冈本镇[臣]部队,于午后四时四十分,占领城之西南角,继续向城内扫荡,并将敌向北方

---

① 《步兵第一五〇联队战斗详报第6号》,王卫星、雷国山编《南京大屠杀史料集》第11册《日本军方文件》,江苏人民出版社2006年版,第253页。

② 同上,第254页。

③ 同①,第257页。

压迫。”①

在这次攻城战中负了伤的日军步兵第 47 联队三明中队长介绍说：“我们架上了云梯攀登攻城，梯子只有两根腿，非常危险。有的兵倒栽葱摔下来。登云梯是好靶子，也有的兵被打下来。”②

美国记者戴维·贝尔加米尼则对古城堡厮杀的恐怖场面和中国军队的顽强抵抗，有更生动的描绘。贝尔加米尼写道：

“月亮还没有升起来。唯有那恐怖的手榴弹爆炸声和照明弹忽隐忽现的闪光，中国部队凭借被炮火打得狼藉不堪的护墙，操旧式步枪和双手用满洲大刀进行战斗；日本人则在机枪掩护下爬上云梯，云梯架起后被推翻，推翻后又架起来。连珠般的机枪声，流弹的嗖嗖声和炮弹砰然落地的巨响混成一片，其间夹杂着躯体掉进古老的护城河中的哗啦飞溅声。”③

到 12 日晚 7 时，据守中华门阵地的第 306 团团长邱维达接到师长王耀武的电话称：“南京全城战况混乱，要作有计划战斗已不可能。为了保持一部分实力作尔后长期作战计，部队完成当前任务后，应相机撤退，浦口以北为撤退方向。”④邱遂召集尚存之营连长到自己身边。在城墙上凭借手电筒光，研究撤退路线。不料。敌人见有手电光，立即以机枪瞄准扫射，邱维达左腿中弹骨断，被救下火线，继由团附继续指挥部队边抵抗、边撤退。

坚守中华门附近城垣的战斗，无疑是南京保卫战中最激烈、悲壮的战斗场面之一。当时身处卫戍军总部的谭道平先生形容：“万千无秩序的士兵，自发自动的迎冲过去，把他们的身体当作城墙，因此，得以阻遏一下敌人的

---

① ［日］西垣新七：《中国事变史》，中国第二历史档案馆等编《侵华日军南京大屠杀档案》，江苏古籍出版社 1987 年版，第 25 页。

② ［日］森山康平著，天津市政协编译委员会译：《南京大屠杀与三光作战》，四川教育出版社 1984 年版，第 25—26 页。

③ ［美］戴维·贝尔加米尼著，张震久等译：《日本天皇的阴谋》（上册），商务印书馆 1984 年版，第 79—80 页。

④ 邱维达：《淳化阻击战》，全国政协文史资料研究委员会《南京保卫战》编审组编《南京保卫战》，中国文史出版社 1987 年版，第 150 页。

长驱。”[①]中国军人在这一阵地上表现出的顽强战斗精神，就连现场进攻的日军部队，也不得不为之折服。日军步兵第150联队在总结中华门附近战斗的报告中写道：“敌军尤其擅长防御作战，遇到我军重炮、野炮的集中炮击，就暂时沉寂，一中止炮击就立刻开始射击，像似不给我军冲锋的时机。敌军方面确有一技之长。另外，在我军占领城墙后的12日下午，作为负有保卫首都责任的敌军，从4时多到深夜，连续十几次竭力反击，试图夺回城墙也是理所应当的。城内外、城墙上，军号声遥相呼应，鼓舞其声势浩大的反击，不能不认为有值得赞赏之处，其精神教育也是很彻底的。”[②]据日本军方统计，在进攻中华门及其附近城垣的战斗中，其第6师团官兵共阵亡56人、负伤300人；[③]其第114师团官兵共阵亡212人、负伤682人；[④]两师团共伤亡1 250人。

中华门及其附近城垣阵地，虽于12日午夜后相继失守，但是中国军队的英勇抵抗，沉重地打击了日军的嚣张气焰。

---

① 谭道平：《南京卫戍战史话》，东南文化事业出版社1946年版，第69页。

② 《步兵第一五〇联队战斗详报第6号》，王卫星、雷国山编《南京大屠杀史料集》第11册《日本军方文件》，江苏人民出版社2006年版，第264页。

③ 《第六师团战时旬报第13、14号》，王卫星、雷国山编《南京大屠杀史料集》第11册《日本军方文件》，江苏人民出版社2006年版，第277页。

④ 《第一一四师团战斗详报》，王卫星、雷国山编《南京大屠杀史料集》第11册《日本军方文件》，江苏人民出版社2006年版，第228页。

第十章　西线硝烟

一　水西门外的拼搏

日军第10军在猛烈攻击雨花台、中华门的同时，以第6师团之步兵第45联队竹下义晴部为主力，另配以骑兵第6联队猪木近太部协同，作为左翼部队，自南京城垣西侧郊外，攻向下关。因此，在南自棉花堤，中经上新河、保厂，北至三汊河一线，与守军发生了激烈的交战。

12月10日，日军左翼前锋，已进抵水西门外上新河、棉花堤一带。在这里驻守的中国部队为第74军和宪兵部队。中午12时，日军骑兵1个中队及便衣队约200名，向棉花堤阵地发起猛烈进攻，与守军宪兵教导第2团第1营和宪兵第5团的重机枪连接触。宪兵教导第2团在连长杨子光和排长凌光欧的指挥下，沉着应战。中日部队双方互以点射方式进行战斗，双方都有较多的伤亡。据时任该团2营营长的马崇兴叙述："十日敌军向该营阵地猛攻，第2连连长杨子光、排长凌光欧指挥应战，在战斗中敌军以三、五点放射击准确，我军连续伤亡三十多人，我军特等射手董学仁、苏显汉亦以点放还击，使敌军受创，后董学仁（大理喜洲人）壮烈牺牲。"①守军宪兵司令部"战斗详报"载：

至十日十二时，我派出至上新河、棉花堤之部队，被约有骑兵一连

① 马崇兴：《伤亡殆尽的宪兵教导第二团》，全国政协文史资料研究委员会《南京保卫战》编审组编《南京保卫战》，中国文史出版社1987年版，第201页。

> 及便衣队二百名之敌猛烈攻击，卒以我坚强抵抗，敌未得逞。[①]

11 日，棉花堤发生了更为猛烈的战斗。这一天从清晨起，日军就向该阵地发起了猛烈进攻，并以坦克掩护步兵前进。经宪兵部队顽强抵抗，终于阻止了日军的攻势，但守军在激烈的战斗中，又伤亡了 30 余人。[②] 军事档案载称："昨(11)日以来，敌一部已占领江心洲，其大部与我七十四军在上新河镇附近激战中。"[③]据宪兵司令部"战斗详报"记载：

> 至十一日拂晓，有步骑炮联合之敌大举犯我棉花堤之阵地，势甚凶猛，因我之前仆后继，阵地迄无变化。但因友军五十八师遭受敌之猛烈袭击，向江东门一带转进，我在棉花堤之阵地益形突出，不得已，乃退至棉花堤稍后之线，继续抵抗。至十一时许，敌机数十架轮流轰炸我城内之各守备队阵地，至十四时顷，枪声更密，敌我相距益近，然我阵地迄然未动。[④]

12 日上午，在水西门外，发生了一场击退敌坦克、步兵联合进攻的激烈战斗。据指挥这场战斗的王耀武师长记述："十二日上午七时许，敌步兵由雨花台以右地区，在其炮兵及战车掩护之下，向水西门外第一五一旅的阵地猛烈攻击。正值战斗激烈之际，敌战车三辆掩护其步兵向我阵地冲击，企图一举突破第一五一旅的防线。我军也集中炮火向其射击，敌战车慌张乱闯，其中有一辆一头栽到河沟里，人车皆亡，其余两辆仓皇后退。"[⑤]

到了下午 5 时左右，水西门附近防线，已岌岌可危。由第 153 旅李天霞

---

①④ 《宪兵司令部战斗详报》，中国第二历史档案馆藏，档案号七八七—7595。

② 马崇兴：《伤亡殆尽的宪兵教导第二团》，全国政协文史资料研究委员会《南京保卫战》编审组编《南京保卫战》，中国文史出版社 1987 年版，第 201 页。

③ 《陆军第七十八军南京之役战斗详报》，中国第二历史档案馆藏，档案号七八七—7590。

⑤ 王耀武：《第七十四军参加南京保卫战经过》，全国政协文史资料研究委员会《南京保卫战》编审组编《南京保卫战》，中国文史出版社 1987 年版，第 145 页。

部据守的水西门至中华门间城垣阵地，经激战终日，不断与登上城垣的敌军进行殊死搏斗，虽然将一股股登城的敌人予以歼灭，但是，守军的伤亡也十分严重。同时，敌人还以猛烈的炮火摧毁这一带的阵地与民房。王耀武师长曾作这样的描述："水西门内外房屋被日军炮火打毁很多，数处起火，烟火弥漫，死尸纵横，状甚惨烈。"①

由守军宪兵教导第2团坚守的棉花堤阵地，一直坚持到12日卫戍军总部下达全线撤退令为止。这一天，日军重新在坦克的掩护下，发起进攻。经过两天浴血奋战的宪兵教导第2团第1营部队，不顾伤亡严重，一连击退了日军的3次冲锋。到下午4时，全营已伤亡过半，但仍在作坚决抵抗。晚7时，该部接到了撤退命令，复按命令规定，坚守至8时，始在黑暗中撤出阵地。此时，该营已伤亡2/3。②

13日拂晓，又有1万余名从水西门向长江边突围的守军官兵，在上新河与日军步兵第45联队遭遇。突围部队在这里同敌人进行了殊死的搏斗。虽然日军中有山炮和骑兵，不断以炮火和横冲直撞的骑兵发起冲击，但守军不顾伤亡、损失，反复突击，给了日军以大量的杀伤。

据日军第6师团战史记载：该部之步兵第23联队于13日晨占领水西门，其一部向城内进击；步兵第45联队于12日夜半，占领江东门，并于13日上午10时占领上保厂北侧。期间，左侧大茴中队"在江东门、上新河镇附近的战斗异常惨烈，大茴中队长阵亡，负伤者众多"。配属其左翼的骑兵第6联队猪木近太部，"于13日早晨在棉花地（按即棉花堤）与从下关方向南下的约六千名敌军遭遇。经过激烈的战斗，敌军丢下数百具尸体向对岸三角洲溃退，我将其歼灭于江中"。③ 该骑兵联队少尉上崎猛男于手记中，详细描

① 王耀武：《第七十四军参加南京保卫战经过》，全国政协文史资料研究委员会《南京保卫战》编审组编《南京保卫战》，中国文史出版社1987年版，第145页。

② 马崇兴：《伤亡殆尽的宪兵教导第二团》，全国政协文史资料研究委员会《南京保卫战》编审组编《南京保卫战》，中国文史出版社1987年版，第201—202页。

③ 《熊本兵团战史——支那事变》，王卫星编，刘军等译《南京大屠杀史料集》第56册《日军文献》（上），江苏人民出版社2010年版，第433页。

述了发生在13日凌晨5时，与约6 000名守军的一场遭遇战。上崎写道："轻、重机枪从正面'哒、哒、哒'地猛烈扫射，步行的部队与拥向北面的敌军进行殊死的肉搏战……大约过了一个小时，约六千名敌军或死于我军的枪弹之下，或在逃向扬子江中沙洲的途中溺水而亡。"[①]

日军步兵第45联队战史中，记录了以其第3大队为主力的上新河—下关间战斗之实况。12日夜，该部在上新河附近与二三千名守军遭遇，"第十一中队此时成为第一线，在黑夜里沿着狭窄的小路进击。就在他们经过上河镇村落的时候，又遭到敌军的猛烈射击。射击来自前方村庄入口处敌人在道路两侧构筑的阵地。大茴中队长的值班士兵野元上等兵在敌人开始射击时即中弹身亡，还有数人受伤"；"不久，整个中队展开了全面的白刃战，双方陷入厮杀混战之中。乌云般的敌军吹着军号冲了上来，双方的吼叫声、手榴弹的爆炸声响成一片，战场瞬时成了杀声震天的地狱"。该联队战史记录：因战斗的持续、激烈，致轻机枪筒过热，不得不用池塘中的水来冷却；步枪子弹打完了，只好从阵亡守军的同型枪中取过子弹；山炮兵的18发炮弹也一齐射完。战斗一共进行了4个小时，至13日上午10时30分才结束。[②]

发生在上新河—下关间的激烈战斗中，守军顽强战斗，虽"尸积如山"，仍奋勇冲锋；虽身负重伤，仍坚持战斗。守军的战斗精神，给日军官兵留下了极为深刻的印象。日军步兵第45联队机枪兵西盛义记述，在上新河至江东门间，一支撤退中的守军，吹着军号猛冲过来："不分地点，无论远近，嘿哈嘿哈的呐喊声，刀枪的撞击声，持续不断展开一场火花四溅的壮烈白刃战。这是一场令人窒息的搏斗。尘土飞扬，血肉横飞，人人成了血人……真是名副其实的大混战，除了死斗，还是死斗。在战友们凶神般左冲右突的刺杀下，敌兵尸体堆积如山，流出的鲜血染红了草木田地。然数倍于我的敌军，仍一次又一次地猛烈反击，都是些不怕死的家伙，他们怪叫着准确地接连不

---

① 《熊本兵团战史——支那事变》，王卫星编，刘军等译《南京大屠杀史料集》第56册《日军文献》(上)，江苏人民出版社2010年版，第434页。

② 《步兵第四十五联队史》，王卫星编，刘军等译《南京大屠杀史料集》第57册《日军文献》(下)，江苏人民出版社2010年版，第508—509页。

断地向我们投掷手榴弹。遗憾的是，友军的伤亡人数也在不断增加，密集的枪声里夹杂着悲壮地呼喊‘万岁’声。”[①]另一名该联队军曹西田盛则记录了江东门—下关间的惨烈战斗情景。他写道：“13 日清晨，正穿过浓雾前进时，有大部队从前方走过来，因为浓雾分不清敌我。双方接近到二三十米时，才知道是‘敌兵’。有惊慌失措突击的，有开枪的，人们立即散开，到处展开白刃战。……有个奄奄一息的敌伤兵，正尽全力扔着手榴弹，其中一颗扔到聚集着五六个友军的地方爆炸了，有若干人受伤。虽身为敌兵，他这一勇敢行为确实了不起。”[②]

有一名守军军官，亲历了在三汊河附近与日军的遭遇战，并成为 3 个连队官兵全部阵亡情况下唯一的幸存者。他于 13 日拂晓攀过城墙进入城内，向一名外侨面述了那场惨烈战斗的情况。英国记者田伯烈后来在《1937：一名英国记者实录的日军暴行》一书中转录了这位外侨信件中有关的内容：“有三连士兵在长官指挥之下，越过离南京以上三里的三汊河，迎击前进的大队日军。可是因为人数相差过巨，他们差不多全被歼灭。能够生还的似乎只有一人，而这个人恰巧是我朋友的兄弟……他和另一个军官想泅过三汊河渡江，后者是溺死了。在黎明以前，他偷偷地攀墙入城。”[③]

水西门外南自棉花堤、北至三汊河一线的战斗，虽然发生在城陷前夕、总撤退令下达前后，但守军仍然表现出英勇无畏的牺牲精神，致使日军在这一西部战线上，遭遇了重大伤亡和惨重损失。

二　血洒赛公桥

在中华门与水西门外都发生猛烈战斗的时候，位于两地之间，地处南京

---

① 西盛义：《从上河镇的激战到下关附近》，曹大臣编，罗文文等译《南京大屠杀史料集》第 62 册《日军第六师团官兵回忆》，江苏人民出版社 2010 年版，第 299—300 页。

② 西田盛：《了不起的对手》，曹大臣编，罗文文等译《南京大屠杀史料集》第 62 册《日军第六师团官兵回忆》，江苏人民出版社 2010 年版，第 303 页。

③ ［英］田伯烈著，杨明译：《1937：一名英国记者实录的日军暴行》，湖北人民出版社 2005 年版，第 19 页。

古城墙西南拐角处的重要通道赛公桥（今称赛虹桥），也进行了一场震撼人心的血战。

古老的赛公桥，建于明朝洪武年间，横卧于秦淮河的一条分支水面上。传说该桥由南京巨富沈万三的媳妇用“私房钱”修建，而且在时间与质量上，都超过其公公助官修建的工程，故名“赛公桥”。后人取唐代诗人杜牧《阿房宫赋》中“长桥卧波，未云何龙？复道行空，不霁何虹”的名句，改称此桥为赛虹桥。

据守赛公桥的中国部队为第74军之第51师王耀武部。该师于12月8日晚放弃淳化镇；9日晚，奉命占领臧家巷、毛官渡、新闸、杨庄一线阵地，经彻夜混战，方将先已占领该线之日军赶走；10日，继有七八百名日军，沿京芜铁路攻击该师左侧，发生激烈战斗；迄11日晨，进攻该处之日军已增至2 000人，并有飞机、大炮不断施行轰炸、射击。11日全天战斗，紧张、猛烈。双方相持至正午，日军以主力由孙家凹绕攻华岩寺、姜家营，另以一部沿天后宫大堤，企图突破毛官渡，“华岩寺失而复得者数次”，“据守该处之三〇五团营长于清祥负重伤，连排长以下伤亡四百余名”。① 后复因雨花台西端部分阵地丢失，致使毛官渡、华岩寺阵地腹背受敌。守军第51师官兵“犹奋力拼战，不敢轻弃寸土”。是日晚11时，该师奉命换守赛公桥经沈家圩迄关帝庙以东之线，并以一部担任水西门以南800米处起，迄西南城角之城垣守备，左与第88师、右与第58师切取联络。第51师决定：以第151旅之第302团程智部及第305团之一部，扼守赛公桥至关帝庙以东之线；以第153旅之第306团邱维达部及第301团之一部，据守水西门以南800公尺处起、迄西南城角之城垣，构筑工事，掩护附廓阵地战斗。②

进攻赛公桥一线的日军部队，为第6师团之步兵第23联队与第45联队。该二联队作为攻击中华门部队之左翼，分别沿南京西、南部城墙内外，平行向下关方向攻击前进。赛公桥一线的守军阵地，正扼该二联队夺取中

①② 《陆军第五十一师战斗详报》，中国第二历史档案馆藏，档案号七八七—7592。

华门、水西门，直指下关之路线要冲。因此，日军必须迅速拔除这一据点，为攻夺南京城扫清道路。

12 日拂晓，日军集中炮火轰击赛公桥及西南城角，旋以坦克 10 余辆、飞机 20 余架，掩护步兵发起进攻。守卫赛公桥一带的官兵奋起抵抗、反复冲杀，战况之烈，空前未有，使日军遭到重大伤亡。据军史资料记载："赛公桥为敌突破数次，幸赖官兵英勇与敌肉搏，经三小时之恶战，终将赛公桥阵地完全恢复。"[1]是日上午 10 时，日军第 36 旅团旅团长牛岛满少将向部下作了如下训示：

> 一、旅团于 12 日下午 4 时，以步兵第二十三联队攻占南京城西南角。
>
> 二、展示自古就以勇猛著称的萨隅日三州勇士气概的时刻即将到来，各位务必英勇作战，让日章旗最先在南京城头高高飘扬。前进！[2]

此时，该旅团的突击目标分别为：步兵第 23 联队为夺取南京南部城墙的西南角，步兵第 45 联队为攻夺南京城西门水西门。于是，在赛公桥发生了更加激烈的攻防战。

在赛公桥激烈的战斗中，第 302 团团长程智，亲临第一线指挥战斗。这位出生在湖南醴陵的黄埔军校第五期毕业生，刚刚拂去淞沪战场留下的尘土，便又投入了保卫南京的新的战斗。他表示："此正是男儿报国之时，余决心以七尺之躯许国。"[3]这一天，程智在负伤后，仍坚持指挥战斗。他右手三指被打断，血流不止，脸色蜡黄，副官劝他退下，他推开副官，只稍事包扎，又回至阵地。程智身先士卒，大声呼唤全团官兵："南京是我国首都，城内有我父老兄弟，决不能让鬼子前进一步。我们要与阵地共存亡，死在这里就是死

---

① 《陆军第五十一师战斗详报》，中国第二历史档案馆藏，档案号七八七—7592。

② 《都城步兵第二十三联队战记》，王卫星编，刘军等译《南京大屠杀史料集》第 57 册《日军文献》(下)，江苏人民出版社 2010 年版，第 462 页。

③ 程增孝：《血洒赛虹桥》，载南京市雨花台区政协编《雨花文史》第 2 集，1988 年。

得其所!”[1]他话犹未了,腹部被日军机枪击中 9 弹,肠断而出,壮烈牺牲。程智的遗体,由正在附近指挥战斗的第 306 团团长邱维达,着人找了个大木盆,草草埋于桥旁。

程智团长的英勇献身,更加激发了全团官兵的斗志。是役中,赛公桥虽数次为敌所占,但每次均被中国军队夺回,直至南京卫戍司令长官唐生智下令撤退时,赛公桥上的中国军旗仍傲然飘扬于硝烟之中。据军事档案记载,在赛公桥战斗中,共毙敌 500 余名,缴获轻重机枪 10 余挺,步枪 40 余支,击毁敌战车 4 辆;而中国军队亦伤亡 1 700 余名,除团长程智阵亡外,尚有营长曹怒初负伤。[2]

赛公桥战斗,中国军队英勇顽强,牺牲壮烈,使日军遭到严重损失,为南京保卫战的历史,谱写了一页光荣的篇章。

---

① 程增孝:《血洒赛虹桥》,载南京市雨花台区政协编《雨花文史》第 2 集,1988 年。

② 《陆军第五十一师战斗详报》,中国第二历史档案馆藏,档案号七八七—7592。

第十一章　首都沦陷

一　卫戍军准备巷战

自日军于12月10日正午开始对南京城发动总攻后，各路日军即从不同方向，倚仗其军事实力的极大优势，对南京复廓阵地，施行猛烈、全面的进攻。中国军队据城坚守，浴血奋战，虽形势极为严重，但其守土抗敌的决心，惊天地而泣鬼神。英国路透社于12月11日清晨，自上海发出的电讯称：“据日方今晨绝早之报告谓，至现时止，中国守军之形势已处于极度严重关头，虽中国军队仍继续坚强抵抗，但其阵地已为日军之大炮不断之轰击，其交通线及集中点亦均被日军飞机炸弹轰炸。昨晚中国军队抵抗日军血战时所流之血，将石子砌成之街道染成深红色。”①

南京卫戍军中校参谋王晏清曾于11日随同卫戍军副司令长官罗卓英到前沿阵地视察。他见到守城官兵在山西路、鼓楼、大行宫、新街口等处的十字路口，紧张地构筑工事，堆起了沙袋，准备巷战。中华门一带，“很多房子被炸塌了，远处传来老百姓的嚎哭，撕心裂肺”；而城楼附近的士兵尸体，“倒卧在路旁，个个咬牙切齿，怒目而视”。② 到处是一片恐怖、悲壮的景象，官兵们决心同日军作最后的奋战。

纵观全城形势，至11日，日军仍未能实现其攻入城中之目的。各城门

---

① 汉口《大公报》1937年12月12日。

② 王晏清：《南京保卫战片断》，全国政协文史资料研究委员会《南京保卫战》编审组编《南京保卫战》，中国文史出版社1987年版，第33页。

要隘阵地，守军士气极为高昂。据中国方面11日中午发自汉口的消息："日军迄尚未能侵入城中，占领立锥之地。"尽管日军以强大炮火"轰炸猛烈，密如疾雨，使南京市民充分认识大规模近代战争之恐怖"，而中国军队之武器装备，又"远逊日军"，但是，爱国官兵"皆秣厉浴血，誓死抵抗，保卫寸土之英勇壮烈，无与伦比"①。

是日，唐生智发表谈话，表示"吾军以血肉之躯，与钢铁相争，伤亡之数，当然重大"；"惟华军之士气，殊激昂也"，"即使日军进占南京，华人将觉其抵抗侵略之地位，更为有利，因日军愈深入，其所遭遇之困难，亦愈多"。②副司令长官罗卓英对参谋人员说："南京是先总理葬身之所，如果不战就放弃是我们的耻辱，我们有何脸面见先总理于地下呢？所以必须同敌人决一死战。要守住城，必须以城为依托，牵制敌人，以城外部队进行机动，里应外合。今天南京是个孤城，城外除紫金山有我们的部队外，没有大部队集结，所以，只能利用城墙为依托来消耗敌人。人生总有一死，我们死在南京，葬身钟山之下，必为后代所敬仰，还可教育后人。"③

"杀身成仁，为国捐躯"的激奋情绪，激励着每一名困守南京的中国军人。卫戍军总部的参谋顾仲辛对参谋科长谭道平说："现在是快到成仁的时候了！你看，外援未到，反攻无力，长江已断。"谭坚定地回答："反正是一个牺牲，但总得拼他一个半个敌人。"④守军野战救护处金诵盘处长，在激烈的枪炮声中，握着123医院院长祁明镜的手说："我决不出城，请你非在万不得已的时候，不要离院。"⑤祁院长慨然允诺，坚守岗位。

作为守卫南京城的最高指挥官唐生智，在南京城已三面被围，形势十分危急的情况下，一面令部队作好巷战准备，一面严令部队不准擅自撤退。

---

①② 《申报》1937年12月12日。

③ 王晏清：《南京保卫战片断》，全国政协文史资料研究委员会《南京保卫战》编审组编《南京保卫战》，中国文史出版社1987年版，第34页。

④ 谭道平：《南京卫戍战史话》，东南文化事业出版社1946年版，第68页。

⑤ 蒋公穀：《陷京三月记》，"南京大屠杀"史料编辑委员会等编《侵华日军南京大屠杀史料》，江苏古籍出版社1985年版，第71页。

11日，第78军宋希濂部，“奉令增厚城防作巷战准备”。唐生智并命令该军：

> 第四十一、四十八两师，务须固守朝阳洞至乌龙山之线阵地，如有部队散兵自行后退，着由该军严予制止，倘敢违抗，准以武力执行。[1]

中国报纸及时报道了南京守军于城内构筑街道工事，作巷战准备的情况。据《申报》报道：“截至十一日傍晚，南京仍在华军固守中。华军各据点布置坚固之工事，准备于日军突破城垣时与之作猛烈巷战。总之，日军若欲占领南京，必须付出重大之代价而后可。”[2]

当晚，唐生智已经接到蒋介石的两次撤退令，但他权衡全局形势，仍决定鼓足勇气，再为南京城的固守，作最后的拼搏。

12日正午12时许，唐生智召见第78军军长宋希濂，下达口头命令：

> 1. 下关通浦口为我军后方唯一交通路，该军应竭力维持秩序，禁止散兵游勇麇集，以确保要点。
>
> 2. 七十四军在上河镇与敌激战，其后方交通，由汉西门与城内连络，禁止一切散兵及部队通过三汊河退入下关。[3]

这一命令下达后不到1小时，唐生智又根据下关地区可能发生的混乱情况，于午后1时，电话命令宋希濂：“着于下关宣布戒严，禁止一切行动。”[4]宋希濂接奉此命令后，当即命令所属第212团，除留4个连队守城外，其余均开入下关，实施戒严。

与此同时，守军第160师与宪兵部队亦接奉卫戍长官司令部关于增筑工事、准备巷战的命令。第160师的“战斗详报”载：“十二日七时，奉令构筑

---

①③④ 《陆军第七十八军南京之役战斗详报》，中国第二历史档案馆藏，档案号七八七—7590。

② 《申报》1937年12月13日。

玄武门至水西门之南正面阵地，准备巷战。”[1]据宪兵司令部“战斗详报”记载：

> （十二日）十二时，奉命在南京之部队须有与南京共存亡之决心，并增筑准备巷战之工事，全部闻命，气为之一壮。[2]

为了迎接城陷前的最严峻的战斗，甚至在南京军方原已答应不派驻军队、拆除军事设施的安全区中，也布置了全副武装的军警巡逻。安全区国际委员会主席拉贝在12日的日记中写道：“我原来以为日本人可以在平静中接管城市，但这种想法没有得到证实。在安全区内仍然可以不断地看见佩戴黄袖标的中国军人，他们全副武装，带着步枪、手枪和手榴弹，就连警察佩带的也不再是手枪，而是违反规定地带上了步枪。”[3]

当天下午，由于中华门、水西门一带阵地部分被日军突破，一部分第88师官兵擅自向挹江门溃退；一部分第74军官兵自三汊河擅搭浮桥，撤向下关。后经戒严部队劝阻，第88师官兵由其孙元良军长“亲自率领，仍回中华门附近”；第74军官兵擅搭浮桥的行动，亦被制止。

事实证明，自唐生智以下的南京守城官兵，在十分艰苦和危急的情势下，确曾有在南京进行巷战的思想和行动准备，只是在接到蒋介石的撤退命令，并权衡全局形势，作出全城撤退的决定后，才放弃了这种打算。

二　守军奉命撤退

12月11日下午12时，唐生智接到第三战区副司令长官顾祝同从江北打来的电话。顾说：“委员长已下令要南京守军撤退，你赶快到浦口来，我现

---

① 《陆军第一六〇师锡澄南京两役战斗详报》，中国第二历史档案馆藏，档案号七八七—7582。

② 《宪兵司令部战斗详报》，中国第二历史档案馆藏，档案号七八七—7595。

③ ［德］约翰·拉贝著，本书翻译组译：《拉贝日记》，江苏人民出版社、江苏教育出版社1997年版，第166页。

在要胡宗南在浦口等你。”

唐答：“前线如此紧急，被突破的地方很多，如何撤退？”

顾：“你今晚务必撤退过江。”

唐：“有许多事情应该与各部队长交待清楚，才能撤退。不然，以后责任，由谁来负？”

顾：“你留个参谋长交待一下就行了，今晚赶快过江吧！”

唐：“那不行，至迟也要到明晚才能撤退。我不能只顾一人的死活，不顾军队。”

顾催促说：“敌人已到六合，情况非常紧急。”

唐坚持说：“今晚要我过江是不行的。”①

顾祝同依据战争的一般指导原则，建议作为高级指挥官的唐生智，早一些撤退到安全地带，是完全正确的。但是，唐生智鉴于当时防守南京的实际情况，以 10 余万官兵的安危为重，不肯过早撤离，这更表现了他“临难不苟”的精神和决心。

唐生智在接到顾祝同的电话后不久，就收到了蒋介石发来的“真侍参”撤退令，内称：

> 如情势不能持久时，可相机撤退，以图整理，而期反攻。②

数小时后，蒋介石于当晚又一次发来“真戌侍参”撤退令，内容同前。

12 日凌晨 3 时，唐生智将副司令长官罗卓英、刘兴，参谋长周斓，以及参谋处长廖肯、参谋处一科科长谭道平等人，召集到自己住处，商讨撤退问题。唐说：“现在城已击破，无法守卫了，委员长已有命令，叫我们撤退，你们赶快去准备撤退命令罢！”③于是，由参谋长周斓带着参谋人员，连夜着手起草撤

---

① 唐生智：《卫戍南京之经过》，全国政协文史资料研究委员会《南京保卫战》编审组编《南京保卫战》，中国文史出版社 1987 年版，第 4—5 页。

② 《南京卫戍军战斗详报》，中国第二历史档案馆藏，档案号七八七—7593。

③ 谭道平：《南京卫戍战史话》，东南文化事业出版社 1946 年版，第 70 页。

退命令，以及与此有关的文件。

下午5时，唐生智在唐公馆召开了师长以上的高级将领会议，副司令长官罗卓英、刘兴，参谋长周斓，副参谋长佘念慈等均出席。唐生智说："南京现已十分危急，少数敌人业已冲入城内，在各位看来，以为尚有把握再行守卫否?"[①]接着，他又宣读了蒋介石昨天两次发来的撤退令。大家当然没有什么不同的意见。随即由参谋长周斓，将印刷好的撤退命令，发给每人一份。

被称为"卫戍作命特字第一号"的撤退命令，全文如下：

命令　　十二月　日　　午时于
　　　　首都铁道部卫戍司令部

一、敌情为贵官所知。

二、首都卫戍部队决于本日晚冲破当面之敌，向浙、皖边区转进。我第七战区各部队刻据守吉安、柏垫（宁国东北）、孙家铺（宣城东南）、杨柳铺（宣城西南）之线，牵制当面之敌，并准备接应我首都各部队之转进。芜湖有我第七十六师，其南石硊镇有我第六师占领阵地，正与敌抗战中。

三、本日晚各部队行动开始时机、经过区域及集结地区，如另纸附表规定。

四、要塞炮及运动困难之各种火炮并弹药，应彻底自行炸毁，不使为敌利用。

五、通信兵团，除配属外部队者应随所属部队行动外，其余固定而笨重之通信器材及城内外既设一切通信网，应协同地方通信机关彻底破坏之。

六、各部队突围后运动，务避开公路，并需酌派部队破坏重要公路桥梁，阻止敌之运动为要。

---

① 谭道平：《南京卫戍战史话》，东南文化事业出版社1946年版，第77页。

七、各部队官兵应携带四日分炒米及食盐。

八、予刻在卫戍司令部，尔后到浦镇。

右令　　　　　　　　　　　　　　　　　　司令长官唐〇〇

命令　　十二月十二日下午三时于南京司令部

一、本部各部队奉命向徽州附近地区转进。

二、本司令部直属部队及三十六师着于今（十二）日晚渡江，向乌衣、花旗营附近先集结待命。

三、各部队之行动，如另表规定。

右令　　　　　　　　　　　　　　　　　　司令长官唐〇〇[①]

这份撤退命令，包括“突击计划”和“联络信号规定”两个附表。其“突击计划”之要旨为：

（一）七十四军由铁心桥、谷里村、陆郎桥以东地区突击，向祁门附近集结。

（二）七十一军、七十二军，自飞机场东侧高桥门、淳化镇、溧水以右地区向敌突击，向黟县附近集结。

（三）教导总队、六六军、一〇三师、一一二师，自紫金山北麓麒麟门、土桥镇、天王寺以南地区向敌突击。教导总队向昌化附近集结。六六军向休宁附近集结。一〇三师、一一二师向于潜附近集结。

（四）八十三军于紫金山、麒麟门、土桥镇东北地区突击，向歙县附近集结。

以上各部队突击时机为十二日晚十一时后开始，但八十三军为十三日晨六时。

（五）第二军团应极力固守乌龙山要塞，掩护封锁线，于不得已时渡江，

① 《卫戍作命特字第一号》（1937年12月12日），中国第二历史档案馆编《抗日战争正面战场》（上），江苏古籍出版社1987年版，第401—402页。

向六合集结。

（六）三十六师、宪兵部队及直属诸队，依次渡江（另有渡江计划表），先向花旗营、乌衣附近集结，但三十六师应掩护各部队渡江后，然后渡江。[①]

第 36 师、宪兵部队及各直属部队，渡江次序如下：

第 1 次　渡江部队为司令长官司令部、特务队，自 12 日下午 6 时开始，指挥佘念慈；

第 2 次　渡江部队为各种炮兵、战车部队、武器弹械、防空司令部、炮兵指挥部，自 12 日下午 8 时起，指挥官邵百昌，不能撤运之炮兵及装备等一律毁灭之；

第 3 次　渡江部队为宪兵各团、警备司令部、通信部队、工兵部队、本部机枪连，自 12 日下午 10 时开始，指挥官萧山令；

第 4、5 次　渡江部队为第 36 师、补充第 11 团，自 12 日下午 12 时至 13 日上午 4 时，指挥官宋希濂；

第 6 次　渡江部队为义勇军、金陵师管区、补充兵训练处、铁道司令部、运输司令部，以及以上 5 次不能载运之人员，自 13 日上午 4 时至 6 时，指挥官何志浩。

上述各部集结码头均为津浦码头及三北码头。要求：(1) 各次序单位应听渡江指挥官之指挥，按时登船，不得自行拥挤；(2) 各部笨重行李一律不许渡江；(3) 第 36 师掩护各部渡江后再行渡江，该部撤退时，南京所有建设尽量毁灭之；(4) 各部队渡江时，务宜静肃。[②]

在各指挥官匆匆阅完撤退命令及其附件后，唐生智打破沉默说："战争不是在今日结束，而是在明日继续；战争不是在南京卫戍战中终止，而是在南京以外的地区无限地延展。诸君应记住今日的耻辱，为今日的仇恨报复！各部队应指出统率的长官，如其因为部队脱离掌握，无法指挥时，可以同我

---

① 《南京卫戍军战斗详报》，中国第二历史档案馆藏，档案号七八七—7593。

② 潭道平：《南京卫戍战史话》，东南文化事业出版社 1946 年版，第 78—80 页。其第 4、5 次渡江部队中，"补充第 11 团"疑为补充第 2 团之误。

一起过江。”[1]

接着，他又修正书面命令中的某些规定，口授命令：“87D、88D、74A、教导总队诸部队，如不能全部突围，有轮渡时可过江，向滁州集结。”[2]

这个由南京卫戍司令长官召集的最后一次高级指挥官会议，一共只进行了大约20分钟，便宣告结束。由于复廓、城垣阵地已有多处被突破，撤退命令又需要迅速贯彻执行，因此，与会者散会后大多立即部署了本部队的撤退方案。一些被打乱的，以及撤退行动较早的部队，很快便离开了原阵地，向江边运动。

然而，就在这时，蒋介石突然改变了主意，给唐生智等发去了一道“应不惜任何牺牲坚守”的紧急手令。其全文为：

> 限即到。南京。唐司令长官，刘、罗副司令长官：据报江浦附近已发现敌军，是敌希图对我四面合围，或威胁我后路，逼我撤退也。五日激战，京城屹立无恙。此全赖吾兄之指挥若定，与牺牲精神有以致之。经此激战后，若敌不敢猛攻，则只要我城中无恙，我军仍以在京持久坚守为要。当不惜任何牺牲，以提高我国家与军队之地位与声誉，亦为我革命转败为胜惟一之枢机。如南京能多守一日，即民族多加一层光荣，如能再守半月以上，则内外形势必一大变；而我野战军亦可如期策应，不患敌军之合围矣。遥望京城，相念官兵死伤苦痛，无任系念！进退战守，生死荣辱，惟兄等熟图之。中正手启。十二申。[3]

是什么原因促使蒋介石，在一连发出两次撤退令之后，又突然一反前令，复令坚守？这还是一个有待解开的谜。按时间推算，此电报发自12日下午3—5时之间，在正常情况下，南京当于晚间收到。但12日晚，正处南

① 谭道平：《南京卫戍战史话》，东南文化事业出版社1946年版，第76、77页。

② 《南京卫戍军战斗详报》，中国第二历史档案馆藏，档案号七八七—7593。

③ 秦孝仪主编：《中华民国重要史料初编——对日抗战时期》第2编第2册，中国国民党中央委员会党史委员会1981年编印，第219—220页。

京卫戍军全线撤退之际，兵荒马乱，将不在位，从现存档案资料中，看不出唐生智等有收到这份电报的任何迹象和回应。因此，这一迟到的电报，并未能发挥作用和收到预期的效果。南京守军还是在慌乱中撤退了。

三　下关与江边的混乱状况

按照唐生智发布的撤退命令，南京守军原应“大部突围，一部渡江”，即只有各直属部队、第 36 师，以及宪兵部队渡江。但到了召开师长以上指挥官开会，宣读撤退令时，他又口头命令，第 87 师、第 88 师、第 74 军(含第 51、58 师)及教导总队，“如不能全部突围，有轮渡时，可过江向滁州集结”。而当时卫戍司令部手中，一共只掌握了几艘小火轮和为数不多的民船，一夜之间，要运送约两个师以上的部队，已属不易；经口头命令宣布后，又使渡江部队一下子猛增 5 个师以上，形成“大部渡江，一部突围”的局面。这是当时的运输力量及有限的撤退时间，所根本无法承受的。

下关至浦口之间，原有两艘轮渡，每次可载七八百人，往返一次约需四五十分钟，白天日机活动频繁，不敢开行，但当时系冬季，下午 5 时已天黑，至早晨 7 时才亮，故仅此两艘轮渡，一夜间，亦可运送 3 万人过江。可是，唐生智在“背水一战”的思想指导下，让这两条轮渡开去汉口，给自己的撤退，造成了极大的困难。这时，卫戍司令部手中掌握的几艘小火轮，最大的只有 100 多匹马力，能找到的民船，也只有二三百只。

这样，从 12 月 12 日下午开始撤退，至 13 日上午日军到达江边，在下关挹江门至长江边之间，便挤满了军人。其中，有按照撤退命令应该渡江的；有按照唐生智的口头命令，在“有轮渡时”，方可渡江的；也有完全不在渡江序列之内的。人多船少，道途堵塞，为夺路争船，演出了战争史上一幕少见的惨剧。

据卫戍司令部科长谭道平叙述，他与另一名参谋人员出了挹江门之后，“看见沿江码头上，秩序是异常纷乱，枪声这边停了，那边又响了起来，人是

成千成万，渡船却只有二三只，谁不想早一刻能够渡过那一条白练也似的长江！这长江，在此时已成了生和死的分界线，在种种的混乱恐怖之下，大家都感到生命的脆弱，争夺渡江，彼此互骂互闹，痛哭流涕。一只船刚靠近了岸，便有一群人跳跃上去，冒失的坠入了江里，也没有人来理会他，几百只手紧拖住渡船的船缘，不给它开驶。他们认为也只有上了船，迅疾地离开江南才可以得到安全。船里的人们怒骂着还站在岸上不让他们开驶的人群，船里有几个弟兄，把枪向天空鸣射，但是有什么效用呢？在生和死的边缘上，除了上船，什么都是死的邀请。水手经过了好多的说话，竭力把船撑动，可怜，有好多人，还紧攀着船沿，随着渡船驶到江里，也有跌在水里随着江水流向东方”。[①]

第 36 师宋希濂部奉命维持渡江秩序，凡未经命令批准渡江的部队，一律不得通过挹江门，并开枪加以制止。同时，由于传达命令的迟滞，这些负责维持秩序的部队，也并不知道最高司令官的最新部署。因而有一些部队，与第 36 师发生了冲突。在通往江边的道路上，有被相互间的枪战打死的，有被踩死的，靠少量部队维持秩序，根本制止不住涌向江边的狂潮。卫戍司令部参谋王晏清说：“在下关的江边上，人们纷纷抢先过江，有的用木盆、门板渡江，江面上人头点点，象野鸭子一样。有的蹲在木盆里，有的趴在门板上，悲惨之状目不忍睹。”[②]第 78 军军长宋希濂也这样描述：“因载重过多，船到江中沉没者有之；因争夺船只，互相开枪毙伤者有之，将船击毁沉没者亦有之。许多官兵拆取店户门板，制造木筏，行到江中，因水势汹涌，不善驾御，惨遭灭顶者数以千百计。哀号呼救之声，南北两岸闻之者，莫不叹伤感泣，真可谓极人世之至惨。”[③]

第 78 军除担负维持秩序和掩护撤退任务的部队外，其直属部队与非掩护部队，于 12 日夜 12 时 30 分左右，集结到和记公司附近。该部从浦口用重

---

① 谭道平：《南京卫戍战史话》，东南文化事业出版社 1946 年版，第 83 页。

② 王晏清：《南京保卫战片断》，全国政协文史资料研究委员会《南京保卫战》编审组编《南京保卫战》，中国文史出版社 1987 年版，第 35 页。

③ 宋希濂：《鹰犬将军》，中国文史出版社 1986 年版，第 133 页。

金，雇得小汽艇两艘、500 吨小河轮 1 艘、民船 15 只，“小汽艇运一次给资十元，小河轮运一次给资百元，民船运一次给资五元”。[1] 即使是这支负责维持撤退秩序的部队，在撤退时，也受到了混乱人群争抢渡船的冲击。该军“战斗详报”记载：“因麇集下关之其他各部队均行向和记公司拥挤，于是军属各部队悉被冲乱抢渡。”据统计，该军未能渡江、滞留于南岸者，计有：在三汊河担任掩护的第 211 团第 3 营全部，在三牌楼担任掩护的第 212 团第 1 营全部，在中央路担任掩护的补充第 2 团第 3 营全部，在红山担任掩护的第 215 团第 3 营全部，在迈皋桥、北固山担任掩护的第 216 团第 2 营全部，已至江边但渡船被抢的工兵营全部、第 216 团第 3 营全部、辎重营第 1 连全部、通信营第 1 连全部、无线电排全部，以及军马、预备械弹、被服、辎重全部。部分已渡江的部队，人员均已残缺不全。其军长宋希濂在江北，“鹄候部队，遥闻隔江嚎恸之惨，惟有相向唏嘘，默然泪下”。[2]查该军参加南京保卫战的全部兵员为 11 968 人，安全撤退者仅 4 937 人，[3]而该部在整个保卫战期间，除补充第 2 团曾参加复兴桥、大小胡山战斗，有所伤亡外，其余部队因负责城内警戒，“未发一枪，未杀一敌”，故其因未能渡江而遭损失的数量，当在六七千人之间。

宪兵部队按撤退令规定，本在允许渡江之列，但因通信联络不畅，当该部行到挹江门附近时，亦为第 36 师部队所阻。宪兵部队“战斗详报”记载：“斯时，友军纷沓而至，拥挤不堪，枪声四起，血肉横飞，于是队伍为之散乱，行装为之全失。迭经交涉，方许通行。至海军部门前，又被该师所阻，本部所属团营益形紊乱，致能至下关江边者为数甚少。斯时，江中已无船可渡，乃扎木筏渡江。”[4]该部参加南京保卫战的全部兵员为 5 490 人，安全撤离到江北者仅 2 456 人；[5] 而该部由于性质决定，在保卫战过程中，乃以维持城防治安为主，只在光华门、棉花堤二处，曾辅助主力部队作战，遭受部分伤亡，故其在江边损失，十分惨重。宪兵部队指挥人员，于事后总结经验教训说：

①②③ 《陆军第七十八军南京之役战斗详报》，中国第二历史档案馆藏，档案号七八七—7590。

④⑤ 《宪兵司令部战斗详报》，中国第二历史档案馆藏，档案号七八七—7595。

“渡河准备不充分，致十余万大军云集江边，均无船可渡，不得已而扎筏，当时溺死于江中者甚多。”“今以一挹江门（沙袋均未撤去）而退出十余万大军，致被踏死者堆积如山。”①

一名外侨这样形容下关江边的惨状：

> 去下关和江边的路上，情形狼狈异常，堆满了中国军队所抛弃的来复枪、子弹、皮带、军装、汽车、卡车等等。无数的车辆燃烧着，一片可怕的大火场。通下关和江边的城门已经关闭，恐怖万分的士兵纷纷用绳子、绑腿布、皮带和布条吊上城墙，许多人是跌死了。而最为凄惨的景象则在江边。如痴如狂的士兵，挤上江边的民船，因为载重太多了，民船是倾覆了，沉没了，许多人是这样溺毙了。许多人想用木筏渡江，结果也遭遇同样的命运。②

一支由防空学校练习队副队长吕琦和第 41 团第 1 营营长李申之率领的防空炮兵部队，于 12 日上午 6 时 40 分，随卫戍军司令部的两名参谋，并带有浦口阵地的传达兵离开卫戍军司令部。他们见到从铁道部到挹江门之间的道路上，塞满了人马车辆，这里不独车辆不能前进，即人与人之间亦已无法转动。他们不得不抛弃车辆与行李，绕道前进，方于 7 时 40 分交涉出城。

被唐生智口头允许渡江的第 51 师，其第 151 旅在八卦洲附近绑扎木排过江。第 153 旅与师直部队，则由师长王耀武亲率，由下关渡江。王耀武在率领部队，经由中山北路向挹江门前进时，也遭到了第 36 师部队的武力阻止，“子弹由头顶上空飕飕飞过”，官兵们有的主张同第 36 师对打，有的反对，认为“没有叫敌人打死，而被自己的部队打死了，那才冤枉”。于是，他绕道行到挹江门。据王耀武描述：挹江门“城门只开了一扇，人多门窄，极为拥

① 《宪兵司令部战斗详报》，中国第二历史档案馆藏，档案号七八七—7595。

② ［英］田伯烈著，杨明译：《1937：一名英国记者实录的日军暴行》，湖北人民出版社 2005 年版，第 18—19 页。

挤，甚至有被挤倒踩死的；有一辆马车挤翻在地下；人们光顾逃命，宁肯踩着马越过车而去，也没有人将倒在城门下妨碍行走的马和车拉开”。下关江边，则更是一片混乱，“各码头上的人很多，如同热锅上的蚂蚁到处乱窜；江里只有极少数的船只；无船的部队见船就抢，也有互相争船或木排而开枪的；有的利用一块门板或一根圆木而横渡长江的；有的看到过江无望而化装隐藏在老百姓家里的”。[①] 当时跟随师长王耀武从下关渡江的第 306 团团长邱维达，则对江边混乱拥挤的状况，有更为生动的描述，他说：

“我在中山码头停下约一小时，眼见下关一带情形比战场更凄惨！从前线退下的散兵伤员、后方勤杂部队、辎重、车辆以及眷属、老弱妇孺，把沿江马路挤得水泄不通。一会儿江中的敌舰机关枪扫射过来，侦察敌机掉下几颗照明弹，吓得人群乱窜乱逃，到处是哭声、呼救声、喊声、怨恨声，搅成一片。”

“由于岸上人山人海，船离岸尚有三十米远，就有人大批跳到江里，向船游去，几乎把船弄翻。后来我被一条绳索的一头系着腰，从水中拖拉上船，才得以离开这座被血染红了的城市。”[②]

第 87 师副师长兼第 261 旅旅长陈颐鼎，率部撤退到燕子矶江边时，连同一部分宪兵、警察和其他部队的散兵，人数曾达 3 000 人。但由于夜晚警戒部队与日军的搜索部队交了火，许多自愿集合到他麾下的人员，便又一窝蜂自行散去。最后，他的身边只剩下两名卫士、一个副官和特务排长等 7 人。他们找到一块 2 丈长、6 尺宽的木板，企图用它渡江。但是木板离岸不到 50 公尺，便逐渐下沉。陈颐鼎深情地介绍说：“这些与我久共患难的战友为减轻木板上的重量，纷纷跳下水去，有的被江流冲走而没有下落；有的则在江中大声喊叫，‘我们有个旅长，谁能救他过江给他一千块钱！’”后来，他被人用浮筏搭救，方免于难。陈颐鼎亲见渡江官兵被日军扫射的惨景，他

---

① 王耀武：《第七十四军参加南京保卫战经过》，全国政协文史资料研究委员会《南京保卫战》编审组编《南京保卫战》，中国文史出版社 1987 年版，第 146 页。

② 邱维达：《淳化阻击战》，全国政协文史资料研究委员会《南京保卫战》编审组编《南京保卫战》，中国文史出版社 1987 年版，第 151 页。

说："此时敌舰已在江面上横冲直闯，来往逡巡不已，并用机枪不断地对我利用各种漂浮器材顺流而下的官兵扫射，被打死或被敌舰撞翻漂浮工具而淹死的人无法计数。眼看着战友们的尸体不断从我身边流过，江水被染红，情景凄惨，目不忍睹。"①

教导总队的总队长桂永清，也因找不到一条渡江的船只，而只得在三汊河乘一张木筏，向浦口划去。黑夜中，卫兵们将木筏划到了浦口下游的一个芦苇滩，岸边淤泥既宽且厚，土质松软。桂永清不知厉害，与一名卫士一齐跳下木筏，不料脚刚落地，马上就往下沉，而且愈陷愈深，还是靠了木筏上的卫士将绑腿取下，连接起来，将一头丢给桂永清与那名先跳下的卫士，才免去了他们的灭顶之灾。②

路透社记者史密斯亲眼见到了中国军队撤退时，大火燃烧、兵荒马乱的场景。他在一篇关于南京战情的报告中写道：

> 12 月 12 日，交通部燃起了熊熊大火。火是中国军队放的。火势也蔓延到堆放在院里的储备弹药。弹药的爆炸挡住了在中山路正在撤退的部队的去路。第二天早晨，我们看到沿街堆放着溃逃中的中国部队扔下的大量战争物资。逃跑的道路是用被单布条、烹饪用具、弹药等标明的。北门前惊慌失措的结果是堆起了一米高的死人，其中有士兵也有平民百姓。据我估计死了大约 1 000 人。③

南京安全区国际委员会财务主管、德国礼和洋行工程师斯蒂安·克勒格尔在一份报告中，记录了他在扬子江边的见闻："这场撤退究竟夺去了中国最优秀部队中的多少人的生命，永远也无法统计。扬子江在默默地流淌，

① 陈颐鼎：《第八十七师在南京保卫战中》，全国政协文史资料研究委员会《南京保卫战》编审组编《南京保卫战》，中国文史出版社 1987 年版，第 158 页。

② 刘庸诚：《南京抗战纪要》，全国政协文史资料研究委员会《南京保卫战》编审组编《南京保卫战》，中国文史出版社 1987 年版，第 188 页。

③ 《德国档案馆中有关侵华日军南京大屠杀的档案资料》，载《抗日战争研究》1991 年第 2 期。

耐心地收容着一切，向大海流去。军队根本没有做好摆渡过江的准备，留在下关港的只有几艘拖轮、小艇、帆船和小舢板，成千上万的人过江就靠这些东西，而且还是在夜间。许多人自己扎了筏子，但数量仍然不够用。有多少人因此而在第二天早晨死于追赶而来的日本飞机的轰炸。这天夜晚的情景是令人难忘的。优秀的部队还能列队前进，有些部队甚至还带着伤员和全部的军械，但是更多的部队则是乱糟糟的一团，你推我搡蜂拥往前，一部分人已经没有武器，只带着干粮，大部分人带的是米。”①

沿着南京城西郊，从上新河、江东门一直攻击到下关的日军步兵第45联队军曹西盛义，目睹了江边中国军队的混乱及其遭到日本陆海军协同屠戮的状况。他说：“踏着、跨过几百具敌兵尸体，不觉来到了扬子江边。一看江面，敌兵蚂蚁般地挤在木筏上、门板上和小船上，企图逃走。机枪轻快地喷射出火舌，成堆的敌兵相继消失在水底。看来我海军早已来到扬子江上了，我们通过手旗与他们取得了联系，敌军的退路被完全切断了。”②

在唐生智统率下的15万大军中，除第66军、第83军基本从正面突围，第2军团在乌龙山附近自行渡江外，约10万官兵麇集下关江边，人为造成了许多不必要的伤亡，以及大批官兵为日军俘获，横遭杀戮。威武雄壮的南京保卫战，竟以此惨景收场，不能不说是一个历史的悲剧。

四　唐生智率总部撤至江北

在下关江边的一片混乱中，南京守城官兵为渡过长江、撤往江北，可谓备尝艰辛、损失惨重。身为卫戍司令长官的唐生智，其境遇虽比一般官兵为好，但所遇之艰难顿挫，亦十分狼狈。

唐生智于12月12日下午5时，在唐公馆召开师长以上高级将领会议，

---

① ［德］约翰·拉贝著，本书翻译组译：《拉贝日记》，江苏人民出版社、江苏教育出版社1997年版，第462页。

② 西盛义：《从上河镇的激战到下关附近》，曹大臣编，罗文文等译《南京大屠杀史料集》第62册《日军第六师团官兵回忆》，江苏人民出版社2010年版，第302页。

宣布撤退命令。会议经20分钟左右结束。散会后，唐拟去设在铁道部内的南京卫戍司令部，对全军的撤退事宜再作最后的检查、交代，但因“交通阻隔，已不能入”，原定与宋希濂军长一道渡江的计划，也未能实现。

按照唐生智亲自颁发的撤退令，卫戍司令部与特务队安排在6次渡江中的首批，时间在下午6时；到8时，就已轮到第2批，即各种炮兵及重武器部队。可是，由于道途的堵塞，唐生智仅由南京警备司令部的一位副官陪送，至近8时方抵达煤炭港附近的海军码头。不久，副司令长官罗卓英、刘兴也先后登船。当时码头上已经戒备森严。罗卓英由第36师的熊新民团长陪同，走近码头。据当时在场的南京警备司令部参谋程奎朗回忆：“码头上铁栏门已经关闭，由江防司令部派兵把守，不许进入，经和守兵交涉，才允许我们通过。到了趸船，江边停有小火轮一只，已经挤满了人，因听说是罗卓英，未加阻拦。”①

为了等候佘念慈参谋长和参谋处长廖肯，在唐生智等登船后，又等了1个小时。后为不影响该船往返接运其他各批直属部队，方由唐生智下令，于9时开船驶向浦口。

唐生智等高级指挥官乘坐的这艘小火轮，乃于唐生智下令收缴一切船只，作“破釜沉舟”之举后，侥幸存留。据跟随唐身边的参谋科长谭道平叙述：“十二月七日，江阴江防司令部装运一部分人员和军用品开到江宁要塞外面的乌龙山，停留在封锁线外。后来周参谋长坚主把这艘船暂时取来，所以由我通知江宁要塞司令邵百昌，把小筏引港进入，停泊煤炭港。”②正是这艘小火轮，才使唐生智等卫戍军总部人员，得以顺利渡江，撤往江北。

唐生智侥幸顺利登船后，开始了一段更为惊险、艰辛的历程。

小火轮于夜晚10时抵达浦口，岸边没有迎接的官员和汽车。唐生智一行，只得沿着铁道徒步北行，本想直奔滁州，可是行不多久，在花旗营方向突

---

① 程奎朗：《南京复廓阵地的构筑及守城战斗》，全国政协文史资料研究委员会《南京保卫战》编审组编《南京保卫战》，中国文史出版社1987年版，第44页。

② 谭道平：《南京卫戍战史话》，东南文化事业出版社1946年版，第85页。

然响起枪声，愈前进枪声愈烈，据报系江浦日军正向浦口方向包围过来。于是，他们折向东北，向六合前进。

唐生智等高级将领，本来在执行军务时，即不多步行，加之唐本人长期生病，体质虚弱，至今尚未完全复原，当更感步行荒野之苦累。一位姓陈的副官，费了好大的劲，始于漆黑深夜里，从农民家中寻得一辆板车，车上还有牛屎。唐生智见了此车，只是说："这辆车如何可以坐呢？"因此，仍由卫士们扶着他，继续步行前进，陈副官则叫板车随行，以备不虞。又走了一程，唐生智实在走不动了，问陈副官寻着汽车没有？陈副官答："汽车没有，仍只有那一辆板车。"唐生智叹息道："我带兵 20 年，大小百余战，从未有今日之狼狈。"说罢，便无可奈何地上了这辆沾着牛粪的板车。唐生智在车上，不时询问身边人员："长官部的人员都过了江了没有？"他又说："佘参谋长廖处长没有来，莫非是遇难了！"他的态度显得异常沉痛。[①]

他们由浦口向着六合方向行走未远，遇到了一座大木桥，桥身已大部着火，但又非过此桥不可。官兵们遂找寻木板，加上泥土，盖压到燃烧的桥面上，勉强而又艰难地通过了这座危桥。当唐生智一行离桥 1 里之遥时，忽听得身后轰然一声，木桥终于被烧断了。

这时，大家带着断桥的余惊，坐下休息，回首南京，只见一片火光，尤其是紫金山一带，大火照耀得如同白昼。6 架敌机，在南京、浦口和乌龙山一带上空盘旋、轰炸，炮声、枪声、炸弹声交织一起，一团一团的炮弹火花投向江面。

唐生智一行于 13 日晨 7 时抵达六合，此时顾祝同已离此去临淮关，但留下 6 辆卡车，供唐使用。他们稍事休息后，便乘卡车于当天下午赶到滁州。据当时在场的教导总队作战参谋刘庸诚描述："唐司令长官身披一件黄呢子军大衣，内着呢军服，衣领以下的几个钮扣都没有扣上，头上戴了一顶

① 谭道平：《南京卫戍战史话》，东南文化事业出版社 1946 年版，第 85 页。

红绿色鸭绒睡帽，顶上还有一个彩色帽结子，嘴上叼着一支香烟。”[①]其形象狼狈而凄惨。

在滁州，唐生智将罗卓英等南京卫戍军的高级将领，召集到醉翁亭开会，研究南京保卫战的善后事宜。唐生智说：“我打了一辈子仗，从来没有打过这样糟的仗。”“我对不起国人，也对不起自己！”[②]语音之间，对于南京保卫战的失败和撤退的损失，充满了内疚和自责之感。说到这里，唐生智也迁怒于南京卫戍军的运输司令周鳌山。对周大声喝道：“你干什么的！你把我的几千伤兵都丢在江那边被日本人杀了！”周鳌山吓得不敢讲话，支支吾吾地说：“我有什么办法呢？情况变得太快了，我有什么办法？”唐生智盛怒未消，厉声说：“枪毙你！”[③]

事后，唐生智果然向蒋介石告了一状。他在给蒋介石的一份报告中说：“运输司令周鳌山、副司令陈铁坚等工作不力，遗误戎机甚大，应请交后方勤务部撤职查办。”[④]

平心而论，造成南京保卫战这样悲惨的结局，有着主观与客观多方面的复杂原因，亦非唐生智、周鳌山等一两个指挥人员所能包揽。当然，作为司令长官的唐生智和作为运输司令的周鳌山，各自又都有着推卸不了的那一份责任。

当晚，唐生智一行从滁州乘火车到达临淮关。唐生智与罗卓英、刘兴等于 13 日当天，从临淮关给蒋介石发去机密急电，呈报“奉到真侍参、真戌侍参两电时情况及以后处置经过概要”，内称：

职等于是(12 日)夜九时渡江，徒步至六合，本晨乘车抵滁。本部兵

---

① 刘庸城：《南京抗战纪要》，全国政协文史资料研究委员会《南京保卫战》编审组编《南京保卫战》，中国文史出版社 1987 年版，第 188 页。

②③ 王晏清：《南京保卫战片断》，全国政协文史资料研究委员会《南京保卫战》编审组编《南京保卫战》，中国文史出版社 1987 年版，第 35 页。

④ 秦孝仪主编：《中华民国重要史料初编——对日抗战时期》第 2 编第 2 册，中国国民党中央委员会党史委员会 1981 年编印，第 225 页。

员五百余人，现已渡江会集者仅约百人，现在六合乌衣等处交接收容中。[①]

唐生智、罗卓英、刘兴于到达汉口后，复呈送报告给蒋介石，为卫戍南京未能持久守备，自请处分。报告称："职等奉令卫戍南京，既不能为持久之守备，又不克为从容之撤退，以致失我首都，丧我士卒，比以待罪之身来鄂晋谒……呈请予处分。"[②]唐本人并于谒蒋时，面称："一切责任都是我的，请处分。"[③]但蒋对此并未置议。

五　广东军突击重围

在整个南京守军的大撤退中，能够按照命令规定，从正面突围，而没有拥堵江边，坐以待毙的部队，便是由军长叶肇指挥的第 66 军，以及随同第 66 军突围的第 83 军邓龙光所部。

12 月 12 日下午 6 时，两支广东部队第 66 军与第 83 军，接奉撤退命令，其要旨为"按一六〇、一五九、一五六、一五四师之顺序，由太平门突围，经汤山、句容向安徽、宁国集中"。[④]

叶肇随即根据卫戍军总部的撤退命令，下达第 66 军之行动命令：

1. 敌约五六联队向雨花台、紫金山我友军阵地猛烈攻击中，紫金山以北有敌一联队。我守军全部于本夜突围，向安徽转进。

2. 军以突围之目的，于本夜九时由太平门出发，经紫金山北麓东西

---

① 《唐生智等致钱大钧密电》(1937 年 12 月 13 日)，中国第二历史档案馆编《抗日战争正面战场》(上)，江苏古籍出版社 1987 年版，第 404 页。

② 秦孝仪主编：《中华民国重要史料初编——对日抗战时期》第 2 编第 2 册，中国国民党中央委员会党史委员会 1981 年编印，第 223 页。

③ 唐生智：《卫戍南京之经过》，全国政协文史资料研究委员会《南京保卫战》编审组编《南京保卫战》，中国文史出版社 1987 年版，第 5 页。

④ 《陆军第一六〇师锡澄南京两役战斗详报》，中国第二历史档案馆藏，档案号七八七—7582。

流镇、句容、溧阳、郎溪等地向宁国集中。

3. 第一六零师(欠四八零旅)应于黄昏后到太平门集合,撤除城门沙包,依九五六团、九五五团次序,经紫金山麓向句容方向之敌攻击,掩护主力前进至高骊山后,即向南转进。

4. 军属炮兵营、工兵营应于黄昏后,依次到太平门集合,在一六零师之后跟进。

5. 第一五九师(欠四七七旅)应于黄昏后,将守城部队逐次撤退,到太平门附近集合,在工兵营之后跟进。

6. 笨重行李及机密图书文件,不得已时自行焚毁,勿入敌手。

7. 行进时,予在九五五团先头。①

由叶肇兼任师长的第160师,为第66军之主力部队,担负着先导、突击的重要责任。该师早在11日,即于燕子矶整理待命期间,将全师编并为第955、956两团,擢升956团团长喻英奇为第478旅代旅长,以师参谋处长蔡如柏调充第956团团长,参谋处长遗缺以中校参谋钟汉柏升充,并委司徒非为少将参谋长。12日晚7时,全师于太平门内集合完毕,即召集连长以上指挥官开会,下达口头撤退命令:师以突破重围,集中宁国之目的,拟即由太平门经紫金山麓东西流镇、汤山、句容、溧水、郎溪向宁国集中;13日至句容东南地区,14日至溧水东南地区,15日至郎溪东端地区,16日至宁国附近;第956团为第一线,循师行进路线向当面之敌攻击前进;第955团为预备队,随师部行进。② 该师于7时30分开始移动,费1小时余,始将堆塞城门之沙包除去,又逢教导总队自紫金山退入城中,加之道途多有自埋之地雷及各种障碍物,需予清除,一时间队伍秩序混乱,直到岔路口附近,经略事整理,方才理顺。

与第66军相比,同为广东部队的第83军,由于两师部队正在前线城垣

① 《陆军第六十六军战斗详报》,中国第二历史档案馆藏,档案号七八七—7583。

② 《陆军第一六〇师锡澄南京两役战斗详报》,中国第二历史档案馆藏,档案号七八七—7582。

作战，其撤退情况，则较为混乱。当12日下午撤退令下达时，第154师正在水西门至中华门间城垣一线作战，第156师正在通济门至光华门间城垣一线作战。该两师师长均未随部队一起撤退。据第156师师部副官处处长梁岱回忆，12日下午5时许，师长李江给他打来一个紧急电话，称师部已奉令向太平门突围，着他迅急率领后方官兵集合在驻地中山路的路旁，等候队伍经过会合。梁连一句话也来不及问，电话便中断了。① 可是，中山路上尽是狂奔杂乱的队伍，根本找不到第156师部队。梁岱判断，已无法与本部队取得联系，便率领后方官兵，迳奔太平门。

就在第83军的两师部队艰难集合、准备突围时，他们的两位师长，却没有能够找到自己的部队，遂各自渡江北去。第154师师长巫剑雄与师参谋长，从乌龙山搭船过江；第156师师长李江，从距离挹江门几百公尺的地方，用脚缚吊出城外，经过种种周折，自下关搭得某部轮船过江。②

第83军军长邓龙光、参谋长陈文与军参谋处长长刘绍武等人，在湖南路中央党部与第66军军长叶肇、第159师副师长罗策群等商定，两支广东部队统由叶肇指挥，由第66军作先锋，第83军作后卫。可是，两军人马被堵于太平门内。拆除城门沙包等障碍物，需要时间，城门疏通后，拥挤的部队争相出城，又造成新的混乱。第156师梁岱处长带领的后方官兵，便是在城门边已挤满了人、出城无望的情况下，用绑腿从城墙上一个个吊下去的。③

这支在混乱撤退中突围的队伍，在出了太平门以后，经历了十分惊险和艰难的遭遇，最后也所剩无几。

12日午夜11时，该部在太平门外岔路口附近，与日军警戒部队遭遇。其第956团发动冲锋、肉搏，将日军击退；其另一部则向日军施行掩护射击，使主力迅速向东前进。第159师副师长罗策群，几次督促部队发起冲击，均

---

① 李益三：《南京突围及广东队伍收容经过》，全国政协文史资料研究委员会《南京保卫战》编审组编《南京保卫战》，中国文史出版社1987年版，第257页。

② 刘绍武：《第八十三军南京突围记》，全国政协文史资料研究委员会《南京保卫战》编审组编《南京保卫战》，中国文史出版社1987年版，第254页。

③ 同①，第258页。

不得手，最后他举起马鞭，高呼："跟我来，几大就几大，唔好做哀仔呀?"（广东话，指不要丢脸的意思）在罗策群的带动下，终于将当面日军击溃，但罗也在这一战斗中，光荣捐躯。[①] 据第 66 军上校参谋处长郭永镳报告：

> 是（12 日）夜 12 时许，始抵岔路口附近，即遇敌拦阻。除以一部驱逐敌人警戒部队外，余分作数纵队，乘敌罅隙，由小道偷过。敌虽数度迂回袭击，均被我军击退。[②]

13 日凌晨，这支突围的守军自岔路口经尧化门，又折向南，抵仙鹤门附近。在这里，他们与日军的后续部队发生了一次规模较大的遭遇战。其第 160 师官兵奋不顾身，向日军炮兵阵地攻击，"毙敌三四百名，敌骑五六十匹，毁敌炮二门，沿途电话线，均被我军剪断，敌狼狈向东南逃窜"。[③] 第 159 师亦在东流镇附近与日军接触，"肉搏数小时，卒将敌击退，毁敌炮四门"。[④]

在仙鹤门战斗中，守军虽处败退劣势，牺牲惨重，但官兵奋勇杀敌，打得日军惊慌失措，造成日军大量伤亡。在日本军方文件和官兵日记中，大量记载了这一战斗的实况。

日本上海派遣军参谋长饭沼守少将在 12 月 13 日的日记中写道："今天凌晨 1 时左右，骑兵部队和大约 3 000 名敌残兵败卒发生交战，天亮时将之击退。据报，我方伤亡 70 人，损失战马 204 匹。敌遗弃尸体不下 700 具，我缴获大量战利品。"[⑤]在南京东北郊一带指挥战斗的日军第 16 师团师团长中岛今朝吾于深夜被部属的求助电话惊醒，他记称："（12 日）深夜 3 时被惊醒

---

① 刘绍武：《第八十三军南京突围记》，全国政协文史资料研究委员会《南京保卫战》编审组编《南京保卫战》，中国文史出版社 1987 年版，第 252 页。

② 郭永镳：《南京突围后经过报告书》（1938 年 3 月 3 日），中国第二历史档案馆藏，档案号七八七—7583。

③ 《陆军第一六〇师锡澄南京两役战斗详报》，中国第二历史档案馆藏，档案号七八七—7582。

④ 《陆军第六十六军战斗详报》，中国第二历史档案馆藏，档案号七八七—7583。

⑤ 《饭沼守日记》，王卫星编《南京大屠杀史料集》第 8 册《日军官兵日记》，江苏人民出版社 2005 年版，第 204 页。

了。求助的有10厘米加农炮大队(原注:独立攻城重炮兵第二大队15厘米加农炮的误记)本部及第一中队、混成骑兵队。他们遭到了要从南京城里城外撤退逃跑的残兵败卒的袭击。"①日军第30旅团旅团长佐佐木到一则记录了该部步兵、工兵、骑兵等不同兵种于慌乱中应战,遭到重大损失的惨状。他写道:"那天夜里又遭到袭击,进行掩护的一个步兵中队和一个工兵小队,大家不分彼此共同奋起应战,进行了长达3个小时的战斗。其后方,原来部署了两个步兵中队作为后卫的,半夜后,也与来自两个方向突围反攻过来的敌军大部队进行了战斗,并将该敌军歼灭。另外,驻守在后方卫生所附近的混合骑兵团,黑暗中遭到敌军袭击。敌军冲进院内,使他们损失人员二百余名,马六十余匹,他们当时是慌作一团。"②

由日军第3师团之骑兵第3联队组成的上海派遣军混成骑兵队,奉命于12日起,自岔路口折向仙鹤门,在这里堵住第9师团与第114师团之间的空隙,以防守军从这里突围。13日凌晨,该部正好在这里与突围的守军第66军部队交战。在"异常激烈"的恶战中,双方死伤都很严重,该联队的伤亡创造了登陆以来的最高纪录。据其联队战史记载:战斗中,"伤员接连不断地从前线被送到联队本部附近,这表明战斗异常激烈……这场战斗给予敌军以沉重打击,但我部队的伤亡也是登陆以来最多的一次";"躲过第二小队攻击的敌大纵队,又洪水般涌入部署在道路岔口附近堤坝上我中队主力的阻击阵地,双方很快又混杂在一起继续进行殊死搏斗。中队长木村大尉阵亡,继而宫胁军曹身中数弹,像是要保护中队长似地倒伏在中队长身上。太田第一小队长也被手榴弹炸死,下士官兵多人负伤,其情形十分惨烈。敌军的损失虽数十倍于我,但我主力的损失也给中队造成毁灭性的打击"。③ 日

---

① 《中岛今朝吾日记》,王卫星编《南京大屠杀史料集》第8册《日军官兵日记》,江苏人民出版社2005年版,第276—277页。

② 《佐佐木到一日记》,王卫星编《南京大屠杀史料集》第8册《日军官兵日记》,江苏人民出版社2005年版,第315页。

③ 《骑兵第三联队史》,王卫星编,刘军等译《南京大屠杀史料集》第56册《日军文献》(上),江苏人民出版社2010年版,第93—94页。

军骑兵第3联队骑兵中尉福井亲身经历了发生在13日凌晨的惨烈遭遇战，对于战斗中中国军队一次次勇猛的冲锋，双方伤亡的惨重，留下了非常深刻的印象。他在手记中这样描述自己“从来没有见过”的战场情况：“敌人像云霞一般东一团西一团地正从道路上朝这边逼近，大家马上严阵以待，准备决一死战。50米，30米，10米，5米，大家一齐开火，眼前的敌人一片片倒下。可是这次敌人来得太多，部队吹起冲锋号，全体官兵一齐杀向敌人。敌人有的进入我右面阵地，有的进入我左面阵地，有的进入我中央阵地，战场很快一片混乱，木村部队完全陷入了孤立的境地……部队主力此时尚处于敌人的包围之中，大家继续奋战。不久敌人第三次来袭，或西，或东，或北，在冲锋的军号声中大吼着向我阵地冲来。迫击炮弹也跟着朝我射来，到处都在爆炸。”到战斗结束时，“放眼望去，满山遍野黑压压的全是尸体，如此惨烈的战场我从来没有见过”。①

13日晨5时，守军突围部队行抵空山、狮子山，与日军再次发生大规模的战斗。日军以战车50余辆截住守军去路，并以飞机30余架，猛烈轰炸。据该部战斗详报记载：“敌兵以排山倒海之势，向我攻击，经我军屡次冲锋，均未能突出，且被截成数段。”②“到达空山、狮子山后，与步炮空联合约四五千之敌遭遇，发生激战，屡围屡攻，再三肉搏，牺牲壮烈，得未曾有。毙敌千余，毁敌炮数门、战车三辆、铁甲车一辆、汽车二辆。”③

日军第16师团第38联队士兵东武夫，经历了13日早晨在南京东北部一带的战斗。激烈的战斗，迫使小队长“悲壮”训示全体士兵，要誓死守住阵地，决不能后退。他在这一天的日记中写道：“早晨6时左右，在回中队的途中，在××高地与大约500名敌败残兵进行了交战，双方展开了一场大激战。……战斗激烈进行的时候，小队长似乎下定了决心，向全小队人员作了如下训示，以鼓舞全体人员的斗志。‘如果敌人突然冲进来，也决不能丢掉

① 《福井手记》，王卫星编，叶琳等译《南京大屠杀史料集》第33册《日军官兵回忆》，江苏人民出版社2007年版，第20—21页。

② 《陆军第一六〇师锡澄南京两役战斗详报》，中国第二历史档案馆藏，档案号七八七—7582。

③ 《陆军第六十六军战斗详报》，中国第二历史档案馆藏，档案号七八七—7583。

这个阵地。全体人员应该并肩而死。'”①

13日晨在空山、狮子山一带发生的遭遇战，一直进行到中午。其间，日军不断派来增援部队，战斗甚为激烈。该守军散占各高山据点，作顽强抵抗，方杀出一条血路，撤往汤山附近。据上述郭永镳报告称：

> 至午，复与其步炮联合之敌遭遇。当时以众寡悬殊，乃避实就虚，向敌侧面冲击，连占各高山据点。敌又以汽车载运其步炮兵拦阻进路，并以炮兵向我侧面猛烈轰击，势甚危殆。乃以一部直向敌炮兵阵地冲进，将敌步兵击退后，毁敌山炮两门，我军乃继续前进。②

是日下午4时后，这支突围的部队在方冲附近，又与一支拥有10余辆坦克、数十名骑兵的日军部队遭遇，再次发生血战，经5次冲杀，部队遭截击、分割，伤亡惨重，至半夜方分抵汤山炮兵营房与转经台。该部档案记载：“至(13日)下午4时许，抵汤山龙潭公路附近，复遇敌唐克车十余辆，骑兵数十名，不断截击。诚恐损害过大，乃不顾一切，以横队超越马路。比抵路侧时，又遇敌战车阻拦。幸我军已进入死角内，敌战车无法射击。我候至天黑，乃得通过。但是时因月暗天黑，摸索前进，官兵各自奋力作战，迨超越马路时，各部竟失却联络。于是，一部直向汤水镇前进，受敌拦袭，经5次冲击，至夜半，始抵炮兵营房。一部则向拜经台大山前进。”③

方冲一仗，守军突围部队损失惨重。据事后当地村民茆庆富说：“这一仗，中央军只有一小部分从山口往北冲的跑出来了，跑出来的又有许多被鬼子打死了。张家岗、陈家边后头的小山坡上有不少人被打死，梅花墩上也死了不少了。日本兵的机枪火力很猛，方冲山上竹林里的竹子都打秃了。这

---

① 《东武夫阵中日记》，王卫星编，叶琳等译《南京大屠杀史料集》第32册《日本军方文件与官兵日记》，江苏人民出版社2007年版，第392—393页。

②③ 郭永镳：《南京突围的经过报告书》(1938年3月3日)，中国第二历史档案馆藏，档案号七八七—7583。

一仗，被打死的中央军有好几百人。”①

经过13日空山、狮子山的激烈战斗，第66军军长叶肇和军参谋长黄植南，与部队失去了联系。他们在汤山附近的山地里，换上便衣，潜伏一天，后混入京沪公路上的难民群中。叶、黄二人曾被日军选为挑夫，但均因不能胜任而得到解脱。后叶肇远离交通要道行走，经由上海，搭轮返粤。②

自13日夜起，担负突击任务的第160师始分作两股：一股官兵600余人，突出重围后，20日到南陵；24日到徽州，交第480旅副旅长莫福如负责收容。另一股由师参谋处长钟汉柏，经沿途收容，共得人枪400余，于1938年1月1日到达徽州。此外，尚有百十成群的小部队，陆续归队。

在第160师被打散后的分散突围过程中，钟汉柏所率的一支，经历尤为惊险曲折。钟汉柏在13日晚部队被冲散后，身边只率传达兵9人到达土桥附近村庄；14日，集合的官兵百余人，由于受到日军沿京杭国道和京句支路各点面的包围，只得不断化整为零，复化零为整，“处处向敌逆袭”，将敌后方交通通讯切断；15日过岔路镇到谢村，在乌山镇附近公路击毁敌装甲汽车4辆，毙敌10余人。到谢村后，又收容官兵百余人，合共200余人，编为2连，分由第159师机枪连长邓华才和第956团步炮连连附徐祥率领。此时，钟得悉本部有六七百人已过谢村，正向小丹阳转进，遂率队赶至小丹阳，又收得散兵数百人，并向转进中之部队发出通报：

（一）据报当涂有敌骑二百余，并有兵力未详之大部队沿河拦阻，石臼湖有敌汽艇十余只出没，我渡河困难。

（二）余已率兵两连到达小丹阳，决本晚向溧水、洪蓝埠方面转进。

---

① 费仲兴：《城东生死劫》，中国工人出版社2008年版，第153页。

② 刘绍武：《第八十三军南京突围记》，全国政协文史资料研究委员会《南京保卫战》编审组编《南京保卫战》，中国文史出版社1987年版，第225页。又据屠仰慈《记最后退出南京的叶肇将军》载：叶肇自12月17日只身行抵宝华山后，又辗转镇江、丹阳、南通等地，直至1938年1月14日方乘船抵达上海，见郭沫若、田汉等著《血肉长城：抗战前线将领访谈》，上海科学技术文献出版社2005年版，第135页。

（三）贵部今后行止如何？请即示知，以便连络。[1]

当晚，由第955团营长陈剑光及第959团军需主任辜国华等率领的700余人，来到小丹阳，与钟部会合。钟汉柏遂将此1 000余人，临时以“江南游击支队”名义，编为一、二两支队。第2支队由辜国华率领，当晚回谢村，此后沿袁家铺、十四牌、蕙封山一线，转向南进，至宁国集中。第1支队由钟汉柏亲率，号称3个大队，分由邓华才、徐祥、黄德才率领，共有官兵700余人、轻机枪12挺、步枪221支、驳壳枪50余支。[2]

钟汉柏支队于15日夜通过洪蓝埠以北，复经芝山、又溪港到邓埠镇。侦知固城湖、三塔荡间横断南北交通之胥河，所有上坝、下坝、邓埠河口等各处桥梁，均有日军扼守。乃令第1大队邓华才部，夜袭邓埠当面之敌，掩护支队主力通过。第1大队经激战1小时，迫敌且战且退，使支队得完全通过邓埠，经梅渚镇，出东桥、独山界牌，而至广德以东20余里之甘溪沟，复经卢村、谢村、刘村、张村，而至新布桥，进入第13师游击队之警戒线。再经石口、胡乐寺、绩溪，到达徽州，并遵令将所部交莫福如副旅长收容编配，钟支队因伤亡、落伍、散失，到达徽州时，只有官兵420余名、轻机枪8挺、步枪172支、驳壳枪50支。[3]

紧随第160师突围的第159师部队，在13日晚被日军分割后，除少数为前述钟汉柏收容外，大部为军参谋处上校处长郭永镳所收容。郭于14日，始在句容九华山脚的墓东村设立收容站。当晚，郭即将收容的队伍开进山村，分散居住，而由第159师营附林诗学率1个建制较完整的连队留在墓东，派便衣扼守山坳。旋第159师第475旅少将旅长林伟俦及其所属第952团上校团长何全标，经过墓东，也进入山村与郭会合。几天后，军部的少尉军需翁永年携万元现款，前来报到，致使收容站的军需、食品及化装便衣等，均获解决。

---

①②③ 《陆军第一六〇师锡澄南京两役战斗详报》，中国第二历史档案馆藏，档案号七八七—7582。

郭永镳在九华山、高骊山间地区，前后收容 17 天，至 12 月底，共收容官兵 1 300 多人，有枪支三四百支，下分 3 个营：第 1 营营长林诗学，原第 159 师上尉营附；营附李植生，原第 159 师上尉军械员。第 2 营营长崔直行，原第 160 师上尉连长。第 3 营营长谭廷光，原第 156 师少校团附；营附文耀华，原第 156 师上尉营政训员。[①] 该部于驻地"组织民众担任游击，屡挫敌人"[②]，至 12 月 31 日，由郭永镳率领南返，经茅山、溧阳、郎溪、广德，于 1938 年 1 月 10 日抵宁国集中。

第 66 军的第 160 师、159 师两个师部队，经南京一役，再经突围辗转散失，损失惨重。在集中江西、湖南后方整训时，其分由林伟俦、莫福如、郭永镳等率领安抵者，加上沿途散失后又陆续归队者，据该二师档案记载，第 160 师共有官兵 3 400 余人[③]，第 159 师共有官兵 4 891 人[④]，合计为 8 291 人。

作为突围部队后卫的第 83 军，比第 66 军部队散失得更早。他们在 12 日夜间经过岔路口战斗后，便已四分五散，当时紧随军长邓龙光、军参谋长陈文、军参谋处长刘绍武身边的军直属队，已经不到百人。邓龙光为赶在敌增援部队来到之前，冲过封锁线，便令特务连用急袭的火力掩护，利用附近碉堡逐次跃进，艰难地通过了日军的火力网，但是特务连经此交锋，也已死伤散失过半。接下来，便由刘绍武处长在前担任搜索，侦察一段，回头领邓龙光等跃进一段。行进中，又与军参谋长陈文失去联系。到达淳化附近时，邓身边也只剩下参谋处长刘绍武、随从副官王志，以及卫士、特务连士兵各

---

① 李益三：《南京突围及广东部队收容经过》，全国政协文史资料研究委员会《南京保卫战》编审组编《南京保卫战》，中国文史出版社 1987 年版，第 261—262 页。文中所称郭永镳"共收容官兵 1 300 多人"、"第 2 营营长崔直行"，在郭永镳所写报告中，为共收容官兵 1 500 余人、第 2 营营长名崔翼南。

② 《陆军第六十六军战斗详报》，中国第二历史档案馆藏，档案号七八七—7583。

③ 第 160 师于 1938 年 2 月在攸县、赣州集中后，"调查共计全师有官兵三千四百余人"，见《陆军第一六〇师锡澄南京两役战斗详报》，中国第二历史档案馆藏，档案号七八七—7582。

④ 第 159 师于 1937 年 8 月赴沪参加淞沪会战时，计有官兵 13 420 名，经京沪会战共有 8 529 名官兵伤亡，故推算于湖南后方集中整训时，应有官兵 4 891 人，见《陆军第一五九师简史》，中国第二历史档案馆藏，档案号七八七—6760。

二三人。他们在这里与第160师第480旅副旅长莫福如所率三四十名官兵相遇。后经秣陵关、龙都进入安徽省境。12月21日，邓龙光一行到达南陵上官云相防地，得到蒋介石、余汉谋复电慰勉，并奉命到屯溪收容。第83军陆续收容到归队官兵一二千人[①]，于1938年1月中旬，由王得全率领，赴湖南安仁集中训练。

六　乌龙山撤守

乌龙山位于南京东北方向长江边，因唐代在此建有乌龙庙而得名。山峰虽不算高，最高峰仅72米，但山势险要，沿江横亘，扼八卦洲东端之三叉江口，是阻止日军溯江而上的战略要塞部位。

乌龙山要塞建有两座炮台。一为古老的“龙台”，自清末至今，设有老式备炮，台长卓超寰；一为新建之现代化设施“甲一台”，设有八八式高炮4门，台长李诚中。在此防守的部队，除有限的江宁要塞部队外，还有负责防守东北郊阵地的第2军团部队。第2军团初以第41师之1团进驻乌龙山，担任要塞守备；后因第48师部队抵达，遂以第48师之第142旅（欠283团）任乌龙山要塞守备；至要塞失守前，因正面阵地不支，大部守军，均撤入要塞阵地。

乌龙山守军对日本陆海军的进攻，进行了坚决的抵抗，予日军以沉重打击，而自身亦有重大伤亡。12月10日下午，日舰进入乌龙山炮台7 000米远的位置，守军甲一台与龙台当即予以猛烈炮击。交战结果，迫使日舰退至炮台最大射程之外，不敢贸然前进。是夜起，“敌将攻城兵力全部移攻乌龙山，志在必得。幸我将士用命，虽血肉横飞，死亡枕藉，而气不稍馁，且愈兴奋”。[②]

---

① 刘绍武：《第八十三军南京突围记》，全国政协文史资料研究委员会《南京保卫战》编审组编《南京保卫战》，中国文史出版社1987年版，第254页。

② 《何成浚就南京战况致蒋介石代电》（1937年12月17日），中国第二历史档案馆等编《侵华日军南京大屠杀档案》，江苏古籍出版社1987年版，第36页。

11日，乌龙山附近之杨坊山、银孔山战斗激烈，为支援守军第48师坚守银孔山阵地，乌龙山备炮向日军施行密集猛轰，致日军遭受重大损失。乌龙山甲一台并击落日机一架。[①] 守军第41师、第48师于丢失杨坊山、银孔山阵地后，即退守乌龙山要塞内，与要塞部队共守阵地。第2军团军团长徐源泉称："斯时，职军损失已达三分之一以上，而预备队亦使用无余。至晚六时许，只得整理残部，缩小阵线，退入乌龙山要塞内坚守，誓共存亡，以作南京城外廓之支点。"[②]"真(11日)夜以后续占弹丸之地，受敌海陆空三面环攻，竟至炮台炮位全被炸毁，我兵仍屹然不动。"[③]

经11日整日战斗，日军步步紧逼，守军逐步退入要塞阵地。据军史档案记载，是日日军"约一旅团突破我四十一、四十八两师在和尚庄附近之阵地，已占领杨坊山、银孔山附近一带，继续向退入乌龙山要塞之四十一、四十八两师攻击中，并有一部向西搜索前进"。[④]

12日，乌龙山要塞局势进一步严重。该处守军炮兵在极其严峻的形势下，仍奋勇还击日军步兵的攻击与飞机的轰炸。日军第30旅团旅团长佐佐木到一在是日的日记中记称："又有炮弹从乌龙山炮台射来。虽然站在山坡背后，也能看到炮台射来的炮弹。该炮台的高射炮一直到战斗的最后一刻都在向我们飞机射击。经常看到三炮齐射的炮弹正好在我们头顶上空爆炸。"[⑤]守军军事档案记载："(12日)午前十一时半，敌驱逐舰四支[艘]沿江而上，至封锁线前约一千五百公尺处，经我划子口海炮及乌龙山一带备炮射

① 《江宁要塞区自二十六年十二月九日至二十六年十二月十三日上海作战经过概要》，中国第二历史档案馆藏，档案号七八七—7587。

② 《徐源泉致蒋介石密电》(1937年12月13日)，中国第二历史档案馆编《抗日战争正面战场》(上)，江苏古籍出版社1987年版，第417—418页。

③ 《何成浚就南京战况致蒋介石代电》(1937年12月17日)，中国第二历史档案馆等编《侵华日军南京大屠杀档案》，江苏古籍出版社1987年版，第36页。

④ 《陆军第七十八军南京之役战斗详报》，中国第二历史档案馆藏，档案号七八七—7590。

⑤ 《佐佐木到一日记》，王卫星编《南京大屠杀史料集》第8册《日军官兵日记》，江苏人民出版社2005年版，第312页。

击，结果一只前桅及望台被毁，其余亦均被伤，回驶封锁线外约万公尺处。”[①]日机配合其步兵、炮兵不断加强对要塞阵地的攻击，下游日舰亦炮击要塞炮台，致使要塞重炮及配属高射炮遭到严重破坏，区内房屋亦多被焚烧。傍晚，龙台台长卓超寰向第2军团军团长徐源泉报告：

> 报告一
>
> 本台龙一台二三公分及一五公分炮，均被敌机炸毁或自损，均不能射击，仅留龙二台十六公分炮可射击，士兵炸死伤三十余人。
>
> 报告二
>
> 本日下午二时余，敌舰冲过封锁线下，当本炮台备炮发射将敌击退，刻未见敌舰踪迹。又于四时五十五分发现敌扫海舰数艘，亦将其击退，仅十二公分炮二门可射击。[②]

旋又有守备队队长丁绾符与高射炮队李队长报告各炮损毁情况，计为：甲一台88高射炮第一炮、第二炮炮内损坏，第四炮管道机损坏，均不能射击；龙台损毁23公分炮2门、15公分炮2门。[③]

这一天，由日军第13师团第103旅团旅团长山田栴二率领的一个支队以步兵3个大队、山炮兵1个大队为基干，从镇江出发，沿京沪线与长江边，进袭乌龙山。

下午2时许，卫戍司令长官唐生智和江宁要塞司令邵百昌，先后来电话查询乌龙山战况，并令第2军团出击。但第41师师长丁治磐告以，因全线敌人攻击甚烈，该部已无力出击。接着，第2军团长徐源泉以无线电报，致电唐生智报告战况，并请援助，内称：

---

① 《江宁要塞区自二十六年十二月九日起至二十六年十二月十三日止间作战经过概要》，中国第二历史档案馆藏，档案号七八七—7587。

②③ 《第二军团京东战役战斗详报》，中国第二历史档案馆藏，档案号七八七—7591。

职军昨(真)日与步炮连合万余之敌,并附战车二十余辆激战入夜,以各师连日逐次消耗兵力达三分之二,不能再于要塞外作战,拟缩小战线,以一部撤入乌龙山要塞内,大部占领要塞外之戴家边、贾家边、汪家边、白家边之线,为求巩固,以备与要塞共存亡。惟龙台台长业已失踪,并将龙台平时通信设备,如无线电电话、军鸽破坏无余,使职无法指挥,迄欲与钧座通话,亦不可能。尤可虑者,要塞炮射击指挥无人,野(山)炮各连长官亦多不见,而要塞工程原未完竣。查今(文)日自拂晓起,至发电时止,敌炮仍向要塞区连续发炮,飞机轰炸五次,似此要塞本身已不可恃,职惟有尽力督率官兵在重围之中,与敌奋斗。惟给养、弹药及伤兵后送诸问题,仍祈设法解决为祷。①

随着要塞附近第2军团部队战况的恶化,日军野战炮得以前进至乌龙山背面向要塞炮台攻击。此时,龙台已失去战力,剩下甲一台,仍由李诚中台长率领,在坚持战斗。据甲一台台附瀛云萍描述:"在李台长的指挥下,全台官兵密切配合,当敌人试射时,我们猛烈还击,当敌炮有效力射击时,我们及时掩蔽,双方交战数个回合,敌炮终于撤走。"②

当日下午5时,唐生智已召集会议,下达撤退令,"令要塞射击掩护,必要时毁炮撤退"。乌龙山要塞遂一面掩护射击,一面毁炮撤退。据军事档案记载:

乌龙山一带备炮仅余龙台一门、甲一台一门及野山炮连八门,自午后八时开始尽量射击,掩护友军退却。至十三日午前一时,友军撤尽,敌战车十八辆分由北家边、瓜村掩护步兵向我龙台进迫,当即被我炮连

① 《第二军团京东战役战斗详报》,中国第二历史档案馆藏,档案号七八七—7591。

② 瀛云萍:《坚守乌龙山炮台》,全国政协文史资料研究委员会《南京保卫战》编审组编《南京保卫战》,中国文史出版社1987年版,第210页。

击毁三辆，惟以敌迫过紧，乃分别毁炮撤退。[①]

据乌龙山甲一台台附瀛云萍回忆：是日傍晚，龙虎总台台附赵勋来到甲一台，“告知总台长（黄永诚）已过江侦察阵地，同长官部也失去联系……要我们以保存人力为主，相机撤退到武汉要塞科报到”。于是，甲一台“将炮闩拆下投入江中后，乘夜下山渡江而去”。[②]

第2军团自白天向卫戍总部发出求援无线电报后，一直期待能得到新的指令和支援，但直至夜1时，仍得不到总部复电，对于唐生智在下午5时颁发的撤退令，亦不复知晓。还是一批批从上游沿江抵达乌龙山的散兵，告诉了他们南京城失守、大军拥挤江边无法渡过的消息。正巧此时由上游驶来20余只民船，船夫称：“南京于下午即失，我等原在浦口被扣，下午无人过问，见情况不好，又上新河、白河口一带均有敌，不能上驶，只得向下游逃生。”[③]第2军团遂将这批民船扣留于乌龙山下。据该军团战斗详报载：“于13日午前零时，先令一部奋向东面打开退路，严密警戒，乃由周家沙、黄泥荡（即黄天荡）两码头乘夜陆续渡江，分向长江北岸之望江亭、通江集等处，收容集结。当一时许开始渡江，正遇东风，达旦不息，往来顺风，驶渡甚速，至十三日早七时许渡毕。”[④]该部渡江完毕后仅1小时，日舰即上驶，日机亦至长江两岸上空侦炸，乌龙山被炸成了一片灰白色的秃山。与此同时，日军山田支队在没有遇到抵抗的情况下，占领了乌龙山。幸江北地带柳林丛密，得以隐蔽，第2军团遂于望江亭、高家片子、沙洲桥、通江集一带，分别收容，于下午3时许，两师分路转进来安。

第2军团在乌龙山至杨坊山一线，经1周左右时间的战斗，据撤抵安徽寿县后的清点，第41师共伤亡官兵2 402名，第48师伤亡为2 617名，连同

---

① 《江宁要塞区自二十六年十二月九日起至二十六年十二月十三日止间作战经过概要》，中国第二历史档案馆藏，档案号七八七—7587。

② 瀛云萍：《坚守乌龙山炮台》，全国政协文史资料研究委员会《南京保卫战》编审组编《南京保卫战》，中国文史出版社1987年版，第210页。

③④ 《第二军团京东战役战斗详报》，中国第二历史档案馆藏，档案号七八七—7591。

军团部损失，全军团在乌龙山至杨坊山一线的战斗中，计伤亡 5 079 名；又经撤退中沿途收容，全军团计存官兵 11 851 名。①

该军团于 12 月 22 日在寿县接蒋介石电令，命至黄安、麻城整理；27 日到达六安，稍作休整；1938 年 1 月 5 日出发，14 日抵达黄安、麻城一带。

应该说，第 2 军团在乌龙山至杨坊山一线的战斗中，广大官兵士气高昂，与日军浴血奋战，确为保卫守都、抗击日军作出了可贵的贡献。但是，唐生智等最高指挥官，对于主要负责守卫乌龙山阵地之第 48 师的指挥官，并不满意。在其事后写给军事委员会的报告中称："第四十八师守乌龙山至杨坊山本阵地，因通信连络不确，陷于指挥不灵之境。指挥官保存实力之观念未除，应负战斗不力之责。"②

乌龙山的守撤过程，也暴露出守军在江防、要塞防守战斗中的诸多弱点，为日后的持久抗战留下了宝贵的教训。第二军团军团长徐源泉在总结这一战斗的经验教训时指出："乌龙山为首都复廓要点，又为江防重地，设置要塞诚为必要。惟以现代空军发达，而我海军又极贫弱，不能阻敌舰深入，则该要塞之构筑，非力求强固不可。乃乌龙山炮台炮位露天，无异于野战炮兵之阵地，经敌舰半日之炮击，全台炮位即毁坏无遗，失去要塞之效用，实为憾事。"③

七　南京城失陷

从 12 月 12 日下午开始，南京守军奉命全面撤退，仅在复廓、城垣阵地上，留下少量部队坚守，掩护主力转移。一些重要的建筑物，为不使日军得以利用而放火焚烧。位于中山北路的军政部、铁道部(即南京卫戍司令部)、

① 《徐源家致蒋介石密电》(1937 年 12 月 23 日)，中国第二历史档案馆编《抗日战争正面战场》(上)，江苏古籍出版社 1987 年版，第 418—419 页。

② 秦孝仪主编:《中华民国重要史料初编——对日抗战时期》第 2 编第 2 册，中国国民党中央委员会党史委员会 1981 年编印，第 225 页。

③ 《第二军团京东战役战斗详报》，中国第二历史档案馆藏，档案号七八七—7591。

交通部，均由第 36 师派人烧毁。据执行这一任务的第 36 师工兵营营长肖兆庚回忆说："我指挥部队将引火材料汽油、煤油等准备好后，即命令第一连连长王涤陈率队烧毁交通部，第二连连长朱厚鸿率队烧毁军政部和铁道部。大约八时半点的火，顷刻间火光冲天。"①其他如唐生智公馆等处，唐亦均布置烧毁。一时间，市内一些主要建筑物，都冒起浓烟烈火。暮色中，兵荒马乱，火光熊熊。

第一线防守部队交替撤守的过程，大约进行到深夜。事实上至 13 日晨，各路日军已经蜂拥进城。其第 6、第 114 师团从中华门、水西门入城；第 9 师团以及第 3 师团的先遣队从光华门入城；第 16 师团从中山门、太平门入城；第 13 师团的山田支队则从乌龙山、幕府山攻入和平门。

13 日凌晨，在中山门坚守的中国守军已经奉命撤退，日军第 16 师团步兵第 20 联队在未经战斗的情况下占领了该城门，并在城门上书写了一行白色大字："昭和 12 年 12 月 13 日凌晨 3 时 10 分，大野部队占领。"②不久，日军第 9 师团步兵第 35 联队亦于 13 日晨从中山门左侧被日军炮火轰塌的城墙缺口突入城内。

中山门北面的太平门是南京另一座重要城门。该城门位于紫金山脚下，毗邻富贵山，战略地位十分重要。坚守太平门的部队为教导总队之一部，而攻击太平门的部队为日军第 16 师团步兵第 33 联队。据该联队"战斗详报"记载："13 日早上 7 时 30 分左右，第二、第三大队相继占领了天文台高地。同日上午 9 时 10 分第二大队的部分部队（第六中队、一个机枪小队和一个工兵小队）占领了太平门并让日章旗高高飘扬在城门上。"③

位于中山门以南的光华门，是保卫战中中日双方部队反复争夺的复廓

---

① 肖兆庚：《守备南京简记》，全国政协文史资料研究委员会《南京保卫战》编审组编《南京保卫战》，中国文史出版社 1987 年版，第 244 页。

② 《糸井手记》，王卫星编，叶琳等译《南京大屠杀史料集》第 32 册《日本军方文件与官兵回忆》，江苏人民出版社 2007 年版，第 408 页。

③ 《步兵第三十三联队南京附近战斗详报》，王卫星、雷国山编《南京大屠杀史料集》第 11 册《日本军方文件》，江苏人民出版社 2006 年版，第 85 页。

阵地之一。12 日夜，守卫光华门的中国军队开始陆续撤退。13 日凌晨，日军第 9 师团之第 36 联队再次突击该城门。据该联队“战斗详报”称：是日凌晨 4 时，该处“枪声完全停止，也没有投掷来的手榴弹……第一线部队从城墙上对敌人进行追击性射击”，“凌晨 5 时，联队长手捧军旗来到城墙上，面对东方之皇宫进行遥拜，此时东方天空已经泛白”。[①] 至此，光华门完全失陷。

位于光华门与中华门之间的通济门、武定门，亦于 13 日为日军第 3 师团步兵第 68 联队占领。据日方资料记载：“12 月 13 日，作为先遣队的步兵第六十八联队位于第九师团左翼向南京城发起了攻击，在工兵第三联队的协助下，第二大队攻入并占领了武定门，接着第三大队攻入并占领了通济门。”[②]

中华门东侧的雨花门是南京城南的重要城门之一，城市铁路穿门而过，为沟通城内外交通的重要通道。12 日下午，日军第 114 师团步兵第 115 联队一部突入雨花门，但在中国军队的猛烈反击下，日军无法站稳脚跟，未能扩大战果。12 日晚 10 时，步兵第 115 联队下达“步一一五联队作命第 67 号”命令：“联队于明天早晨接近城墙附近，坚决占领有利位置，以防敌军的反攻，在城门警戒，并依次扫荡铁路线（含铁路线）以西地区。”[③]13 日凌晨，日军发现中国军队逐渐撤退，遂命令部队进城扫荡。至此，日军完全占领雨花门。

中华门是南京城南的重要复廓阵地，在守军丢失雨花台阵地后，中日两军在该城门及其附近城墙展开了激烈的战斗。13 日凌晨 3 时，日军第 6 师团步兵第 13 联队第 1 大队第 2 中队突击占领了中华门西侧城墙，接着，该大

---

① 《步兵第三十六联队战斗详报》，王卫星编，叶琳等译《南京大屠杀史料集》第 32 册《日本军方文件与官兵日记》，江苏人民出版社 2007 年版，第 167 页。

② 《第三师团通信队志》，王卫星编，刘军等译《南京大屠杀史料集》第 56 册《日军文献》（上），江苏人民出版社 2010 年版，第 83 页。

③ 《步兵第一一五联队第二大队战斗详报》，王卫星编，叶琳等译《南京大屠杀史料集》第 32 册《日本军方文件与官兵日记》，江苏人民出版社 2007 年版，第 231 页。

队主力占领了中华门西侧约200米处的城墙，其后续部队架设云梯，冒猛烈弹雨登上城墙，将中华门占领。

南京城墙西南角及西部之水西门，是日军第6师团步兵第23联队的主攻目标。12日，“在炮兵集中火力进行数次支援后，下午4时45分，步兵第二十三联队第一大队终于攻占了城墙，夜间还在城墙上逐步扩大战果”①。13日早上8时30分左右，其第3大队亦占领了水西门。

日军在攻占南京东、南、西各城门的同时，为了截断中国军队渡江北撤的退路，迅即派出部队，从南京城东、西两面向下关攻击前进。

在南京城东面，13日凌晨，于紫金山北麓攻击前进的日军第16师团步兵第38联队，根据师团命令，向下关迅猛追击，在追击过程中，先后占领城北之和平门、中央门及红山高地，于当日下午3时左右，进抵下关江边。与此同时，13日上午，日军步兵第33联队接到直属第16师团指挥并向下关追击的命令。据该联队队史记载：“（13日）上午10时30分，联队接到直属师团指挥的命令后，留下第六中队警备太平门，主力以第二大队为先头，从天文台北侧的道路下山，沿太平门—和平门—下关的道路，一边扫荡沿途的小村落，一边向下关急进。”②该联队亦于当日下午进抵下关。

在南京城西面，13日晨，向下关挺进的日军第6师团步兵第45联队、骑兵第6联队在棉花堤、上新河等处，经与撤退守军激战，占领江东门、三汊河，并向北直趋下关，于当日傍晚，进抵下关，与先期由东面抵达这里的第16师团相会合。

除了上述各支活动在长江以南地区的日军外，还有一支日军的精锐部队，担负着特殊使命，从上游越过长江，奔袭与南京隔江相望的江浦、浦口。这便是由国崎登少将率领的一个支队。

国崎支队于12月2日从广德出发，3日到达郎溪。6日自郎溪出发，9

① 《第六师团战时旬报第13、14号》，王卫星、雷国山编《南京大屠杀史料集》第11册《日本军方文件》，江苏人民出版社2006年版，第274—275页。

② 岛田胜已：《步兵第三十三联队史——光荣的50年历程》，王卫星编，刘军等译《南京大屠杀史料集》第56册《日军文献》（上），江苏人民出版社2010年版，第281页。

日占领太平,10 日攻入当涂。日本西垣新七著《中国事变史》中叙述了日军从当涂附近渡江北进的作战行动。内称:“占领当涂后,有我军之一部,以敌不预想之奇袭,神出鬼没之行动,由古烈山(当涂北方约二十五公里)附近,急袭乌江之敌而占领该地。不暇休息,即越过省界,进入江苏省境。十一日午后十时三十分,到达桥林镇,夜间少憩之后,于十二日未明时,由该地出发,向浦口进击。”①

国崎支队续于 12 日日暮占领江浦县城,随即向东北方向的浦口攻击前进,并于 13 日下午将津浦铁路的终点浦口车站攻取,完全切断了南京守军撤往江北的退路。

日军各支部队从不同方向攻抵下关的情况,在其第 30 旅团旅团长佐佐木到一的日记中,作了清楚的记录。他在 13 日的日记中写道:“拂晓前,我前线部队插入敌军阵地,继续紧追敌军。轻装甲车在上午 10 时左右首先攻进下关,向云集在江岸的或逃进江里的敌军败兵扫射。估计打完了 15 000 发子弹……随后赶上来的第六师团的部分兵力从南边来到江岸,海军第十一舰队溯江而上,对顺流而下的敌船进行扫射,并于下午 2 时,抵达下关。国崎支队于卜午 4 时抵达对岸的浦口。其他向城墙进攻的部队,都攻进了城里并不断进行扫荡。”②

13 日这一天,南京城终于最后失陷。这是南京人民和全中国人民最感耻辱和最为悲惨的一天。蒋介石于该日发出通电,表示了继续抵抗侵略的决心。电云:

> 国军退出南京,绝不致影响我政府始终一贯抵抗日本侵略原则之国策。其唯一意义,实只有更加强全国一致继续抗战之决心。盖政府所在地,既已他迁,南京在政治上、军事上已无重要性可言。予作战计

① [日]西垣新七:《中国事变史》,中国第二历史档案馆等编《侵华日军南京大屠杀档案》,江苏古籍出版社 1987 年版,第 26 页。

② 《佐佐木到一日记》,王卫星编《南京大屠杀史料集》第 8 册《日军官兵回忆》,江苏人民出版社 2005 年版,第 315—316 页。

划，本定于敌军炮火过烈，使我军作无谓牺牲过甚之时，将阵线向后转移。今已本此计划，令南京驻军退守其他阵地，继续抗战。[①]

日本的各种媒体，则狂热地报道与宣扬了日军占领南京的“胜利”。14日《东京朝日新闻》以“历史性的不朽一天”、“帝国首都满是欢声笑语”为题，报道了日军攻占南京的消息，报道称：“终于来了，期待已久的快报终于来了！南京完全陷落！……人们沉浸在‘完全占领’的喜悦之中。”[②]《读卖新闻》则大幅报道了14日东京举行庆祝南京陷落提灯大游行的狂热场面。消息宣称：东京街道上“满是庆祝胜利的灯笼”，“帝都东京淹没在庆祝胜利的旗海和万岁的呼喊声中，整座城市灯火通明，呈现出激动和欢乐的场面”。[③]东京市民“于傍晚5时左右一起点亮了庆祝胜利的红灯笼，以演奏雄壮进行曲的乐队为先头，向宫城前广场前进，开始了欢天喜地的‘百万人提灯大游行’”。[④]

侵略者的战车，从南京军民的尸体上隆隆驶过。和平的马路变成了一条条“血路”。那些死难者中，有作战阵亡的将士，也有被侵略军任意射杀的无辜市民。日本记者铃木二郎描述了光华门附近马路上的惨景：

“通向光华门的马路两侧都是长长的壕沟，里面填满了烧得焦烂不堪的尸体，铺在马路上的许多木头下面，也有尸体，手脚飞出在外，活像一幅今世的地狱图。”

“我看到履带发出转动声音的坦克，无情地压在上面飞驰而过。尸体的臭气和硝烟弥漫的臭气一起散发出来，犹如置身于焦热的地狱、血池的地狱，以至于有了一种错觉，好像已经站到‘狱卒’的立场上了。”[⑤]

---

① 秦孝仪总编纂：《总统蒋公大事长编初稿》卷3，中国国民党中央委员会党史委员会1976年编印，第150页。

②③ 《东京朝日新闻》(1937年12月14日)，王卫星编，王卫星等译《南京大屠杀史料集》第59册《〈东京朝日新闻〉与〈读卖新闻〉报道》，江苏人民出版社2010年版，第222页。

④ 《读卖新闻》(1937年12月15日)，王卫星编，王卫星等译《南京大屠杀史料集》第59册《〈东京朝日新闻〉与〈读卖新闻〉报道》，江苏人民出版社2010年版，第446页。

⑤ ［日］铃木二郎：《我目击了那次南京的悲剧》，载《丸》1971年11月特大号。

日军的铁蹄，给南京人民带来了深重的屈辱和灾难。一位外侨在一封给友人信中，坦率地表明了他的看法。他在信中说："(12月)十四日，日军潮水一般涌入城内。坦克车、炮队、步兵、卡车，络绎不绝。恐怖的时代随着开始，而且恐怖的严重性一天比一天增加起来。他们征服了中国的首都，征服了蒋介石政府的所在地，他们是胜利者，应该为所欲为。日本飞机曾散发传单，宣称日军是中国人唯一的真朋友，日军将保护善良的中国人。于是日军随意奸淫、掳掠和杀戮，以表示他们的诚意。"①

攻入南京的日军，打着"扫荡"的旗号，对手无寸铁的南京人民和已经放下武器的中国士兵，进行骇人听闻的野蛮屠杀。尤其是在12月17日日军举行入城式之前，每天都有成千上万的军民，被押往长江边和秦淮河边，加以集体屠杀。日本《中国事变陆军作战史》记载："各师团按照预先指示的攻击要领，各以步兵一个联队为基干的部队入城扫荡了城内。第十六师团的一部进入下关，乘舟艇在江上射击败退的敌人，给敌人很大的杀伤。各兵团在华中方面军的17日入城式前，完成了南京城内外的主要扫荡任务。"②

南京既失，中国人民的抗战，遂沿着持久抵抗的既定方针，进入新的阶段。蒋介石于12月15日在武昌发表《为我军退出南京告国民书》，强调了持久抗战和最后决胜的信心，并进一步阐明了中国抗战的重要意义。蒋介石指出，"中国持久抗战，其最后决胜之中心，不但不在南京，抑且不在各大城市，而实寄于全国之乡村与广大强固之民心"。他说：

"此次抗战绵亘五月，敌方最初企图，实欲不战而屈我。我方所以待敌者，始终为战而不屈；不屈则敌之目的终不能达。敌愈深入，将愈陷于被动之地位。敌如必欲尽占我四千万方里之土地，宰割我四万万之人民，所需兵力，当为几何？诚使我全国同胞，不屈不挠，前仆后继，随时随地皆能发动坚强之抵抗力。敌之武力终有穷时，最后胜利必属于我。"

---

① ［英］田伯烈著，杨明译：《1937：一名英国记者实录的日军暴行》，湖北人民出版社2005年版，第19—20页。

② ［日］日本防卫厅防卫研究所战史室著，齐福霖译：《中国事变陆军作战史》第1卷第2分册，中华书局1981年版，第113页。

蒋介石还在文告中，阐明了坚持抗战的意义。他声言："中国自抗战之初，揭橥二义：为民族生存独立而战；同时即为国际和平正义而战。数月以来，虽国际之制裁，尚未充分发挥，而公理之是非，固已大白于天下。"①

南京城的失陷，标志着南京保卫战的结束。此后，南京人民惨遭屠杀，其死难人数达 30 万人以上，经历了 7 年又 8 个月的铁蹄蹂躏。

八　日军袭击英美舰艇

在日军向南京城发起全面攻击、南京城即将陷落的时候，日军为截断中国军队退路、防止中国军人乘船逃离，发生了以飞机轰炸美国军舰致其沉没及炮击英国军舰的严重外交事件。

12 月 12 日上午，停泊在南京上游 20 公里处的美国炮舰"帕奈"号，不断遭到日军炮击。为避免被击沉的危险，"帕奈"号复继续向上游移动。10 时左右，该舰受到约 30 名全副武装的日军士兵的威胁和骚扰。美国驻华大使约翰逊在一份致国务卿赫尔的电报中称：

> 大约在 12 月 12 日上午 10 时零 9 分，大约在吴淞口上游 216 英里处……"帕奈"号受到日本军队密集的射击。载有 30 名武装士兵的汽艇在多村(Yomura Kami)中佐的指挥下驶来。4 名刺刀上枪的日本士兵登船，在交谈中，他们询问了"帕奈"号此行的目的和目的地，还询问了中国(南京)防线的现状。他们还问"帕奈"号船长是否愿意上岸，船长有礼貌地拒绝了这一邀请。②

后来，"帕奈"号在南京上游 43 公里处下锚停船。此时，该舰上共有本

---

① 秦孝仪主编：《中华民国重要史料初编——对日抗战时期》第 2 编第 2 册，中国国民党中央委员会党史委员会 1981 年版，第 221—222 页。

② 《美驻华大使(约翰逊)致国务卿》(1937 年 12 月 18 日)，杨夏鸣编，杨夏鸣等译《南京大屠杀史料集》第 63 册《美国外交文件》，江苏人民出版社 2010 年版，第 223 页。

舰官兵 59 人、美国大使馆官员 4 名，以及英、美、意新闻记者、公司职员等 10 余人。舰上悬挂着多面美国星条旗。当天下午，多批日机对“帕奈”号及美孚石油公司的 3 艘商船进行反复轰炸、扫射，终使“帕奈”号与商船“美平”号、“美霞”号沉没。美国驻华大使馆二等秘书艾奇逊在致国务卿的一份电报中叙述道：

> 12 月 12 日，“帕奈”号和美孚石油公司的商船在下午 1 时 30 分刚过就遭到日本飞机的轰炸……这次轰炸至少有 6 架飞机参与，据信它们是轻型轰炸机，使用的炸弹估计为 100 磅。……根据罗伯茨上尉和其他目击者的说法，炸弹是从不超过 1 000 英尺的空中丢下的。大约有 20 枚炸弹扔向“帕奈”号，有四五颗直接击中了“帕奈”号，两到三颗击中了“美平”号。大部分炸弹落在“帕奈”号的左舷前部，至少有一颗落到了右舷……当“美平”号到达南岸时，出现了大约 100 名日本士兵，命令船上的非船员上岸……在询问之后，他们就命令船上的人员再次上船。这些人员刚刚回到船上，6 架飞机就出现在长江上空，并从低空再次轰炸“美平”号和“美霞”号。两艘船上都发生了大火，“美平”号上的汽油桶的爆炸声在随后的数小时里都听到。
>
> ……
>
> “帕奈”号沉没在 180 英尺深的水下。“美平”号和“美霞”号连同它们所载货物都损失了。①

在美舰“帕奈”号被炸事件中，共造成 4 人死亡，3 人重伤，12 人轻伤。死亡的 4 人是：意大利记者桑德罗·桑德瑞、“美霞”号船长卡尔森、上士查尔斯·L. 恩斯明格、舵手埃德加·C. 郝尔斯布斯②。

---

① 《美国驻华大使馆二等秘书（艾奇逊）致国务卿》（1937 年 12 月 21 日），杨夏鸣编，杨夏鸣等译《南京大屠杀史料集》第 63 册《美国外交文件》，江苏人民出版社 2010 年版，第 236—241 页。

② 《美国亚洲舰队司令（亚内尔）致海军部长（斯旺森）》（1937 年 12 月 23 日），杨夏鸣编，杨夏鸣等译《南京大屠杀史料集》第 63 册《美国外交文件》，江苏人民出版社 2010 年版，第 250—251 页。

事发后，日本方面为挽回外交上的被动局面，主动向美方说明并致歉。美国国务卿赫尔在 12 月 13 日的一份外交备忘录中记述：

> 日本大使主动前来拜访，接着他向我宣读一份日文备忘录，并寻求向我说明有关轰炸及炸沉“帕奈”号的事实。备忘录陈述在“帕奈”号上有难民 13 人及船员 59 人；轰炸时“帕奈”号在江中抛锚停泊；日指挥官接到报告说中国军队正在乘船向上游撤退，于是派遣日本海军航空队的飞机去攻击他们，由于错误，轰炸了“帕奈”号，并使它沉没。接着日本大使说，美国当局曾通知日本官员有关“帕奈”号所在地方。因此，这次轰炸并击沉“帕奈”号被认为是一个非常严重的错误。他说，广田在收到正式报告之前，即前往拜访驻东京的格鲁大使，并表达充分的道歉和遗憾；广田也向驻华盛顿的日本大使馆发出命令，把有关“帕奈”号的报告交给美国政府，并要求大使向美国政府进行充分和真诚的道歉，并表达深深的遗憾，日本驻美国大使已这样做了。[1]

美国政府对这一事件十分重视。总统罗斯福得悉此消息后，迅速指示国务卿赫尔，向日本大使递交下列备忘录：

> (1) 总统对日本人不分青红皂白地轰炸长江上美国及其他非中国船舶的消息十分震惊和十分关注，他要求把这一情况告知日本天皇。
>
> (2) 正在汇集所有的事实，并将很快提交给日本政府。
>
> (3) 同时希望日本政府考虑向美国政府表达：
>
> a. 充分的道歉，并提供全部赔偿；
>
> b. 保证将来不再发生类似攻击事件的措施。[2]

---

① 《美国国务卿的备忘录》(1937 年 12 月 13 日)，杨夏鸣编，杨夏鸣等译《南京大屠杀史料集》第 63 册《美国外交文件》，江苏人民出版社 2010 年版，第 209 页。

② 同上，第 210 页。

12月14日，美国政府根据罗斯福总统的训示，正式作出声明，就“帕奈”号被炸一事，向日方提出道歉、赔偿及保证不再发生类似事件等项要求。24日，日本政府就美国14日的照会发表公文，表示诚恳接受美方所提各种要求，声明“日本政府正在努力绝对地排除再次发生类似性质事件的可能性”。美国政府于26日照会日本政府，表示：“美国政府满意地看到，日本在12月14日的复照中迅速地承认责任，表示遗憾并提出赔偿。美国政府将日本政府12月24日照会中所说明的已采取的措施当作是对美国12月14日照会要求的回应。”①日本政府于1938年4月，支付给美国政府因“帕奈”号被炸事件造成的财产损失共1 945 670.01美元，人员伤亡赔偿共268 337.35美元，总计赔偿2 214 007.36美元。

在日军飞机轰炸美舰“帕奈”号及其附近商船的同时，日军第18军所属之野战重炮兵第13联队，在桥本欣五郎大佐的指挥下，于12日上午在芜湖附近，向英国军舰“瓢虫”号开炮轰击，造成多名英军官兵伤亡。据英国驻日大使克莱琪在致日本广田外相的照会中叙述：“英国领事、英国陆军武官及英国扬子江海军少将参谋长等搭乘的拖船从南京驶至芜湖江面后，搭乘者登上英国军舰‘瓢虫’号，此时拖船遭到了日方机关枪的射击。‘瓢虫’号为了护卫而向拖船靠近。此时日军野战炮一边向聚集于亚细亚石油公司所属上游的商船射击，一边继续射击‘瓢虫’号。”“该舰被四发炮弹命中，造成一名水兵死亡，一名重伤，包括参谋长在内数名轻伤。此外，英国商船‘绥和’号也被一发炮弹命中。接着英国军舰‘蜜蜂’号到达现场，也被沿岸的炮兵攻击。”而肇事者桥本欣五郎则声称：他“接到了向江上一切船舶射击的命令”，“无论任何船只只要在江上移动就炮击”。②

此外，当天下午，日军还出动飞机，对停泊在南京上游下三山水域的英国商船“黄浦”号和军舰“克里凯特”号和“斯卡拉布”号进行了3次轰炸。由

① 《美国国务卿致美驻日大使（格鲁）》（1937年12月25日），杨夏鸣编，杨夏鸣等译《南京大屠杀史料集》第63册《美国外交文件》，江苏人民出版社2010年版，第257页。

② 《克莱琪大使致广田外相的照会》（1937年12月30日），曹大臣编，雷国山等译《南京大屠杀史料集》第67册《东京审判日方文献及报道》（上），江苏人民出版社2010年版，第33—34页。

于英舰立即开炮还击，空袭日机被击退，没有造成伤亡。

在英国军舰与商船遭到日军炮击、飞机轰炸后，英方采用多种方法向日方提出抗议。在芜湖附近水域被击现场，英舰“蜜蜂”号舰长随即登陆，向桥本大佐当面表达了强烈的抗议。13日，英国驻日大使克莱琪拜访日外务省，“重点抗议日本机枪和野战炮对英国海军船只‘瓢虫’号和‘蜜蜂’号以及英国商船的攻击”[①]。日本政府于14日致函英国政府，对英舰被击一事表示歉意。其要旨为：“日本政府对英国军舰遭到的攻击表达了深切的歉意，并指出为防止此类事件的发生他们立刻采取了措施，更表示会对责任者采取适当的处置，而且会进行必要的赔偿。”英国方面，对于日方在事件后的态度，“感到很欣慰”。但是，英方强调，所有对英舰被击的处理方法，也应同样适用于受到攻击的英国商船；必须严惩事件的责任者。英驻日大使克莱琪在致日本广田外相的照会中特别指出：“英国政府认为对本次事件中的各个攻击事件的责任者作出充分的处罚，是防止今后发生此种暴行的唯一方法。”[②]

日军在攻击南京的过程中，无视国际准则，明目张胆地袭击处于第三国地位的美英舰船，是其穷兵黩武的军国主义野心的大暴露。虽然在事发后，做出了必要的姿态与弥补措施，但这毕竟给日后与美英的关系蒙上了阴影。

九　城陷后的战斗

在南京城失陷前后，中国军队的撤退虽然是混乱的和拙劣的，并且造成了巨大的损失。但是，广大官兵出于对日本侵略者的仇恨，激发了高度的爱国主义精神，同日军进了行了英勇、顽强的巷战。

中日双方记者，多次报道了南京巷战的情况。中央社记者在采访了几位由南京逃出的难民后，报道说：“军人爱国，杀敌心切，于是十三日晨曦中，

---

① 《美驻日大使(格鲁)致国务卿》(1937年12月14日)，杨夏鸣编，杨夏鸣等译《南京大屠杀史料集》第63册《美国外交文件》，江苏人民出版社2010年版，第212页。

② 《克莱琪大使致广田外相的照会》(1937年12月30日)，曹大臣编，雷国山等译《南京大屠杀史料集》第67册《东京审判日方文献及报道》(上)，江苏人民出版社2010年版，第34页。

城内外各处枪声大作，敌我巷战开始，冲锋肉搏，我孤军均作壮烈卫士之牺牲。”[①]记者范式之报道称：“十三日拂晓，敌我已在城内各处发生巷战。”[②]日方特派员浮岛也于13日从南京城发出急电：“今晨以来，构成南京攻防战最后一幕的大巷战和大歼灭战正在展开。”中国军队“正在进行垂死挣扎”。[③]日本同盟社在这一天发出了如下的电讯：“敌人在城内明故宫第一线主阵地集中火力阻止我军的攻击，进行顽强抵抗。枪炮声震撼着天地。”[④]

巷战的地点，从南到北，从东到西，遍布全城各处。《东方杂志》详细报道了13日这一天在中华门、水西门及城南一带，发生激烈巷战的情况。消息称：

> 至十三日晨，日军又冲破中华门，沿中山路进迫。我军节节抵抗，发生激烈巷战。日军同时又由紫金山发炮攻城，我军亦于狮子山还炮抵抗，枪声、炮声响若巨雷，自朝至暮无时或息，我军壮烈牺牲者甚众，日军伤亡亦极重。战至正午，水西门亦破，于是城之西南一带皆发生空前巷战，全城火光冲天……[⑤]

德国档案中保存了一份英国路透社记者史密斯关于南京战情的报告摘要。史密斯报告了发生在城南的巷战情况：“(12日)下午晚些时候部队从南城总撤退。整个师秩序井然地北撤。只有1 000人留在南城。他们勇敢的地坚持巷战。到了午夜，他们全部被歼……12月13日早晨，城里还看不到

① 《失守后的南京》，载《闽政与公余》第20期，1938年1月。

② 范式之：《敌蹂躏下的南京》，“南京大屠杀”史料编辑委员会等编《侵华日军南京大屠杀史料》，江苏古籍出版社1985年版，第120页。

③ [日]本多胜一著，刘春明等译校：《南京大屠杀始末采访录》，北岳文艺出版社2001年版，第261—262页。

④ 《读卖新闻》(1937年12月14日第一夕刊)，王卫星编，王卫星等译《南京大屠杀史料集》第59册《〈东京朝日新闻〉与〈读卖新闻〉》，江苏人民出版社2010年版，第437页。

⑤ 《南京沦陷经过》，马振犊等编《南京大屠杀史料集》第2册《南京保卫战》，江苏人民出版社2005年版，第137页。

日本军队。南城还在中国人手中。前夜里,南城门前发生了激烈的战斗。阵亡的中国士兵已逾千人。”①

一位炮兵副连长沈咸曾经亲自指挥了市中心附近的巷战。他率领18名官兵在往江边撤退的途中,不断与侵入城内的日军展开战斗,在莲花桥附近,主动向正在屠杀百姓的6名日军发起攻击,将这些日军统统消灭,他们自己也先后阵亡5人。他回忆说:

> (12月13日)下午,我们官兵十九人多次绕过敌人火力网撤退到太平北路莲花桥一带,向江边靠拢,途中又牺牲了三个兄弟。这时,来人报告:有六个敌兵在杀害近百名的老百姓。我当即命令:“向敌人袭击!”终将敌兵统统杀死,收缴了武器。我们也有两名士兵阵亡。②

第87师的一位工兵营上尉连长张谊,于13日率全连官兵,先后在山西路小学与古林寺占据有利地形,与日军展开激烈战斗,直至100余名官兵全部壮烈牺牲。据报道:张谊率部,“占据山西路小学的一幢二层楼房,以轻重机枪和步枪向日寇开火,打得日寇措手不及,十余步骑兵中弹倒下。日寇指挥官很感意外,遂组织火力还击,以期歼灭这些不怕死的中国兵。双方持续交火达两小时”。③ 在山西路小学的战斗中,张谊部牺牲20余人,但又有其他部队被打散的官兵40余人参加到这支工兵连的队伍中来。该部于天黑后,撤离山西路小学,经三步两桥、清凉古道、古平岗,来到古林寺。14日晨,“数百日军已越过古平岗,向古林寺扑了过来,枪声炮声四起,张谊急忙指挥官兵们奋勇还击,战斗打得相当激烈。张谊知道已被日寇包围,决心以死殉国,他们拒绝投降,一直打到弹药耗光,犹以枪刺迎向敌人,直到一百多人全

---

① 《路透社记者史密斯先生关于1937年12月9日至15日南京战情的报告摘要》,载《抗日战争研究》1991年第2期。

② 沈咸:《高炮连参加南京保卫战简记》,全国政协文史资料研究委员会《南京保卫战》编审组编《南京保卫战》,中国文史出版社1987年版,第226页。

③ 王炳毅:《寻找消失在古林寺的抗日英雄》,《南京晨报》2005年3月31日。

部战死”[①]。

宪兵副司令、首都警察厅长萧山令将军在13日上午，于长江边指挥了准备撤退的宪兵部队与蜂拥而来的日军部队的激战。据文献记载：“时敌骑兵涌出，用机关枪向我撤退军民扫射，顿使无辜同胞，亦罹浩劫。”萧山令“目睹敌寇灭绝人性，滥杀无辜，当即振臂高呼杀敌，率先领导军警部队，与日军奋勇冲杀，致身负重伤……于伤重殒命前，犹高呼‘中国不会亡’、‘中华民国万岁’”。[②]

南京沦陷前后在城内各处发生的巷战，虽无既定计划与周密组织，多属自发与零散性质，但根据中日双方报刊与文献记载，巷战是确实存在的。巷战固会引发日军加强“扫荡”，从而扩大屠杀无辜民众的规模，但它决不能成为日军任意屠杀南京人民的“理由”。不管在什么时候、什么地点，以何种方式，中国军民抵抗武装入侵的侵略者，都是其正当、神圣的权利；同时，这也是中国人民坚守正义、捍卫尊严的民族精神的体现。

中国军人在城陷后进行的巷战与各种战斗，是南京保卫战的继续与延伸，也是南京城陷后长期抗击日本侵略者的开始。

十　松井石根入城

随着日军对南京的占领，其最高指挥官松井石根，亦开始从苏州指挥部，向南京进发。松井因肺炎发作，在苏州静养数日后，于12月15日下午1时，乘飞机离开苏州，至句容机场降落；后乘汽车于3时抵达汤水镇。

松井等早经决定，将于17日举行入城式。由于南京城中大规模屠杀尚在进行，大批俘虏尚待“处置”，满城的尸体亦有待清除，松井感到入城式按既定日期进行，确嫌过早，但他又认为“过于延迟也不行”，所以还是决心维

① 王炳毅：《寻找消失在古林寺的抗日英雄》，《南京晨报》2005年3月31日。

② 秦孝仪主编：《中华民国重要史料初编——对日抗战时期》第2编第2册，中国国民党中央委员会党史委员会1981年编印，第239页。

持原定日期不变。他在16日的日记中写道："现在俘虏数量已超过万人。这样看来，明天举行入城仪式还为时尚早。可是入城仪式过于延迟也不行，于是果断地决定明天就举行入城仪式。"①

16日这一天，松井石根在汤山驻地，下达了关于"攻打南京后军队的状况以及今后作战准备"的命令，准备将华中方面军先行集结于江南地区，然后再根据形势的变化，决定下一步的打算。对此，他作了如下的记述：

> 今天，就攻打南京后军队的状况以及今后作战准备下达了命令。这个命令可能不仅关系到攻占南京后的部队配置和调整，根据将来形势的发展，还关系到将来占领浙江省以及江北地区时的方方面面。根据此前传达过的命令，总之，先命令所有部队向长江右岸、杭州、芜湖和南京以东地区集结。总之是沉稳地按照先前制定的计划在实行。我打算今后根据形势变化，再考虑提出新的建议，增加所需配置。②

17日，日本侵略军耀武扬威地举行了南京入城式。

当天正午，松井石根乘汽车从汤山出发。1时25分，抵达中山门外，上海派遣军司令官朝香宫鸠彦王和第10军司令官柳川平助率参谋人员在这里迎接。两军的数万人部队，列于从中山门至国府路国民政府的道路两侧，接受最高司令官的检阅。同时，并出动陆海军战机，凌空飞过，以显耀其不可一世的武力。作为主要受阅指挥官的第30旅团旅团长佐佐木到一在当天的日记中，记下了这一阅兵仪式的场景。他写道："从中山门进来的方向，右侧是上海派遣军，左侧是杭州湾登陆部队（按即第10军）。按规定时间，朝香宫中将、柳川中将两军司令官及方面军和各军的幕僚骑马跟随方面军司令官松井石根大将，举行庄严的阅兵仪式。在嘹亮的军号声中，接受各部

---

① 《松井石根阵中日记》，王卫星编《南京大屠杀史料集》第8册《日军官兵日记》，江苏人民出版社2005年版，第149页。

② 同上，第149—150页。

队的致敬。”[①]

2时许，松井一行抵达国民政府。先此，中国方面舰队司令长官长谷川清、上海海军特别陆战队司令官大川内传七和第3水雷战队司令官近藤英次郎等海军将领，已由挹江门入城而直达国民政府。松井与这些海军将领互致祝词。上海派遣军与第10军所属的各部队长，随之进入国民政府。

当全体将领在国民政府前庭集合完毕后，松井、朝香宫、柳川、长谷川四人自左至右，一字排开，站在中心位置上，主持了升国旗仪式。全体官兵唱起日本国歌，日本国旗在数十万南京市民的咒骂和哭泣声中，慢慢升起。官兵们遥向东方的天皇敬礼。松井石根率众三呼“大元帅陛下万岁”。他在这一天的日记中写道：

> 从中山门到国民政府的道路两边，站满了两军代表的队伍。他们在师团长的指挥下，列队排在道路两旁。我一边对他们进行检阅，一边驱马前进。两军司令官及其幕僚随行其后。对于眼前从未经历过的盛大场面，真是感慨万千啊……举行完升国旗仪式后，全体面向东方举行遥拜仪式。我带领全体人员高呼三声大元帅陛下万岁。由于感慨至极，以至于在高呼第二声时，竟然因哽咽而发不出声了。于是在第三声时，我运足劲头高亢洪亮地高呼出来。全体人员随同我完成了历史性的庆典仪式。[②]

在升旗与向天皇遥拜仪式结束之后，师团长以上的高级指挥官进行了合影，并由参加仪式的队长以上军官，共饮天皇所赐御酒。一时间，群魔乱舞，丑态百出。中国方面舰队司令长官长谷川清率众再次三呼“大元帅陛下万岁”。

---

① 《佐佐木到一日记》，王卫星编《南京大屠杀史料集》第8册《日军官兵日记》，江苏人民出版社2005年版，第320页。

② 《松井石根阵中日记》，王卫星编《南京大屠杀史料集》第8册《日军官兵日记》，江苏人民出版社2005年版，第150页。

在国民政府前的仪式结束后，松井石根一行，又穿过大街，接受成千上万士兵的欢呼，抵达城北的首都饭店。松井将下榻于此，并在这里举行宴会，以示庆祝入侵南京的成功。当这批侵略者得意忘形的时候，南京人民正经历着他们历史上最为悲惨和痛苦的时刻。松井自己也不得不承认："只见市内家家闭门关窗。居民尚集结在南京城西北的避难地区。路上几乎见不到支那人。"①

翌日清晨，天气阴沉，天空飘起了小雪。松井神情抑郁。他显然已经知道了其部下在南京城胡作非为的部分情况，担心这将会对自己的事业和前途产生不利的影响。当一位文职顾问问他为什么如此郁郁寡欢时，他假惺惺地回答说："我现在认识到，我们已无意中给这个城市造成了深痛巨创。当我想到那些逃离南京的中国朋友们的看法和心情，以及两国的未来时，我只能感到沮丧。我甚觉孤寂，永远不会有心思为这一胜利感到高兴了。"②

松井还在早晨向记者发布了一则装腔作势的新闻：

"未来的军事行动如何，全然取决于蒋介石和国民党政府的态度。对民众遭受的苦难，本人甚为痛惜。但是，本军决然继续挺进，直到中国悔悟为止。现正值冬天，这个季节提供了反躬自省的时间。本人对一百万无辜的民众，实不胜其同情之念。"③

松井石根作为日军在华中地区的最高指挥官，对于南京战后出现的复杂军事、政治、社会形势，虑及国家、军队和个人的前途，心情忧郁恐怕是事实，但是要说对中国人民有什么"痛惜"和"同情"之感，那就完全是一种阴险和虚伪的伎俩了。

松井为下午即将举行的"忠灵祭"，写成了一首题为"攻克南京有感"的挽诗：

---

① 《松井石根阵中日记》，王卫星编《南京大屠杀史料集》第8册《日军官兵日记》，江苏人民出版社2005年版，第150页。

②③ [美]戴维·贝尔加米尼著，张震久等译：《日本天皇的阴谋》(上册)，商务印书馆1984年版，第90页。

灿矣旭旗紫金城，
江南风色愈清清。
貔貅百万旌旗肃，
仰见皇威耀八纩。①

诗中充满了对侵略战争的赞扬和对军国主义霸道的炫耀。

这天午后1时，松井从城北首都饭店出发，至中山门附近的明故宫机场主持"忠灵祭"，即对在上海、南京及其沿线战斗中死去的2万余官兵亡灵进行祭奠。

位于明故宫机场的祭祀场，布置简单。场中央东侧设有铺着白布的祭坛，上面竖着数米高的四方木，上书"华中方面军陆海军阵亡将士灵位"。松井石根和担负海上作战任务的舰队司令官长谷川清，分别代表陆军和海军，作为主祭人。参加这一仪式的陆海军官兵总数超过万人。

祭祀完全按照神道的仪式进行。首先由松井和长谷川宣读祭文。接着，由日高信六郎参事官代读川越大使的悼词，再由主祭人松井和长谷川敬献"玉串"，即一端缠着布条和纸条的杨桐树枝。其间，陆海军号手吹奏着《国家之安泰》的乐曲，全体官兵均行持枪礼。

松井承认，他是怀着"勇气和豪情"，来宣读祭文，祭奠那些为侵略中国而丧命的官兵的。他在这一天写下了这样一段日记："我作为祭主，首先走到阵亡者灵前诵读祭文。尽管诵读时我百感交集，但没有像以往那样声音哽咽并禁不住痛哭流涕。不知为何，此时只觉得心中充满勇气和豪情，高声朗读着祭文，得以告慰忠魂。"②

紧接着"忠灵祭"，松井石根以华东战场最高指挥官的身份，于当天下午4时，发表了一个声明，宣示当前华中方面军的作战方针，并敦促国民政府"尽快反省"。他说：

---

①② 《松井石根阵中日记》，王卫星编《南京大屠杀史料集》第8册《日军官兵日记》，江苏人民出版社2005年版，第151页。

> 为尽快适应今后的作战，决定采取新的方针，以一部即刻在江北地区，另一部在浙江、安徽等地实施连续作战……我希望国民政府尽快反省，并希望支那军民真正认识到应该依靠和信赖皇军。若国民政府仍无反省之决心，那么，十分遗憾，军在当前的任务之下必将继续进军，直至国民政府完全臣服。[①]

松井在主持了入城式和“忠灵祭”之后，又在南京停留、视察 3 日。19 日，率数名参谋，登上了清凉山和北极阁；21 日，到挹江门及下关一带视察。对于战火给南京造成的破坏及日军的大屠杀暴行，松井虽竭力粉饰、回避，但在其日记中仍可见端倪。他在日记中有如下的记录：“（在清凉山与北极阁）可见到城内还有几处袅袅升起的战后硝烟。”“有一阵子，我将士中有少数人员出现过抢夺和强奸行为。”“（挹江门附近及下关）这一带还是一片狼藉，到处遗弃着横七竖八的尸体，清理工作还需要花费很多时间。”[②]

22 日，松井石根乘坐“鸿”号水雷艇离开南京，途经乌龙山、镇江、江阴等处炮台视察，并于当天下午返回上海华中方面军司令部。

由松井石根一手导演的南京入城式与“忠灵祭”，是一幕宣扬日本军国主义武威，对中国人民进行威胁和恫吓的闹剧。

---

① 《东京日日新闻》(1937 年 12 月 19 日)，王卫星编，何慈毅等译《南京大屠杀史料集》第 58 册《〈东京日日新闻〉与〈大阪每日新闻〉报道》，江苏人民出版社 2010 年版，第 252 页。

② 《松井石根阵中日记》，王卫星编《南京大屠杀史料集》第 8 册《日军官兵日记》，江苏人民出版社 2005 年版，第 152—153 页。

第十二章　金陵悲歌

一　烈士英名

英勇悲壮的南京保卫战，虽然由于主客观多方面的原因，最后以失败而告终，但是，中国军人在这一战役中所表现出来的英勇不屈、顽强奋战的精神，是中国人民与中华民族的宝贵精神财富。经军史档案逐一核实查证，中国守军在南京保卫战中，共牺牲 10 名将军，他们是：宪兵少将副司令萧山令，第 87 师第 259 旅少将旅长易安华，第 88 师第 262 旅少将旅长朱赤、第 264 旅少将旅长高致嵩，第 112 师第 336 旅少将副旅长李兰池，第 156 师少将参谋长姚中英、第 468 旅少将副旅长李绍嘉，第 159 师少将副师长罗策群，第 160 师少将参谋长司徒非，南京卫戍司令部少将高级参谋杨膺谓。其中，在经国民政府批准的请恤指令档案中注明追晋中将者有：萧山令、易安华、朱赤、高致嵩[1]。此外，还牺牲了 17 名团长以上指挥官，他们是：第 88 师第 264 旅旅长廖龄奇，第 58 师第 174 旅副旅长刘国用，第 159 师第 475 旅副旅长曾泽寰、第 477 旅副旅长黄纪福、第 949 团团长谢彩轩，教导总队第 1 旅参谋长万全策、第 3 旅副旅长雷震，第 51 师第 302 团团长程智、吴克定，第 87 师第 519 团团长谢家珣，第 88 师第 524 团团长韩宪元、第 527 团团长李杰、补充第 1 团团长华品章，第 160 师第 956 团团长蔡如柏，第 958 团团长梁佐勋，教导总队第 1 团团长秦士铨、第 2 团团长谢承瑞。其中，在经国民政

① 中国第二历史档案馆、侵华日军南京大屠杀遇难同胞纪念馆编：《南京保卫战殉难将士档案》，南京出版社 2007 年版，第 2307、605、711、735 页。

府批准的请恤指令档案中注明追晋少将者有：刘国用、雷震、程智、谢家珣、华品章、秦士铨、谢承瑞[①]。此外，还牺牲上校以上军官、团附以上指挥官31名。[②] 在南京空战中阵亡（含重伤后牺牲者）的空军飞行员有：乐以琴、吴可强、黄居谷、刘炽徽、刘兰清、戴广进、傅啸宇、马金钟、曹芳震、张韬良、全正熹、游云章、敖居贤等13名。[③] 他们和所有捐躯在南京战场的中国军人的英灵，将永远受到全中国人民的敬仰和铭记。兹将部分烈士的生平、事迹记录于后。

萧山令（1892—1937）

字铁侬，湖南益阳人。1910年考入湖南陆军小学，1912年宣统退位，陆小停办。1914年8月考入保定军校步科第三期，1916年8月毕业。初在湘军任排、连、营长，1926年参加北伐战争，历任副团长、参谋等职。1928年回家乡益阳任县长。1929年5月重返军界，任首都卫戍司令部中校参谋。1932年1月宪兵司令部正式在南京成立，担任总务处长，主管全国宪兵的编制与训练工作。1936年3月擢升少将参谋长，1937年3月又升任宪兵副司令。南京保卫战期间，任代理宪兵司令，首都警备司令、防空司令，兼任首都警察厅长，亲率留驻南京的5团宪兵，进行保卫首都的战斗。12月12日下午，奉命指挥宪兵部队由下关撤退至江北，迨抵江边，苦乏船只，遂令部队分别乘木筏渡江。13日上午，日军先头部队已到达下关江边。他亲率残部阻击追兵，为民众及部队殿后，在战斗中身中数弹，当场阵亡。事后，国民政府追赠其为陆军中将。

易安华（1899—1937）

字福如，号济沈，江西宜春人，黄埔军校第三期宪兵科毕业。毕业后，任

---

① 中国第二历史档案馆、侵华日军南京大屠杀遇难同胞纪念馆编：《南京保卫战殉难将士档案》，南京出版社2007年版，第426、1631、326、589、735、1630、1631页。

② 该段牺牲将士姓名、军衔、职务，参见中国第二历史档案馆、侵华日军南京大屠杀遇难同胞纪念馆编《南京保卫战殉难将士档案》，南京出版社2007年版；马振犊等编《南京大屠杀史料集》第2册《南京保卫战》，江苏人民出版社2005年版。

③ 中国第二历史档案馆、侵华日军南京大屠杀遇难同胞纪念馆编：《南京保卫战殉难将士档案》，南京出版社2007年版；《保卫南京，13只"鹰"血洒长空》，《扬子晚报》2013年12月14日。

中央宪兵团排长。1926年参加北伐,1927年任浙江警备司令部第3补充团连长。1928年入南京中央军官学校学习,次年复入中央教导队学习,结业后留任教导团连长。1930年被提升为少校营长、中校副团长。教导团先后改编为警卫师、第87师后,仍在该师任中校副团长。1932年"一·二八"淞沪战事期间,第87师奉命开赴上海作战,率部在闸北一线阻击日军。1933年冬,升任第87师第522团上校团长。1937年8月,率部参加"八一三"淞沪会战,升任第87师第259旅少将旅长。身先士卒,指挥有方。上海失陷后,率部参加南京保卫战,在光华门、通济门一线布防。与日军第18旅团血战三昼夜,迫使日军转攻雨花台方向。旋率部向雨花台阵地反攻,12日晨,在中华门外负重伤,于向通济门转移途中牺牲。国民政府追赠其为陆军中将。

朱赤(1904—1937)

号新民,江西修水人,黄埔军校第三期步科毕业。曾参加北伐,作战勇敢,颇有建树。除研讨军事外,专治哲学,咸以柏拉图、尼采、托尔斯泰诸学说与中国易经、大学、中庸等相印注,独树见解。1934年升任第88师第528团上校团长。1937年淞沪战役开始后,率部在闸北八字桥一线布防,坚守阵地,多次击退日军进攻,以战功晋升第262旅少将旅长。自上海撤退后,奉命参加南京保卫战,守备雨花台右翼阵地。作战中,亲率敢死队冲入敌阵,使敌伤亡累累,守军士气大振。12月12日,日军以大批飞机和数十门重炮,掩护步兵发动集团冲锋。他率部拼死抵抗,宁死不退,直至阵地全毁,壮烈捐躯。后国民政府追赠其为陆军中将。

高致嵩(1899—1937)

别号子晋,广西岭溪人,黄埔军校第三期步科毕业。北伐战争中,作战勇敢,屡建功绩,从排长擢升连长、营长。1930年调国民政府南京卫戍司令部任职。1932年"一·二八"淞沪抗战中,任第88师中校参谋,亲临前线指挥作战,旋因腿部负伤,被送往后方医院治疗。1934年调任浙江省保安处上校补充团团长,后改任第3团团长。1937年8月淞沪战役时率团重入第88师,任第264旅上校副旅长,率部于闸北八字桥一带设防,因战功擢升该旅

少将旅长，复于大场指挥作战。淞沪会战后，率部参加南京保卫战，防守中华门外雨花台左翼阵地。12 月 12 日，日军以数千部队，配以大批飞机、重炮，猛攻雨花台阵地。他镇定指挥，誓与阵地共存亡，直到阵地全毁，与该部大部官兵壮烈牺牲。后国民政府追赠其为陆军中将。

李兰池(1899—1937)

字锦卿，辽宁锦西人。年轻时，因愤于列强入侵，投笔从戎，入东北讲武堂第七期步科学习，嗣后历任排长、连长、营长、团长。1937 年 7 月卢沟桥事变后，任第 57 军第 112 师第 236 旅少将副旅长，奉命率部由山东赶赴江阴、镇江一带，阻挡由上海西进之日军，屡歼日军，迭建战功。12 月上旬，率部由镇江撤至南京，担任太平门外蒋王庙一带防御任务，浴血鏖战，历数昼夜，誓不后退。12 日，奉命率部向大胜关转移突围，因殿后受困，壮烈捐躯。

姚中英(1896—1937)

字若珠，广东平远人，黄埔军校第二期毕业。在北伐战争中，因作战勇敢，由排长晋升为连长、营长、团长等职。之后，又被选送至陆军大学第八期学习。1937 年 7 月全面抗战爆发时，担任第 156 师团长，不久即奉命率部开赴淞沪前线作战。后因部队到达时，上海已经失陷，遂被派往苏州、无锡、镇江等地逐次抵抗日军进攻，并被提升为第 156 师少将参谋长。12 月初，第 156 师到达南京，参加保卫南京战斗，先后率部在东郊、光华门和太平门一带作战。12 月 12 日，在组织部队由太平门突围时殉国。

李绍嘉(？—1937)

广西桂县人，早年入粤军，隶国民革命军第 4 军，参加北伐战争。1933 年 5 月，任第 9 师邓龙光部第 25 团团长。1936 年任第 156 师第 468 旅少将副旅长。1937 年 10 月，国民政府将第 154 师、156 师合编为第 83 军，邓龙光任军长。旋率部随第 156 师自武汉经苏州赴江阴，守备江防。锡澄线被日军突破后，又奉令掩护主力撤退，并先后至镇江、句容一带作战。12 月 7 日，随第 156 师进入南京，参加守卫光华门战斗。率部与攻击光华门日军激战

数日。12 月 12 日在城陷后的激战中，中弹殉国。

罗策群(1894—1937)

广东兴宁人，1917 年初入保定军校第六期工科学习，1919 年春毕业，历任参谋、营长、团长及师参谋长。1937 年 7 月抗战爆发时，任陆军第 159 师第 475 旅旅长，旋赴沪参加淞沪会战。经刘行一役，因功升少将副师长。上海失陷后，率部转战吴、锡、澄诸地。12 月初，所部调守汤山，阻击进攻南京的日军，经数日夜激战，复奉命退守南京城内。12 日晚，代理师长职，指挥部队在太平门拆除沙包，准备突围。13 日凌晨，率第 159 师突围至太平门外岔路口时，与日军遭遇，在率部冲击中，中弹牺牲。

司徒非(? —1937)

广东开平人，早年毕业于保定军校，曾任连长、营长、团长、旅长等职。1937 年 7 月全面抗战爆发后，随第 160 师开赴淞沪战场作战，在刘行、广福等战斗中，迭建功勋。随后，又率部参加南京保卫战，在东线逐次阻击日军。12 月 11 日，在战斗已发展到复廓、城垣阵地的紧急情况下，被任命为第 160 师少将参谋长。12 日晚，奉命率部突围，身先士卒，与日军拼搏，在激战中壮烈牺牲。

杨膺谓(1899—1937)

字孟言，湖南长沙人。曾入湖南陆军小学、湖北陆军第三预备学校读书，后入保定军校第三期步兵科，1916 年学成毕业。入湘军第 1 师，历任排长、连长、参谋等职；后入云南讲武堂韶关分校任教官。1924 年黄埔军校成立后，入该校，先后任战术教官、筑交教官、管理处长等职。1936 年调陆军大学任兵学教官。1937 年 11 月，受唐生智邀请，出任南京卫戍军总部少将高级参谋。曾言："养兵千日，用在一朝。以身报国，乃军人天职。保卫大南京不死一个将军，怎对得起国人!"尝率参谋数人，奔走各阵地督战。12 月 10 日第 156 师增援光华门阵地时，主动请命，去光华门督战。曾于当天深夜，督导第 156 师组织敢死队坠城歼敌。此后，光华门战事激烈。11 日上午，率

第156师一部出城突击，身中数弹，壮烈牺牲。[①]

乐以琴(1914—1937)

原名以忠，四川芦山人，先后在雅安小学、张家山明德中学和成都华西协和高级中学读书，酷爱体育运动，擅长短跑，曾于1931年被选为出席全国运动会的四川省田径运动员。后考入山东齐鲁大学学习。“九一八”事变后，决心投笔从戎，表示：“为争取民族生存，宁可让我的身和心永远战斗、战斗，直到最后一息！”“我爱我的父母，但我更热爱我的国家，更热爱我全民族！”因报国心切，年龄不够，遂顶四哥“以琴”之名报考中央航校。1933年春，入杭州笕桥中央航校，为其第三期学员。1935年于中央航校毕业，初任空军第3大队第8队队员，续任中央航校飞行教官。1936年空军扩编后，编入空军第4大队第22队，任队长，负责驾驶“2204”号霍克3式双翼单座战斗机。1937年“八一三”淞沪抗战开始后，连续率队参加空战。曾在一周左右时间内，击落日机8架。8月以后，第4大队以拱卫南京为主要任务，与第5大队的第24队，在南京上空不断歼敌。他被人们誉为“抗日飞将军”、“江南大地之钢盔”，以及中国空军的“四大金刚”之一。12月3日，他的原座机因飞行损耗已不能升空，便驾驶一架水冷式意大利“菲亚特”战斗机，与其他10余架战鹰同时升空，迎战日本30余架96式战斗机。激战中，座机被击中，开始下坠，迫不得已，遂跳出座机，为不当敌人枪靶，决延缓张伞时间，待要开伞时，已触地面，壮烈牺牲。后追赠少校。

二　无名忠魂

如前节所述，一些将士在保卫战中，英勇地献出了自己的生命，他们的事迹得到流传，他们的名字将永远被人们记住。但是，更多的忠勇战士，他们用自己的一腔热血，谱写了动人心弦的壮歌，而他们的名字，却没有能够

---

① 胡博、王戡：《碧血千秋——抗日阵亡将军录》，武汉大学出版社2013年版，第62—63页。

同时流传下来。人们对这些无名勇士的怀念将同样深沉。

两个勇敢的装甲兵①

在方山附近的一次战斗中，守军3辆战车被日军击毁。有两名装甲兵“决心与战车共存亡，埋伏在战车内，相机打击敌人”。随后，日军的第一线部队来清扫战场，他们贸然长驱直入，完全没有料到这些被击毁的坦克车，对他们还会有什么威胁。这两名装甲兵，在战车内已经隐藏了很长的时间，终于等到了消灭日军的机会。他们轻轻地将机关枪从战车转塔前后两端伸出，突然袭击，把这批毫无提防的日军打得落花流水，一举击毙数十人。日军经受了这一突如其来的袭击后，立刻散开，前仆后拥地向这辆战车发动攻击，但是未能得逞。

两名装甲勇士，从下午4时一直坚持到黄昏以后，决定趁着夜幕撤退。但是，在他们离开战车不远的地方，遭到了日军机枪和迫击炮的射击。他们之中，有一个不幸牺牲了。而另一名勇士，则逃脱了日军的追击，返回部队。后来，这名幸存的战士，又英勇牺牲在1939年底的昆仑关战役中。

这两名装甲兵利用战车埋伏狙击的行动，使日军丧胆。日军在一本名为《皇风万里》的小册子里，特别提到了这一次遭受沉重打击的惨痛教训。

前仆后继②

12月9日，日军已经攻至光华门城外，守军利用高大的城墙，居高临下，顽强据守。但是，在城楼左侧百余米的地方有一个小面粉厂，离城墙不到10米远，楼顶却比城墙要高过1米多。如果敌人发现这一制高点，派兵占领，并加强火力，就会对城垣的守卫造成巨大威胁。因此，必须立即派人把这座面粉厂烧掉。

当时，城墙上下，都在日军的射击范围以内，谁要是从城墙上下来，执行烧毁小面粉厂的任务，无异于把自己暴露在枪林弹雨之中，十分危险。一位

---

① 杜聿明：《南京保卫战的战车部队》，全国政协文史资料研究委员会《南京保卫战》编审组编《南京保卫战》，中国文史出版社1987年版，第214页。

② 向鸿远：《增援光华门侧记》，全国政协文史资料研究委员会《南京保卫战》编审组编《南京保卫战》，中国文史出版社1987年版，第204—205页。

军官把这一艰巨的任务向士兵们说明,并号召组织敢死队去完成。话音刚落就有10多人从队伍中站出来,愿意舍身去烧毁这一目标。

报名的人多,不可能同时都去。他们按先后排成一队,每人都带上稻草、火柴,由城上用绳子放下去。第一名刚从城垛放下1米左右,就被日军发觉开枪打死。接着第二名站出来说:"我是第二名,让我去!"于是,又照前次方法放下去,可是还没有放到一半,又被打死。城墙上的人着急了。只见第三名士兵站出来说:"现在轮到我了,但不能照老办法,而且需要换一个城垛口。"他把绳子系在腰间,估计绳子的长度为城墙高度的2/3,一下子猛跳下去,到离地面1/3处时,再迅速把绳子放到地面。用这种方法,这名战士终于成功地下到了城墙根。

这时,日军发现我方的意图,企图派兵抢占面粉厂。但是,守军战士已抢在日军的前面,将目标烧着,顷刻之间,木质楼房在烈火中塌毁。它对城楼的威胁,亦由此解除。

英雄连长①

在雨花台阵地失守前的激烈战斗中,一位连长的左手被日军机枪射断三指,断指淋着鲜血在手掌前摇摆。他忍着剧痛,用右手将受伤的手指抓住,往身后一绞,咬紧牙,使劲向外一拉,硬把三个断指撕断。连长高举着缺了三个指头的手掌,右手举着手枪高喊:"冲啊,冲啊!"该连官兵在他的鼓舞下,都奋不顾身地向日军冲去。很快,连长和官兵们的喊杀声被日军的枪炮声所淹没,他们倒在了雨花台的硝烟中。

他们不愿撤退②

12月12日夜晚,守军战车第一连的战车和汽车都集中在下关江边。他们找到了一艘小火轮及其拖运的小木船,准备将木船两只一排用跳板连起来,让战车开上去,运送过江。可是由于车重、船的吨位小,船与船之间又连

---

① 郭雄等编:《抗日战争时期国民党正面战场重要战役介绍》,四川人民出版社1985年版,第39页。

② 刘树芃:《战车第一连在下关》,全国政协文史资料研究委员会《南京保卫战》编审组编《南京保卫战》,中国文史出版社1987年版,第216—217页。

结不牢,因此战车一开上跳板,船即倾倒,反复多次,仍无效果。于是,由指挥官决定,将战车与汽车炸毁,人员全部上船。

这时,有两名驾驶兵和两名坦克兵站出来说:"我们四人决计留在这里打日本鬼子。"

军官说:"上面给我们的命令是去浦镇后方。"

驾驶兵坚持说:"不,我们是打日本鬼子的,敌人已经到了面前,应该打了再说。"

两位坦克兵说:"我们的战车上还有武器,与其破坏,不如和鬼子干一场。"

指挥军官被他们的精神感动了,叮嘱他们选好武器,带足弹药,并给他们发了几天伙食费。这 4 名士兵怀着巨大的勇气和决心,去和日军作拼死的决斗。他们的命运无人知晓。他们的行动,令所有战友动容。

与敌拼到底[①]

12 月 13 日上午,下关的江边挤满了无船渡江的散兵。而此时,日军的前锋部队已经到达下关。一位身着黄呢军服的上校军官被身边的大群散兵围住。

大家喊着:"长官! 你指挥我们回去抵抗一下不好吗? 不然,咱们只有死路一条了。"

上校说:"我是军医,不懂军事。"

士兵们说:"只要你命令我们打就行。"

上校同意了。他振臂高呼:"弟兄们,向鬼子打呀!"士兵们就这样向日军的追兵开起了火。日军没有想到,在江边还会遭到如此勇猛的抵抗。而这位激于爱国义愤的上校军医官,以及临时由他"指挥"的那群士兵,都在这最后的拼搏中,献出了自己的生命。

---

① 瀛云萍:《坚守乌龙山炮台》,全国政协文史资料研究委员会《南京保卫战》编审组编《南京保卫战》,中国文史出版社 1987 年版,第 211 页。

令日军胆寒的笑声[①]

12月13日，与日军一道进城的《东京日日新闻》随军记者铃木二郎，在中山门附近，见到了发生在城墙上的一幕奇异情景。

一队中国士兵，被日军押上25米高的中山门城墙上，排成一列。一群日本兵端着插上刺刀的步枪，齐声大吼，向着中国士兵的前胸或腰部刺去，一个接着一个地被刺落到城外的城墙脚下。铃木说："只见飞溅的血雨喷向半空，阴森的气氛使人汗毛直竖，浑身战栗。"可是，就在那些中国士兵被刺杀的时候，他们的态度和表情令人永远难忘。他们那对侵略者蔑视的神情，令日军胆寒。铃木叙述了这批中国军人在生命最后一刻的表现。他写道："他们站在死神面前，有人脸上浮泛着冷笑，有人若无其事的大笑，等待着死亡。"

这表明，中国士兵在神圣的反侵略战争中，即使在失去自由、面对死亡的情况下，仍然保持着无畏的气概和高尚的情操。

三　守军只剩下5万人

南京卫戍部队，先后调集了15万大军，守卫南京城。这15万军队，经过在外围和复廓阵地的血战、突围和混乱的渡江，以及城陷之后被日军血腥屠杀，损失大半，只有少量官兵侥幸渡过长江，或从陆路突围，历尽艰险，返归部队。

日本古屋奎二在《蒋介石秘录》一书中，运用中国官方提供的资料称："在南京保卫战中，中国军伤亡超过了6 000人。"[②]这一数字，可能只是中国军事当局对战场伤亡人数的保守估算，没有包括撤退中和南京沦陷后滞留军人被屠杀的损失。

当时在卫戍总部参谋处任科长的谭道平先生，于抗战胜利后出版《南京

① 《日中战争全貌》，载《丸》1971年11月特大号。

② ［日］古屋奎二：《蒋介石秘录》第4卷，湖南人民出版社1988年版，第38页。

卫戍战史话》一书，详细列出了各部队的损失，概为：

部队	伤亡及踪迹不明数
第 2 军团(含第 41,48 师)	5 000
第 66 军(含第 159、160 师)	3 000
第 83 军(含第 154、156 师)	1 500
第 36 师	1 500
第 51 师	4 000
第 58 师	3 000
第 87 师	3 500
第 88 师	5 000
教导总队	7 000
第 103 师、112 师宪兵及直属部队	3 000
合计	36 000①

对照各部队伤亡、损失的实际情况，谭氏列表中的损失数，明显偏低。在同一表中，他将南京卫戍军的总数定为 81 000 人，这使守军实际人数 15 万人将近少了一半。因此，他对损失数字的统计偏低，也就不奇怪了。

日军在攻占南京后，公布的战况统计中称："敌方战死八万四千，被俘一万五百人。"②另一则于 12 月 18 日由华中方面军发布的战果说："当攻打南京时，敌军遗弃的尸体不少于八、九万，俘虏达数千。缴获武器和军需物资甚多，包括二十四英寸口径的榴弹炮等等，并有步枪、弹药及其他。"③就中国军队损失的数量而言，日军公布的这一数字倒比较接近于实际。但是，他们的表述与统计是绝对错误的。因为依据南京保卫战的战斗规模，守军不可能"战死"84 000 人；其中相当大的数量，不是战死，而是在放下武器后，被日军血腥屠杀的。同时，被俘的数字，除了有出入而外，日方也未说明，这些被

① 谭道平：《南京卫戍战史话》，东南文化事业出版社 1946 年版，第 93—95 页。

② 《日军公布的南京攻击战战况统计报告》(中译文)，中国第二历史档案馆等编《侵华日军南京大屠杀档案》，江苏古籍出版社 1987 年版，第 17 页。

③ [日]洞富雄著，毛良鸿等译：《南京大屠杀》，上海译文出版社 1987 年版，第 9 页。

俘者最终的结局，还是被屠杀了。

依据所能查得的中国军方档案资料及原部队指挥官回忆录记载：

1. 第 160 师于 1938 年 2 月在攸县、赣州集中后，“调查共计全师有官兵三千四百余人，重机枪十一挺，轻机枪三十五挺，步枪四百四十支”。①

2. 第 78 军(即第 36 师)统计，在南京保卫战中，伤官佐 10 名、士兵 105 名，死官佐 6 名、士兵 45 名，生死不明官佐 167 名、士兵 6 856 名，总计伤亡及生死不明官兵为 7 189 名；渡江后清点，计收容军官 486 名、士兵 4 451 名，计为 4 937 名。②

3. 宪兵部队的 4 个团，经南京保卫战之役，共阵亡军官 13 人、士兵准尉 781 人，伤军官 6 人、士兵准尉 50 人，生死不明军官 128 人、士兵准尉 2 056 人。合计伤亡 3 034 人，安全撤离 2 456 人。③

4. 第 88 师牺牲最为惨重，据其战斗详报称：该师经连日在雨花台与敌血战，又于 12 月 12 日进行城陷前的最猛烈战斗，一批营、团、旅长等，“或自戕或阵亡，悲壮惨烈”，“全师官兵六千余员皆英勇壮烈殉国”，“全师零星撤退渡江之官兵总计不过四五百人耳，损失之重大概可想见，南京之战亦可谓惨矣”④。其所称“壮烈殉国”者，显然包括了部分未能撤离南京而遭日军屠杀的官兵。

5. 第 2 军团(含第 41、48 师)，于 12 月 23 日在安徽寿县清点：第 41 师官兵共阵亡 1 782 名、伤 619 名；第 48 师官兵共阵亡 2 137 名、伤 480 名，军团部士兵共阵亡 47 名、伤 13 名。经沿途收容其他部队散兵与要求参军之壮丁，第 41 师共有官兵 6 250 名，第 48 师为 5 453 名，军团部特务连为 148 名。⑤

---

① 《陆军第一六〇师锡澄南京两役战斗详报》，中国第二历史档案馆藏，档案号七八七—7582。

② 《陆军第七十八军卫戍南京人员、马匹伤亡及生死不明统计表》，中国第二历史档案馆藏，档案号七八七—7590。

③ 《宪兵司令部南京卫戍战役人马伤亡统计表》，中国第二历史档案馆藏，档案号七八七—7595。

④ 《陆军第八十八师京沪抗战纪要》，中国第二历史档案馆藏，档案号七八七—7517。

⑤ 《徐源泉致蒋介石密电》(1937 年 12 月 23 日)，中国第二历史档案馆编《抗日战争正面战场》(上)，江苏古籍出版社 1987 年版，第 418—419 页。

6. 第74军(含第51、58师),于12日夜晚在下关江边,由军长俞济时派一艘能载300余人的小火轮,“经一夜接运及自行设法过来的约五千人,武器损失殆尽”。[①] 其第51师之战斗详报记载,在南京保卫战中,官兵共阵亡4 070人、伤3 785人,伤亡总数为7 855人。[②] 这一统计中,显然将未能撤退过江而被日军屠杀的官兵,都计入了“阵亡”项下。

7. 教导总队副总队长兼第1旅旅长周振强,在回忆文章中说,该总队(计11个团)经用木排在煤炭港渡江,至12月13日在滁县清点,“共收容官兵四千多人”[③]。

8. 第103师排长田兴翔回忆,南京一段,“我师七千多人进入南京,战后回到武汉归队者不到一千人”。[④]

上述零星资料所反映撤离南京的守军人数计为:

第160师	3 400人
第78军(即第36师)	4 937人
宪兵部队(4个团)	2 456人
第88师	(约)500人
第2军团(含41、48师)	11 851人
第74军(含第51、58师)	(约)5 000人
教导总队(11个团)	(约)4 000人
第103师	(约)1 000人
合计	(约)33 144人

而根据同样资料来源,上列7个单位参加守卫南京的兵力为:

第160师	(约)9 000人

① 王耀武:《第七十四军参加南京保卫战经过》,全国政协文史资料研究委员会《南京保卫战》编审组编《南京保卫战》,中国文史出版社1987年版,第146—147页。

② 《第五十一师战斗详报》附表(1938年1月),中国第二历史档案馆藏,档案号七八七—7592。

③ 周振强:《教导总队在南京保卫战中》,全国政协文史资料研究委员会《南京保卫战》编审组编《南京保卫战》,中国文史出版社1987年版,第169页。

④ 田兴翔:《南京大屠杀脱险记》,张连红编《南京大屠杀史料集》第3册《幸存者的日记与回忆》,江苏人民出版社2005年版,第424页。

第 78 军(即第 36 师)	11 968 人
宪兵部队(4 个团)	5 490 人
第 88 师	(约)6 000 人
第 2 军团(含第 41、48 师)	16 929 人
第 74 军(含第 51、58 师)	(约)17 000 人
教导总队(11 个团)	(约)35 000 人
第 103 师	(约)7 000 人
合计	108 387 人

上述 7 个单位的 7 个师又 15 个团,经南京保卫战后,计有 33 144 名官兵撤离南京,占这些部队官兵总数 108 387 人的 30.6%。

除此 7 个师又 15 个团而外,在南京卫戍军的战斗序列中还有第 159 师、第 87 师、第 83 军(含第 154、156 师)、第 112 师等 5 个师。可惜没有较为可靠、准确的资料,可以统计出他们投入南京保卫战和安全撤离南京的人数。不过,既然前述 8 个师又 15 个团的兵力已占全部南京守军的 2/3,因此便可用这部分部队剩余官兵的比率,去得出全部守军中剩余官兵的大致数字。用 30.6%的比率去推算,全部守城官兵 13 个师又 15 个团计 15 万人中,应有 45 900 人,即约 5 万人撤离了南京。

以 15 万人之众,经过南京保卫战的战斗,尤其是混乱、失败的撤退,损失达 10 万人之多,只剩下了不足 5 万官兵撤到后方,且部队已大多不成建制,损失至为惨重!

四　震惊世界的大屠杀

日军侵入南京后,对无辜的居民和放下武器的士兵,进行了长达 6 个星期的野蛮、血腥的大屠杀。古城内外,尸横遍野,江水为之赤,死难者达 30 万人以上。其屠杀规模与残酷程度,在世界现代史上登峰造极。

侵华日军在南京进行的大屠杀,基本可分作两类,即集体屠杀与分散

屠杀。

根据历史档案记载，千人以上的集体屠杀如下：

1. 12月15日，在汉中门外屠杀2 000余人。后经中国审判战犯军事法庭认定："十二月十五日下午一时，我军警二千余名，为日军俘获后，解赴汉中门外，用机枪密集扫射，饮弹齐殒，其负伤未死者，悉遭活焚。"①这次屠杀的幸存者、后来出席远东国际军事法庭作证的伍长德介绍说："下午一点到达汉中门，要我们这两千多人都在城门里停下来，并被命令坐下。接着，两个日本兵拿着一根绳子，一人手持一头，从人群中圈出一百多人，周围由大批日本兵押着，带往汉中门外，用机枪扫死。就这样，我眼看着这些被抓来的人们，每批一二百人，被用绳子圈起来，又一批一批被带到汉中门外枪杀掉。"②

2. 12月15日，在鱼雷营江边屠杀9 000余人。据档案记载，日军在这里"置有机枪四挺，而被捆绑者一群约共九千人以上，于行进间，敌人即发动机枪予以扫射"。③ 此次屠杀的幸存者殷有余，后来在接受中国审判战犯军事法庭检察官丁承纲询问时确认，"这一天连官兵带老百姓一共被俘约九千多人"；"日本兵用四挺机枪扫射，只漏下九个人没有打死"。④

3. 12月16日，在中山码头屠杀5 000余人。后经中国审判战犯军事法庭判定："十六日下午六时，聚集华侨招待所之难民五千人，被日军押往中山码头，用机枪射杀后，弃尸江中。"⑤在这次屠杀中，因跳入江中而幸存的梁廷芳说："我们大约是在下午5点离开难民营，大约在7点到江边，捆俘虏和开枪屠杀一直持续到凌晨2点……在屠杀持续了4个小时后我和我的朋友决

①⑤ 《审判战犯军事法庭谷寿夫战犯案件判决书》，中国第二历史档案馆藏，档案号五九三—870。

② 《伍长德证言》，"南京大屠杀"史料编辑委员会等编《侵华日军南京大屠杀史料》，江苏古籍出版社1985年版，第399页。

③ 《南京市临时参议会关于南京大屠杀案调查的报告》(1946年)，中国第二历史档案馆等编《侵华日军南京大屠杀档案》，江苏古籍出版社1987年版，第562页。

④ 《查讯证人殷有余笔录》(1946年10月19日)，中国第二历史档案馆藏，档案号五九三—870。

定逃跑。我们冲到江边，并跳了下去。”[①]另一名死里逃生的难民刘永兴介绍说：“在这次屠杀中，机枪扫射以后，日军又向尸体上浇上汽油，纵火焚烧，企图毁尸灭迹。”[②]

4. 12月18日，在下关屠杀4 000余人。后经中国审判战犯军事法庭确认：该日“在大方巷难民区内，将青年单耀亭等四千余人，押送下关，用机枪射杀，无一人生还”。[③] 遇难者单耀亭之妻张氏，在一份结文中称：日军于“十六日晨十时许，开始沿户搜查青中年男子，不问何故一并拉出广场，聚有四千余人整队开往下关”。这些被捕者均“死于机关枪下……血染红了江水”。[④]

5. 12月17日，在煤炭港屠杀3 000余人。首都电厂总工程师兼代厂长陆法曾，在一份结文中陈述：“煤炭港下游之江边”，“被拘禁者约有三千之众”；日军“初以机枪扫射，继即将各被害人驱入临近茅屋内禁闭，再集薪油之类堆积茅屋四周放火燃烧”。[⑤] 另一位目睹日军放火烧房的市民何守江说：那些被捕难民经机枪扫射后，“日本兵把两千多人，赶进煤炭港的一个大仓库里。在房子上泼了汽油，放一把火，把两千多人都活活烧死了。只有一个青年人，知道仓库墙角有个下水道，把十指扒出了血，才从水道里爬出来，没有被烧死”。[⑥]

6. 12月18日，在草鞋峡屠杀57 000余人。一位负伤的公务人员鲁甦，当时藏身于附近的大茅洞内，曾目睹屠杀惨状，他后来在一份证词中说：“十

---

① 《梁廷芳证词》，杨夏鸣编《南京大屠杀史料集》第7册《东京审判》，江苏人民出版社2005年版，第132—133页。

② 《刘永兴证言》，“南京大屠杀”史料编辑委员会等编《侵华日军南京大屠杀史料》，江苏古籍出版社1985年版，第410页。

③ 《审判战犯军事法庭谷寿夫战犯案件判决书》，中国第二历史档案馆藏，档案号五九三—870。

④ 《单张氏陈述单耀亭等被日军在下关集体屠杀的结文》(1946年4月2日)，中国第二历史档案馆等编《侵华日军南京大屠杀档案》，江苏古籍出版社1987年版，第83页。

⑤ 《陆法曾陈述日军集体屠杀首都电厂职工的结文》(1945年10月25日)，中国第二历史档案馆等编《侵华日军南京大屠杀档案》，江苏古籍出版社1987年版，第91页。

⑥ 《何守江证言》，“南京大屠杀”史料编辑委员会等编《侵华日军南京大屠杀史料》，江苏古籍出版社1985年版，第412页。

六日(农历,即 12 月 18 日)夜间,用铅丝两人一扎,排成四路驱至下关草鞋峡,用机枪悉予以扫射后,复用刺刀乱戳,最后浇以汽油纵火焚烧,残余骸骨悉投入江中。”①对于在幕府山下有众多的军民被捕,日本特派记者横田曾在 12 月 16 日报道说:“两角部队在乌龙山、幕府山炮台附近的山地俘虏了 14 777 名从南京溃逃的敌兵,由于俘虏人数是前所未有的,因此两角部队不知如何处理。”②

7. 12 月,在水西门外上新河一带屠杀 28 000 余人。居住在上新河地区的湖南木商盛世徵、昌开运,曾亲见日军在江东门螺丝桥、棉花堤、双闸一带屠杀居民的情景。他们在一份证词中说:“日本军杀戳我国被俘军人及逃难人民共计二万八千七百三十人帑(毙)命于上新河地区。自民国二十六年十二月不记日,当时日军将被俘军人推下塘水中,掷下稻草,倒下煤油,抛去烈火,烧死者不计其数;以铅丝缚脚手,面盖柴草烧死者亦多……以手掷弹、机枪、刺刀等武器处死国军及逃难人民,尸横遍野,人血染地。”③

8. 12 月,在城南凤台乡、花神庙一带屠杀 7 000 余人。据历史档案资料记载:“民国二十六年十二月间,难民五千余名,士兵二千余名,在南门外附近凤台乡、花神庙一带被屠杀,所有尸体,由芮芳缘、张鸿儒、杨广才等会同红卍字会,分别掩埋于雨花台下及望江矶、花神庙等处。”④事后在审判日本战犯时,中国军事法庭庭长石美瑜曾率法官和慈善机构代表,于中华门外埋尸地点掘得尸骨数千具,经法庭鉴定,大量尸骨上都留有枪伤、刀伤痕迹。

9. 12 月,在燕子矶江边屠杀 50 000 余人。事后经调查确认:“日军在燕

---

① 《鲁甦陈述日军在草鞋峡集体屠杀的结文》(1945 年 12 月 7 日),中国第二历史档案馆等编《侵华日军南京大屠杀档案》,江苏古籍出版社 1987 年版,第 55 页。

② 《东京朝日新闻》(1937 年 12 月 17 日),王卫星编,王卫星等译《南京大屠杀史料集》第 59 册《〈东京朝日新闻〉与〈读卖新闻〉报道》,江苏人民出版社 2010 年版。

③ 《盛世徵、昌开运结文》(1946 年 1 月 15 日),中国第二历史档案馆等编《侵华日军南京大屠杀图集》,江苏古籍出版社 1997 年版,第 69 页。

④ 《审判战犯军事法庭谷寿夫战犯案件判决书》,中国第二历史档案馆藏,档案号五九三—870。

子矶滩一处，杀毙我解除武装的青年在五万人以上，尸横遍野，惨不忍睹。”[①]陆军第88师军人郭国强，曾匿于三台洞附近，亲见“当时日军用机关枪扫射了一天一夜，有两万名已经解除武装的‘中央军’丧了命”。[②]

10. 12月，在宝塔桥、鱼雷营一带屠杀30 000余人。目睹日军这一罪行的陈万禄，在一份结文中陈述：日军“在宝塔桥谋杀我无辜青年约三万余人”。[③] 后经中国审判战犯军事法庭调查判定：“民国二十六年十二月间，在城外宝塔桥及鱼雷营一带，屠杀军民三万人以上……尸横遍野，惨不忍睹。”[④]

至于遍布城郊的分散屠杀，则更是面广量大，手段残忍，骇人听闻。

据后来《审判战犯军事法庭谷寿夫战犯案件判决书》附件所载，除前列10起千人以上规模的集体屠杀外，尚有有据可查、规模不等的屠杀事件870余起，其中遇难人数较多者，如：下关南通路北麦地300余人；挹江门姜家园300余人；鼓楼五条巷、四条巷数百人；三汊河放生寺、慈幼院难民所四五百人；龙江桥江口500余人；大方巷塘内200余人；下关九甲圩江边500余人等。[⑤]该870余起屠杀事件，被害者少则一二人，多则数十人、数百人。

日军还用种种别出心裁的方法，杀人取乐。

日军曾将一批难民，集中在一个广场上，分排立定，先在他们身上浇上汽油，然后用机枪扫射，枪弹一着人身，火光随之而起，被弹击火烧的难民，浑身颤动，挣扎翻滚，全场是一片拖曳的火光。日军则在一旁鼓掌狂笑，引以为乐。[⑥]

将活人作靶，供日军士兵练习刺杀的情况，随处可见。在江东门附近一

---

① 《日军在燕子矶集体屠杀的调查表节录》(1945年10月1日)，中国第二历史档案馆等编《侵华日军南京大屠杀档案》，江苏古籍出版社1987年版，第102页。

② 《郭国强证言》，“南京大屠杀”史料编辑委员会等编《侵华日军南京大屠杀史料》，江苏古籍出版社1985年版，第402页。

③ 《陈万禄陈述日军在宝塔桥惨杀军民的结文》(1945年10月1日)，中国第二历史档案馆等编《侵华日军南京大屠杀档案》，江苏古籍出版社1987年版，第105页。

④⑤ 《审判战犯军事法庭谷寿夫战犯案件判决书》，中国第二历史档案馆藏，档案号五九三—870。

⑥ 南京大学历史系编著：《日本帝国主义在南京的大屠杀》，1979年内部版，第18页。

个用铁丝网围着的操场内，日军令 9 名难民全部跪下，再由 9 名日军士兵持上了刺刀的枪，朝他们身上刺去。在这场虐杀中，除一人幸存外，其余 8 人全被活活刺死。①

活埋，是日军用来杀害南京军民的一种残忍手法。军医蒋公穀在《陷京三月记》中描述："最残酷的莫过于活埋了。悲惨的哀号，那人类生命中最后挣扎出来的一种尖锐无望的呼声，抖散在波动的空气里，远在数里以外，我们犹可以隐隐的听得。"②记者林娜从由南京逃出的三位难民那里获悉：日军"抓到我们的俘虏，就命令他们自己挖坑，叫第二批人去埋第一批的，又迫第三批人去埋第二批的"。③

甚至，挖眼割鼻等酷刑，也被日军当作"游戏"的一种。日军第 114 师团重机枪部队的一等兵田所耕造对人说："为了让俘虏们看，也曾用过割耳朵、削下鼻子，或者用佩刀捅进嘴里面再豁开等方法。要是把刀横着刺进眼睛里，立刻就有像鱼眼一样粘糊糊的白色的东西搭拉下来，如果不这样干，就没有别的乐趣啦！这是登陆以来好久没玩的游戏了。"④

在凶残的日军眼里，中国人的性命不如他们的一匹战马。日军有一匹战马在水西门外的棉花堤被流弹打死了。他们拉了一批老人来埋葬死马。据棉花堤居民揭露："埋葬以后，日军把埋马的人杀了九人，把人头砍下来，放在马墓前，还竖了一个牌子，上写某某大队军马。"⑤

日本侵略军在南京城郊进行的"杀人竞赛"，更令人发指。日军第 16 师团的少尉炮兵小队长向井敏明和少尉副官野田毅，在攻击南京的途中相约，

① 《张从贵证言》，"南京大屠杀"史料编辑委员会等编《侵华日军南京大屠杀史料》，江苏古籍出版社 1985 年版，第 429—430 页。

② 蒋公穀：《陷京三月记》，"南京大屠杀"史料编辑委员会等编《侵华日军南京大屠杀史料》，江苏古籍出版社 1985 年版，第 77 页。

③ 林娜：《血泪话金陵》，"南京大屠杀"史料编辑委员会等编《侵华日军南京大屠杀史料》，江苏古籍出版社 1985 年版，第 142 页。

④ ［日］森山康平：《南京大屠杀与三光作战》，四川教育出版社 1984 年版，第 11 页。

⑤ 《张春山、钟诗来、钟声证言》，"南京大屠杀"史料编辑委员会等编《侵华日军南京大屠杀史料》，江苏古籍出版社 1985 年版，第 472 页。

开展“杀人竞赛”，谁先杀满100人，谁就是胜者。他们从常州杀到汤山，向井杀了89人，野田杀了78人，都未满百人，所以“竞赛”继续。12月10日，两人又相遇在紫金山下，日本的战地记者浅海、铃木从紫金山麓发出电讯称：“在攻入南京之前就开始进行罕见‘百人斩’竞赛的片桐部队的勇士向井敏明和野田岩两少尉，到10日攻略战时，创造了106比105的纪录。10日中午，两少尉手持卷了刃的日本刀碰面了。野田：‘喂，我斩了105个，你呢？’向井：‘我是106个！’……两少尉大笑‘啊，哈哈哈’。最终也没能搞清楚是谁在什么时候先斩杀满100人的。‘那我们就算是平手吧。不过，改成150人怎么样？’两人很快达成了一致意见。从11日起，‘150人斩’的竞赛又开始了。”[①]这两名日军的“杀人竞赛”，便从12月11日起，又按照新的约定目标进行起来。

日军在南京进行的血腥屠杀，即使在安全区范围内，难民们也同样不能幸免。日军自12月13日攻陷南京后的当天，便开始了在安全区的屠杀。安全区国际委员会总干事菲奇在这一天的日记中写道：

> 上午11点，安全区首次得到有关他们(进城)的报告。我与委员会两位同事开车去会见他们，正好在安全区南面进口遇见一个小分队。他们未显露敌意，尽管稍后片刻就杀了20个由于害怕他们而慌忙逃走的难民。[②]

上述列举的集体屠杀与分散屠杀，有许多起便是从安全区将难民与放下武器的军人抓走的。如：12月15日，从司法院难民所内，将军警与难民2 000余人押至汉中门外屠杀；12月16日，从华侨招待所将难民5 000余人押至中山码头屠杀；12月18日，从大方巷一带将难民单耀亭等4 000余人

---

① 《东京日日新闻》(1937年12月13日)，王卫星编，何慈毅等译《南京大屠杀史料集》第58册《〈东京日日新闻〉与〈大阪每日新闻〉报道》，江苏人民出版社2010年版。野田岩即野田毅。

② 章开沅编译：《天理难容——美国传教士眼中的南京大屠杀(1937—1938)》，南京大学出版社1999年版，第100页。

押至下关江边屠杀。仅 12 月 16 日这一天，发生在安全区内的集体屠杀事件就有：鼓楼四条巷市民张义魁等 50 余人，被集体枪杀；鼓楼五条巷 4 号内军民石岩、陈肇委、胡瑞卿、王克林等数百人，被驱集至大方巷广场，以机枪射杀；傅佐路 12 号平民谢来福、李小二等 200 余人，被押至大方巷塘边枪杀；中山北路前法官训练所旧址平民吕发林、吕启云等 100 余人，被拖至四条巷塘边，以机枪射杀。[①] 此外，鼓楼二条巷市民周永春等近百人，被射杀于阴阳营塘边。[②] 上述中国法律文书中判定的安全区暴行，在国际委员会成员的私人日记中，也得到了印证。总干事菲奇在 12 月 15 日的日记中写着：

> 当晚我们职员开会时有消息传来，日军将离我们总部很近的一个难民营 1 300 人全部抓去枪毙。我们知道其中一些是以前的士兵，但拉贝在那天下午曾经得到一个日本军官保全他们性命的许诺。现在一切都很清楚，他们即将被处决。人们被排列成行列，并用绳索捆绑成大约百人一群，由士兵持刺刀监视；那些人戴的帽子被粗暴地毁丢在地下，凭借汽车前灯的灯光，我们看见他们走向自己的末日。[③]

拉贝主席也在日记中记下了 12 月 16 日发生的惨剧："我们刚刚听说，又有数百名已经解除武装的中国士兵被拖出安全区枪毙了。其中有 50 名安全区的警察也照军法执行处决，据说是因为他们放进了中国士兵。"[④]

12 月 23 日，在农业专修科学校难民收容所发生了新的集体抓捕、屠杀事件。国际委员会秘书斯迈思在一封致家人的信中写道：12 月 23 日，"日本

---

① 《中国审判战犯军事法庭谷寿夫战犯案件判决书》，中国第二历史档案馆藏，档案号五九三—870。

② 《周凤英证言》，"南京大屠杀"史料编辑委员会等编《侵华日军南京大屠杀史料》，江苏古籍出版社 1985 年版，第 416 页。

③ 章开沅编译：《天理难容——美国传教士眼中的南京大屠杀（1937—1938）》，南京大学出版社 1999 年版，第 103 页。

④ ［德］约翰·拉贝著，本书翻译组译：《拉贝日记》，江苏人民出版社、江苏教育出版社 1997 年版，第 189 页。

人从 RLTS(按指农业专修科学校或称农村师资训练学校)的难民营带走了200 人并枪毙了他们,其中可能有军人,但据说一半以上是平民百姓”。[①] 总干事菲奇的日记中同样有所记载。他在这一天记着:“日军从我们设在农业专修科学校的难民营里抓人并处决了 70 人。没有任何章法——士兵可以抓走任何他们认为可疑的人。”[②]菲奇与斯迈思在人数的统计上虽有出入,但发生在这一天的多至上百人的集体屠杀事件,是确定无疑的。

安全区中的分散屠杀,更是面广量大,遍及工人、农民、医生、学生、商人等各种不同身份的对象。如工人周宝相、周得胜,12 月 13 日在难民区内遇害;农民王怀祥,12 月 14 日在城北难民区被用刺刀戳死;医士赵善成 12 月 14 日在难民区被用刺刀戳死;学生於得明,12 月 15 日在金陵中学被枪杀;商人萧作梅,12 月 15 日在金陵神学院内被用乱刀戳毙。[③]

12 月下旬,日军复利用“良民登记”的办法,胁迫、诈骗一些青壮年承认自己是“中国兵”,然后将他们予以屠杀。26 日,在金陵大学登记点,有二三百名承认“当过兵”的难民,其中一部分“被缚成几队,五个十个不等,从某巨厦的第一室内鱼贯送入第二室(也许是一个院子),那里正火光熊熊。每一队走进去后,外面人就可以听到呻吟和惨喊”;另一部分则被“解到汉西门外的秦淮河旁,一架机关枪向他们扫射”,致“尸体横陈,满身是刺刀的伤痕,恐怖万分”。[④]

当年安全区所在之南京市第六区,于 1946 年 5 月,向南京市政府呈报了“搜集日本战犯罪证材料单”,其中列有下列集体屠杀资料:

> 据查:本区境内于二十六年划为难民区,日军将大批难民及青年学生赶到西塘桥边,用机枪扫射,死亡约一千数百人,时在二十六年腊末。

---

① 章开沅编译:《天理难容——美国传教士眼中的南京大屠杀(1937—1938)》,南京大学出版社 1999 年版,第 300 页。

② 同上,第 109 页。

③ 《中国审判战犯军事法庭谷寿夫战犯案件判决书》(附件),中国第二历史档案馆藏,档案号五九三—870。

④ [英]田伯烈著,杨明译:《1937:一名英国记者实录的日军暴行》,湖北人民出版社 2005 年版,第 48—50 页。

据查：云南路四条巷口塘地间，日军枪杀难民青年约在六百人以上，时在二十六年腊末。

据查：云南路中塘地，日军用机枪扫射难民学生，惨死者七百人以上。

据二十保查报，在山西路一带行路者，被日寇枪杀或无故以刺刀刺死者，约百余人，姓名、住址均无法调查。

据第六保查报，该保于民国二十六年划为难民区，日军进城后，将难民赶至大方巷十四号对面塘边枪杀，约计三百余人。[1]

仅就以上第六区呈报的集体屠杀统计材料，日军在安全区内已屠杀 3 000 人左右。如再加上从安全区捕往别处的集体屠杀，数字当更为庞大。

在国际友人监督与干预下的安全区，日军的暴行已经受到了某些遏制。但是仍然发生了大量、野蛮的屠杀事件。

五　遇难者的尸体掩埋

时间长达 6 周以上的南京大屠杀，惨绝人寰，震惊世界，后来经远东国际军事法庭判定："后来的估计显示，在日军占领后的最初六个星期内，南京城内和附近地区被屠杀的平民和俘虏的总数超过 20 万。"[2]中国审判战犯军事法庭认定："我被俘军民遭日军用机枪集体射杀并焚尸灭迹者，有单耀亭等十九万余人。此外零星屠杀，其尸体经慈善机关收埋者十五万余具。被害总数达三十万人以上。"[3]

与南京大屠杀同时或稍后进行的，对遇难者尸体的掩埋和处理，用确凿

---

① 《詹世骅就搜集日本战犯罪证致南京市政府呈文》(1946 年 5 月)，中国第二历史档案馆等编《侵华日军南京大屠杀档案》，江苏古籍出版社 1987 年版，第 529、533 页。文中"腊末"似应为"冬末"。

② 《判决书(有关南京大屠杀)》，杨夏鸣编《南京大屠杀史料集》第 7 册《东京审判》，江苏人民出版社 2005 年版，第 607—608 页。

③ 《审判战犯军事法庭谷寿夫战犯案件判决书》，中国第二历史档案馆藏，档案号五九三—870。

的数据和活生生的事实，向人们揭示了这一亘古少见的大屠杀的惊人规模。

1. 慈善团体收尸19.8万具

世界红卍字会南京分会收尸43 123具。该会会长陈冠麟于1938年10月在致伪行政院长梁鸿志一份呈文中称，已经“掩埋尸体统约四万余具”①。据该会战后呈送审判战犯军事法庭的统计表载，10个月中，共在城内收埋尸体1 793具，其中男尸1 759具，女尸8具，孩尸26具；在城外收埋尸体41 278具，其中男尸41 183具，女尸75具，孩尸20具；总计收埋尸体43 071具。纠正其统计中的讹误后，实际收埋数字应为43 123具。②

崇善堂收尸112 266具。该堂为收埋遇难者尸体，组织了“崇字掩埋队”，由堂长周一渔任队长。崇字掩埋队的工作时间，自1937年12月26日至1938年5月1日，共历时4个多月。据其战后呈送给审判战犯军事法庭的统计表，自1937年12月下旬至1938年4月上旬，共于城区收埋尸体7 548具，其中男尸6 741具，女尸522具，孩尸285具；自4月7日起，开始转往乡区工作，至5月1日，共收埋尸体104 718具，其中男尸102 621具，女尸1 569具，孩尸528具，总计收埋尸体112 266具。③

中国红十字会南京分会收尸22 691具。该会的收埋尸体工作，开始于1937年12月24日，分两队进行。据现今完好保存的该会埋尸统计表原始资料记载：在1938年1月5日以前，掩埋一队已在和平门外联合乡人，共收埋军民尸体5 704具；掩埋二队已在下关掩埋军民尸体3 245具。两队合计收埋尸体8 949具。后因得到日军正式许可，遂自1月6日起，有了按日、按月并载明发现地点的精确记录。其收埋尸体的地域，以下关为主，有时也展延到外围地区，东至迈皋桥，西至水西门，南至鼓楼、新街口一带。掩埋一队的按日记录，自1938年1月6日起，至5月31日毕，共计埋尸7 007具；掩埋二队的按日记录，自1938年1月6日起，至3月31日毕，共计埋尸6 735具。

---

① 《陈冠麟致梁鸿志呈文》(1938年10月14日)，南京市档案馆藏，档案号1002—2—1024。

② 《世界红卍字会南京分会救济队掩埋组掩埋尸体具数统计表》，中国第二历史档案馆藏，档案号五九三—36。

③ 《南京市崇善堂掩埋队工作一览表》，中国第二历史档案馆藏，档案号五九三—37。

两队总计收埋军民尸体 22 691 具。①

同善堂收尸 7 000 余具。该堂掩埋组组长刘德才在审判战犯谷寿夫的军事法庭上出庭作证说:"我同戈长根两人所经手掩埋的尸首就有七千多了。区公所后面所埋的二千多人都是老百姓,在干长巷二千多是有军人有老百姓,兵工厂三百多,水台二百多,还有多少衣服脱光了关在制造局的楼上用火烧死的。杨[羊]巷两个地洞内的人是被日本人用木头和草将洞口堵死在内边烧死了的,还有个学堂内也烧死了几十个人。"②

世界红卍字会八卦洲分会收尸 1 559 具。1945 年 12 月 20 日,由会长刘蓝田、责任副会长赵静仁向中华总会呈报南京沦陷前后,护送官兵渡江情形的函件中提及:"沿洲江岸,被敌舰机枪射死者一百八十四名,沿江两岸浮尸一千二百十八具,在江中打捞者一百五十七具,分别掩埋。"③上述掩埋尸体数字总计为 1 559 具。

南京代葬局收尸 1 万余具。该局掩埋队长夏元芝,曾于南京城陷后,率队收埋各街巷遇难者尸体,后供职于伪南京市自治委员会救济科及伪督办南京市政公署卫生处(局),其掩埋队亦受雇于伪政权相关机构,继续从事掩埋工作。1946 年 10 月,夏元芝因汉奸嫌疑被拘押时,于"辩护状"中提及,自己曾率代葬局员工,收埋被惨杀军民尸体万余具。他写道:"迨首都沦陷后,本市军民为敌军惨杀者为数甚众,因之尸体遍地,伤心惨目。被告恝焉忧之,遂即派员率领代葬局全体掩埋伕役,终日收埋被惨杀之军民尸体约万余具。"④

顺安善堂收尸 1 500 具。由周其芳、区长萧石楼二人对该堂情况所作的调查登记表中有:"迨至南京事变后,对于掩埋沿江野岸遗尸露骨,人工费

① 《中国红十字会南京分会掩埋队埋尸统计表》(1938 年 1—5 月),南京市档案馆藏,档案号 1002—2—1024。

② 《国防部审判战犯军事法庭关于同善堂掩埋尸体的调查笔录》(1947 年 1 月 25 日),中国第二历史档案馆藏,档案号五九三—870。

③ 《世界红卍字会八卦洲分会致中华总会函》(1945 年 12 月 20 日),中国第二历史档案馆藏,档案号二五七—368。

④ 《夏元芝辩护状》(1946 年 10 月 7 日),南京市档案馆藏,档案号 1027—1—825。

用，约去陆佰元。”[①]按当时通行埋尸付费办法，每具尸体支付 0.4 元，600 元应收埋约 1 500 具尸体。

明德慈善堂收尸 700 余具。该堂长陈家伟于 1940 年 12 月 26 日致函伪社会局暨伪南京市长报告慈务情况，内称：“事变后……一面雇用伕子十余人，掩埋尸骨，一面修理房屋，筹办平民小学、平民医院、平民工厂、平民图书馆，以期聊尽棉[绵]薄。”同一天，陈在一份表格中填明，“二十七年春，掩埋七百余具”。[②]

2. 私人收尸 4.2 万余具

湖南木商盛世徵、昌开运收尸 2.8 万余具。南京沦陷后，长期旅居上新河的湖南木商盛世徵、昌开运，因不忍同胞抛尸荒野，自费雇工，将上新河地区死难军民尸体 28 000 余具加以埋葬。他们在《为日寇残害我国军民二万八千七百三十人于上新河附近》呈文中说：“可怜死者抛尸露骨，民等不忍，助款雇工，收尸掩埋，每具尸体以法币四角，共费法币一万余元。”[③]

市民芮芳缘、张鸿儒、杨广才等收尸 7 000 余具。芮芳缘、张鸿儒、杨广才都是居住在中华门外的南京市民。芮住高辇柏村 14 号，张住雨花台 32 号，杨住雨花路 102 号。他们于 1938 年一二月间，在中华门外望江矶等处，组织难民义务掩埋军民尸体 7 000 余具。[④]

回民掩埋队收尸约 400 具。该队组织于 1938 年 2 月前后，由鸡鹅巷清真寺的伊玛目王寿仁等负责，主要成员有阿訇张子惠、沈德成、麻子和、沈锡恩等人，队址设豆菜桥 28 号。他们以收埋回民尸体为主，持有“南京回教公会掩埋队”和“南京红卍字会掩埋队”两面旗帜，以减少麻烦，主要在五台山、东瓜市、峨嵋岭一带埋葬。前后共活动 3 个多月，收埋尸体 400

---

① 《顺安善堂调查登记表》(1940 年 12 月 17 日)，南京市档案馆藏，档案号 1002—2—1027。

② 《明德慈善堂调查登记表、堂长陈家伟填写的堂务报告表》(1940 年 12 月 26 日)，南京市档案馆藏，档案号 1002—2—1027。

③ 《盛世徵、昌开运致南京市抗战损失调查委员会呈文》(1946 年 1 月 9 日)，南京市档案馆藏，档案号 1024—1—35126。

④ 《芮芳缘、张鸿儒、杨广才结文》(1945 年 12 月 8 日)，南京市档案馆藏，档案号 1024—1—35126。

具左右。[①]

北家边村民掩埋队收尸 6 000 余具。活跃在东北郊区北家边的村民掩埋队，以当年日军制造的北家边“万人坑”唯一的幸存者严兆江为首。北家边位于太平门外尧化门附近的乌龙村。日军曾在这里一次屠杀了 6 000 名军民，然后将尸体推入两个上千平方米的大水塘中。[②]

3. 伪政权收尸 1.6 万余具

为卫生和市容计，南京区、市两级伪政权，也努力组织伕役，收埋尸体。据现在可查得的资料，其所掩埋尸体共达 1.6 万余具。

在城郊各地遍陈尸体的情况下，南京市各伪区公所都受命组织员工掩埋尸体。可惜这类档案，多为日军销毁，或经战乱损失，现在还找不到各区掩埋尸体的完整数字，而只有伪第一区、第二区、第三区和下关区的部分工作报告。

日伪统治时期的第一区，位于南京城东南部。在其向伪南京市自治委员会的一份工作报告中，称该区于 1938 年 2 月，“派员率带伕役掩埋路途尸体，以期减少疫病”，“本月份掩埋尸体计一千二百三十三具”。[③]

伪第二区位于南京城西南部。在 1938 年 1 月 28 日该区的一份工作报告中，写有“函请崇善堂掩埋本区境内遗尸九具”的内容；[④]在其 1938 年 2 月份的工作报告中写有：“掩埋尸体：先后查得评事街等处，尚有遗尸十八具，暴露未埋，即经随时备函，通知崇善堂掩埋，以维人道，而重卫生。”[⑤]

伪第三区位于南京城东北部。在该区 1938 年一、二月的工作日报表

---

① 《沈锡恩证言》，“南京大屠杀”史料编辑委员会等编《侵华日军南京大屠杀史料》，江苏古籍出版社 1985 年版，第 476 页。

② 《北家边有冤魂六千》，江苏省政协文史资料委员会等编《腥风血雨——侵华日军江苏暴行录》，1995 年版，第 127 页。

③ 《伪南京市第一区公所二月份工作报告》(1938 年 2 月)，南京市档案馆藏，档案号 1002—19—11。

④ 《伪南京市第二区公所工作报告》(1938 年 1 月 28 日)，南京市档案馆藏，档案号 1002—19—12。

⑤ 《伪南京市第二区公所二月份工作报告》(1938 年 3 月 5 日)，南京市档案馆藏，档案号 1002—19—12。

中，计有8日载有函请崇善堂、警察厅等单位收埋区内各地遗尸10余具的内容。[①]

伪下关区于1937年12月中旬至1938年1月间，组织民伕收埋下关、三汊河一带尸体计3 200余具。该区伪区长刘连祥在1938年1月30日给伪南京市自治委员会的一份报告中，呈报该区宣传组长郑宝和、救济组长王科弟和户籍组长毕正清组织百余名伕役，共经手掩埋尸体约3 240具。[②]

南京市伪政权所属的卫生机构，也直接组织员伕，进行了尸体掩埋工作。据一份由日本特务机关制作的掩埋队工作统计表记载，在1938年中，伪南京市卫生机构共收埋男尸8 966具、女尸146具、孩尸205具、尸骨24具，合计9 341具。[③]

此外，伪南京市政公署督办高冠吾令卫生局派掩埋队于1939年春，在中山门外灵谷寺、马群一带，收集遗骨3 000余具。高冠吾于1938年10月就任南京市政公署督办。此时虽已距南京失陷10月之久，但其仍于城边草丛、山巅、水旁屡见被日军残杀市民之遗骸，遂共收埋尸骸26具。后又经村民报告，在中山门外灵谷寺至马群一带遗尸尤多。遂复令卫生局派掩埋队前往埋葬。计工作40余日，开支909元，收遗骨3 000余具，于灵谷寺东以青砖砌成扁圆形坟墓一座，外粉水泥，坚固而壮丽。高冠吾派员于1939年5月28日前往致祭，并亲立“无主孤魂之碑”一方。[④]

4. 日军焚尸灭迹若干万具

日本侵略军为了掩盖血腥屠杀的罪证，除了支持慈善团体和雇用当地难民掩埋尸体外，还动用部队，专门从事毁尸灭迹的工作。日军下关碇泊场

---

① 《伪南京市第三区公所一、二月份工作日报表》(1938年1—2月)，南京市档案馆藏，档案号1002—19—13。

② 《伪下关区长刘连祥致伪南京市自治委员会呈文》(1938年1月30日)，南京市档案馆藏，档案号1002—19—15。

③ 《南京市政概况》(1942年4月)，孙宅巍编《南京大屠杀史料集》第5册《遇难者的尸体掩埋》，江苏人民出版社2005年版，第338页。

④ 《无主孤魂之碑碑文》(1939年1月)，中央档案馆等编《南京大屠杀图证》，吉林人民出版社1995年版，第160页之图478。

司令部少佐太田寿男曾于1954年供称：他与安达少佐在12月14日至18日间，曾指挥800名士兵，动用30只船、10辆卡车，将3万具尸体烧埋、7万具尸体抛入江中，总共处理了10万具尸体。[①] 另一名同在下关碇泊场司令部服役的军曹梶谷健郎则只于12月26日的日记中称："下午指挥40名苦力顶着恶臭清除了千余具尸体。"[②]这两份资料相互印证，该日军机构确进行了大规模的、千人以上的处理尸体活动。但是，鉴于上述太田与梶谷的说法，在处理尸体时间、数量和动用人力方面，都有较大出入，且都是孤证，若单独使用其中某一则资料，宜取慎重和保守的态度。

此外，还有大量关于日军部队埋尸或焚烧、抛尸入江等毁尸灭迹的记录。例如：原日军第16师团步兵第20联队上等兵增田六助保存的一份《阵中日志》中，载有枪杀并埋葬328名"败残兵"的内容；原日军第16师团步兵第33联队士兵下村宇一郎曾参加了太平门附近掩埋大批尸体的行动；日本记者本多胜一曾采访了一名化名田中的原日军士兵，这名士兵见证了1937年12月18、19日将上万名俘虏屠杀后，焚烧尸体与抛尸入江的场面；原日军士兵冈本健三曾在南京机场附近，参与将四五百具被屠杀的中国人尸体进行焚烧等。[③]

综合以上各点，在南京大屠杀事件中，共有25.6万余具尸体分别为慈善团体、市民和伪政权收埋；被日军焚烧、投江和处理的尸体应有数万具；另有相当数量的尸体或已为亲友个别、零散收埋，或已被日军个别焚毁而为档案资料所不记，或虽被有组织收埋而档案散失、无从查考，或因尸体位置荒僻、隐蔽而竟未被收埋等情况，致未被列入统计；还应在已统计的尸体数字中，酌量扣除约万余具在统计中相互重复的部分，以及数千具在战斗中阵亡，而又未被及时掩埋的中国军人尸体数字。上述对遇难者尸体掩埋和处

---

① 《抚顺日本战犯管理所战犯太田寿男供词》(1954年8月)，孙宅巍编《南京大屠杀史料集》第5册《遇难者的尸体掩埋》，江苏人民出版社2005年版，第344—348页。

② 《梶谷健郎日记》，王卫星编《南京大屠杀史料集》第9册《日军官兵日记与书信》，江苏人民出版社2006年版，第539页。

③ 孙宅巍：《澄清历史——南京大屠杀研究与思考》，江苏人民出版社2005年版，第238—243页。

理的情况，确凿无疑地证明了日军南京大屠杀的存在及其巨大的规模。

六　空前的大奸淫

性暴力在南京大屠杀暴行中占有重要位置。性暴力是仅次于屠杀暴行的南京大屠杀的重要内容。由于性暴力而被屠杀的妇女及男子，构成了南京大屠杀死难同胞中令人瞩目的部分。南京大屠杀期间性暴力的普遍性、野蛮性，从一个侧面揭示了南京大屠杀暴行的极端野蛮和残忍。正由于日军在南京的大量强奸犯罪活动，“南京大屠杀”事件甚至被人们称为“南京强奸事件”。美国驻中国大使馆副领事詹姆斯·埃斯皮与三等秘书约翰·M.爱利生于1938年1月编撰的《南京的状况》一文中，就日军在南京的奸淫暴行写道：“据报告，日本兵到处搜寻当地的妇女，无论在哪儿寻找到，便就地强奸她们。……这里的外国人相信，日军占领的最初阶段，每晚有1 000多桩强奸案发生。一个美国人统计，在一处美国房产里，一个晚上发生了30起强奸案。”[①]远东国际军事法庭经过认真调查后确认：“被占领后的第一个月中，南京城里发生了将近2万起强奸案。”[②]仅据南京安全区国际委员会搜集的470件日军暴行案例[③]分析，其中强奸妇女的案件就达184件，占39.1%。

1. 白日强奸

日军蹂躏妇女的兽行，不分时间，经常在白日宣淫。一位外侨在致友人的信中说：“实则三分之一的强奸是在白天干的。”[④]据《安全区档案》记载：1938年1月30日下午4时30分，马吉牧师在薛家巷4号的一个房间里，见

---

① 《南京的状况》(1938年1月)，陆束屏编著、翻译《南京大屠杀史研究与文献》第30册《美国外交官的记载——日军大屠杀与浩劫后的南京城》，南京出版社2012年版，第58页。

② 《判决书(有关南京大屠杀)》，杨夏鸣编《南京大屠杀史料集》第7册《东京审判》，江苏人民出版社2005年版，第607页。

③ 孙宅巍：《澄清历史——南京大屠杀研究与思考》，江苏人民出版社2005年版，第380—445页。

④ [英]田伯烈著，杨明译：《1937：一名英国记者实录的日军暴行》，湖北人民出版社2005年版，第58页。

到一名日本兵正从一位裸着身体躺在床上的妇女身上跳起来;2月2日上午10时,一位马先生的妻子,在中华门城门附近遭到一名日本兵的强奸;2月3日上午,一位姓刘的女子,在西华门附近,被3名日本兵拖到一座楼房里进行了强奸,这名女子的衣服被刺刀戳穿,右手食指被刀戳伤;同日下午1时,已从难民区回到自己家中的女青年姚罗氏,被日本兵强奸。① 金陵大学教授梅拉菲在《南京的大悲剧》一文中,在描述南京妇女遭受的性暴力侵害时写道:"这些女人,都在南京十二月阳光之下,被剥得赤裸裸的公开的干。有的四肢被割断了。远听门户洞开的屋里传来的女人惨叫声,令人毛发悚然。"②军医蒋公穀在其所著《陷京三月记》中称:日军"赤身裸体,公然白昼宣淫,迭经外邦人士目睹,当面斥为禽兽,悄然遁去,恬不知耻"。③

2. 奸淫对象不分老幼和孕妇、产妇

日军奸淫的对象,不分老幼,也不问是否怀孕或为产妇。12月13日,日军刚刚进城,即在珍珠巷238号,将14岁少女伍大毛强奸杀死。④ 这一天,家住中华门地区的16岁少女黄桂英、陈二姑娘,怀胎9月之孕妇萧佘氏及一名63岁的乡妇,均同遭日军奸污。⑤ 2月5日,3名日本兵闯入三牌楼郑姓家中,一个把守大门,两个轮奸一名60岁的老妇,其孙在一旁哭泣,被刺两刀。⑥ 水西门外,某寡妇有女3人,长女18岁,次女13岁,小女9岁,均被日军轮奸。小女当场死去,长女、次女亦不省人事。⑦ 19岁的年轻妇女吴殷

---

① 《南京安全区档案》,"南京大屠杀"史料编辑委员会等编《侵华日军南京大屠杀史料》,江苏古籍出版社1985年版,第396、384、388、393页。

② 梅拉菲:《南京的大悲剧》,中国第二历史档案馆等编《侵华日军南京大屠杀档案》,江苏古籍出版社1985年版,第655页。

③ 蒋公穀:《陷京三月记》,"南京大屠杀"史料编辑委员会等编《侵华日军南京大屠杀史料》,江苏古籍出版社1985年版,第91—92页。

④ 《审判战犯军事法庭谷寿夫战犯案件判决书》(附件),中国第二历史档案馆藏,档案号五九三—870。

⑤ 《审判战犯军事法庭谷寿夫战犯案件判决书》,中国第二历史档案馆藏,档案号五九三—870。

⑥ 《南京安全区国际委员会搜集的日军暴行记录(1—470件)》,孙宅巍《澄清历史——南京大屠杀研究与思考》,江苏人民出版社2005年版,第439页。

⑦ 杜呈祥:《日军暴行论》,时代出版社1939年版,第55页。

氏，刚分娩4天，即被日兵强奸。[①] 1938年1月30日，3名日本兵闯进糖坊桥30号，将一位刚分娩半月的产妇强奸。[②] 一位家住宝塔山姓金的20岁孕妇，多次遭到日军的强奸。[③]

3. 轮奸摧残

日军为满足其兽欲，不择手段，经常多名士兵轮奸同一位妇女，或将妇女掠至某地，供其轮番宣淫。据证人杨朱氏具结，1937年12月14日，日军3名在湖北路28号凤来栈，将年甫15岁之幼女陈代弟轮奸。[④] 1938年1月30日，一女孩回家途中，行至国府路，被两个日本兵拖至一间空屋里轮奸。[⑤] 日军还在被害妇女的丈夫面前轮奸其妻。据住大辉复巷的回族老太太马杨氏回忆：

> 一九三七年冬月十一日（即12月13日），日军进城。我当时二十岁，结婚两年，生一个小孩才六个月。因跑日军的反，从南门外宝塔山家里，跑到楼子街（巷）背后姨婆家。冬月十三（即12月15日）这天，我出门淘米洗菜，被三个日本兵发现并对我进行轮奸。我丈夫马××见此情景后，出来阻挠，被日本兵用枪打死了。[⑥]

4. 逼迫乱伦

日军在自己对南京妇女不分老幼、奸淫摧残的同时，更有甚者，还迫使

---

① 《南京安全区档案》，“南京大屠杀”史料编辑委员会等编《侵华日军南京大屠杀史料》，江苏古籍出版社1985年版，第375页。

② 同上，第378—379页。

③ 《金××证言》，“南京大屠杀”史料编辑委员会等编《侵华日军南京大屠杀史料》，江苏古籍出版社1985年版，第478—479页。

④ 《杨朱氏陈述其幼女陈代弟被日军强奸的结文》（1945年12月2日），中国第二历史档案馆等编《侵华日军南京大屠杀档案》，江苏古籍出版社1985年版，第332—333页。

⑤ 《南京安全区国际委员会搜集的日军暴行记录（1—470件）》，孙宅巍《澄清历史——南京大屠杀研究与思考》，江苏人民出版社2005年版，第420页。

⑥ 《杨××证言》，“南京大屠杀”史料编辑委员会等编《侵华日军南京大屠杀史料》，江苏古籍出版社1985年版，第480页。

父奸女、子奸母、公奸媳、僧奸妇等，稍有不从，便以杀戮相加。

在日军进城的第 4 天，一伙日军闯入水西门一刘姓家中，见一少女，“强令脱去衣服，迫其父母各持一足，任其依次轮流强奸”；后又令其父脱去衣服，奸其女，父不从，日兵则以刺刀猛刺，父女同时毙命。[1]

据郭歧在《陷都血泪录》中所述，仅他个人所闻，南京已发生了四五次逼着儿子奸淫母亲的事。他说：“有一次，兽兵将一中年妇人奸淫之后，从外面来了一位男子，想是由难民区回来看家的，兽兵即问此系何人，男子说我的母亲，他们拍掌大笑，令将席子铺在堂屋地下，逼令母子睡觉，他们在一旁大笑。”[2]

曾目睹日军暴行的机关职员李克痕，在逃出南京后，著文揭露说：南京城外沙洲圩一户姓朱的人家，某日闯进日兵 4 名，将朱姓 40 岁的儿媳强行奸淫。日军还强逼其公公、丈夫、儿子站在一旁看着他们奸淫。奸后，日兵又对其公公说：“老头，你快活快活！”公公只好伏在儿媳身上，做个样子；可日兵认为不对，逼其认真去做，其后，又逼着年仅 17 岁的儿子，去奸其母。[3]

日军甚至还逼令和尚与民女行奸。一位十八九岁的姑娘，装扮成男子，想从中华门出城，寻找其父母，在城门口为日军识破，当即被拖进卫兵室施行轮奸。后正好一个和尚经过此处，日军遂令和尚续与行奸。和尚口念“阿弥陀佛”，而拒不从命。日军拍掌大笑，并说：“你长的东西失去了作用。”当即将和尚的生殖器割去，那和尚也当场死去。[4]

5. 强征慰安妇和设立慰安所

慰安所开始时有“慰安营”、“俱乐部”、“行乐所”、“安乐所”等五花八门的名称，后一般称慰安所。

---

① 《日寇暴行实录》附录《日寇暴行记略》之七“别开生面的轮奸”，国民政府军事委员会政治部1938 年编印。

② 郭歧：《陷都血泪录》，“南京大屠杀”史料编辑委员会等编《侵华日军南京大屠杀史料》，江苏古籍出版社 1985 年版，第 13 页。

③ 李克痕：《沦京五月记》，“南京大屠杀”史料编辑委员会等编《侵华日军南京大屠杀史料》，江苏古籍出版社 1985 年版，第 110 页。

④ 同②，第 14 页。

林娜在所著《血泪话金陵》一文中称:“在城中设立了17个慰安所,到外面强迫美貌女同胞作日人的牺牲品。在这个所谓的慰安所中,不知道有多少女同胞被蹂躏牺牲了。”①

据档案资料揭示:日军在南京开设慰安所早在1937年12月中旬即已开始。这一时期,日军在下关煤炭港附近建有慰安营。此处是用木板搭成的简易房子,被强掳来的300多名妇女均一丝不挂,躺在地板上,遭受日军奸淫。此外,还有一所由日本上海派遣军参谋、特务机关长大西出面勾结汉奸筹办的慰安所。汉奸乔鸿年从12月18日至20日,在金陵女子文理学院难民收容所强征了妇女300人,从中挑选100名,交大西过目,乔选好地址,又与日宪兵乘坐汽车从国民党中委、部院长公馆内挑选上好家具装饰。约12月22日慰安所正式开业。大西任慰安所主任,乔鸿年任副主任。慰安所分设傅厚岗和铁管巷两处。傅厚岗慰安所专为日军将校服务。大西挑选年轻貌美的30人住傅厚岗中委公馆一、二、三层楼。慰安所规定每小时接客军用手票3日元,通夜10日元。其余慰安妇住铁管巷,为日军士兵服务,规定每小时接客军用手票2日元,但不准过夜。②

同年4月,乔鸿年又在夫子庙附近开办了“人民慰安所”。相继成立的还有“大华楼慰安所”(白下路213号)、“东云慰安所”(利济巷普庆新村)、“青南楼慰安所”(太平路白菜园)、“浪花慰安所”(中山东路)、“共乐馆慰安所”(桃源村3号)、“菊水馆慰安所”(湖北路楼子巷25号)、“满月楼慰安所”(相府营)、“鼓楼饭店中部慰安所”(鼓楼饭店)等。③

6. 发生在安全区的奸淫

安全区的妇女,虽有国际委员会及外国友人的庇护,但是日军却不顾信义,仍在安全区内大肆奸淫。日军在占领南京之初,差不多每天都要多次侵入安全区,当场奸淫,或将大批妇女掳去奸淫,或晚上越垣而入,摸索强奸。

---

① 林娜:《血泪话金陵》,载《宇宙风》1938年7月第71期。

② 陈娟:《日军在南京的强奸事件》,陈安吉主编《侵华日军南京大屠杀史国际学术研讨会论文集》,安徽大学出版社1998年版,第199—200页。

③ 高兴祖:《日军南京强奸事件与慰安所的出现》,载《民国春秋》1993年第3期。

国际委员会主席拉贝在12月17日的日记中写道：

> 有一个美国人这样说："安全区变成了日本人的妓院。"这话几乎可以说是符合事实的。昨天夜里约有1 000名姑娘和妇女遭强奸，仅在金陵女子文理学院一处就有100多名姑娘被强奸。此时听到的消息全是强奸。①

接下来的两天是周六和周日，情况仍同拉贝日记中所述一样严重。国际委员会秘书斯迈思在一封致家人的信函中说："周六、周日（按指12月18日、19日）混乱至极点时，我们估计每晚和那两个白天有1 000多名妇女遭到强暴，也许每天都有那么多人蒙难，而且是发生在安全区！"②国际委员会委员、金陵大学教授贝德士于1938年1月10日估计日军在安全区及南京发生的性暴力事件时指出："能干的德国同事（按指国际委员会中拉贝等人）估计强奸案例有2万起。我想不会少于8 000起，也许还要更多。仅在金陵大学房产范围内包括我们一些职员宿舍和现在由美国人居住的房子——我得知详细情况的就有100多例，可以确信的大约有300例。人们很难想象这种痛苦与恐怖。小至11岁的女孩和老到53岁的妇女横遭奸污。"③上列各种数字及其所反映的情况，应当是安全区国际委员会成员们对日军在安全区强暴妇女行为的客观的估计。

日军在安全区强奸妇女时，均以武力胁迫，如有人阻拦、反抗，必遭杀身之祸。据《南京安全区档案》记载：12月15日，一队日军在汉口路闯入民房，强奸一少妇，并掳去妇女3人，其中两名妇女的丈夫紧追求赦，竟遭开枪射击，两人俱死。12月20日下午，4名日军在江苏路23号附近屋内，抽出手

---

① ［德］约翰·拉贝著，本书翻译组译：《拉贝日记》，江苏人民出版社、江苏教育出版社1997年版，第197页。

② 章开沅编译：《天理难容——美国传教士眼中的南京大屠杀（1937—1938）》，南京大学出版社1999年版，第295页。

③ 同上，第18页。

枪，威胁屋内男人，不许声张，当即强奸3名妇女；次日下午，又来2名日本兵在该处强奸一妇女，旁观者中有一人稍事阻挠，即遭枪击。[①] 国际红十字会南京委员会委员麦卡勒姆在1937年12月29日的日记中写道：

> 纪律荡然无存，许多日本兵醉醺醺的，白天他们进入我们安全区(难民)中心房屋寻找中意的妇女，然后晚上就回来强暴她们。如果她们躲开了，负责的男人便要就地被刺刀捅死。十一二岁的女孩和50岁的妇女都难逃此劫。反抗就要丧生。最严重的伤员们来到医院。一个妇女怀孕6个月，她曾经反抗，脸上和身上有16处刀伤，有一刀刺破下腹。她失去婴儿但自己生命得以保全。[②]

日军的军官和宪兵，实际上参与了及纵容着士兵们在安全区的奸淫暴行。国际红十字会南京委员会委员魏特琳的中国助手程瑞芳女士就在日记中记载了这样的事实。她在12月20日的日记中写道："其实宪兵还是将姑娘拖到院子里奸，不是人，是畜牲[生]，不管什么地方。"而日军长官对于士兵强拖姑娘的事，"其实也无所谓"。[③]

一些居住在难民区内外侨住宅中的妇女，亦难幸免于难。据国际委员会委员、美国人里格斯报告，住在他家的两名妇女，于12月17日遭到日军强奸。[④] 12月20日，数名日军闯入外侨丹尼尔医生的住宅，将两名妇女强奸、蹂躏达3小时之久。[⑤] 即使在白天，安全区内也不断发生日军强奸妇女

---

① 《南京安全区国际委员会搜集的日军暴行记录(1—470件)》，孙宅巍《澄清历史——南京大屠杀研究与思考》，江苏人民出版社2005年版，第381、395—396页。

② 章开沅编译：《天理难容——美国传教士眼中的南京大屠杀(1937—1938)》，南京大学出版社1999年版，第225页。

③ 《程瑞芳日记》，张连红编《南京大屠杀史料集》第3册《幸存者的日记与回忆》，江苏人民出版社2005年版，第19页。

④ [英]田伯烈著，杨明译：《1937：一名英国记者实录的日军暴行》，湖北人民出版社2005年版，第28页。

⑤ 同①，第394—395页。

的案件。据国际委员会中的外侨估计，日军强奸妇女，有1/3是在白天。有一次，日军在神学院内白日宣淫，17名日本兵在这里连续强奸一个女人。①12月20日下午，有3名日本军官闯进汉口路小学难民收容所办公室，强令职员离开，公然将2名妇女强奸。②

发生在安全区的强奸事件，是仅次于安全区屠杀的第二大暴行。

七　全城遭纵火抢劫

1. 纵火暴行

侵入南京的日军，除了采用残忍的屠杀和奸淫的暴行，来残害南京同胞的肉体外，还肆意纵火、抢劫，将六朝古都，破坏殆尽。

随着日军铁蹄的侵入，南京城陷入一片火海之中。据中国军事法庭审判战犯判决书认定："日军锋镝所至，焚烧与屠杀常同时并施。我首都为其实行恐怖政策之对象，故焚烧之惨烈，亦无与伦比。城陷之初，沿中华门迄下关江边，遍处大火，烈焰烛天，半城几成灰烬。我公私财产损失，殆不可以数字计。"③

目睹日军放火暴行的军医蒋公毅记述："自敌军入城之日起，纵火乱烧，日必七八起，初将所有高大建筑，除被其占用外，殆已烧尽，不能焚毁者亦必被破坏之，继则普通民居亦难幸免。"④

据安全区国际委员会的调查：12月19日白天，中山路和保泰街交会的拐角处房屋被烧光；傍晚，国府路方向有好几处火光。20日下午5时至6

---

①　章开沅编译：《天理难容——美国传教士眼中的南京大屠杀(1937—1938)》，南京大学出版社1999年版，第225页。

②　《南京安全区国际委员会搜集的日军暴行记录(1—470件)》，孙宅巍《澄清历史——南京大屠杀研究与思考》，江苏人民出版社2005年版，第395页。

③　《中国审判战犯军事法庭谷寿夫战犯案件判决书》，中国第二历史档案馆藏，档案号五九三—870。

④　蒋公毅：《陷京三日记》，"南京大屠杀"史料编辑委员会等编《侵华日军南京大屠杀史料》，江苏古籍出版社1985年版，第91页。

时，沿珠江路、太平路、白下路，有15队至20队日军，正在下级军官统领下，站在大街两旁观看正在燃烧的房屋建筑，有些日军在店铺的地板上烤火；越过中华路，青年会房屋的北半部已被烈火吞没，至晚9时，该屋殆被烧毁；与此同时，太平路街道两旁大约有10处建筑正在燃烧，而其他的一些房屋已化为灰烬；在东海路（今太平北路）与国府路（今长江路）的拐角附近有一处烈焰冲天，中山路与珠江路交会处，也有一处熊熊大火。[①]

中央社记者采访了几位于1938年1月从南京逃出的难民，其报道说："首都沦陷，敌军进城，炮火之余，又大施纵火，到处狂烧猛烈之巨火，浓烟日夜笼罩于全城，亘一月之久。此空前大火，使全城居民无时不在惊骇恐怖中，其延烧区域，计有中华路、夫子庙、朱雀路（今太平南路南段）、太平路、中正路（今中山南路）、国府路、珠江路及陵园新村等地带。所有高大建筑及商店房屋，均付一炬，断垣颓壁，焦土无垠，凄惨情况，目不忍睹。"[②]目睹了南京大火的陆咏黄先生撰文指出："受灾最重者，则由太平路经朱雀路，至夫子庙一带，中华门以东之门东地方，以日寇之先锋队系由通小火车之雨花门攻入，受灾亦钜。"其中，建康路全路均被灾；三山街口、承恩寺、奇望街等处，中华路自内桥至三山街口，几均毁；青年会、市民银行、绸布店、银楼均烧完；白下路被灾10余处，最大之中国银行亦毁；未开辟之长乐路，由武定桥至中华路段全毁；夫子庙地区，"自东牌楼起，迄大中桥止，巡视一周，其间屋宇被毁者，约十之六七，有名建筑物，如大成殿、魁星亭、得月台、奇芳阁等，均付之一炬"。[③] 美国大使馆三等秘书爱利生在一份为名"南京的状况"的报告中，也指出城南地区被焚毁的状况最为严重。报告称："城南的火患最为严重。巡视南京这片商业闹市区，成片街区的房屋建筑被烧毁，许多街区仅剩下十

---

① 《史密斯等关于日军火烧南京城的调查报告》(1937年12月21日)，中国第二历史档案馆等编《侵华日军南京大屠杀档案》，江苏古籍出版社1987年版，第361—362页。

② 《闽政与公余》第20期，1938年1月。

③ 陆咏黄：《丁丑劫后里门闻见录》，载《南京文献》1947年第3号。

来栋或更少的房屋挺立着。”①

安全区国际委员会主席拉贝在 12 月 21 日的日记中，记录下了日军纵火给他带来的惊恐。他在日记中写道：“昨天晚上，城市有 6 处火灾。其中一处较大的火灾发生在珠江路(是沿我南面院墙的广州路的延续)……夜里 2 时 30 分，我被院墙倒塌声和屋顶坍塌声惊醒，大火已经蔓延到了主要街道中山路，这个时候危险是很大的，因为大火会蔓延到我的住处和中山路之间的最后一排房子。”②他在 1938 年 1 月 14 日写给德国西门子中国公司上海理事会的信中证实，日军纵火行为已持续了一个月，城中大批房屋被毁，即连德国侨民的房屋也不能幸免。他写道：日军“还肆无忌惮地闯入外国侨民的房子，60 处德国人的房子中，约有 40 处遭到不同程度的抢劫，4 栋被彻底烧毁。整个城市约有三分之一被日本人纵火焚毁，时至今日，纵火事件还在继续不断的发生”。③

1938 年 1 月 23 日，刚创办不久的中国共产党机关报《新华日报》以“恐怖的南京城，大火卅九日未熄”为题报道说：“南京被敌军占领，迄今已达三十九日，但仍有许多地方尚在燃烧中，恐怖之时仍未渡过，所有商业区均成废墟。”④12 月 12 日至 14 日间，仅在安德门海新乡一乡，即烧毁房屋 80 间，烧毁、抢劫粮食 685 担(石)及大量农具、家具。⑤

许多试图前去救火的市民，遭到日军杀害。据档案资料记载：乡民魏小山，因谷寿夫部队在中华门堆草巷纵火，驰往施救，被日兵砍死。⑥瞻园路口市民叶其瑞，因不忍目睹邻舍被烧，奋身往救，当场被日军射杀。⑦ 据见证人左润德叙述：某晚，“日军在丰富路卫生所放了火，火势很大，附近的居民都

---

① 爱利生：《南京的状况》，陆束屏编著、翻译《美国外交官的记载——日军南京大屠杀与浩劫后的南京城》，南京出版社 2012 年版，第 60 页。

②③ ［德］约翰·拉贝著，本书翻译组译：《拉贝日记》，江苏人民出版社、江苏教育出版社 1997 年版，第 235 页。

④ 《新华日报》1938 年 1 月 23 日。

⑤⑥ 《中国审判战犯军事法庭谷寿夫战犯案件判决书》(附件)，中国第二历史档案馆藏，档案号五九三—870。

⑦ 《叶其瑞被日军枪杀房屋被焚毁的调查表节录》(1946 年 7 月 25 日)，中国第二历史档案馆等编《侵华日军南京大屠杀档案》，江苏古籍出版社 1987 年版，第 396—397 页。

纷纷赶去救火。不料救火的人刚跑到跟前，早埋伏在隔壁军营的日本兵大批翻墙而出，端起刺刀就对救火的人捅，捅死就摔进火堆里。有的还被日本兵活活推进火里烧死。在这场灾难中，王府巷居民烧死的就有二十多人”。①

日军的纵火暴行，即使在安全区范围内，也仍然不能幸免。据中国审判战犯军事法庭判定，日军于12月15日，“在中山路司法院，焚毁杨功勋家具及衣服等件”，有刘星财、谢维钧二人作证。② 12月19日下午，国际委员会委员贝德士亲见日军在平仓巷16号纵火焚烧房屋，致使“全幢尽付一炬”。当时，国际委员会委员施佩林同安全区消防队的一名消防官曾来到火场，但是，他们的水泵和救火器材，早在几天之前已被日军抢走。有6名外侨在这份火情调查报告上签字。③

日军在安全区内，为供取暖，不惜以难民的家具、社会公物引火。军医蒋公毅亲见日军在宁海路将家具践破，在山西路拆毁邮亭，“顺手夺饼摊的油壶浇上，纵火焚烧”。他住在汉口路9号一幢金陵大学教授的住宅内，“立于后院的小丘上向新街口一带望去，几乎是一片瓦砾场。断墙颓垣发出一阵阵枯焦的气味，没有一所完整的屋脊可以看到”。④

日军在安全区内的纵火暴行，比之屠杀、奸淫和抢劫等暴行，明显要少。这与安全区及其国际委员会的存在有很大关系。

拉贝在日记中一针见血地指出，日军纵火的目的之一，就是为了掩盖自己抢劫的罪责。他认为：“日本人正在纵火焚毁城市，可能仅仅是为了抹去他们洗劫掠夺的痕迹。”“现在我们已经了解到这类火灾的前兆迹象了：只要大批卡车出现，那么稍过一会儿，房子就会燃起熊熊大火，这就是说，先抢

---

① 《左润德证言》，“南京大屠杀”史料编辑委员会等编《侵华日军南京大屠杀史料》，江苏古籍出版社1985年版，第484页。

② 《中国审判战犯军事法庭谷寿夫战犯案件判决书》（附件），中国第二历史档案馆藏，档案号五九三—870。

③ ［德］约翰·拉贝著，本书翻译组译：《拉贝日记》，江苏人民出版社、江苏教育出版社1997年版，第250页。

④ 蒋公毅：《陷京三月记》，“南京大屠杀”史料编辑委员会等编《侵华日军南京大屠杀史料》，江苏古籍出版社1985年版，第84页。

劫，然后纵火。”[1]安全区国际委员会财务主管克勒格尔在1938年1月13日的一份报告中，也明确指出，日军的纵火是一种在军官指挥下的有组织的行为。报告写道：“如果单单士兵人手不够，就会有小分队在军官的指挥下开着卡车抢走所有值得拿走的东西，完后还要把房子付之一炬……这种有组织的纵火焚烧开始于12月20日，自那以后一直到今天，没有一天晚上夜空不被火光映照得通红。如果有房子遗漏或跳了过去，那还要细心地给它补上一把火。截至今天，全城估计约有百分之五十至百分之六十的房屋被烧毁。”[2]对此，安全区国际委员会委员贝德士在致日本大使馆的一封信函中郑重指出：“在贵国军官率领下，由日军较大规模的队伍有组织进行的纵火活动使得数千穷苦人无家可归，也使得他们恢复正常生活和工作的希望破灭。”[3]12月21日，在南京的22名外侨联名上书日本大使馆，“要求立刻制止日军有计划的放火暴行”，呼吁“纵火的暴行立予制止，使残余的部分不再遭无情的或有组织的焚烧”。[4]

2. 抢劫暴行

日军侵占南京后，在杀、烧、奸淫的同时，还到处进行有组织的、大规模的抢劫与掠夺。日军所到之处，十室九空，不论私人住宅或公私仓库、商店的财产，金银钱财、文物古玩，以至难民的粮食、医院的被褥、民间的牲畜，几乎无一不抢。

安全区国际委员会成员贝德士证明，日军有组织地抢掠了南京市民和外侨的物资。他说：“在日军占领的最初日子里，估计约50 000日本士兵，从难民那里抢走大量卧具、炊具和食物。实际上，在占领的头六七周，城内每所房屋都被成群的游荡士兵进入许多许多次。有若干案例，抢劫是在官员

① ［德］约翰·拉贝著，本书翻译组译：《拉贝日记》，江苏人民出版社、江苏教育出版社1997年版，第235—236页。

② 同上，第468页。

③ 同①，第248页。

④ ［英］田伯烈著，杨明译：《1937：一名英国记者实录的日军暴行》，湖北人民出版社2005年版，第212页。

指挥下利用成队军车有组织的和成系列的。银行的保险柜，包括德国官员和侨民私人寄存的保险箱，都被乙炔喷火器切割打开。有一次我看见一个军需供应队伍，有2/3英里长，满载规格很高的红木与黑木家具。”[①]军医蒋公毅目睹日军动用一切运输工具搬运抢劫物资的情况，他形容说：“我每见到他们部队移动时，后面必定踢踢蹋蹋跟着许多破汽车，烂的人力车、牛车、小车和驴子，都满载着，外面拿油布遮住，这掩耳盗铃的办法是欺蒙不了众人的耳目的，谁都晓得这是抢来的贼赃呀！”[②]

美国大使馆三等秘书爱利生在《南京的状况》一文中尖锐指出，日军在南京的洗劫与掳掠，不分对象，不加区别。他写道：

> 根据国际委员会和美国居民个人提供的情况，以及本使馆工作人员的调查，可以相信，在南京几乎没有一处房舍没有被日军闯入、掳掠。无论这座院落、房屋、商店或建筑物是外国教会的产业，还是外国人或中国人个人的房产，不加区别地悉数被闯入，并在不同程度上被洗劫、掳掠。[③]

安全区国际委员会主席拉贝亲眼目睹了日军抢劫商店的实况。其12月14日日记中记有：“日本人每10人—20人组成一个小分队，他们在城市中穿行，把商店洗劫一空。如果不是亲眼目睹，我是无法相信的。他们砸开店铺的门窗，想拿什么就拿什么，估计可能是因为他们缺乏食物。我亲眼目睹了德国基斯林糕饼店被他们洗劫一空。里姆佩文的饭店也被砸开了，中山路和太平路上的几乎每一家店铺都是如此。一些日本士兵成箱成箱地拖

---

① 章开沅编译：《天理难容——美国传教士眼中的南京大屠杀（1937—1938）》，南京大学出版社1999年版，第73页。

② 蒋公毅：《陷京三月记》，“南京大屠杀”史料编辑委员会等编《侵华日军南京大屠杀史料》，江苏古籍出版社1985年版，第77页。

③ 爱利生：《南京的状况》，陆束屏编著、翻译《美国外交官的记载——日军南京大屠杀与浩劫后的南京城》，南京出版社2012年版，第55页。

走掠夺来的物品，还有一些士兵征用了人力车，用来将掠夺的物品运到安全的地方。”[①]安全区国际委员会财务主管克勒格尔在一份报告中叙述了日本兵在南京无所不抢、公然劫掠的暴行。报告写道：“他们抢走难民（穷人中最穷的人）的大米，凡是能拿走的粮食储备他们悉数掠走，他们还抢睡觉的棉被、衣物及手表、手镯，一句话，凡是他们觉得值得带走的东西，就全部抢走……今天在南京城，几乎已找不到没有被日本士兵砸开、野蛮搜查和抢劫的房子。上锁的门和橱柜被强行砸开，里面的东西被翻得七零八落，东西被抢走或被弄坏……经常可以看到一个士兵在后面用枪逼4名苦力拖运输抢来的物品。拖运的工具有童车、手推车、驴子、骡子等等，总之，凡是可以找到的东西都用上了。这种有组织的偷抢持续了两个多星期。”[②]

南京附近的农村，也惨遭洗劫。德国驻华大使馆留守南京办事处于1938年2月26日向德国外交部发送了第21号报告。该报告附记了江宁、句容一带农民致留驻江南水泥厂德国、丹麦人士的信。信中说：日军在江宁县“宰牛2 000头”，“农民的牛和驴几乎一扫而光。猪、鸡和其他家畜也斩尽杀绝”。[③] 日军对南京附近农村的抢劫、掠夺，使这里的农民遭到巨大的损失，农业生产受到严重摧残。据金陵大学斯迈思教授对江宁、句容、溧水、江浦、六合(1/2)4个半县的调查：共损失水牛、黄牛和驴等大牲畜12.3万头，价值670万元，合每户36元；共损失各种农具66.1万件，价值524万元，合每户28元；共损失库存粮食110万市担，价值420万元，合每户22元；共毁坏庄稼13.72万亩，价78.5万元，合每户4元。[④]

作为侵华日军大屠杀的一项重要内容，是对古都南京的文化掠夺与破坏。日本学术界一些正直人士，将这种摧残、掠夺行为称为“文化扫荡”或

---

① ［德］约翰·拉贝著，本书翻译组译：《拉贝日记》，江苏人民出版社、江苏教育出版社1997年版，第176页。

② 同上，第466—467页。

③ 《南京市郊区和江苏省江宁县农民给在南京江南水泥厂停留的德国人、丹麦人的呈文》（1938年1月26日），载《抗日战争研究》1991年第2期。

④ 斯迈思：《南京战祸写真》，“南京大屠杀”史料编辑委员会等编《侵华日军南京大屠杀史料》，江苏古籍出版社1985年版，第295—297页。

“文化大屠杀”。

对中国图书的掠夺，历来是日本侵华政策的一个重要组成部分。上海派遣军为了在侵华战争中实现这一目标，特于 1937 年 12 月，在军特务部的主持下，由满铁上海事务所、东亚同文书院、上海自然科学研究所三家单位协力组成“军特务部占领地区图书文献接收委员会”。日军士兵在文化特务的指挥下，从南京 70 多处机关、学校，劫掠了大量的图书、文献，用卡车运往珠江路地质调查所内。当年曾参加这次文化劫掠的青木实揭露：日军占领南京后，上海派遣军特务部就调集 9 名工作人员，以“检查”市内重要图书为名，乘坐 3 辆汽车在南京市内到处奔波。他们检查了可能有重要书籍和文献的地方共 77 处，其中有外交部、国民政府文官处、省立图书馆和中央研究院及其他地方。然后日军又调集特工人员 330 人、士兵 367 人，抓来苦力 830 人，动用了卡车 310 辆次，从 3 月起花了 1 个多月的时间，以“接收”的名义，大肆劫掠图书和文献。据日方公布的《中支建设资料整理委员会业务概要》中叙述：“（在南京）搜集有关的图书，装满卡车。每天（向地质）调查所搬入十几辆卡车的图书。在调查所主楼的一、二、三层房间里，堆积起了二百多座书山。”①

在这 70 余处劫掠目标中，中文图书数量较大者有：中央研究院 33 319 册，国学图书馆 167 923 册，国立中央博物院筹备处 1 365 种，中山文化教育馆 58 735 册。②

攻入南京后的日军，还对南京城郊的文物进行了疯狂的洗劫。据不完全统计，南京经日军占领后的劫掠、破坏，文物方面共损失：字画类，公方 464 件，私家 7 256 件另 6 箱；碑帖，公方损失无法计算，私家 3 851 件；古物类，公方 24 491 件，私家 2 093 件；仪器，公方 979 件另 63 箱，私家 11 种；标本，公方 13 414 件另 1 165 箱，私家 7 200 件；杂件，公方 648 368 件。这一统计，尚

① 中央档案馆等编：《日本帝国主义侵华档案资料选编》第 12 册《南京大屠杀》，中华书局 1995 年版，第 941—942 页。

② 同上，第 942 页。

未包括中央研究院殷墟古物、拓片等损失。在这一方面，仅中央研究院历史语言所，即损失标本 1 052 箱，内有考古组的人兽骨、陶片等珍贵标本 954 箱。[①]

居住在安全区内的难民，同样躲不过遭受日军劫掠的厄运。一位居住在安全区的难民，在日记中揭露：日军在进城之初，平均每天要到小桃园 10 次，夜里要去 6 次，搜索钱财。12 月 16 日夜，“大队倭兵蜂拥到金大图书馆。那里居留着大批难民。倭兵们拔出刺刀，向难民要钱，要金银首饰，要女人”。12 月 22 日，日军将小桃园的大门打破，“有一个倭兵，酒气熏天，蹒跚而来，背后还跟着三个中国人替他搬运沿途抢劫来的酒瓶酒罐。这倭兵乘醉向难民堆里放了三枪，饱掠了一阵，押着赃物及酒瓶酒罐一大堆扬长而去”。[②]

安全区国际委员会不断向日本大使馆提交有关日军暴行的报告。据统计，在 1937 年 12 月 16 日至 1938 年 2 月 8 日期间共报告日军在安全区的抢劫事件 129 起。在安全区内，即使是外国大使馆和外侨的住宅，也一样遭到日军的抢劫。国际委员会委员贝德士在 1938 年 1 月 10 日致朋友的信中写道：

> 城里差不多每一栋房屋，包括美、英、德大使馆或大使官邸，还有比重甚大的所有外侨财产，都遭到日本士兵反复抢劫。各种车辆、食物、衣服、被褥、钱币、钟表、一些地毯和绘画、各种贵重物品，都是他们猎取的主要目标。[③]

贝德士教授还在 12 月 21 日致日本大使馆的信函中通报说：“今天我在

---

① 孟国祥：《侵华日军对南京文化的摧残》，陈安吉主编《侵华日军南京大屠杀国际学术研讨会论文集》，安徽大学出版社 1998 年版，第 256 页。

② 佚名：《地狱中的南京》，载《半月文摘》第 2 卷第 6 期，1938 年 5 月。

③ 章开沅编译：《天理难容——美国传教士眼中的南京大屠杀(1937—1938)》，南京大学出版社 1999 年版，第 18 页。

贵国大使馆的时候，我自己的房子第四次遭到抢劫。大学（按指金陵大学）另外 7 栋房子也同样遭到洗劫。还有其他许多房子，贵国士兵已经闯进去很多次了。”①日本士兵进入安全区内外侨住宅中，上至汽车，下至手套、鞋子、蜡烛等小物品，都是其猎取的对象。总干事菲奇曾作出如下报告：“3 名日本士兵昨天（按指 12 月 18 日）闯入我们委员会 6 名领导成员位于宁海路 21 号的住所，偷走了一双手套、一双便鞋，还有剃须刀和蜡烛。第二天，也就是 19 日，中午时分，又有 2 名日本兵闯了进去，偷走 3 床被子、一套蓝色精梳毛料西装和一个装有个人债券的小箱子。”②贝德士教授认为：“甚至连安置在安全区内房子里的难民们仅有的一点点东西也被抢走了，就连仅剩的 1 元钱也逃不出闯入者的手心。”③

安全区国际委员会主席拉贝于 12 月 23 日，列出了一份因日军抢劫而致德国侨民财产损失的不完整的清单，内属安全区范围以内的住宅有 22 处，其中除拉贝自己住在住宅里而外，其他各处均系由中国佣人看守。拉贝的汽车遭“军方没收”，其他 21 处住宅中，有 9 处被彻底洗劫，有 12 处被部分洗劫。④

日军在安全区内的抢劫，连专门抢救病人的医院也不能放过。12 月 14 日，30 名日本士兵闯入鼓楼医院女护士的寝室，偷走 6 支自来水笔、180 元现钞、4 块表、2 卷绷带、2 只手电筒、2 双手套和 1 件毛衣。⑤ 鼓楼医院医生威尔逊博士于 12 月 19 日，向日本大使馆书面报告了前一天在这里发生的抢劫暴行。报告称：

> 晚上将近 8 时的时候，3 名日本士兵从医院的后门闯入，放肆地在

---

① 章开沅编译：《天理难容——美国传教士眼中的南京大屠杀（1937—1938）》，南京大学出版社 1999 年版，第 248 页。

② ［德］约翰·拉贝著，本书翻译组译：《拉贝日记》，江苏人民出版社、江苏教育出版社 1997 年版，第 226 页。

③ 同上，第 176—177 页。

④ 同②，第 263—266 页。

⑤ 同②，第 188 页。

医院的走廊里跑来跑去。医院 55 岁的护士海因滋小姐接待并陪同了这些闯入者，尽管海因滋小姐一再声明她的手表属于私人财产，他们仍然抢走了她的手表。此外，被偷走的还有 6 块怀表和 3 支钢笔。3 人中有 2 人离开了医院，而另外一人则不知道跑到什么地方去了。①

日军对南京的抢劫，由于面广量大，时间较长，其所造成的损失，几乎无法做出精确的统计。仅据南京市抗战损失调查委员会 1946 年 9 月的不完全统计，计有：器具 2 406 套又 30.9 万多件，衣服 5 920 箱又 591.4 万多件，现款 44.79 万余元，金银首饰 1.42 万两又 6 345 件，书籍 1 815 箱又 2 859 套又 14.86 万余册，字画 6 482 件，古玩 7 321 件，车辆 956 辆，牲畜 6 277 头，食粮 1 200 多万石。损失时价值 2 317.8 亿元，约合战后价值 2 万亿元。②

由于日军肆无忌惮的纵火和劫掠，使工商业素称发达的南京，市面萧条冷落，生产停滞，经济破败。这是日本侵略者在大肆屠杀平民、奸淫妇女的同时，犯下的又一项无可推卸的严重罪责。

八　古城满目疮痍

日军在南京大屠杀中烧、杀、淫、掠的暴行，在给南京市人民的生命财产造成巨大损失的同时，也使南京市的城市面貌和社会生活受到了严重的摧残。

以下关为活动中心的中国红十字会南京分会工作人员目睹昔日繁华之下关地区，一变而为一片废墟的荒凉景象。该会在 1938 年 1 月 4 日致伪南京市自治委员会的一份函件中称："（下关）房屋被焚毁者几占全埠十分之八九，而无法迁出之难民，至今尚逗留和记洋行及三汊河、八卦洲、七里洲一带

① ［德］约翰·拉贝著，本书翻译组译：《拉贝日记》，江苏人民出版社、江苏教育出版社 1997 年版，第 214—215 页。

② 《南京市抗战损失调查委员会工作节略》（1946 年 9 月），徐康英等编《南京大屠杀史料集》第 16 册《抗战损失调查委员会调查统计》（上），江苏人民出版社 2006 年版，第 135—136 页。

者，至少当有二万人。昔日繁华场所，如今变成一片瓦砾，白昼几为鬼市，荒凉满目，不忍卒睹。”①

据中央社来自沦陷后南京的报道，沦陷一个月后的南京市面一片恐怖与萧条。消息称：

> 自敌军进城后之一月，全部南京沦入黑暗时代，难民区外火焰蔓延，焦土一片，抢劫横行，渺无人烟，难民区内烧杀奸淫，任意摧残，内外杀气重重，毫无半分市景。洎一月中旬，水电方面，经国际委员会努力，略有恢复，但电话、电报及邮运则仍毫无办法。至各种商店业已根本捣毁，现在敌人于难民区上海路一带，新设小摊甚多，所售物品，大部由难民区外抢劫而来，前往购买者甚少。②

美国驻南京副领事埃斯皮曾向远东国际军事法庭提供证言，叙述南京全城建筑物为日军破坏的景象。埃斯皮说：

> 下关地区在火灾中遭受相当大的损失。当时看到的情景以及从长江所能看到的江边马路上的情景，可以说是江边建筑物的修罗场……在城墙内，作为南京市的一部分，损害最为严重的是南京商业区。要恢复市区内的正常活动，这些地区几乎全部需要重新建设。在新而宽阔的马路，即太平路、中山路、中华路以及其他主要马路，在各个区中，除沿马路的大楼外，有十一、二幢或不到这个数字的大楼全被烧掉。仅中山路一带，商店和洋行几乎都被焚毁……在南京的其他地区，住宅和大楼，甚至连贫民阶层的房屋也遭到了同样的命运，隔一幢就有被焚烧的。③

---

① 《中国红十字会南京分会致伪南京市自治委员会函》(1938 年 1 月 4 日)，南京市档案馆藏，档案号 1002—19—44。

② 《沦陷区惨状记》，中国第二历史档案馆等编《侵华日军南京大屠杀档案》，江苏古籍出版社 1987 年版，第 644—645 页。

③ [日] 洞富雄著，毛良鸿等译：《南京大屠杀》，上海译文出版社 1987 年版，第 144—145 页。

一位在沦陷后的南京生活了四五个月的李君，在逃离南京后，向记者讲述了南京城内街道、建筑被日军破坏的惨状。他说：

> 中华门至内桥，全部已成焦土，太平路除中华书局、安乐酒店数家外，亦已付之一炬。大石坝街、淮清桥焚去一半，洪武路娃娃桥，片瓦无存，逸仙树（桥）至江苏银行大部焚毁，国府路、珠江路、成贤街到处是破瓦颓垣，完整房屋，不到十家。此外，军政部、铁道部、中央党部、中央大学、大华戏院，均改日军营。交通部、司法院建筑，则均被毁坏。①

1938年1月16日，安全区国际委员会主席拉贝与德国驻华大使馆留守南京办事处政务秘书罗森共同乘汽车察看了南京城市的很多地方，结果令他“非常沮丧”。他在次日的日记中写道：“太平路从前是主要的商业街道，是南京人的骄傲，这条街夜晚的霓虹灯可以与上海的南京路相媲美，如今它已变成一片废墟，一切都烧光了，再也没有一所完好无损的房屋，左右两边全是瓦砾场。以前的娱乐区夫子庙连同其茶馆和大市场，同样被完全毁坏了。目之所及，全是瓦砾废墟！”②他并因此修正了前几天对于南京城市遭破坏程度的估计。他曾在1月14日的日记中认为，“整个城市约有三分之一被日本人纵火焚毁”③，但现在他却痛心地写道：

> 先前我写过这座城市被日本人纵火烧毁了三分之一，如今我担心自己的估计大错特错了。如果我还未认真看过的东城也遭到了同样的命运，那这座城市肯定有一半以上都成了废墟。④

---

① 《沦陷区惨状记》，中国第二历史档案馆等编《侵华日军南京大屠杀档案》，江苏古籍出版社1987年版，第650页。

② ［德］约翰·拉贝著，本书翻译组译：《拉贝日记》，江苏人民出版社、江苏教育出版社1997年版，第419—420页。

③ 同上，第411页。

④ 同②，第420页。

举国闻名的南京夫子庙及其附属建筑群，已被日军作为马场、病室和日语学校，部分树木、木材被作为薪料，只剩断垣残壁。1938 年 8 月，伪南京市政公署社会处处长王承典到该处视察时，只见："丹墀内系有马匹多头，秽气四溢。右首厢房为日僧日向所办之日语学校。二进戟门五间，已非本来面目，前为日军改作隔离病室，至圣神位已移至该处右侧之小房内，且有损残。大成殿则更不堪，偌大之窗格，竟均被人搬去作为燃料，而五彩之天花板，只余半数，殿顶右侧，均已倾圮。后殿及西抚[庑]门窗皆无，情形亦与大成殿同。后殿右侧之平房四间，以及松柏树木，悉被拆除、砍伐，以作薪料，颓垣败壁，荒芜不堪，马粪遗矢，到处皆是。"①

作为南京社会生产支柱的近代工业，在浩劫中被摧残殆尽。1937 年 2 月刚刚建成投产的永利铔厂，在连续三次遭到日机轰炸后，又被占领该厂的日本海军破坏了硫酸池、水塔等设备；1938 年 1 月，该厂正式为日本三井物产会社侵吞。之后，日本侵略者又将永利铔厂的全套硝酸生产设备，包括 8 座吸收塔、1 座氧化塔、1 座浓硝塔等共 1 482 件、550 吨重，全部劫往本国，安装在九州大牟田东洋高压株式会社横须工厂，用于军事生产。②日军又以"军事管制"名义，将日产 500 余吨水泥的中国水泥厂，交给日本三菱公司所属磐城水泥株式会社经营，并将许多机器设备拆卸劫走。另一座在日军攻进南京的隆隆炮声中刚试机完毕的江南水泥厂，亦被迫停产。新建的新中华造纸厂和中国造纸厂，均采用机器造纸，设备先进，因遭日军破坏，相继关闭。曾拥有 1 万多台丝织机的南京纺织业，在日军占领南京后，只剩下了 200 台机开动。通济门外一带的机米厂，全遭日军纵火烧毁，机器设备被作为废铁运走。据统计，整个南京工业，因日军破坏，损失率高达 80%。③

饱经战祸与暴行的南京附近农村与农业生产，更被日军糟蹋得一片狼

① 《李达安呈伪社会处王承典处长函》(1938 年 9 月 2 日)，南京市档案馆藏，档案号 1002—2—1028。

② "南京大屠杀"史料编辑委员会：《侵华日军南京大屠杀史稿》，江苏古籍出版社 1987 年版，第 179 页。

③ 同上，第 179—180 页。

藉，村舍被毁，田园荒芜。德国驻华大使馆官员罗森在1938年3月4日向德国外交部的一份内部报告中，描述了南京附近农村遭受严重破坏的情况。报告说："重返他们离开甚至被烧毁家园的那些农民——目前多是老人和小孩——又能干什么呢？他们的家具、谷种和各种牲畜已被一扫而光。龙潭—汤山—南京三角地的负责人说，这一地区原有3 000头水牛，目前还剩300头。谨慎地估计，仅用人力只能种植目前稻田的1/3。即使在地里有时能看到一些人，多数也是饥饿的外地人，他们在杂草丛生的田里寻找最后残存的胡萝卜，耕种田地的人极为罕见。"①

素享盛名的南京金融业，被破坏无余。其中完全被毁者，有白下路中国银行，大行宫中国银行、中华银行、南京银行，土街口垦业银行，中山东路中孚银行，中华路南京市银行，建康路中央银行、永大银行，杨公井四明银行，中华门上海银行，中华路新华银行、国货银行，下关交通银行等；被日军作为兵站等机关者，有新街口盐业银行、大陆银行、交通银行、新兴银行，白下路中实银行，薛家巷中国银行等。②

南京街道的严重毁坏，甚至令日伪政权头痛，因为这种状况，不仅影响了市容，而且也使城市的卫生非常糟糕。日本南京特务机关在1938年2月底的一份报告中写道：

> 市街及房屋的严重破损，不仅大大影响着市容的美观，而且从卫生角度来说，也不能熟视无睹。1月中旬，组成了大约有100人的市街清扫队。它在警察厅指挥下连日清扫主要街道及街道两侧的房屋。但因需要清扫的范围太大而深感人手不足。所以已命令自治委员会作出大规模清扫市区的计划。③

---

① 《罗森致德国外交部的报告》(1938年3月4日)，载《抗日战争研究》1991年第2期。

② 《南京交通银行赴京调查报告书》(1938年10月20日)，中国第二历史档案馆藏，档案号三九八(2)—1439。

③ 辽宁省档案馆：《满铁档案中关于南京大屠杀的一组史料》，载《民国档案》1994年第2期。

金陵大学的斯迈思教授，重点调查了太平路、中华路、建康路、白下路、昇州路、中山路、朱雀路(今太平南路南段)、中正路(今中山南路)等 8 条主要商业街道房屋遭到破坏的情况。8 条街道中，共有 2 828 座房屋(以一个门牌号码中的房屋为一座房屋)遭到各种原因的破坏；而在遭到破坏的原因中，日军的纵火和抢劫是两项主要的原因。在这 8 条街道的所有房屋中，分别有 32.6%和 54.1%遭到纵火和抢劫的破坏。[1] 斯迈思教授还将城内外分作 11 个调查区，分别对房屋的破坏数量及其原因进行了估算。全城共有 39 200座房屋遭到破坏，其中城内为 30 516 座，城外为 8 684 座。在全城所有房屋中，有 23.8%毁坏于纵火，有 63%为抢劫所破坏。其中城内遭到纵火和抢劫破坏的百分比，分别为 13.0%和 73.2%；城外遭到纵火和抢劫破坏的百分比分别为 61.6%和 27.5%。[2]

伪南京市自治委员会在 1938 年 3 月，按照南京特务机关的指令，制订了一份整理及清洁全市道路的计划书。该计划书中，描述了当时南京市面一片狼藉的情况。内称：

> 查本市因受战事影响，城厢内外商铺、店户房屋焚毁倾倒，比比皆是……因有种种事实，以致全市大街小巷房屋焚毁之余烬，即残余木料、瓦屑、碎砖、破墙灰土、废坏钢铁，以及折断电杆、电线等物，七倒八斜，零零落落，途为之塞。[3]

经日军的肆意践踏、破坏，昔日的六朝古都，繁华街道竟成废墟，城乡一片破败。首都南京满目疮痍，不堪言状。

---

① 斯迈思：《南京战祸写真》，“南京大屠杀”史料编辑委员会编《侵华日军南京大屠杀史料》，江苏古籍出版社 1985 年版，第 347 页。

② 同上，第 346 页。

③ 《南京市自治委员会整理及清洁全市道路计划书》(1938 年 3 月 3 日)，中国第二历史档案馆等编《侵华日军南京大屠杀档案》，江苏古籍出版社 1987 年版，第 461 页。

第十三章　历史回响

一　南京人民在屠杀中的抗争

南京人民并没有为日本侵略军大规模屠杀、奸淫和烧抢的淫威所吓倒，他们在巨大的痛苦与屈辱之中，仍然用种种方式进行抗争，决不屈服。

许多同胞，在敌人的屠刀和机枪面前，怒目而视，高呼口号，威武不屈。一些同胞在身受酷刑时，怒骂日军，直至停止呼吸。据目击者记述，“受难的同志，全身鲜血淋漓”，“依然叫骂怒视”[①]。当日军在汉中门外、中山码头等地进行集体屠杀时，都发生了遇难军民呼喊“打倒日本帝国主义”口号的壮烈场面。在草鞋峡的大规模屠杀中，被难军民，不顾日军机枪的扫射，高喊“夺枪！夺枪！”[②]他们赤手空拳，冲向敌人，直至全部牺牲。

南京军民进行抗争的最突出事例，发生于乌龙山、幕府山一带长江边的大规模集体屠杀中。日本记者本多胜一根据日军第 13 师团山田旅团步兵第 65 联队一位下士的叙述报道：一个日本少尉被反抗的俘虏弄死了。传达过来的警告说，“是他的刀被夺走才出事的，要警惕！”[③]

日军第 13 师团山田支队的一名 33 岁的辎重兵，在战后披露了发生在乌龙山麓的难民反抗。在 2 万名已有一个星期没有进食的难民中，有一大

---

① “南京大屠杀”史料编辑委员会：《侵华日军南京大屠杀史稿》，江苏古籍出版社 1987 年版，第 191 页。

② 高兴祖：《日军侵华暴行——南京大屠杀》，上海人民出版社 1985 年版，第 94 页。

③ ［日］本多胜一著，刘春明等译：《南京大屠杀始末采访录》，北岳文艺出版社 2001 年版，第 372 页。

群人，面对喷射着子弹的机枪，向日军猛扑过来，使刽子手们惊慌失措，只是靠了另一支部队的支援，才用汽油燃起的烈火，把反抗的人群镇压下去，并且活活烧死。他说：

在我们清理尸体的前一天晚上，两个小队——机枪队奉命出动，从公路上向下面沙滩的难民扫射。发出上述命令的高级军官认为，对手们毫无防备，他们已一星期没有进食，因而体力已经消耗，只消用两个小队的机枪就足够了。但是，他们无视人们在垂死挣扎时发出来的一股异常大的力量，这是一种估计错误。滴水未进的二万人群，对日本军发出愤怒的力量是多么厉害啊！这一点，对于刚取得胜利而得意忘形的军官们来说是根本无法理解的。

机枪在黑夜中发出吼鸣声，积郁在难民们心中的怒火突然爆发出来。他们瞬间意识到机枪喷出火来意味着什么，便高声呐喊，像雪崩似地冲向机枪小队。总之，涌过来的是一大批人群，足以挤满皇宫前的整个广场。人们满腔怒火地冲了过来，因而两个小队——机枪队转眼间全被挤垮了。

汽车队从稍高的公路上看到了这种情况，不得不随机应变采取措施。他们丢下了装在汽车上的汽油桶，把汽油倒在坡地上，点起火柴并向那里扔去。

……这种以瞬间的果断蜂拥而来的人群，很快被燃烧起来的猛烈的火篱笆压了下去，逃也逃不出，结果全都被杀害了。①

日军步兵第65联队联队长两角业作在其战后回忆录中，记述了发生在12月17日夜间幕府山俘虏暴动的事实。暴动的2 000名俘虏大部得以逃脱。两角写道："两千来人一下子猛冲过来，拼命地乱蹿，怎么也制止不住。

① ［日］藤原审尔：《众所周知——中国妇女在百万中国派遣军手下蒙难》，转引自［日］洞富雄著，毛良鸿等译《南京大屠杀》，上海译文出版社1987年版，第71—72页。

我军不得已开枪射击，竭力阻止他们逃跑。但因天黑，大部分向陆地方向逃去，一部分跳进扬子江。”[①]该联队第12中队中队长八卷竹雄中尉回忆这次暴动时说：“我们人数很少，不知道会不会在什么地方发生暴乱，所以比他们还要紧张。果然途中他们就开始逃跑，连我们中队有的士兵也被他们挟持走，然后途中被他们杀害。”[②]联队第1机枪中队箭内亨三郎准尉回忆说：“去江边集合的最紧张时刻，一瞬间暴乱发生了。他们一起站了起来，开始挥舞着树枝什么的袭击卫兵，打倒他们然后逃跑。有的跳进江水里，有的向陆地上跑，黑夜中的突然事件就这么发生了。”[③]在这次暴动事件中，第65联队共有7人死亡，其中包括1名军官被刺身亡。联队机关枪中队大友登茂树少尉回忆说：“我们中队里也死了军官。他被卷入俘虏的暴乱之中，身上被刺达七处之多。”他并无奈地认为：“在那样的暴乱中联队只死了七人，或许的确算得上是比较少的了。”[④]

据汉口《大公报》披露的事实：数十名被强迫攀登司法院四层楼屋顶的被俘士兵，自知不是中途摔死，就是被日军纵火烧死，便奋不顾身地去夺取敌人手中的武器，甚至用牙齿咬住敌人的耳朵或腿部。他们虽然全部牺牲了，但是也当场打死了几个日兵。[⑤]

南郊陆郎桥十八村的村民，因不堪日军之蹂躏，奋起杀敌。据李克痕《沦京五月记》记载：

> 一日，有敌兵三名，到该处要猪鸡等，并找女人，当有王姓少女为其奸污，旋即去。当地居民皆愤慨，便决定如敌兵再来骚扰，必加以抵抗。第二天果有敌兵六名前来，居民大愤，奋起抵抗。当即枪杀敌兵三名，

---

① 两角业作：《两角业作手记》，王卫星编《南京大屠杀史料集》第9册《日军官兵日记与书信》，江苏人民出版社2006年版，第17页。

② 《战争与人》，王卫星编《南京大屠杀史料集》第10册《日军官兵与随军记者回忆》，江苏人民出版社2006年版，第375页。

③④ 同上，第376页。

⑤ 汉口《大公报》1938年2月23日。

余三名逃走。[①]

在南京西南郊大胜关，有一名男子，为报复日军将自己妻子强奸，开枪打死了两名作恶的士兵。据村民朱谋贵口述："有一天两个日兵在大胜关看到一个妇女，将其强奸，并扬言第二天还要来。这个女子回家将事情告诉了自己的丈夫，她的丈夫也是当地有头有脸的人物，并且自己有枪。当第二天两个日本兵再次来到时，她的丈夫在半路上就将这两个日本兵用枪给毙了，杀死后又将这两个日本兵绑上石头沉入长江中。"[②]

在一些分散的场合，难民们临危不惧，在死亡威胁的面前，独自抵抗日军的侵害，主动出击加害难民的日军。难民范有林在与母亲、姐妹四人逃难至赵家桥芦苇荡附近时，被三四名乘坐汽艇的日军抓住。日军因汽艇在浅水搁浅，便强令范有林背他们过河去芦苇荡。范深知，芦苇荡里有许多避难的同胞，若将日军送去，避难同胞必遭劫难。于是，他在将一名日军背至河中心时，身子一斜，把他歪倒在河里，并在河中展开了一场搏斗。最后，范有林被日军开枪打死；他的姐姐范兰甫亦跳河壮烈殉难。[③] 一次，日军将七八名青年赶进一个院子，命他们脱去棉上衣，跪成一排，用刺刀逐一将他们刺杀。青年左润德宁死不屈，徒手与敌搏斗，终于死里逃生。他自述道：

> 我和一个邻居跪在一起，在日本兵开始用刺刀捅人时，我看不跑不得了，就用胳膊碰了碰邻居，于是我们两人突然站起，夺门奔逃，日本兵端起刺刀劈面向我刺来，我一侧身子，刺刀划破了我胸部的皮肤。我抓住刺刀柄，把日本兵推倒在地，我趁这个空挡急忙向后门跑去，日本兵

---

① 李克痕：《沦京五月记》，"南京大屠杀"史料编辑委员会等编《侵华日军南京大屠杀史料》，江苏古籍出版社1985年版，第109—110页。

② 《朱谋贵口述》，张生等编《南京大屠杀史料集》第39册《幸存者调查口述续编》（下），江苏人民出版社2007年版，第1643—1644页。

③ 《范兰珍证言》，"南京大屠杀"史料编辑委员会等编《侵华日军南京大屠杀史料》，江苏古籍出版社1985年版，第466页。

连开两枪,打偏了,我跑了出来,得以死里逃生。[①]

另一位青年李书海,利用武术勇斗日军。当一名日军头目持刀冲进他的家门时,他操起一杆红缨枪阻挡。日本兵见他反抗,便挥刀向他头部横劈过来。李书海使了个“缩头蹲身”势让开,夺门而逃。在巷子里又被埋伏着的两个日本兵抓住。这时,他一运气,用“封心掌”将这两名日军打倒,得以虎口脱身。[②]

汤山镇下山村村民梁传才,不畏日军的强暴,赤手空拳打倒了6名日军。村民刘道义说:当梁传才在日军枪口下奋起逃脱时,“他刚逃进一条小巷子,迎头就碰上了两个鬼子,他左面夹一个,右面夹一个,把鬼子打倒在地上。刚逃出巷口,又碰到了两个鬼子。他三下五除二,就把他们摔倒了,摁在菜园边的水沟里,接着再跑。不料,迎面又来了两个鬼子,他一拳一个,把他们都打昏了”。[③] 就这样,梁传才终于以自己的勇敢和智慧,逃过了一劫。

居住于安全区内鼓楼二条巷的市民任金富,徒手将正在屠杀难民的日兵打倒,从日军枪口下解救了列队受死的八九名难民。市民费广奎回忆说:

> 当时有一个鬼子,抓了八九个人,有陈光炳、刘应声、刘正斌、任金富、魏家和等,日本人让他们排着队,准备一个个枪毙。怀子当时排在第一个,被打死了,20多岁。到第二个的时候,任金富跟周围人说,等着被打死还不如拼一下。他自己跑上前,把那个日本人摔到了铁丝网里,人和枪分开了,其他人就都跑了……[④]

---

① 《左润德证言》,“南京大屠杀”史料编辑委员会等编《侵华日军南京大屠杀史料》,江苏古籍出版社1985年版,第484页。

② 《南京日报》1982年8月14日。

③ 《刘道义口述》,费仲兴等编《南京大屠杀史料集》第27册《幸存者调查口述》(下),江苏人民出版社2006年版,第1101页。

④ 《费广奎口述》,蒋晓星等编《南京大屠杀史料集》第38册《幸存者调查口述续编》(中),江苏人民出版社2007年版,第1186页。

1938年1月26日，有日军到南京郊外陆郎来喝酒，找女人。村民李小花子正在田里耙地，见此情景，举起铁耙就向一名日兵打去。日军向李小花子开枪，一名原中国守军使用镇上保卫团的枪，“两枪把两个鬼子都打死得了。人们用石头把两个死了的鬼子，坠在塘里了”。①

南京郊区上坊泥塘村村民冯霞升，将一名来村上喝酒、索要“花姑娘”的日军军官引到祠堂，趁其酩酊大醉之时，“喊来村上几个人，用绳子将鬼子活活勒死。然后，找来铅丝将尸体捆起来，埋在村东头的荷塘里”。②

许多南京市民，决不屈服于日军的淫威，拒绝与其合作，表现了民族的凛然正气。一次，汉奸通令南京市民持“欢迎皇军”的旗帜，去大行宫“欢迎”新开到南京的日军。这时，一位老人，突然从人群中站出来，振臂高呼：“和平，奋斗，救中国！”他因此惨遭杀害。③ 各公司、商店，在日军进城之初，一律紧闭大门，以示抗拒。据蒋公毅在《陷京三月记》中记述：“自来水厂及电灯厂的工友，在敌进城时，被害殉难的很多，最近敌人急欲恢复起来，而一般工友绝不愿意合作。”④于是，日军只得利用大队宪兵，将水电厂工人“押赴厂内工作”。日军为方便其官兵之通信，急于恢复邮政，但南京邮政职工拒绝合作。直至1938年3月26日，在日方答应不检查市民信件和不改变邮局公务员帽徽之后，方始试行复邮。⑤ 永利铔厂的司炉工王加利，反对日军强行开工，至死不屈，后被日军杀害，并挖去其心脏。⑥ 居住中华门里船板巷18号的李氏老太，在日军刺刀的威逼下，仍拒绝为日军带路搜捕中国士兵，结果

---

① 《赵兴胜口述》，蒋晓星等编《南京大屠杀史料集》第37册《幸存者调查口述续编》（上），江苏人民出版社2007年版，第146—147页。

② 《韦明村口述》，蒋晓星等编《南京大屠杀史料集》第37册《幸存者调查口述续编》（上），江苏人民出版社2007年版，第288页。

③ 白芜：《“欢迎皇军”的白幡如云中透出一声“救中国”的怒吼》，马振犊等编《南京大屠杀史料集》第64册《民国出版物中记载的日军暴行》，江苏人民出版社2010年版，第169页。

④ 蒋公毅：《陷京三月记》，“南京大屠杀”史料编辑委员会等编《侵华日军南京大屠杀史料》，江苏古籍出版社1985年版，第87页。

⑤ 李克痕：《沦京五月记》，“南京大屠杀”史料编辑委员会等编《侵华日军南京大屠杀史料》，江苏古籍出版社1985年版，第114页。

⑥ 《新华日报》1951年3月4日。

遭到枪杀。[1]

19 岁的汽车司机梁志成，被日军抓去。日军强迫他把满载机枪子弹的汽车开到下关去。他知道，这是用来集体屠杀市民的弹药。这时候，他已被推到驾驶室的座位上，一名日军官坐在旁边用手枪对着他。梁志成横下了一条心：死也不送这批弹药。于是，他猛地一拳把坐在旁边的日军官打倒，接着扑到他身上，用双手扼其喉咙。押车的日军发现后，跳下来用马刀乱砍梁志成；那个被打倒在地的军官也爬起来，拾起手枪，向他射击。梁志成被枪击刀砍，倒在血泊之中，昏死了过去。待他渐渐苏醒后，便挣扎着爬回家里。因受伤太重，他知道自己活不成了，便对他姐姐说："你要活下去，告诉我的朋友，我是给日本人杀的，我至死也没有帮助日本鬼子做过一件事。"[2]

许多南京同胞，为了维护中国妇女的尊严，同兽性大发的日军展开了殊死的搏斗。居住在三茅宫附近的一位青年妇女，被一群日军从家中拖出，将遭奸淫。她的丈夫挺身而出，怒斥日军，并与之搏斗。他在被捆住，周身遭戳的情况下，仍骂不绝口，直至气绝。在场的另一名青年，抑制不住满腔的愤怒，大骂日军，并将一名日军压倒在地。后来，这位见义勇为的青年被几个日军捆在电线杆上，碎割而死。[3] 柏果树妇女傅如芬，为了保护邻居家刚生孩子的产妇，挺身而出，与日军搏斗，最后为免遭日军污辱，而与产妇全家七口人，一齐投塘自尽。[4]

世居南京的回民中，也出现了不少见义勇为、不让日军污辱妇女的动人事迹。中华门外西街清真寺四师傅张巴巴，为保护其媳妇不让日军奸污，大骂肇事日兵是畜生，被敌人当场打死。另一位长乐路清真寺的老阿訇白庆元，见日军闯入寺中，欲强奸老太太蔡氏，禁不住怒火填膺，奋不顾身上前阻止，被日军连刺两刀，伤重而亡。家住木屐巷的回民张长生，人高体壮，有武功。某夜，见日军闯入宅院，欲行强奸邻家妇女，他怒不可遏，抡起大木棍打

① 《南京日报》1982 年 8 月 8 日。

②④ 《新华日报》1951 年 3 月 3 日。

③ 郭士杰：《日寇侵华暴行录》，联合书店 1951 年版，第 11 页。

倒了一名从房间里钻出来的日兵；当他又准备狠揍第二个日兵时，遭到枪杀。①

许多妇女宁死不辱，表现了高尚的民族气节。记者范式之报道说："城内所有妇女因不愿或不堪敌之蹂躏而自杀者，平均日必数百起。"②下浮桥清真寺老阿訇杨桂芳的两个女儿，为抗拒日军奸污，而至沙洲圩跳水自杀。③在马道街 44 号，日军欲强奸少女丁振清。丁坚不从，以手护住胸部，被日军当场枪杀。④ 逸仙桥附近的几位妇女，被日军抓到后，虽已被强行剥去衣服，但仍至死不从，拼死搏斗，并痛骂敌兵，她们中，有的被割去耳朵，有的被割去舌头。⑤ 因宁死不辱、拼死相搏，被敌兵枪击、砍劈、水淹、窒息而死的，还有状元街 46 号吕王氏，雨花台 20 号王蔡氏、1 号陈筱香、26 号张陈氏，沙洲圩梁杨氏、周丁氏、王朱氏，任家花园周奚氏，珍珠巷陈徐氏，评事街 169 号哈栋臣之弟媳，中华门土城头三少女，间林小学教师吴素琴，雨花台郭明华之侄女，等等。⑥

有的妇女，勇敢地痛斥日军兽行。一位妇女，已经多次机智地逃过了日军的魔掌，但她深知日军绝不肯罢休。于是，有一次她穿戴整齐，待日军又来时，从容地挥笔大书"日本兵是禽兽"数字，最后牺牲在日军的乱枪之下。⑦

有的妇女寻找机会，杀死日兵。有位女小学教师，曾 5 次遇到日军的纠缠。后来，她设法弄到一支枪，藏在床下，待日兵又来时，一连打死 5 名敌人。最后她自己也从容就义。⑧

---

①③ 《幸存者的控诉》，南京市政协文史资料研究委员会编《史料选辑》代第 4 辑，1983 年印，第 38—39 页。

② 范式之：《敌蹂躏下的南京》，"南京大屠杀"史料编辑委员会等编《侵华日军南京大屠杀资料》，江苏古籍出版社 1985 年版，第 121 页。

④ "南京大屠杀"史料编辑委员会：《侵华日军南京大屠杀史稿》，江苏古籍出版社 1987 年版，第 195 页。

⑤ 《新华日报》1951 年 3 月 3 日。

⑥ 《中国审判战犯军事法庭谷寿夫战犯案件判决书》，中国第二历史档案馆藏，档案号五九三—870。

⑦ 刘柔远：《寇陷南京后之暴行》(1938 年 4 月 1 日)，马振犊等编《南京大屠杀史料集》第 64 册《民国出版物中记载的日军暴行》，江苏人民出版社 2010 年版，第 413 页。

⑧ 《新华日报》1951 年 2 月 26 日。

有的妇女，智杀日军。下关保善街一位妇女马氏，在日军前来强奸时，用酒将其灌醉，然后在丈夫和邻居的帮助下，用切西瓜的大刀，杀死了这名日本兵，并悄悄将其尸体运到野藕塘里埋掉。[①]

有的妇女舍己救人。一次，3 名日军挟持 3 名妇女，要把她们带回营地。其中一名妇女站出来，要求日军放走其他两名妇女，由她一人前去营地“慰劳”。日军遂放走 2 名妇女。不料，当走到难民救济会门前时，这位自告奋勇留下来的妇女，突然夺过日军身上的刺刀，向自己颈上刺去，立时流血倒地，以自己的生命保护了两位姐妹。[②]

下关鲜鱼巷一位女青年勇斗日军的事迹，为人们广泛传颂。家住鲜鱼巷 79 号的青年女子朱二姑娘，为了躲避日军，女扮男装，与其父逃到二板桥一个茅棚里。不料，一伙日军闯进茅棚，用推上了子弹的枪指着她说：“中国兵此地有，你的出来。”说着便把她往外拖。她先和这伙日军对揪，后由于日军人多力大，实在顶不住时，便猛地夺下日军腰间的佩刀，和他们拼命。当朱二姑娘刚刚举起刀的时候，周围的日军已经凶猛地往她腹部一连戳了三刀，致当场流血身亡。[③]

被称为“奇女子”的李秀英，反抗日军奸淫暴行的斗争，更为感人。南京沦陷时，她因已有 7 个月身孕，行动不便，便和父亲一同躲在五台山一所小学的地下室里。12 月 19 日上午，日军将她和其他 10 多名妇女强行拉走。她为了不受日军污辱，便一头撞在墙上，头破血流，昏倒在地。待日军走后，才由父亲和难友把她抬回地下室休息。就在这天中午，又来了 3 名日本兵，将男人都赶走，将她和另外两名妇女分开，准备分别强奸。一名日军上来解她的纽扣，她自幼跟父亲学过一点武术，便准备将那名日军腰间挂着的佩刀夺过来，与敌人拼搏。她在后来叙述这场斗争时说：

---

① 《新华日报》1951 年 3 月 2 日。

② 刘柔远：《寇陷南京后之暴行》(1938 年 4 月 1 日)，马振犊等编《南京大屠杀史料集》第 64 册《民国出版物中记载的日军暴行》，江苏人民出版社 2010 年版，第 412—413 页。

③ 《新华日报》1951 年 3 月 1 日。

> 我趁机握住刀柄，日军见状大惊，同我争夺刀柄。我刀不能用，就用牙咬，咬住日军不放。日军被咬痛了，哇哇直叫。隔壁屋里的两个日军听到喊声，就跑过来帮助这个日军。我一个人对付这三个人，没有办法，但我紧紧抓住刀柄不放，和这个日本兵在地上滚来滚去搏斗，其他两个日军就用刺刀向我身上乱戳。我的脸上、腿上都被戳了好几刀。最后，一个日军向我肚子刺来，我立即失去了知觉，什么事情也不知道了。①

日军走后，李父以为她已经死了。便找来几个邻居，准备用门板把她抬去五台山旁埋葬。她被抬出门以后，才在冷风的刺激下苏醒过来。经医院检查，她身上共被刺了 37 刀，嘴唇、鼻子、眼皮都被刺破了；第二天，她又发生了流产。后来，她经 7 个月的医治，才恢复了健康。

屈辱中的抗争，反映了南京人民和中华民族爱憎分明、勇敢无畏的崇高品质。这是南京人民的光荣与骄傲。

二　中、苏、美战机空袭南京

作为南京保卫战的延伸，在南京失陷后，中、苏、美战机对已为日军占领的南京机场等军事设施进行了长期的空袭。虽然空袭的目标是南京的土地，但是其打击的对象却同南京保卫战一样，均为日本侵略军及其所控制的军事装备与设施。

苏联政府为支援中国人民的抗日战争，自 1937 年 10 月起，即开始派遣空军志愿队来华作战。当年，其最初的空军志愿队拥有飞机 168 架，共 701 人，组成 4 个大队，分驻南昌、汉口、南京。② 联队长基达林斯基，副联队长马

---

① 《李秀英证言》，“南京大屠杀”史料编辑委员会等编《侵华日军南京大屠杀资料》，江苏古籍出版社 1985 年版，第 482 页。

② 范方镇：《中国空军英勇抗战》，南京市政协文史资料委员会编《蓝天碧血扬国威——中国空军抗战史料》，中国文史出版社 1990 年版，第 21 页。

琴，政委塔留金，参谋长彼图霍夫，总工程师谢洛夫。不久，基达林斯基由于健康原因回国，马琴任联队长。[①] 自苏联空军志愿队来到中国后，至南京失陷，该志愿队数次参加对日空战，共击落日机 20 架。[②] 在此期间，因中国飞机在作战中已消耗殆尽，须接收苏联新机，并对飞行员训练苏式飞机的飞行技术，故中国飞行员在苏联空军联队作战中，一般未单独驾机，而是处于辅助、接受训练的地位。

1938 年 1 月 2 日，苏联空军志愿队轰炸机大队由波留宁大队长率领，由南昌飞南京轰炸南京机场。在这次空袭行动中，共炸毁停驻在南京机场的日机 20 余架，苏联飞行员符多维英、射击士柯斯金和领航员弗洛罗夫阵亡；大队长波留宁的座机被击伤，在芜湖迫降，后在当地民众帮助下安返汉口。[③]

中苏飞行员此次空袭南京机场的行动，给南京民众和在南京坚持救济工作的国际友好人士以很大鼓舞。安全区国际委员会主席拉贝在 1 月 2 日的日记中写道：

> 今天中国轰炸机首次飞到南京上空，对此我们虽然充满忧虑，却等待已久。它们绝不是作为朋友而来，而是作为敌人而来！它们投弹像日本人以前一样准确，但是到目前为止，谢天谢地，炸弹大多扔在了同一个地方，即城南的机场及其周围地区。日本人的飞机也出现了，但是很少，相当弱。[④]

安全区国际委员会工作人员麦卡伦也在致家人信函中，提及发生在 1 月 2 日的空袭，致使日军惊慌失措的情况。他在 1 月 4 日的日记中写道："周

---

① 马琴：《中国之行》，南京市政协文史资料委员会编《蓝天碧血扬国威——中国空军抗战史料》，中国文史出版社 1990 年版，第 170、180 页。

②③ 范方镇：《中国空军英勇抗战》，南京市政协文史资料委员会编《蓝天碧血扬国威——中国空军抗战史料》，中国文史出版社 1990 年版，第 24 页。

④ ［德］约翰·拉贝著，本书翻译组译：《拉贝日记》，江苏人民出版社、江苏教育出版社 1997 年版，第 323 页。

一(按指 1 月 3 日)我没有记下我们经历了一场来自中国方面的真正空袭。我们差不多已经忘记了空袭是怎么回事。日方吃惊不小,对此毫无准备,惶然失措。后来日本飞机立即采取行动,疯狂反击。”①

1 月 25 日,中苏双方联合筹划再次出动飞机,空袭南京机场。② 为此,军事委员会委员长蒋介石在汉口接见了苏联空军顾问日加列夫、苏联空军轰炸机联队长马琴等人,并同他们研究了于近期空袭南京日军机场的行动。蒋介石说:

> 据可靠人士告诉我们,日本人在南京机场集中了大批轰炸机和战斗机,显然,他们最近就要袭击我们的目标,我希望空军能提前给南京机场一次打击,要尽可能快些。马琴先生希望战斗机能为轰炸机护航的建议我已经知道了,我们正在考虑这个问题,现在还没有这个可能,但我们要尽快解决。③

接着,经中国空军副总指挥毛邦初将军与苏方日加列夫、马琴等空军高级将领研究决定,由苏联空军志愿队于 1 月 26 日派出 3 个中队 СБ 飞机去轰炸南京机场。④

参加这次空袭行动的苏方人员有:联队长马琴,总工程师谢洛夫,中队和分队队长穆拉维也夫、库兹涅佐夫、科兹洛夫、多贝斯和纽赫季林等。同时,还有几名中国飞行员随机执行任务。对其战斗任务的规定为:目标,南京机场。备用目标,南京东南铁路。队形,楔形队列。负载,50%爆破弹与

---

① 《麦卡伦致家人函》,章开沅编译《天理难容——美国传教士眼中的南京大屠杀(1937—1938)》,南京大学出版社 1999 年版,第 261 页。

② 关于此次筹划与空袭南方机场的时间,苏联空军志愿队联队长马琴的回忆文章称发生于 1937 年 12 月下旬(见马琴《中国之行》,《蓝天碧血扬国威——中国空军抗战史料》,第 181—183 页)。此处取范方镇所撰《中国空军英勇抗战》(《蓝天碧血扬国威——中国空军抗战史料》,第 25 页)之说。

③④ 马琴:《中国之行》,南京市政协文史资料委员会编《蓝天碧血扬国威——中国空军抗战史料》,中国文史出版社 1990 年版,第 182 页。

50%燃烧弹。组织，以中队为单位。高度，自 4 300 米高空俯冲。①

1 月 26 日，天刚放亮，苏联轰炸机联队的 12 架轰炸机便在联队长马琴的率领下，以 3 500—4 000 米的高度，从南昌出发，沿着长江飞向南京。由于长江上空有浓密的 10 级云量，联队决定在云层上进行轰炸。据联队长马琴介绍："敌人没有料到我们会这么早来袭击，密集和连续的轰炸，使整个机场都挨了炸弹……从机场上升起了巨大的火舌和一团团黑烟，响起了猛烈的爆炸声，停机坪上激荡着爆炸的气浪，机场周围笼罩在一片烟与火之中。这是加过油的日本轰炸机、油库和弹药库在爆炸和燃烧。"②

这次空袭行动，炸毁了大批停放在机场的日机。在苏联轰炸机联队完成了对南京机场的袭击后开始返航时，10 余架日军战斗机才慌忙升空追来。日机在攻击行动中，先后损毁 4 架。苏机也被击落 1 架，该机的机组人员，包括 1 名中国飞行员牺牲。

安全区国际委员会主席拉贝，在自己的日记中，也记录下了中苏飞行员的这次空袭行动。他在 1 月 27 日的日记中写道：

> 昨天早上 6 点左右，我被一种很像是中国空袭警报的声音叫醒了。声音虽然不响，距离虽然不近，但并不因此而不清晰……终于，日本人也用上了电动警报系统(警报声持续了很长时间)。这是中国飞机在自己的机场上空轰炸……麦卡勒姆这时早已起床，正在机场附近为医院大批采购蔬菜。他亲眼看见一所房子被击中，顿时燃烧了起来。③

3 月 10 日晨，中国空军再次飞临南京上空，轰炸南京日军机场，炸毁日机 10 余架。④

---

①② 马琴：《中国之行》，南京市政协文史资料委员会编《蓝天碧血扬国威——中国空军抗战史料》，中国文史出版社 1990 年版，第 183 页。

③ [德] 约翰·拉贝著，本书翻译组译：《拉贝日记》，江苏人民出版社、江苏教育出版社 1997 年版，第 512—513 页。

④ 经盛鸿：《南京沦陷八年史》(下册)，社会科学文献出版社 2005 年版，第 1111 页。

3月12日，是南京沦陷后的第一个孙中山先生逝世纪念日。为了凭吊中山先生，鼓舞南京人民的斗志，由中国空军第3大队第25中队中队长汤卜生驾驶单翼美式侦察机一架，低空飞入南京上空。[①] 汤卜生以惊人的勇气和娴熟的技艺，在中山陵上空盘旋数圈，以示谒陵。据文献记载：他驾机“绕着粉蓝的牌场、祭坛、灵堂盘旋了三圈，带着举国的沉痛在灵堂上空摇翅致哀，一捧洁白的玉兰自空飘洒而下”[②]。汤卜生，湖北黄梅人，时年26岁，毕业于中央航空学校第三期，他奉命驾机来南京谒陵的行动，显示了中国空军的英武和勇敢，是对日本侵略者淫威的蔑视，使处于铁蹄下的南京人民倍感亲切，倍受鼓舞。

自武汉、广州等地失守后，随着中国人民的抗日战争转入艰苦的相持阶段，以及中、苏空军人员及战机的严重损耗，中国空军除一部分担任警戒任务外，大部转入整训，因而在一段时期中，也无力奔袭南京等日军占领区腹地。同时，苏联自1941年6月开始了卫国战争，再也抽不出力量支援中国的抗战。这年底，在华的苏联军事人员基本都撤回国内，飞机和空军装备均移交给中国空军。

1941年12月，太平洋战争爆发后，在美国的支援下，中国空军的实力又逐步得到恢复。此前，8月由美国空军将领陈纳德率领的志愿航空队“飞虎队”在缅甸同古正式成立，开始成批训练中国飞行员，并投入中国战区作战；太平洋战争爆发后，该航空队改组为美国驻华空军特遣队；1943年3月，特遣队扩编为美国空军第14航空队；后中美空军又联合组建了“中美空军混合团”。

自“中美空军混合团”组建后，中、美战机逐步掌握了中国战区的制空权，并重新开始对包括南京在内的日占区不断实施空袭。其中仅1944年对南京的空袭就有七八次之多，目标除日军机场与战机外，还包括长江航道及

---

① 范方镇：《中国空军英勇抗战》，南京市政协文史资料委员会编《蓝天碧血扬国威——中国空军抗战史料》，中国文史出版社1990年版，第26页。

② 王苏红、王玉彬：《中国大空战》，转引自经盛鸿《南京沦陷八年史》(下册)，社会科学文献出版社2005年版，第1111—1112页。

码头等处。其主要空袭为:5 月 19 日,中国空军飞机飞临南京侦察,致南京日伪当局“异常恐慌,特别戒备,并积极疏散物资”;9 月 4 日,中、美战机“猛炸南京,并对长江日军军事设备投下大量烈性炸弹”;11 月 11 日,中、美空军 67 架 B-29 式重型轰炸机空袭南京下关江边与浦口之日军码头和装卸设施,造成日军重大损失;11 月 22 日,中国空军 B-24 中型空中堡垒轰炸机多架轰炸南京多处日军目标;12 月 7 日,美军 P-51 式战机 10 余架空袭南京日军机场;12 月 25 日、26 日,美军战机连续在长江南京段袭击日军舰船、设备,击沉日军炮舰与货船各 1 艘。[①] 这些空袭,严重威胁了日本侵略军在中国的大本营南京的安全,使处于日军铁蹄下的南京人民深受鼓舞。

进入 1945 年后,中、美空军更加强了空袭南京的力度。元旦刚过,美军即于 6 日出动 B-29 式超级空中堡垒轰炸机 12 架,分批空袭南京,轰炸了下关日军的军用运输设备。[②]

3 月 7 日,中、美空军混合团出动 10 架 P-51 型驱逐机袭击南京明故宫机场和下关日军碇泊场码头。中国飞行员王光复上尉击落日军战斗机 1 架,创造了个人击落日机 5 架的光荣纪录;同时,在此次空战中,美国飞行员也击落日机 3 架。[③]《大公报》在报道是日空军战绩时称:

> 我机炸南京时,曾遇敌战斗机十七架拦击,空战时我机击毁敌机四架,可能创两架,我机无损失。[④]

3 月 29 日,美国空军第 14 航空队再次出动 P-51 式战机轰炸南京日军机场,毁日军战斗机 2 架,伤 14 架。[⑤]

5 月中,中、美战机又多次飞临南京,投掷传单,轰炸机场,袭击江边码

---

① 经盛鸿:《南京沦陷八年史》(下册),社会科学文献出版社 1990 年版,第 1112—1113 页。

② 同上,第 1113 页。

③ 高晓星、时平编著:《民国空军的航迹》,海潮出版社 1992 年版,第 382 页。

④ 重庆《大公报》1945 年 3 月 9 日。

⑤ 同①,第 1114 页。

头。5 月 30 日，中国空军第 4 大队出击南京，毁日机 11 架，取得辉煌战绩。国民政府军军委员会于当日发布战讯称：

> 三十日我空军第四大队出击南京之敌，于到达南京后，以一部低空向明故宫机场及前中央军校旧址扫射。于明故宫机场发现敌大型运输机一架，经扫射后起火焚毁。另以一部于上空巡逻，发现敌零式驱逐机两批，共三十余架，当即向敌机攻击，敌机图逃，被我击落十架。我机均安全飞返。①

中、美战机自太平洋战争爆发后，联手对南京日军机场等军事目标的空袭，造成了日本侵略者与日伪政权军事上的损失与精神上的恐慌，打击了日军不可一世的嚣张气焰，有力支持了中国战区正面战场与敌后战场的战斗。

中、苏、美空军在长达 8 年的时间里，对南京的不断空袭，是 1937 年 12 月南京保卫战的继续，是中国与盟国军人反击日本侵略者战史中光荣的一页。

三　南京人民的持久反抗

南京人民除了在日军进行屠杀与奸淫的现场，面对面地进行了英勇的抗争而外，还在惨案发生后，进行了持续的反抗与斗争。

一些抗日志士在江北秘密编印了《抗敌导报》，宣传抗战消息，揭露日军和汉奸的罪行，张贴于市内的大街小巷。在学校、电影院和公共汽车上，经常有人散发传单，内容有“中国人拿点良心出来”、“国军日内反攻南京，杀死日本鬼子汉奸”等。一次，在五台山附近挂出一幅白布标语，上书“南京人的

① 重庆《大公报》1945 年 5 月 31 日。

血海冤仇要我们来报”。有的报童，在卖报时高呼“中国兵打败日本兵”。[①]

许多勇敢的斗士，牢记国恨家仇，杀敌雪恨，打击敌人的气焰。

一位妇女，一家人都被日军杀害了。她满身捆了炸药，在中华门外板桥附近，舍身炸毁一列日军火车。列车被掀出轨道之外，几百名日军被炸死，而她自己也光荣地为国捐躯。[②]

一天，当中国飞机飞临南京上空时，一位无名英雄，站在司法院旁，用褥单系在竹竿上不停地挥动，向飞机指示日军军火库的位置，情愿自己与敌人的军火库同归于尽。后来他被日军宪兵捕杀。[③]

许多市民，由于难平积于胸中的义愤，抓住有利时机，对零散日军实施攻击，将其杀死。浦口商民张文田等几位青年，曾混进日军军营，将一名日军大队长淹死在粪池里。据村民张洪喜口述：“我亲叔叔叫张文田，他就杀死过鬼子。那时，他十五六岁，和几个小青年做点小生意，换糖换衣服什么的。有一次，他们混进了鬼子营，正好看见一个鬼子自己出来解手。这个鬼子还是个大队长，经常欺负老百姓。他们瞅准时候，把这个鬼子逮着了，把他的头埋在大粪池里，把他淹死了。”[④]秣陵村民潘三牛等 3 人，将一名抢了牛的日军打死后，沉尸河中。村民张宗富说：

> 有一次，三个鬼子朝秣陵方向跑，其中有一个鬼子是驻秣陵鬼子小头目的外甥，他们牵着牛到了张家渡桥。潘三牛和其他两个老百姓同三个鬼子打了起来，那个小头目的外甥被潘三牛摔倒，另外两个鬼子见势不妙，慌忙逃走。鬼子挣扎着拔出刀要戳他们。潘三牛死死地按住鬼子，他的同伴一拳打中了鬼子的后脑，将其打死。后来，他们把鬼子

---

① 白芜：《今日之南京》，马振犊等编《南京大屠杀史料集》第 64 册《民国出版物中记载的日军暴行》，江苏人民出版社 2010 年版，第 172 页。

② 同上，第 174 页。

③ 同①，第 173 页。

④ 《张洪喜口述》，张生等编《南京大屠杀史料集》第 39 册《幸存者调查口述续编》(下)，江苏人民出版社 2007 年版，第 1482—1483 页。

的尸体划分为八块，绑上石头沉到河里去了。[1]

句容天王寺村民刘胜富，联合了一二十名村民，将一名正欲强奸妇女的日军，硬是用种田的锄头钉耙打死。这名为首村民的儿子刘勇后来回忆说："天快黑了，一个日本人带了把刺刀，走到谷城至朱巷的半路上，强奸一个女的。女的是朱巷人，一边逃一边叫，鬼子就追她。我父亲看到后面没有别的鬼子，这个鬼子又没有带枪，就找了一二十个老百姓，拿着锄头钉耙，趁天黑把这个鬼子打死了。"[2]

一次，3名日军乘坐一辆坦克，开往南京江北县郊。一名青年女子与当地村民一道，用智谋将这3名兽性大发的日军杀死。记者林娜为此写出了一篇绘声绘色的报道：

……有三个日本兵坐着一架坦克车到江北去，在那儿地面是非常潮湿的，车一陷在湿泥里就走不动了。日本兵从车中走出，打算到村子里去找乡下人来拉，在路上遇到一美丽的妇人，日本兵便拼命的赶上去，但那妇人反却一动不动的站着，等他们走近了，她就问他们要什么，日本兵乐得嘻皮笑面，连声"姑娘，姑娘"的叫，那妇女点着头就把他们带到一间房子来，对他们说：她怕见枪炮，要姑娘可以的，把枪炮留在房门外吧。日本兵一想，她既然愿意带他们来，一定不会有什么鬼(诡)计的，于是答应了。那妇人先进到房子里去避入了床中，床的周围被帐密密掩着。日本兵等了好一会不见动静，以为她害羞不敢出来，便跑进去翻开帐一看，天啊！床上是空的，那妇人已不知何处去了。他们正在大呼的时候，门外的枪声响了，三个日本兵就同时被消灭了！[3]

---

① 《张宗富口述》，蒋晓星等编《南京大屠杀史料集》第37册《幸存者调查口述续编》(上)，江苏人民出版社2007年版，第557页。

② 《刘勇口述》，费仲兴等编《南京大屠杀史料集》第27册《幸存者调查口述》(下)，江苏人民出版社2006年版，第1328页。

③ 林娜：《血泪话金陵》，载《宇宙风》第71期，1938年7月。

还有夫妇合作，智杀敌军的事迹。据一位姓陈的军医官叙述，就在他居住的离南京30里远的头关乡，就发生了这样的事情。他说：

在我们所住的头关乡，有一天来了两个敌兵，找着一个丈夫当游击队长的女子下手，这女子佯与欢乐，约他次日再来，同时他(她)的丈夫集合了十几个游击队员事先埋伏，将敌兵分尸复仇。①

这位姓陈的军医官提到的“游击队”，以及时人所称之“中央便衣兵”，其实都还不是中共或国民党有组织的敌后游击队，估计只是由打散了的中国士兵与当地难民、村民，自发集合在一起的分散抗日武装。但是这种分散在各地的自发武装，给日军的震慑很大，对南京人民的鼓舞也很大。有许多当时的报刊，甚至日本军人的回忆，都提及此事。

江浦县永宁镇村民姚金行将千人左右组织起来，不断袭击日军，曾经一次就打死11名日军。曾参加这一武装组织袭击日军的刘修全回忆说：“有一个叫姚金行的人，组织我们打鬼子，鬼子来这里杀人放火，当时我也参加了，总共有千把人，边打鬼子边换地方。一次有11个鬼子到东葛开会，我们伏击打死了他们……”②1939年6月27日，燕子矶30余名乡民攻入伪警察局，击毙警长1名，击伤长警6名，给伪区公所与警察局造成很大威胁。此事惊动了伪维新政府绥靖部长任援道。任在致伪南京特别市政府的信函中称：

六月二十七日夜半，突有股匪三十余人向第八警察局旁门攻入，击毙高警长一员及枪伤长警六名……查本市近郊各大股游匪业经长期之

① 《沦陷区惨状记》，中国第二历史档案馆等编《侵华日军南京大屠杀档案》，江苏古籍出版社1987年版，第698页。

② 《刘修全口述》，张连红等编《南京大屠杀史料集》第25册《幸存者调查口述》(上)，江苏人民出版社2006年版，第325页。

努力痛剿，现已多数溃窜，惟临江一带地势险峻，仍有零星残匪不时扰袭。①

一位于1938年5月逃离南京的姓覃的难民，向记者叙述了南京附近游击队的三次对敌行动。记者林娜据此报道：

最近我们的便衣队，把从前埋在地底下的枪都挖出来，发动起来了。他们直打到铁道部里去，但是第二天便被完全消灭了。这回死的一共是五百多人。这次暴动失败后，我们的便衣队又把藏在城里的枪械，秘密运到古林庵去，想不到被伪警看到，秘密报告日本宪兵司令部去，结果被破获了，同时有十几人被抓住在墙上活活钉死。在我们逃出前几晚，我们的游击队又打到城里来了。他们先把富贵山占领，一部分部队打进城来，直到第二天早上才退。但是他们已带去了四百多武装齐全的难民，都是从前留下的便衣队，这回特地为了打救他们才攻进城来的。②

上述林娜所报道的游击队活动情况，也为另一位在沦陷后的南京城居住了四五个月的医院院长李璞璋所证实。李璞璋在汉口对记者说："南京，我们的志士——游击队、特务队和许多失了家乡的学生与在乡军人，依然在城郊内外，时有活动。曾先后发动了二三次义举，毙敌甚众。不过敌军以吃苦甚大，讳莫如深，将来我军收复南京时，此辈志士必能尽其力量，以为国军臂助也。"③

活动于南京城郊的游击队，对于分散活动的日军，威胁很大，致使小股日军不敢再到某些地区活动。据郭歧在《陷都血泪录》中介绍，地处江北的

① 《任援道致南京特别市政府函》(1939年7月5日)，南京市档案馆藏，档案号1002—2—1408。

② 林娜：《血泪话金陵》，载《宇宙风》第71期，1938年7月。

③ 《沦陷区惨状记》，中国第二历史档案馆等编《侵华日军南京大屠杀档案》，江苏古籍出版社1987年版，第650页。

六合县城，在一段时期中，便使小股日军不敢问津。郭文称："六合自我军退出后，亦成缓和地带，双方皆未驻兵。有一天，日本骑兵忽然冲到六合的街上，可巧遇一位壮丁背着枪，穿着全副武装，但他满不在乎！那几个兽兵问：'你是干什么的？'那位壮丁答以'我们是打黑头的！'兽兵听了，回头就跑。至此始终不敢到六合了，恐怕被捉去。其实黑头是指土匪而言！"[①]曾参加攻击南京的日本士兵冈本健三事后作证说："游击队的活动在南京也很厉害。我们绝对不能单独行动。当时有掉队什么的，士兵们接连不断地遭到了杀害。他们不是被手枪打死的，而是被刺杀死的。暗杀好像天天发生。"[②]游击队的活动，迫使日伪方面由镇压改用收买，甚至与游击队分成收税。据一位于1938年下半年逃出南京的难民叙述："……直到此刻为止，南京的敌伪仍无时不在游击队的威胁之中，在南京四郊不时有游击队出没，破坏交通，绑杀敌兵。敌伪对付游击队，先是'剿'，没有效果，近来改用收买的办法，有直接收编的，有相约四六均分地方税以安其心的，但是为数甚少，且受收买后又常反正，继续抗敌。"[③]

在沦陷后的南京留住了一段时间的军医官蒋公穀，于1938年1月5日的日记中记载："近日来我游击队逼近城垣，攻击甚烈，晚间必能听到炮声。我们在这百无聊赖之际，常往后院侧听炮声的大小，以估计游击队的远近……"[④]

游击队的活动，引起了日军的极大惊恐，据报纸报道，离南京城5里路以外，日本兵便不敢出去，沿公路线，也要"驾着兵车一边走一边开机关枪"才敢去。南京人民则因此而倍受鼓舞，纷纷扯下被迫悬挂的太阳旗与佩戴的太阳臂章。目睹南京城现状的军医官蒋公穀在1938年1月7日的日记中

---

① 郭岐：《陷都血泪录》，"南京大屠杀"史料编辑委员会等编《侵华日军南京大屠杀史料》，江苏古籍出版社1985年版，第49—50页。

② [日]洞富雄著，毛良鸿等译：《南京大屠杀》，上海译文出版社1987年版，第115页。

③ 《沦陷区惨状记》，中国第二历史档案馆等编《侵华日军南京大屠杀档案》，江苏古籍出版社1987年版，第697页。

④ 蒋公穀：《陷京三月记》，"南京大屠杀"史料编辑委员会等编《侵华日军南京大屠杀史料》，江苏古籍出版社1985年版，第83页。

写道："游击队确已逼近城垣，敌军恐慌万状，有向伪自治委员会勒索一千套便衣之说。自得悉上项消息起，所有各户出于敌军强迫而悬挂的日本国旗，的确完全没有了。红膏药的袖章，也是百不见一，显然的，这是民心一致，同仇敌忾的事实的表露。"[①]对此，郭岐在《陷都血泪录》中更有一段生动的记载：

> 有一次中央便衣队进城约五六名，伏于中华路附近之地下室内，恰有五名兽兵带着三四个伕子，由北向南行至我便衣队附近，当即开枪将日本兽兵全数杀死，并对四名伕子说："中央军已经进城了！"叫他们不要恐慌！这四名伕子便神经失了常态，大喜欲狂，他们沿途狼奔豕突，不管日本人中国人，逢人便大叫"中央军来了！""中央军进城了！"由中华路一直喊至难民区内，于是满城风雨，草木皆兵了！胆怯的兽兵很多把枪丢掉了，躲在地下室换便衣，黄呢制服各马路皆有，丑态百出。有的士兵被长官因此打死的！[②]

对于那些充当日军走狗、卖身投靠的汉奸，南京人民也决不手软，而以诛之为快。据白芜在《今日之南京》一文中介绍，汉奸余大雄、颜至诚等，都先后为爱国志士劈死、刺死或杀死。[③] 南京人民抗暴除奸的斗争，使南京的大小汉奸，惊恐万状。

南京人民持续抗击日本侵略者的斗争，是为 30 万被屠杀同胞报仇雪耻的正义行动，是对于日本侵略者血腥屠杀罪行的严正声讨，也是中华民族不屈不挠、坚韧不拔的民族精神的光辉体现。

---

① 蒋公穀：《陷京三月记》，"南京大屠杀"史料编辑委员会等编《侵华日军南京大屠杀史料》，江苏古籍出版社 1985 年版，第 83 页。

② 郭岐：《陷都血泪录》，"南京大屠杀"史料编辑委员会等编《侵华日军南京大屠杀史料》，江苏古籍出版社 1985 年版，第 48 页。

③ 白芜：《今日之南京》，马振犊等编《南京大屠杀史料集》第 64 册《民国出版物中记载的日军暴行》，江苏人民出版社 2010 年版，第 175 页。

四　国民党与国民政府在南京坚持斗争

南京沦陷后，国民党、三青团等组织，在南京陆续建立了地下组织，秘密搜集情报，进行抗日宣传活动，开展各种抗日斗争。其组织几经破坏与重建，其领导成员多有被捕与牺牲者。

1939年9月间，国民党第一次秘密组织了南京地下特别市党部执行委员会，章兆直任主任委员，陆玄南任书记长，后又以璇子巷“宝源号”商行为其掩护机关。1940年4月，重庆国民政府教育部派遣杨平到南京，在中、小学校发展秘密组织，先后成立南京中小学教师进修会、南京中小学教师同志会和学生联合会，三个组织的成员分别从最初的13人、20人、11人，发展到42人、75人、316人。8月，国民党南京地下市党部第一次遭到破坏，领导成员陈觉悟等被捕。同月，国民党重组南京地下市党部，由夏恩临（化名李光辉）暂代市党部书记长，陆玄南等为委员。不久，该组织又遭破坏，陆玄南被捕。先后被捕之陈觉悟、陆玄南经汪精卫亲批，被杀害于雨花台。

1941年5月，国民党派中央党部专员李文斋兼任南京地下市党部主任委员，夏恩临为书记长，重组地下市党部。1942年1月，李文斋、秦杰等10余人被捕，南京地下市党部再次遭到破坏；3月，三青团南京地下市团部遭破坏，南京中央大学三青团负责人栾保华等多人被捕。同年7月，国民党南京地下市党部再次重建，王述曾任主任委员，杨丙炎、秦杰等为委员。1943年春，南京中小学教师进修会、南京中小学教师同志会与学生联合会重新恢复活动。6月，国民党南京地下市党部执行委员会改组，杨泽球任书记长。

1944年9月，复在国民政府三战区司令部所在地皖南屯溪设立国民党南京特别市党部，任命卓衡之为执委会主任委员，先后以许志远、叶达秀为书记长，杨泽球等为委员，南京市区的工作由市党部执行委员吴子良、俞采

丞负责。[①]

开展敌后游击活动，也是国民党和国民政府在沦陷后的南京、江苏地区，持续进行抗日斗争的一种方式。自 1939 年以后，第三战区决定组织游击兵团，向敌后挺进，开展游击活动，配合正面战场作战。军事委员会于 1939 年《第二期作战指导方案》中规定："第三战区，应以一部加强游击兵力，指向京沪杭要线，袭击敌人后方，并保持沿江据点，邀击敌人舰船，继续妨害其运输。主力应尽可能保持现在态势，尽量吸收敌人多数兵力而消耗之。"[②]第三战区成立了游击总司令部，苏南地区被划为第二游击区。开始由战区司令长官顾祝同兼任该游击区总指挥，江苏省江南行署主任冷欣任副总指挥。第二游击区的主要部队为陆军第 52 师和临时组建的挺进第 2 纵队，统由冷欣负责指挥，以后，第三战区又陆续增派陆军第 63 师、第 40 师、新编第 7 师、新编第 21 师及独立第 33 旅等部进入苏南敌后。[③]

由国民党掌握的苏南敌后武装，还有忠义救国军。该部于 1938 年 1 月由国民政府军事委员会调查统计局二处处长戴笠筹划建立，戴兼任总指挥，俞一则为副总指挥。至 1939 年春，该部已发展到 16 个支队、4 个直属大队和 2 个教导总队，达 2 万余人；主要活动地域在苏南及杭嘉湖地区，其中也包括南京附近及六合、滁县等地。1941 年后，忠义救国军在京沪杭地区兵分四路，其中第 4 路京丹溧区挺进队，即以南京行动总队为基干，进击南京、江浦、丹阳等地。[④] 是年 3 月底，由忠义救国军南京行动总队第二队班长蒋振安（化名赵有富、周正平）率 30 余人到南京，分别于 4 月 2 日在南京大戏院由队员江禹门投掷炸弹 3 枚，3 日在丽都大戏院由队员张玉林投掷炸弹 2 枚。该两次炸弹爆炸案，造成了很大的社会影响，惊动了汪伪政府首都警察厅及

---

① 有关国民党南京地下市党部活动内容，参见经盛鸿《南京沦陷八年史》（下册），社会科学文献出版社 2005 年版，第 1118—1127 页。

② 《蒋介石颁国军第二期作战指导方案密电》（1939 年 1 月 7 日），中国第二历史档案馆编《抗日战争正面战场》（上），江苏古籍出版社 1987 年版，第 33 页。

③ 沈嘉荣主编：《江苏史纲》（近代卷），江苏古籍出版社 1993 年版，第 473 页。

④ 张霈兰：《戴笠与抗战》，台湾"国史馆"1999 年编印，第 184、186 页。

警政部。伪警政部长李士群惊呼:“查首都要地,连日发生爆炸公共场所、伤害观众两案,若不严限破案,匪胆愈大,治安堪虞。”[①]

重庆国民政府军事委员会调查统计局(简称“军统”)也不断派遣特工人员到南京,开展暗杀、策反等活动,给日军与汪伪政权造成很大震动,取得一定效果。

1939 年 6 月,军统“南京区”策划了其潜伏在日本南京总领事馆当勤杂工的詹长麟、詹长炳兄弟投毒事件。[②] 詹氏兄弟利用总领事馆举行宴会的机会,放置毒酒,使两名日人毙命,日外务省次长清水和日本驻南京总领事崛公一也昏迷不醒。此行动使日本侵略者震惊不已;而南京人民则欣喜雀跃,奔走相告。事发后,日军动员了 1 000 余名军警搜捕詹氏兄弟,但一无所获。詹氏兄弟及其家属一二十人,由军统安排,分别从笆斗山、上新河过江,假道苏北,安避浙江农村。[③]

1940 年春,军统局派遣邵明贤到南京,建立“军统南京区”,邵任区长。邵与汪伪特工头目梅思平是同乡,又曾为上下级,得梅保荐,任汪伪首都警察厅督察长。邵设秘密电台于明瓦廊 6 号家中,与潜伏于上海汪伪“76 号特工总部”任机要处长兼人事处长的军统特工钱新民协同工作,不断向重庆方面传送情报,并准备伺机刺杀汪精卫等伪政府要员。同年 12 月,“军统南京区”遭破坏,邵被逮捕,次年 7 月被枪杀于雨花台。[④]

1940 年夏秋间军统局派遣黄逸光、黄征夫二人到南京,准备利用黄逸光与汪精卫叙旧、并共同观赏一张合拍照片时,寻机刺汪。黄逸光,广东人,手腕力量很大,据说曾打死过一只老虎。抗战前,他曾组织童子军徒步旅行团,自任团长,到南京后,受到当时任行政院长的汪精卫接见,并合影留念。此次刺汪,黄逸光即准备带此照片,晋见汪。据知情者时闻先生叙述:

> 黄到了南京后,汪精卫不知从何渠道得到密报,知道黄逸光要来行

① 《李士群致汪精卫函》(1941 年 4 月 8 日),中国第二历史档案馆藏,档案号二〇〇三—6319。

② 经盛鸿:《抗战传奇老人詹长麟》,载《档案与建设》2007 年第 4 期。

③ 孙宅巍:《澄清历史——南京大屠杀研究与思考》,江苏人民出版社 2005 年版,第 293 页。

④ 经盛鸿:《南京沦陷八年史》(下册),社会科学文献出版社 2005 年版,第 1128 页。

> 刺，遂立即打电话将马啸天（按：马当时任汪伪特工总部南京区区长）叫到自己家里，说明情况后，要马立即派人侦查逮捕。马回到政治警卫总署（当时南京区对外的正式名称，马任署长），指派第三处处长姜志豪迅即带领人马到中央饭店突击搜查。正好黄逸光外出未归，只黄征夫一人在家。经严密搜索，在房内衣橱的夹缝中搜出四英寸穿甲手枪一支，达姆弹十发，照相机一架，小型电台一座以及密码本。随即留人将饭店监视，等待黄逸光归来。不多久，黄外出归来，马上就被捕获，人赃俱获。马啸天将经过向汪精卫作了详细汇报，汪当下批示将黄逸光枪决，黄征夫关押。马啸天秉承汪精卫的指示将黄逸光枪决，并以政治警卫总署名义贴出布告公布。黄征夫因周佛海的老关系被保出释放。[①]

当时，汪伪特工总部的特务，还从黄逸光的身上搜出毒药一包。原来，按照戴笠的交代，黄虽带有手枪，但并不打算使用，而是想利用黄巨大的臂力，在与汪叙旧时，将汪捏死，如不能脱身，即吞毒药自杀。黄在刺汪行动中，乃抱必死决心。他于同年12月17日被枪杀于雨花台。行刑前，索笔题文，从容就义。其文曰："可爱的中华，我愿为你歌唱，我愿为你而死！"[②]

1943年1月，军统局派特工强一虎来南京潜伏，买通了汪伪特工总部南京区警卫大队分队长刘良，准备暗杀汪伪特务头子马啸天等人。据时闻先生披露：

> 强一虎把剧毒剂氰化钾交给刘良，要他寻机悄悄放到马啸天家厨房的味精瓶中，刘按强一虎的指示照办了。但事被马啸天发觉，马并未声张，却暗中命令第三处姜志豪派人侦查了解了来龙去脉，姜又派助手果强民专门负责破获此案。在这期间，夫子庙贡院东街的新亚舞厅发

① 时闻：《汪伪特工总部南京区始末》，江苏省政协文史资料委员会编《江苏文史资料集粹·政治卷》，江苏文史资料编辑部1995年版，第253页。

② 经盛鸿：《南京沦陷八年史》（下册），社会科学文献出版社2005年版，第1129页。

生爆炸案，一枚炸弹炸死舞客一人，炸伤舞女数人，一枚炸弹在楼梯口尚未爆炸。案发后，伪首都警察总监苏成德、首都警备司令李讴一、中央宪兵副司令兼政治警卫总署署长马啸天等人，立即赶到现场侦查，将未爆炸的炸弹取走。当晚，南京区行动队就对南京状元境一家旅社实施突袭，逮捕了军统特务强一虎，并搜获与新亚舞厅同样的炸弹以及炸药和氰化钾毒剂。强一虎当即被押至宁海路看守所关押。经侦行科长姜志豪秘密审讯，强一虎立即由汪伪头目签署命令予以枪决，刘良判无期徒刑。①

1943年夏，由国民党军统局副局长戴笠一手策划，派局本部督察室第一科上校科长周镐，随同周佛海派往重庆的信使、军统谍报人员程克祥辗转来到南京。周镐被周佛海安插在伪军委会军事司第6科任少将科长，负责军委会的军事运输工作；程克祥则被安插在伪财政部当专员。此次周镐赴南京，戴笠亲自交代有三项任务：

> 一是筹建军统南京站，恢复军统在汪伪统治中心地区的活动；二是对周佛海、程克祥进行监视，将周、程在南京的活动随时密报重庆局本部；三是在汪伪军界上层人员中进行策反，目的是掌握汪伪的军事力量，以便在抗战期间合作防共反共，在抗战胜利后则与八路军、新四军抢占地盘。②

周镐按照戴笠的意图，于1943年底，将军统南京站筹建完毕，周自任站长，并建立了8个潜伏组。在组织上，新建立的南京站并不归由程克祥担任区长的军统南京区领导，自成体系，由戴笠直接指挥。从此，军统南京站便以

① 时闻：《汪伪特工总部南京区始末》，江苏省政协文史资料委员会编《江苏文史资料集粹·政治卷》，江苏文史资料编辑部1995年版，第253—254页。

② 杨者圣：《特工王戴笠》，上海人民出版社1993年版，第395页。

周佛海为后台，在汪精卫的眼皮底下，大肆开展特工活动。汪伪京沪地区的情报被不断发送到重庆，军统在东南沿海地区的力量也得到了加强。以周佛海为首的大小汉奸在“戴罪立功”心理的驱使下，纷纷争相通过军统南京站，与军统拉上关系，各种有关日伪军事、政治、经济的秘密情报，也源源不断送往重庆和美军。军统的这些活动与成果，对于瓦解汪伪政权，使国民政府正确判定对日作战方略，夺取抗日战争的胜利，无疑都有所助益。南京地区的军统组织在这一时期，还进行了一些旨在对付中共与新四军的活动，其后果当使亲者痛而仇者快。

五　中共在南京坚持斗争

在整个南京沦陷期间，江苏、南京地区的中共地下党组织，领导南京各阶层人民，持续不断地开展了抗日救国斗争。

处于秘密状态的中共江苏省委，为重建中共南京地下党组织，以便更好地领导和推动南京人民抗击日本侵略者的斗争，进行了长期艰苦的工作。中共江苏省委根据党中央关于“在敌人占领的中心城市中，应以长期积蓄力量、保存力量、隐藏力量，准备将来的决战为主”[①]的指示，不断派遣精干的地下党员秘密来到南京，开辟党的工作。由于南京沦陷以后，一个党员也没有保留下来，省委便主要从上海抽调党员到南京。抽调和安排的原则：

> 一是挑选在南京有亲戚朋友的党员，到南京托亲友介绍职业；二是抽调中学、大学学生党员，转到南京上中学或大学；三是依靠先到的党员帮助后来的党员寻找职业。被派的党员，要求政治立场坚定，组织观念很强，生活作风艰苦朴素；到南京后，要迅速植根于群众之中，紧密联

① 《中央关于目前时局与党的任务给刘晓的指示》(1938年3月21日)，中央统战部等编《中共中央抗日民族统一战线文件选编》(下)，档案出版社1986年版，第100页。

系群众，在敌人的统治中心站稳脚跟。生活费用全靠自己解决。[①]

1940年，江苏省委先后从上海抽调地下党员马卓然、朱启銮到南京开展重建党的工作。1942年6月，省委继派刘峰、欧阳仪夫妇到南京，明确由刘峰负责南京党的工作。临行时，省委委员、组织部长王尧山对刘峰指示：

1. 要想各种办法能够立足和坚持下来，对派到南京的党员都要尽可能使他们做到社会化、职业化、合法化；2. 要认识南京是敌伪的心脏，工作环境恶劣，抗日战争是长期的，必须坚决贯彻中央对敌占区的“隐蔽精干，长期埋伏，积蓄力量，以待时机”的方针；3. 要认真按照“勤学、勤业、广交朋友”的原则开展工作，密切联系群众，要充分利用各种合法形式，组织和团结群众，进行宣传教育工作；4. 严密党的组织，采取单线联系办法，防止暴露和破坏；5. 要能独立作战。[②]

先后从上海派到南京来的党员都按照中央和省委的指示，取得了合法的身份，积极开展群众工作，并发展了少量的党员。1944年6月，中共中央华中局决定成立南京工作委员会，指定刘峰为书记，朱启銮为副书记。到1945年8月抗战胜利时，南京工委领导下的党员已达80余人。

活跃在苏浙皖地区的新四军，在各革命根据地建立了各级党组织，这些党组织也十分重视在南京等大城市开展党的秘密工作。1939年12月，中共中央东南局决定在新四军控制的革命根据地成立苏皖区党委，吴仲超任书记，谭启龙任副书记，下辖苏南、苏皖、苏北3个特委。此前，南京金陵女子文理学院附中学生朱为娟、王秀琪、吴静华、姜秀英等组织了秘密抗日团体“七人团”。1940年3月，“七人团”与中共苏皖区委、新四军发生了联系；不久，“七人团”发展为“十三人团”，其骨干成员朱为娟、王秀琪、姜秀英并经到

① 朱启銮主编：《南京人民革命史》，南京出版社1991年版，第206页。

② 中共南京市委党史资料征集编研委员会办公室编：《南京革命史大事记》，1986年版，第116页。

句北宝华山新四军驻地学习，被发展入党，组成党支部，王秀琪任支部书记。9月，以“十三人团”为基础，在中央大学建立了“青年互助会”，将更多的进步青年学生，团结在秘密党支部的周围。与此同时，又由中央大学学生方焜、肖名树、黄真联络金陵补习学校陈健等人，组织了另一个秘密的抗日团体“群社”；1941年春夏，该社与“青年互助会”建立起相互配合的工作关系。7月，“群社”发展为“团结救国社”（简称“团救社”），以朱为娟、方焜、肖名树、黄真、程淑英等为领导核心，出版油印秘密刊物《荧光》（半月刊），宣传抗日，并介绍敌后根据地情况。10月，中央大学由新党员方焜与张杰联络同学，秘密成立了中共外围组织“青年救国社”（简称“青救社”）。1942年初，在中共江南区委（原中共苏皖区委）所属路西北特委领导下，成立了中共南京特别支部，舒诚任书记；7月，中共南京特别支部改建为中共南京工作委员会，仍由舒诚任书记。南京工委积极在工人、店员、职员中开展活动，发展进步力量，组织进步分子学习革命理论，坚持在秘密状态下，宣传抗日思想。1944年6月，方舒等奉调去根据地学习，南京工委撤销，党员分成两个中心支部，分别由姜秀英、王秀琪负责。此后，随着人事变动，南京的地下党员又先后由张杰与上级党委特派员方休负责；到1945年8月抗战胜利时止，原苏皖区党委系统在南京的党员共有50余人。

在漫长的日伪统治时期，中共南京地下党组织与地下党员，利用各种合法身份，在学生、工人、伪军中积极开展工作，团结群众，运送物资，传送情报，策反伪军，把矛头直指日伪反动统治。

1942年秋，伪南京市长、“东亚联盟总会南京分会”会长周学昌授意其亲信在中央大学组织“学生互助会”，借以培植个人势力，名义上归“东亚联盟总会南京分会”领导。是为日伪统治下南京第一个公开、合法的青年学生组织。共产党员方焜、张杰、何广鑫等先后打入“学生互助会”，逐步掌握了领导权。是冬，“学生互助会”学术股编辑出版了《学生》月刊。该刊宣传爱国思想，揭露社会黑暗，客观报道国际形势，引导学生树立正确的人生观，走革命和进步的道路。1944年春，《学生》的姊妹刊《女青年》出版，内容侧重于女生活动和妇女解放问题；以后又以《女青年》名义，在石鼓路、莫愁路劳动妇女较集中的地区，开办了妇女文化学校。此外，“学生互助会”还自办了图书馆，传播进步书刊；举办补习班；组织郊游、公演等活动。这些活动，团结教育了大批青年学生，培养了一批积极分子。

1943 年冬，中共地下党员何广鑫，利用汉奸林柏生企图筹组学生团体，培植私人势力的想法，参与筹划组织了“干字运动实践会”，林柏生任会长，林的亲信吴瑞任总干事，何广鑫为学术组组长。何与服务组组长唐益民等 5 人结拜为“五兄弟”，他们瞒骗林柏生，架空吴瑞，实际工作全由“五兄弟”做。“干运会”以中央大学学生为主，同时吸收各中学学生参加，正式会员 500 余人，经常参加活动的近 2 000 人。“干运会”通过举办学生生活营、出版《干字月刊》等办法，引导学生博览群书，追求真理，提高思想觉悟。其生活营营歌的歌词为：

> 我们的生活营，锻炼斗士的熔炉。以青年领导青年，以斗争准备斗争。实干硬干，团结力量，刻苦奋斗，自治治人。我们是国家的生力军；我们是民族的新生代。手拉手、肩并肩，青年们，勇往直前，战倒恶势力，胜利就在明天。①

在建立了各种色彩的学生组织的基础上，中共地下党组织便发动学生，进行合法的斗争。1943 年 5 月底，为反对伪国民党中执委、中央大学校长樊仲云加强对学生的控制，宣传“曲线救国”的理论，以及勾结私商贪污伙食费，由“青年救国社”发起“倒樊”斗争。5 月 31 日，1 000 余名学生带着《请愿书》，高呼“我们不要贪污分子当校长”等口号，向汪精卫请愿。经过几天的斗争，伪政府终于接受学生的要求，宣布撤销樊仲云的校长职务，学校伙食也得到了改善。1943 年 12 月，中共南京地下党组织鉴于南京城内吸毒成

① 朱启銮主编：《南京人民革命史》，南京出版社 1991 年版，第 215 页。

风、烟商横行的实际情况，决定发动一次清毒运动，以激励群众，打击敌人。12月18日，以中共各系统地下党员、“青救社”社员为骨干，组织了3 000名大、中学生上街示威游行，捣毁烟馆，没收烟土、烟具，砸赌场，毁舞厅。学生们高呼禁绝“三害”（烟、赌、舞）的口号，呼吁：“中国人不要醉生梦死！青年学生要团结起来，勇敢地向黑暗势力斗争！”并当场宣告成立“首都学生清毒总会”。之后，学生们又不断利用假期到街头宣传禁烟，打烟馆，造成了很大的声势。大张旗鼓的清毒运动，利用日伪矛盾，唤醒沦陷区人民，进行合法斗争，获得了成功。

在中共地下党的领导下，南京工人也逐渐组织起来，采用各种办法，同日伪统治展开斗争。1942年7月，在南京铁路工人中建立了“华中铁道工人抗日行动委员会”（简称“工抗会”），由擦车工张锦棠任主任委员。经张与新四军二师社会部部长侯政等商定，该会的任务是：

> （一）向工人宣传共产党的抗日主张，吸收进步工人入会，秘密开展抗日斗争；（二）发动工人怠工、制造事故，破坏敌人交通运输；（三）截取敌人军用物资，如枪支、弹药、通讯器材、棉纱、布匹、药品等，送往根据地；（四）搜集日本军事运输情报和敌伪驻军情报，及时送到根据地。①

“工抗会”成立后，积极向群众宣传八路军、新四军对日作战的情况；发动工友破坏机车零件，迫使列车中途停车；提出“中国的东西中国人用”的口号，号召工人将日本侵略者掠夺来的物资拿回家中，解决生活困难，并有计划地将堆积在码头、列车上的布匹、棉纱、药品、煤油等物资，运往根据地，交给新四军。1943年夏，“工抗会”会员赵景生从日军仓库中，取出10余箱子弹，准备运往抗日根据地，不料被日军发现，遭逮捕。他在被日本宪兵押解

① 朱启銮主编：《南京人民革命史》，南京出版社1991年版，第221页。

去寻找子弹时，毅然冲向迎面开来的火车，壮烈牺牲。[①] 1944 年 3 月，潜伏在伪军中的中共地下党员徐楚光，联络南京洪门“大亚山正义堂”山主朱亚雄，经日本华中铁道株式会社警务课长木村批准，借口维护铁路交通安全，成立“华中铁道护路总队”，朱任总队长，徐任秘书主任兼督察长，中共地下党员张冰任情报组长，专司管理芜湖至常州之间铁路沿线的货运安全。总队下设 5 个分队，分驻下关、芜湖、龙潭、镇江、丹阳 5 地。徐楚光遂利用护路总队的合法名义，掩护苏北抗日根据地的人员、物资进出，使新四军、共产党的地下交通线畅通无阻。1945 年 2 月，徐楚光又与朱亚雄密商，利用护路总队这一公开组织，秘密筹建一支地下军“京沪人民挺进总队”，内定朱亚雄为总队司令，徐楚光为副司令兼参谋长，张冰为后勤部主任，以便把铁路工人进一步组织起来，配合敌后根据地的抗日斗争。与此同时，中共地下党组织在铁路工人中也日益得到发展。至 1945 年初，中断多年的浦镇机厂党组织又重建起来，彭原、周群先后任该厂中共地下党支部书记。到日本投降前，下关、浦镇两地铁路职工中的地下党员，都已发展到 10 人左右。

其他行业的工人运动，也逐步开展起来。1942 年，南京邮局职工为要求增加工资、改发新币，进行罢工，迫使当局同意以新币八成、旧币二成发给，斗争获得胜利。1943 年秋，三轮车工人在中共地下党员姜秀英的组织和发动下，也进行了罢工斗争。30 余名三轮车工人，为反对老板降低工人的拆成和修理费由工人负担，罢工 3 天，取得了部分胜利，老板同意修理费仍由资方负责。1944 年夏秋间，由担任“中国青年模范团”组织组组长的中共地下党员叶再生倡议，获得汪伪当局主管宣传、青年工作的头目林柏生、朱晶华同意，组织了“南京市工商青年联谊会”，推林柏生为会长，伪南京市长周学昌、“中国青年模范团”实际负责人朱晶华、南京市商会会长葛亮畴等为副会长，叶再生任总干事，实际工作全由叶负责。联谊会组织开展了多种文体活动，吸引了众多苦闷、彷徨的青年工人、职员、店员参加，先后发展会员近

① 中共南京市委党史资料征集编研委员会办公室编:《南京革命史大事记》,1986 年版,第 121—122 页。

2 000人。1945 年 6 月，联谊会仿照“干运会”举办寒假生活营的办法，举办了一期职业青年生活营，吸收 100 多名会员参加。叶再生给营员们作了“工人运动的意义”的报告。经过这些活动，使会员们的思想觉悟有了不同程度的提高，涌现出一批思想进步的积极分子。1945 年夏，由于伪陆军部修械所邓府山工务处严重剥削工人，随意殴打徒工，在中共南京工委的支持下，全体徒工实行怠工，要求改善徒工的生活待遇。经过斗争，厂方被迫答应徒工的要求。1945 年春夏间，南京工委还派地下党员唐益民先后在石鼓路培育中学和中央商场等地，开办职工补习学校，除传授文化知识外，还进行时事政治分析，宣传“劳工神圣”，启发了学员的阶级觉悟，团结了一批积极分子。

中共各级党组织，为了更有效地打击日本侵略者，特别注意搜集日伪的情报。1940 年 3 月，中共中央社会部上海情报站派纪纲到南京，正式建立了南京情报组，纪任组长。1942 年春，八路军总参谋部派抗大教员徐楚光到南京，打入伪军上层，搜集重要军事情报。据统计，在 1938 年至 1945 年间，先后有 10 余名中共党员、20 余名党领导的非党情报工作人员，冒着生命危险，战斗在敌伪高层机构中。[1] 最早来到南京的情报人员，是日籍中共党员西里龙夫。他于 1938 年 3 月来南京担任日本同盟社南京支社首席记者。经过西里龙夫的安排，中共党员、情报人员陈一峰被录取为“中联社”首席记者。西里龙夫与陈一峰凭借他们所处的重要岗位，经常可以获得十分有价值的情报，并及时报送上海。1939 年 4 月，上海情报站派张明达到南京担任地下交通，专门在南京、上海间传递重要情报。在后来建立的南京情报组中，还包括汪精卫的秘书、中共秘密党员汪锦元。南京情报组曾经获取了日军暂停对苏作战准备和日本海军将于近期袭击美国太平洋舰队等重大绝密战略情报。后来，由于共产国际和苏联派驻日本的佐尔格间谍小组被东京警视厅破获，殃及中共南京情报组的成员，至 1942 年 6 月，南京情报组完全停止活动。由八路军总参谋部派到南京汪伪上层的徐楚光，辗转通过在汪伪政

---

① 朱启銮主编:《南京人民革命史》,南京出版社 1991 年版,第 226 页。

权中任职的洪侠，在 1943 年至 1945 年间，先后获取到伪国民政府、伪军事委员会的许多重要情报；1945 年 3 月，更取得汪伪绝密文件《京畿地区剿匪方案》，内有对南京周围新四军“实施彻底歼灭讨伐”的计划。徐、洪 2 人将上述情报均立即报送新四军。

由于中共地下组织的积极活动，在日本投降前夕，还取得了一项很有影响的成果，即策动了驻南京的伪警卫第 3 师反正。该师于 1944 年初建成，下辖 7、8、9 三团，师部驻南京通济门外，第 7 团驻句容，第 8 团驻江宁，第 9 团驻六合，全师约 5 000 人，全部日式装备，任务是与警卫第 1、第 2 师共同拱卫“首都”。该师师长原为陈孝强，6 月后改由伪国民政府少将参军钟健魂担任。徐楚光通过军校同学、伪警卫第 3 师上校政训处主任赵鸿学的关系，加紧做钟健魂及第 3 师中中下层军官的工作。钟早年曾参加共产党，现在又想同新四军保持友好关系，遂于 1945 年 4 月将赵鸿学调往六合第 9 团任团长，以便随时与六合的新四军驻军保持联系。8 月 9 日，钟得到消息，伪军委会已任命伪中央军校总队长鲍文沛接任警卫第 3 师师长，命令即将下发。钟在徐楚光、赵鸿生的策动下，决定全师立即反正，其方案为：

> （一）钟健魂以伪军委会的名义命令第七、第八团渡江到六合，集结待命；（二）徐楚光和赵鸿学率第六团在六合反正；（三）钟健魂亲率师部直属炮兵、特务连过江去六合，其余师部机关人员一律不带；（四）各部队将武器弹药全部带走；（五）师部直属部队和第七、第八团于 8 月 11 日（星期六）晚开始行动，第九团于 12 日凌晨行动，13 日全师赶到六合县竹镇集。①

钟健魂按照上述精神，于 8 月 11 日发出密令，命第 7、第 8 团于 13 日黎明前赶到六合县竹镇，对根据地进行“扫荡”。钟于当日率师直属部队从划子口

① 朱启銮主编：《南京人民革命史》，南京出版社 1991 年版，第 233 页。

渡江，开往预定集结地。第 7、第 8 团在 12 日过江时被敌人发现，受阻于江南，只有第 7 团 1 个营过了江。第 9 团在赵鸿学、徐楚光率领下，摆脱了附近的日军，于 13 日上午到达集结地。当天上午，钟健魂率领官兵 3 000 人，携带武器、弹药、电台，进入根据地钟家集，宣布反正。伪警卫第 3 师反正的成功，显示了中共地下党组织策反工作的卓有成效，是南京人民抗日斗争中的一曲凯歌。

六　新四军战斗在金陵城下

由中共领导的新四军，高举抗日民族统一战线的大旗，在南京失陷后不久，就深入苏南敌后，活跃在金陵城下，发动群众，宣传抗日，打击日本侵略者。

1938 年 4 月 28 日，由新四军第 1、第 2、第 3 支队抽调部分干部、战士组成的新四军先遣支队，在第 2 支队副司令员粟裕的率领下，从皖南岩寺出发，越过宣（城）芜（湖）公路封锁线，向苏南敌后挺进，实施战略侦察。5 月 4 日，毛泽东致电新四军副军长项英，指出：

> 在侦察部队出去若干天之后，主力就可准备跟行。在广德、苏州、镇江、南京、芜湖五区之间广大地区创造根据地，发动民众的抗日斗争，组织民众武装，发展新的游击队，是完全有希望的。[①]

先遣支队在越过日军封锁线后，沿裘公渡、黄池镇、青山街、当涂一线，向南京近郊秣陵关挺进；5 月 19 日，正式进入苏南敌后战场。随后，第 1 支队陈毅所部与第 2 支队张鼎丞所部，亦于六七月间先后进抵句容、江宁、溧阳、溧水、当涂地区。

---

① 中共江苏省委党史工作委员会《苏南抗日斗争史稿》编写组：《苏南抗日斗争史稿》，江苏人民出版社 1987 年版，第 21 页。

6月23日，新四军副军长项英在谈到关于第1、第2支队进入敌后的行动原则时指出："特别是南京、镇江"，应"以伏击的动作来打击和消灭远出和行进中分散的敌人，截夺取辎重，争取不断的小战斗胜利"；"应当以小游击队到南京、镇江附近，用突然的动作实施扰乱，以威胁敌人，这在政治上更有大的意义"。①

7月10日，第1支队第2团第2营和当地游击队，埋伏于汤山至句容公路的东仙涧桥以东、新塘以西地区。清晨，有日军汽车9辆，其中2辆在前引导，7辆在后约100米处跟进，共乘坐日军200余人，携带轻重武器，从南京方向开来。当日军汽车全部进入伏击圈以后，指挥员一声令下，"战士们突然以步枪、轻机枪和手榴弹向其猛烈袭击。投弹手将手榴弹准确地投入汽车车厢，当即炸毁日军两辆汽车的汽缸，爆炸起火。步枪、轻机枪的火力打得日军晕头转向，死伤甚多。余下的日军慌忙跳下汽车，就地负隅顽抗，以等待增援部队到达。第2营指战员依托占领阵地，沉着战斗，以猛烈的火力压制敌人，迫使敌人无力展开"。② 经激战1小时，第2营在基本完成伏击任务后，主动撤离。此次伏击战中，共炸毁日军汽车2辆，毙伤日伪军40余人。第三战区司令长官顾祝同在向蒋介石报告这一战绩时称："最密。据报新四军陈支队廖营，灰(10)日伏击由南京用汽车九辆载敌二百余向句容前进之敌，击毁敌汽车二辆，毙敌四十余名，我仅伤亡各一。"③

接着，新四军第1、第2支队又于下半年在雨花台及南京西南郊，不断袭击日伪军。据《抗日时期新四军在雨花台地区的战斗活动》一文记述：

7月14日，1支队第1团部分兵力攻击了西善桥敌据点，战斗半小时，毙伤日寇20名，缴获步枪3支及军用品一部分。

① 《项英关于第一、二支队进入敌后的行动原则致陈毅信》(1938年6月23日)，中国人民解放军历史资料丛书编审委员会编《新四军·文献》(1)，解放军出版社1988年版，第230页。

② 郗凤来：《新塘伏击日军汽车队》，载《南京史志》1987年特刊。

③ 《顾祝同关于新四军伏击日军车队致蒋介石电》(1938年7月20日)，中国人民解放军历史资料丛书编审委员会编《新四军·参考资料》(2)，解放军出版社1991年版，第67页。

9月16日，2支队部分兵力捣毁了京芜铁路板桥车站，击毙日寇30多人，缴枪10余支。

20日，我侦察人员还化装进入南京城，张贴文告，抓捕敌探，迫使日军宣布南京全城特别戒严。

11月26日，2支队侦察连进击雨花台守敌，激战1小时，毙伤敌伪25名，敌不支向城内逃去。侦察连又以猛烈火力射向中华门城堡，敌人龟缩城内，不敢出战。雨花台山顶上曾胜利地扬起标有“新四军”字样的红旗。[①]

12月2日，第2支队第3团袭击了南京至溧水公路上的禄口日军据点。该团3营，趁日军1个中队刚刚来到这里，立足未稳，便将他们一举消灭。据当时指挥作战的第3团政治部主任钟国楚叙述：

那时鬼子很麻痹，我们的情报比较灵，我们知道他第二天就要来，准备给他个下马威。当时副团长（即团政委）邱金声同志和我带领三团三营一下子猛扑过去，差一点就把鬼子全部消灭，杀伤是很大的。他们刚刚到，我们就扑了上去，他也来不及，我们都到了他们的脚下。[②]

进入1939年以后，日伪军加强了对南京周围地区的“扫荡”。1月8日，日军500余人，分由禄口、横溪桥、小丹阳及溧水、洪蓝埠等地向江宁、溧水边界的横山地区进击。新四军第2支队第3团在地方武装4个中队的配合下，与日伪军激战5小时，歼其50余名。其中为争夺山羊祠左侧一带高地，日军连续三次发动猛攻，均被击退。据新四军战斗详报称：

---

① 任慰：《抗日时期新四军在雨花台地区的战斗活动》，载南京市雨花台区政协编《雨花文史》第6集，1992年。

② 中共江苏省委党史工作委员会等编：《苏南抗日根据地》，中共党史资料出版社1987年版，第523页。

> 当敌人三番两次的向我冲锋，皆被我英勇沉着的战士们击退了，并给了敌人一个大的杀伤，最后一连之一班固守阵地，支持半小时之久。当时高呼日语口号，散发宣传品，而敌闻之则摇手示弱，持枪不鸣，在动摇以致瓦解敌军的意义上，起了不小的效用。①

在有的战斗中，新四军指战员付出了较大的代价。1939年2月26日，新四军的1个营部与2个连队，在南京南郊云台山与日军发生了激烈的战斗，伤亡80余人，其中95%以上都是红军战士。据《新四军征途纪事》记载：

> [1939年2月26日]日伪军从小丹阳、铜井、秣陵关、陶吴、慈湖、朱门集中500多人，分5路合击在云台山地区的新四军第二支队第三团第一营，我军与敌激战2小时，毙日军50余名。我第一营大部队突围，营长邱立生、教导员王荣春等65人在掩护部队突围时英勇牺牲，20余人负伤。②

经过一年左右的艰苦奋斗，在南京附近活动的新四军，已经基本上站稳了脚跟，使南京、镇江、句容一带的根据地成为插入敌人心脏的一把利刃。1939年6月，新四军第1支队司令员陈毅在总结1年来的斗争时指出：

> 我们经常有一个部队在南京、镇江、句容间三角狭窄地区，敌人动员千余兵力进行二十三次的围攻，我们仍然留在该地坚持。有时候整星期不到民家，完全露营，半夜才到民家烧饭吃，这就大大提高人民对游击战的信心。人民清楚知道敌寇伎俩，会在国军面前屈服，呈现智穷力拙[绌]的状态，所以在去冬以来才开始了居民盛大的慰劳我军的运

① 《横山战斗详报》，中国人民解放军历史资料丛书编审委员会编《新四军·文献》(1)，解放军出版社1988年版，第241页。

② 马洪武等编：《新四军征途记事》，江苏人民出版社1988年版，第73页。

动，这是艰苦斗争的代价，绝不是偶然的凑合，更不是简单的宣传鼓动家能够解决的问题。[1]

1940年5月14日，新四军第2支队直属队和第4团第3营，由支队副司令员廖海涛率领，在湖熟镇附近的赤山，对日伪军进行了一次成功的伏击。据资料记述：

隐蔽在西北岗小山坡的我支队特务连和四团三营七连，早已把他们的机枪、步枪和掷弹筒、手榴弹集中起来了。当敌人进入射击区时，所有的火器都吼叫起来，“哒、哒、哒”、“轰、轰、轰”，堤埂上的日本兵受到我突如其来猛烈炮火的袭击，死伤惨重。但是他们不甘心失败，还负隅顽抗，使用九二式步兵炮向我特务连阵地打了二十多发炮弹。[2]

日军中队长吉田带领几个同伙，在拱桥下顽抗，作垂死挣扎，最后被新四军战士扔下的大量集团手榴弹全部炸死。这次战斗，共消灭日军100多名、伪军7名，活捉日军2名，缴获机枪2挺、步枪60余支、掷弹筒2个、日造九二步兵炮1门。[3]

地处南京江北的六合，自1939年秋，始有新四军在这里活动。1941年春，新四军第2师第4旅第12团，在六合金牛山与日本侵略军进行了一场激烈的战斗。日军扬州警备司令部纠集了仪征、天长和扬州的日伪军700余人，携带大炮3门、掷弹筒10余个、轻重机枪多挺，从扬州出发，偷袭正在金牛山一带休整的新四军第12团。4月17日，第12团在第4旅副旅长梁从学的指挥下，第3营经1个多小时浴血奋战，使丁岗高地失而复得，日军被

---

① 陈毅：《茅山一年》(1939年6月21日)，中国人民解放军历史资料丛书编审委员会编《新四军·文献》(1)，解放军出版社1988年版，第271页。

② 王直：《赤山之战》，中共南京市委党史资料征集编研委员会等编《南京党史资料》第16辑，南京工学院出版社1987年版，第113页。

③ 同上，第114页。

逐渐压至陆家凹。激战中，新四军的大刀班大显威风。据资料记载：

> 三连的一个大刀班在手榴弹掩护下，首先冲入敌群，与敌人展开肉搏战，随即一营二、三连和三营指战员跟上，打得敌人晕头转向，死伤百余人。我军大刀班八个战士也在战斗中全部壮烈牺牲。[①]

日军在新四军第2师第12团第1营、第3营和地方部队的夹击下，除一部涉河东逃外，大部被歼灭，少数淹死在河里。这次战斗，共毙伤日军200余人、伪军300余人，生俘日军2人、伪军30余人，缴获重机枪4挺、轻机枪5挺、步枪40余支、掷弹筒2个，以及大批武器弹药和军用物资；新四军与地方部队也牺牲54人、伤64人。[②]

1941年秋冬，南郊的新四军又为拔除日伪军据点而大显身手。10月，新四军第46团参谋长傅狂波率领1个连，悄悄开进龙都地区，驻扎于岗头一带。他们趁一连伪军由汉奸陪同，刚刚到达王家祠堂吃饭的机会，分作两路，一路从东岗头出发，直捣王家祠堂；一路从后面绕道包抄。战斗打响后，伪军凭借一挺机枪，放置于祠堂门口猛烈扫射。短枪班长李秀文，纵身扑向机枪口，用生命为战友们开辟了歼敌的通道。这个伪军连队终遭全歼。[③] 12月，伪军又开来特工队1个营，由伪军营长常海波带领，在龙都东庵庙地带挖壕沟，架铁丝网，筑成一座三层楼的碉堡。新四军第46团团长钟国楚、参谋长傅狂波率第2营前来拔除这颗钉子。伪军凭借坚固的碉堡，居高临下，以猛烈的火力，阻挡新四军战士前进。新四军主攻营何营长遂取火攻办法，以机枪火力掩护数名干部、战士冲至碉堡下，挖一洞穴，放进火油等物，然后放起熊熊烈火，将这座碉堡烧毁，全歼守堡伪军，缴获机枪2挺、步枪70余

---

① 陆史：《金牛山反袭击战》，南京市政协文史资料研究委员会编《抗日风云录》，1985年版，第142页。

② 同上，第143页。

③ 中共江宁县委党史办公室：《龙都歼灭战》，载中共南京市委党史资料征集编研委员会办公室、南京市档案局编《南京党史资料》第11辑，1985年。

支;除俘虏外,伪连长及一些伪军,都被烧死在碉堡里。①

1943 年,是江苏敌后抗日根据地最困难的年头。中共苏皖区委于 4 月 28 日发出给各县县委的指示信,强调指出:

> 真正的咬紧牙关的时期已经到来了,必须号召全党同志以最大的决心咬紧牙关,克服任何困难,渡过难关,斗争到底……不管情况如何变化,环境如何紧张,我们斗争基本方针仍然是长期坚持苏南敌后抗战。我们的精神与注意力必须集中放在敌后。一切向南发展的企图打算都是错误的。应该懂得,新四军斗争的岗位是在敌后,只有在敌后与敌人作残酷的纠缠斗争,才能提高新四军的威信。也只有坚持敌后斗争,才能够求得我们力量的保存、巩固和发展。②

新四军驻南京周围各部,遵照中共苏皖区委的指示,在艰难困苦的条件下,决不后退,坚持斗争。1943 年 8 月中旬,南京的一部分日军,纠集驻六合县城的日伪军共 600 余人,进占了离县城 10 余公里的八百桥,企图对新四军敌后根据地进行破坏、骚扰,并抢劫秋收的粮食。17 日,新四军第 2 师第 5 旅之第 13 团与地方武装东南支队,在副旅长罗占云的率领下,用侦察队一部调动日伪军,由第 2 营取道周营,抢占丁家山头;第 1 营取道杨庄打援,第 3 营作预备队,在上刘一带监视东南方向。这次被调动出来的日伪军共有 500 余人,其中日军在 200 人以上,总指挥是日军大队长小田。据参加作战的股长罗晴涛叙述此次作战情况:

> 我军数量上虽然超过敌人,但武器装备却远不如他们。我们当时一个连只有三挺轻机枪,子弹也不多,主要靠步枪、大刀和质量低劣的

---

① 中共江宁县委党史办公室:《龙都歼灭战》,载中共南京市委党史资料征集编研委员会办公室、南京市档案局编《南京党史资料》第 11 辑,1985 年。

② 《中共苏皖区委给各县县委的指示信》(1943 年 4 月 28 日),中共江苏省委党史工作委员会等编《苏南抗日根据地》,中共党史资料出版社 1987 年版,第 271—272 页。

手榴弹。而敌人每个班均配有一挺轻机枪和一只掷弹筒。大队还备有重机枪四挺，另外还有九二步兵炮等武器……

我全体指战员充分发扬勇敢战斗、不怕牺牲的革命精神，趁对方立足未稳，多路向敌发起冲击。二营在正面力战强敌，硬打硬压，连续冲锋，终于把敌人压回山里王庄，并把他们推上了桂子山西边的丁家山头。①

经过一整天的血战，伤亡惨重的日伪军，为了不至于造成全军覆没的下场，只好在火力的掩护下，拖着、抬着一具具残缺不全的尸体，仓皇逃往八百桥；有的尸体来不及搬运，便砍下一只胳膊带走。是役，共消灭日伪军300余名，日军占其半数以上。其中有3名自参加太平洋战争以来，屡建战功而未负伤一次、被誉为“圣战武士”的日军官佐，也被打死。② 战斗之后没过几天，八百桥的残余日伪军便灰溜溜地撤走了。

活动在南郊的新四军第16旅各团，遵照军部指示，将主力转入敌后区域分散活动，把主要注意力放在敌后反“扫荡”、反“清乡”上面。12月，日伪军纠合5 000余人前来“扫荡”横山地区。第16旅第46团，在地方武装配合下，先把日伪军主力诱至石臼湖，然后抽调精干力量袭击板桥、江宁二镇；待日伪军回防，该部又回师牛首山、秣陵，分途阻击，使其遭到重大损失。

1944年春夏间，新四军第16旅所属部队，又一次粉碎了日伪军的“扫荡”，并严惩作恶多端的伪自卫团长夏孝义。据雨花区政协提供的资料称：

伪陆郎自卫团团长夏孝义，勾结板桥及江宁镇日伪横行乡里；还投靠南京白下路敌宪兵队队长吉田，被委为“独立警备队队长”。由于他杀害抗日的干部群众，新四军46团第2营两个连于8月22日夜对其发

---

① 罗晴涛：《血战桂子山》，南京市政协文史资料研究委员会编《抗日风云录》，1985年版，第136—137页。

② 同上，第138—139页。

> 动强攻，46团5连曾派人埋伏要道，拦击板桥、江宁二镇出援之敌。战斗到次日凌晨，终将夏孝义击毙，全歼匪众，缴获各种枪支100多，为人民除了祸害。①

这年9月，以牛首山等铁矿暴动矿工为基础，组成抗日自卫的谷里区大队，参加抗日游击活动。

随着抗日战争胜利的临近，活跃在南京近郊的敌后武工队，神出鬼没，在打击日伪军的斗争中大显神通。由中共浦六工委领导的一支武工队，在1944年至1945年间，曾驰骋六合敌占区，打得日伪军提心吊胆，惶惶不可终日。②

1944年农历正月十五日元宵节，正当伪瓜埠区公所所长陈兆云与伪自卫团200余人，大吃大喝、寻欢作乐时，新四军武工队由潜伏在敌人内部的“忠义社”社员带路，悄悄潜入伪军据点，不费一枪一弹，全俘伪军200余人，处决作恶多端的伪区长陈兆云，缴获步枪200余支和大批弹药。这年5月，武工队唐排长带领15名武工队员，来到北城门口伪警察分队的驻处。他们经过化装，机动灵活，突然出现在伪军面前，顺利地缴获了1挺崭新的轻机枪和10余支步枪，并将分队长赵东藩俘获。6月24日，武工队趁县城南面水家湾集期，混于庞杂的人群中，突然袭击伪自卫团团部，缴了30余支枪和1匹高头大马。1945年初，该武工队已改称方山大队。1月11日夜，他们在娄子庄，利用潜伏在伪军中的“忠义社”社员的关系，疏通了伪班长金必辉，趁该地伪自卫团长王广元外出赴宴之机，摸进娄子庄据点，将正在熟睡的伪军130余人连人带枪全部俘获。③

1945年8月，中国人民经过8年艰苦抗战，终于迎来了抗日战争的最后胜利。8月10日，日本帝国主义发出乞降照会。新四军苏浙军区主力部队

---

① 任慰：《抗日时期新四军在雨花台地区的战斗活动》，载南京市雨花台区政协编《雨花文史》第6集，1992年。

②③ 唐华：《一支驰骋六合的敌后武工队》，载中共南京市党史资料征集编研委员会办公室、南京市档案局编《南京党史资料》第11辑，1985年。

和地方武装全面出动，向解放区周围一切日占交通要道和县城集镇发起进攻，八九月间，先后占领溧阳、溧水、句容、高淳等 10 座县城，以及包括南京近郊湖熟、秣陵关在内的大小集镇 100 余处。与此同时，江北方面，新四军第 2 师与地方武装相配合，也在 8 月攻克六合，并由划子口渡江南下，攻占龙潭、栖霞山，兵临南京城下。

新四军在南京城郊的长期奋战，是南京人民决不屈服于日本侵略者统治的重要体现。它用辉煌的战绩，向全世界宣告：南京的失陷，只是中国人民用新的斗争形式，保卫首都、打击侵略者的开始。南京军民自南京失陷以来，从未停止过对于日本侵略者的反抗和斗争！

七　在南京举行受降仪式

1945 年 8 月 10 日凌晨，日本天皇在御前会议上作出决定：日本愿在保存天皇体制的条件下接受《波茨坦公告》。当天，日本通过中立国瑞士和瑞典，向中、美、英、苏发出《请降书》。14 日，日本裕仁天皇作出了投降的最后决定；15 日正午 12 时，向全体国民广播了《终战诏书》，正式宣布接受《波茨坦公告》，向盟国投降。

日本帝国主义的投降，宣告了中国人民全民族抗日战争的胜利结束；同时，也宣告了南京人民受日伪奴役和蹂躏的历史的结束。

继 9 月 2 日在东京湾的美战列舰“密苏里”号上，由日本外相重光葵、参谋总长梅津美治郎代表日本政府向盟国签署降书之后，9 日，中国战区的受降签字仪式在南京中央军校礼堂举行。南京的受降仪式隆重而壮观，遭受了沦陷和大屠杀苦难的南京军民，在侵略者的面前重新抬起头来。

为了准备南京的受降仪式，中日双方都做了一系列的准备。

为接洽向中国方面投降的具体事项，日本中国派遣军总参谋副长今井武夫等，于 8 月 21 日至 23 日从南京飞往芷江中国陆军总司令部，接受中国方面的命令。

8月25日晚，中国陆军总司令何应钦在芷江总部接到日本中国派遣军总司令冈村宁次发来的一份电报，联系有关中国陆军总司令前进指挥所主任冷欣一行抵达南京的有关问题，内称：

一、今井总参谋副长一行，以及贵军将校三名，于八月二十三日午后八时抵宁。

二、交付今井总参谋副长之中国战区中国陆军总司令部备忘录中字第一号至第四号各件，确实领到。

三、贵总司令南京前进指挥所，希在可能范围内迅速前进，其他飞行规定线路、高度、时间，希即示知，本官以负责对冷欣中将阁下一行之保护，期无遗憾，并将予以有力援助。[①]

27日，冷欣率官兵159人，分乘7架飞机，由芷江飞抵南京；中含新6军前进指挥所官兵52人，该所设址于黄埔路励志社内。

新6军是被重庆国民政府选中，准备开赴南京受降的部队，军长廖耀湘。该部全副美械装备，服装整齐，训练有素，已全部集中于芷江。新6军于8月30日至9月5日间，陆续空运抵达南京。其第14师驻防南京，第40团进驻大校场，以1个营推进到马鞍山；第41团守南京城，担任市内警戒，以1个营控制燕子矶；第42团驻浦口，以1个营进至六合。其第22师驻防镇江，各团分驻龙潭、栖霞、高资等地。第14师自8月30日起，开始在南京城区执行警卫任务。城内日军，则陆续向孝陵卫、马群、仙鹤门等地集中，准备缴械。

9月5日，何应钦就受降典礼有关问题，以中字第19号备忘录致冈村宁次，内容为：

---

① 《冈村宁次致何应钦电》(1945年8月24日)，何应钦将军九五纪事长编编辑委员会编《何应钦将军九五纪事长编》(上)，台湾黎明文化事业公司1984年印行，第754页。

> 兹规定本总司令接受日军投降之地点、日期、时间，及日军投降代表签字人与日军投降代表出席人如下：1. 地点：中华民国首都南京。2. 时间：中华民国卅四年九月九日上午九时。3. 日军投降代表签字人：日本陆军大将冈村宁次。4. 日军投降代表出席人：冈村宁次大将之总参谋长，越南北纬十六度以北之日军最高指挥官或其全权代表，台湾澎湖列岛之日军最高指挥官或其全权代表，中华民国（东三省除外）、越南北纬十六度以北、台湾澎湖列岛之日本海军最高指挥官或其全权代表。[①]

何应钦作为中国战区最高统帅蒋介石接受日军投降的总代表，于 9 月 8 日正午 12 时，在陆军总部副参谋长蔡文治、二处少将处长钮先铭，空军第 1 路司令张廷孟，以及侍从参谋陈桂华的陪同下，由芷江飞抵南京。他们在大校场机场，受到先期到达的高级军政官员萧毅肃、冷欣、廖耀湘等人的欢迎。何应钦抵达南京后，其陆总前进指挥所工作即告结束。

9 月 9 日上午，中国战区日本投降签字仪式在南京原中央军校大礼堂隆重举行。

会场内外的气氛庄严、隆重。黄埔路口搭有一座高大的松柏牌楼，上缀“胜利和平”四个金色大字。中央军校大门的上方，挂着一块横额，蓝底白字，用楷书写着“中国陆军总司令部”字样。大门外的牌坊顶端嵌着一个巨大的红色“V”字，象征着对日作战的胜利。其下方悬挂一条红布横幅，上贴“中国战区日本投降签字典礼”的发光金字。大门内广场中间道路两旁，竖有 52 根漆着蓝、白、红三色条纹的旗杆，上悬联合国各国国旗。每根旗杆旁边，都并排站立着新 6 军的武装士兵和宪兵。据目击者形容：这些士兵，“头戴钢盔，脚穿皮鞋，身着哔叽呢服，戴着白色手套，手持冲锋枪，庄严地挺立着”[②]。入大门后不远处，有一座松柏彩坊，上书“和平永奠”四个金字。沿着

---

① 南京市政协文史资料委员会编：《中国战区受降始末》，中国文史出版社 1991 年版，第 215 页。

② 王楚英：《一九四五年中国战区受降经过》，载江苏省政协，文史资料研究委员会编《江苏文史资料选辑》第 16 辑，江苏古籍出版社 1985 年版。

大道，通过旗林，便到达礼堂门口。这里又有一座彩色牌坊，上书金色的“胜利和平”四个大字。礼堂四周，彩饰一新。正门和其他入口，都有陆军士兵和宪兵持枪守卫，警戒森严，气氛严肃而又热烈。礼堂正门上，飘扬着中、美、英、苏四国国旗。礼堂内的廊柱，一律以蓝、白、红三色布条包裹；四周楼厢，亦以蓝、白、红色绸布装饰。礼堂中间，以矮绸屏三面围着两条供签字用的长桌。礼堂正中墙上挂着孙中山先生遗像和国民党党旗、中华民国国旗；孙中山先生遗像对面墙上，挂着中、美、英、苏四国领导人的肖像。在孙中山先生像的一方，置一长条桌，上铺白布，为受降席；对面设一较小长案，亦铺白布，为日军投降代表席，在他们的后面站立着 12 名武装士兵。

受降席的左侧为中国高级军政官员席和中国记者席，就座的有汤恩伯、王懋功、李明扬、郑洞国、冷欣、蔡文治、钮先铭、彭孟缉、马崇六、白雨生、卢致德、金璧奎、宫其光、廖耀湘、舒适存、龙天武、李涛、陈倬、单廷芳、谷正纲、李惟果、丁惟汾、葛敬恩、顾毓琇、邵毓麟、卓衡之、马超俊等；右侧为盟军军官席与外国记者席，就座的有美国陆军少将麦克鲁、准将柏德尔，海军上将迈斯、柏勒列，英国的海斯中将和布诺金，法国的福尔上校和菲内利，以及加拿大、苏联、荷兰、澳大利亚等国军官 10 余人。楼上还有中国和盟国的观礼官员百余人。据统计，参加大会的中外人士计有：中国陆军将级军官 99 人，海、空军军官 35 人，盟方代表 47 人，国民政府文职官员 51 人，其他中国军官 85 人，中国记者 52 人，外国记者 36 人，总计 405 人。[①]

8 时 52 分，何应钦在全场瞩目之下，由礼台后方休息室走进会场，坐于受降席中央，随何应钦同时入受降席者，在其左侧为海军总司令陈绍宽上将、空军上校张廷孟；其右侧为陆军副总司令顾祝同上将、陆军总司令部参谋长萧毅肃中将。

在中国受降主官入席后，冈村宁次及其幕僚，手持军帽，着军便服，神情沮丧地在王俊中将引导下，进入指定位置，冈村居中，其左为中国派遣军总

---

① 王楚英：《一九四五年中国战区受降经过》，载江苏省政协文史资料研究委员会编《江苏文史资料选辑》第 16 辑，江苏古籍出版社 1985 年版。

参谋长、陆军中将小林浅三郎，中国派遣军总参谋副长、陆军少将今井武夫，中国派遣军参谋、陆军中佐小笠源清；其右为中国方面舰队司令长官、海军中将福田良三，台湾军参谋长、陆军中将谏山春树，第38军参谋、陆军大佐三泽昌雄。他们在规定位置成一横排，立定后，向何应钦致一鞠躬。何欠身示答，命他们坐下，并宣布可以拍照5分钟。中外记者，纷纷拥至会场中央，各自拍下这一具有重大历史意义的场面。

9时左右，冈村宁次等坐定，何应钦令其交验证明文件，遂由小林浅三郎将日本大本营授予冈村宁次代表签降的全权证书双手呈交。何应钦当场展阅，留下证书，旋将中文本日军降书两份，由萧毅肃转交冈村宁次。冈村起立，双手接受。小林浅三郎在旁为之磨墨。冈村匆匆翻阅降书后，便在两份降书上分别签字。签字后，并于右口袋中，取出圆形水晶图章一枚，盖于其亲笔签名之下。经冈村签名盖章的降书由小林双手呈递何应钦。何氏检视后，亦于降书上签字盖章。旋以降书一份，令萧毅肃参谋长交冈村宁次。冈村起立接受。

日本向中国投降的降书，全文共9条，内称：

一、日本帝国政府及日本帝国大本营已向联合国最高统帅无条件投降。

二、联合国最高统帅第一号命令规定："在中华民国(东三省除外)、台湾与越南北纬十六度以北地区内之日本全部陆海空军与辅助部队，应向蒋委员长投降。

三、吾等在上述区域内之全部日本陆海空军及辅助部队之将领，愿率领所属部队向蒋委员长无条件投降。

……

九、投降之日本陆海空军中任何人员，对于本降书所列各款及蒋委员长与其代表何应钦上将嗣后所授之命令，倘有未能履行或迟延情事，

各级负责官长及违犯命令者愿受惩罚。[①]

这发生在9月9日9时“三九良辰”的历史性事件，对于中国人民来说，确是一件大吉大利的喜庆事件。但是，侵略者对此垂头丧气，据目击者述：“当签字仪式进行时，冈村自始至终都表现出严肃而沮丧的神情，动作很拘谨，其余的投降代表也个个神情颓然，但都挺胸直背地坐在那里，一动也不动。”[②]而参加这一仪式的日本中国派遣军总参谋副长今井武夫则黯然记述了当时的心境：“在这段时间里，为祖国悲惨的命运而饮泣吞声，始终默默无语地行动，盼望着时间快些过去，一心祷念着这不幸的仪式赶快结束。”[③]

签署降书以后，何应钦复将中国战区最高统帅蒋介石有关日军投降的第一号命令，连同命令受领证，由萧毅肃交付冈村。冈村略为展阅后，遂在命令受领证上签字盖章，由小林浅三郎呈送何应钦。

约9时15分，受降仪式结束，何应钦宣布日本投降代表退席。日本投降代表由中国陆军中将王俊引导退出规定位置后，复向何应钦行一鞠躬礼，便退出会场。

仪式结束后，何应钦当场发表广播讲话。他说：

敬告全国同胞及全世界人士：中国战区日军投降签字已于本日上午九时在南京顺利完成。这是中国历史上最有意义的一个日子，这也是八年抗战艰苦奋斗的结果。东亚及全世界人类和平与繁荣，亦从此辟一新的纪元。本人诚恳希望我全国同胞自省自觉，深切了解今日为我国家复兴之机会，一致精诚团结，在蒋主席领导之下，奋发努力，使复

---

① 南京市政协文史资料委员会编：《中国战区受降始末》，中国文史出版社1991年版，第218—219页。

② 王楚英：《一九四五年中国战区受降经过》，载江苏省政协文史资料研究委员会编《江苏文史资料选辑》第16辑，江苏古籍出版社1985年版。

③ [日]今井武夫著，天津市政协编译委员会译：《今井武夫回忆录》，中国文史出版社1987年版，第239页。

兴大业迅速进展;更切盼世界和平自此永奠其基础,以进于世界大同的境域。[①]

回顾历史,在7年又9个月之前,日军头目松井石根、朝香宫鸠彦王、柳川平助和长谷川清等,曾经不可一世地在南京举行了入城式,曾几何时,却落得了在降书上签字的可悲下场。这是南京保卫战必然的最后结果。从历史的角度来看,保卫首都、抗击日本侵略者的南京军民,终于取得了最后的胜利。

八 军事法庭对战犯的审判

在盟国和中国战区分别接受日本投降以后不久,便开始了对日本战争罪犯的审判。

由中、美、英三国在1945年7月签署、后经苏联参加的《波茨坦公告》中,庄严宣告:"吾人无意奴役日本民族或消灭其国家,但对于战争人犯(包括虐待吾人俘虏者在内),将处以法律之裁判。"[②]后来,日本政府外相重光葵与日军参谋总长梅津美治郎,在代表日本天皇、日本政府和日本帝国大本营签署的投降书中,公开保证:"我们将承担日本政府及其继承者忠实实行波茨坦公告的各项条文。"[③]

根据《波茨坦公告》的原则精神,盟国与中国差不多同时分别建立了远东国际军事法庭和中国军事法庭,对日本战争罪犯进行审判。

1946年1月19日,盟军驻日最高统帅麦克阿瑟同时颁布了关于设置远东国际军事法庭的特别宣言、命令及远东国际军事法庭条例。"宣言"强调,"波茨坦公告对包括虐待俘虏在内的一切战犯,应予严厉的审判,此是作为

① 熊宗仁:《何应钦传》,贵州人民出版社1991年版,第532—533页。

② 《中美英三国〈波茨坦公告〉》(1945年7月26日),胡菊蓉编《南京大屠杀史料集》第24册《南京审判》,江苏人民出版社2006年版,第3页。

③ 胡菊蓉:《中外军事法庭审判日本战犯》,南开大学出版社1988年版,第98页。

日本投降条件之一，此项条件已经日本签订投降书所接受，此为盟国审判日本战犯的根据”。据此，麦克阿瑟命令：“为对犯有破坏和平罪在内的个人、团体成员以及兼有此双重资格而被起诉者加以审理起见，特设置远东国际军事法庭。”①“条例”共分法庭的组成、管辖权与一般规定、对被告的公正审判、法庭的权力与审判方式、判决与刑罚等5章。“条例”规定：该法庭固定地址设于日本东京，法庭审判官由6人至11人组成，由盟军最高统帅就参与签订日本投降书之各签字国及印度、菲律宾所提出的人选中派充，并就审判官中指派一人为法庭长。该庭有权审理及处罚被检举有犯罪行为（包括危害和平之罪行）之个人的或为某一团体一分子的远东战争罪犯，凡犯有危害和平罪、违反战争公例罪、违背人道罪中的一条，即构成应个人单独负责，并应受该庭管辖之罪行。

后来，远东国际军事法庭的审判官共由11人组成，人选分别来自中国、美国、英国、苏联、法国、加拿大、新西兰、澳大利亚、荷兰、印度和菲律宾。澳大利亚昆士兰州最高法院院长韦勃（Webb）爵士为审判长，中国委派了著名法学家梅汝璈博士任审判官。该庭检察官亦由上述11个国家的人选组成，首席检察官由美国大律师约瑟夫·季南（Keenan）担任，其余各国的人选则担任陪席检察官；中国检察官为向哲濬。

远东国际军事法庭于4月29日，开始对东条英机等28名甲级战犯正式起诉，经两年多时间的调查、审讯，于1948年11月4日宣判，除在审判过程中，有2人病死、1人生病，致中止其审理外，其余25人均被判处有罪，内东条英机、松井石根、武藤章、广田弘毅、土肥原贤二、板垣征四郎、木村兵太郎7人被判处绞刑，另有16人被判处无期徒刑、2人被判处20年以下有期徒刑。

远东国际军事法庭对于战犯和日军在南京犯下的罪行，特别重视，在其判决书中，用了“攻击南京”和“南京大屠杀”两个专门章节来书写判词。

---

① 胡菊蓉：《中外军事法庭审判日本战犯》，南开大学出版社1988年版，第99页。

《判决书》在“攻击南京”一节中判定：“当松井被任命为上海军司令官离东京赴战地时，他已想好了在一旦占领上海后就进兵南京。他在离东京前，要求给上海派遣军五个师团。因为他早就对上海和南京附近的地形作过调查，所以，他对进攻南京作了实际的准备。”“在占领上海约一个月以后，日军到达了南京郊外。松井发出一个命令，大意是：南京是中国的首都，占领南京是一个国际上的事件。所以，必须作周详的研究，以便发扬日本的武威而使中国畏服。”①

《判决书》还在“南京的暴行”题下指出：“日本士兵们或单独，或三五成群地在城中游荡，实施谋杀、强奸、抢劫和纵火，无任何纪律可言。许多士兵喝得酩酊大醉。士兵们在街上闲逛，在未受任何明显的刺激、没有任何借口的情况下，不分清红皂白，随心所欲地杀害中国的男女老少，致使大街小巷尸体横陈。”“后来的估计显示，在日军占领后的最初六个星期内，南京城内和附近地区被屠杀的平民和俘虏的总数超过 20 万。这一估计并不夸大其词，而是可以通过埋尸团体和其他组织提供的证据加以证实的。这些组织掩埋的人数多达 155 000 人……这一统计数字还不包括那些被焚烧的、被扔进长江的以及被日军以其他方式处埋的尸体。”②

在日军进攻南京和进行南京大屠杀期间，担任华中方面军司令官的松井石根，于 1938 年春回国，并先后担任日本内阁顾问官、亚细亚同盟主要负责人、大政翼赞会大东亚事务部顾问和大东亚开发会社总裁；1945 年 8 月日本投降后，被定为甲级战犯，于 10 月 19 日被逮捕，后因肺炎，推迟入狱日期，至 1946 年 3 月 5 日关进东京巢鸭监狱。4 月 29 日，松井与其他 27 名甲级战犯一起，被远东国际军事法庭检察官正式起诉。他被起诉的根据是该庭条例的第 1 项、27 项、29 项、31 项、32 项、35 项、36 项、54 项和 55 项。1948 年 11 月 4 日，远东国际军事法庭庭长韦勃开始宣读长达 1 218 页、约

① 《远东国际军事法庭判决书节录〈攻击南京〉》(1948 年 11 月 4 日)，中央档案馆等编《日本帝国主义侵华档案资料选编》第 12 册《南京大屠杀》，中华书局 1995 年版，第 846—847 页。

② 《判决书(有关南京大屠杀)》，杨夏鸣编《南京大屠杀史料集》第 7 册《东京审判》，江苏人民出版社 2005 年版，第 606—608 页。

20余万言的判决书。判决书根据罪状第55项，即“漠视遵守条约之责任”，判决被告松井为有罪。11月12日下午正式宣判：

> 松井石根：
>
> 根据判决为有罪的罪状，远东国际军事法庭处你以绞刑。①

在审判过程中，一直为自己的战争罪行狡辩的松井石根，到了此时此刻，自知对于这一严正的判决，再也没有回天之力，因此在聆听判决后的反应是，轻轻点了两三次头，便默然退下。

12月22日深夜11时30分，松井石根与土肥原贤二、东条英机、武藤章四人同一批从东京巢鸭监狱中押出。他们身穿美军绿色工作服，双手上铐，两腿着铁链，在喝了一点葡萄酒之后，各由两名美军挟持一人，步入刑场。时至23日零时1分30秒，由菲立普上校下令：“行刑开始！”四名死囚引颈受绞。松井最后结束了他罪恶的一生。

另外3名与南京大屠杀有关的战犯，也被远东国际军事法庭判刑。武藤章，是南京大屠杀惨案发生时的日本华中方面军副参谋长，他对于南京大屠杀负有不可推卸的责任；后来，又在菲律宾犯下了种种暴行。他被判处绞刑，并在1948年12月22日与松井同时被绞死。广田弘毅，在抗日战争爆发前后担任日本内阁的外相。他参加了对华侵略战争的策划和实行，并且于不断得到日军在南京暴行的情况下，未在内阁会议上提出有力的措施来制止暴行，这是对本身义务的怠忽，实际上是对日军暴行的纵容。他也被判处绞刑，并在1948年12月22日执行。桥本欣五郎，在日军攻陷南京时，担任华中方面军第10军野战重炮兵第13联长联队长，对南京人民犯下了不可饶恕的罪行，同时，他并一手制造了炮击英舰“瓢虫”号事件；他还在刊物上发表文章，鼓吹法西斯主义和侵略战争。他被判处无期徒刑。

---

① 《远东国际军事法庭对战犯松井石根判处绞刑》(1948年11月12日)，中国第二历史档案馆等编《侵华日军南京大屠杀档案》，江苏古籍出版社1987年版，第587页。

中国审判战犯军事法庭成立于1946年2月15日，地址在南京。该法庭开始隶属于中国陆军总司令部。同年6月，改隶于刚刚设立的国防部，并改名称为国防部审判战犯军事法庭。法庭庭长石美瑜，另设审判官、检察官、书记官多人。

由国防部审判战犯军事法庭审判的为乙、丙级战犯。乙级战犯是指违反战争法规的现地责任者，即犯违反人道罪；丙级战犯是指违反战争法规的直接执行者，即犯直接责任罪。

南京大屠杀案中的战争罪犯，是国防部审判战犯军事法庭要进行审理的主要对象。为了协助政府调查清楚日军在南京犯下的罪行，南京市临时参议会于1946年6月23日，成立了南京大屠杀案敌人罪行调查委员会。该委员会由临参会议长陈裕光任主任委员、副议长陈耀东任副主任委员，秘书长萧若虚任总干事；全体参议员均为委员会委员，另聘请立法院副院长魏道明，国民政府文官长吴鼎昌，国民党中央组织部长陈立夫、宣传部长彭学沛、秘书长吴铁城，司法行政部长谢冠生，三青团中央团部书记长陈诚，外交部长王世杰，国防最高委员会秘书长王宠惠，内政部长张厉生，社会部长谷正纲，行政院秘书长蒋梦麟，国民参政会秘书长邵力子，南京市长马超俊等18人为顾问。参加调查的单位有：宪兵司令部，首都警察厅，中央调查统计局，南京市农会、工会、商会、律师工会、妇女会、记者联谊会，国防部调查统计局，南京回教总会，崇善堂，普善堂，红卍字会，红十字会，首都高等法院，首都地方法院，国防问题研究所，南京市政府，人民自由保障委员会，善后救济总署苏宁分署南京办事处等。调查委员会下设调查、审查、编纂三组。全市13个区，各设区调查小组委员会，负责本区内的调查工作。

调查委员会成立后，并向全体市民发出公告，希望市民在调查中给予合作。“公告”称：“二十六年南京沦陷时，敌人对市民曾大肆屠杀。现在我们正调查确证，提供远东法庭参考，把那些刽子手引渡到南京来审问，并执行

判决。希望全市市民给我们以最大的合作。”[①]据同年12月，国防部审判战犯军事法庭所使用该调查委员会提供的调查统计表显示，共调查屠杀案件2 784案，内含：枪杀，1 159案；用刺刀刺杀，667案；集体屠杀，315案；烧杀，136案；打死，69案；先刑后杀，33案；先奸后杀，20案；炸死，19案；水淹，11案；其他，321案。[②]

原日本华中方面军第6师团师团长谷寿夫，是南京大屠杀案中的要犯。他所率部队一直驻扎在中华门内外、雨花台一带，共停留10天左右。这一段时间是日军大规模屠杀的高峰时期，而中华门附近又是大屠杀的主要地区之一。谷寿夫部于1937年12月下旬调往芜湖。谷本人则于1938年2月奉调回国，先后担任日本中部防卫司令官、广岛军管区司令官；1946年2月2日因战犯嫌疑，在东京被捕，关押于巢鸭拘留所；同年8月，在中国人民的强烈要求下，经远东国际军事法庭将其引渡中国，关押在上海战犯拘留所。后经中国战争罪犯处理委员会第38次会议议决，鉴于谷为“侵华最力之重要战犯”，且“尤为南京大屠杀之要犯”，特将其移送国防部军事法庭审判[③]。10月3日，由第一绥靖区司令部军事法庭派员将其押赴南京，入国防部小营战犯拘留所。

10月19日，国防部审判战犯军事法庭开始提审战犯谷寿夫。谷以“我师团于入城后未几，即行调转，故无任何关系”相狡辩。为了以法律和事实制服该犯，国防部审判战犯军事法庭特于10月28日张贴布告，号召南京人民，特别是中华门一带的受害者及其家属，向法庭揭发谷寿夫的罪行。布告内容为：

---

① 《南京大屠杀案调查委员会公告》(1946年)，中国第二历史档案馆等编《侵华日军南京大屠杀档案》，江苏古籍出版社1987年版，第559页。

② 《南京市临时参议会关于协助调查南京大屠杀案经过概述》(1946年11月)，中国第二历史档案馆等编《侵华日军南京大屠杀档案》，江苏古籍出版社1987年版，第556页。

③ 《国防部军法司刘慕曾关于战犯谷寿夫等将解京受审致军事法庭代电》(1946年9月9日)，中国第二历史档案馆藏，档案号五九三—140。

> 查本庭审理日本战犯谷寿夫一名，据供：前任柳川军第六师团长，由杭州进攻南京，于二十六年十二月十三日进城，所辖部队分驻中华门外附近一带地方，至同月二十一日调往芜湖，等语。查日军进城一周之内，为南京大屠杀最惨烈时期，该犯既身任中华门一带驻军之将领，关于该区域之犯罪事实与证据，自不能不切实调查，以明其责任。凡我军民人等曾在上述地带及时期内，曾遭日军烧杀奸掠及其他加害行为者，仰望被害人或遗族，或在场目睹之人，迅即详叙情形报告本庭，以资侦查，是为至要。切切。此布。①

后经约两个月的调查、揭发，共有400余名证人及一批证物，证明谷寿夫所属部队在中华门附近一带的犯罪事实。

国防部审判战犯军事法庭于1946年底，结束对战犯谷寿夫的侦查。12月31日，由检察官陈光虞，以破坏和平罪和违反人道罪对谷寿夫正式起诉。起诉书称：“该被告处心积虑，从事侵略，破坏国际和平，侵犯我国主权，在战争中又以违反人道及战争法规，种种暴行，加诸手无寸铁之平民，并在南京造成旷古未有之浩劫，穷凶极恶，举世共愤。并应科处极刑，以维正义与和平。”②

对战犯谷寿夫的审讯，自1947年2月6日开始，庭址设中山东路励志社礼堂（今中山东路钟山宾馆内）。共经过1个多月、庭讯6次，至3月10日宣判。军事法庭判定：“按被告与各会攻将领，率部陷我首都后，共同纵兵肆虐，遭戮者达数十万众，更以剖腹、枭首、轮奸、活焚之残酷行为，加诸徒手民众与夫无辜妇孺，穷凶极恶，无与伦比。不仅为人类文明之重大污点，即揆其心术之险恶，手段之毒辣，贻害之惨烈，亦属无可矜全。应予科处极刑，以昭炯戒。”军事法庭并以“三十六年度审字第一号”《判决书》判决：

---

① 《国防部审判战犯军事法庭布告》（1946年10月28日），孙宅巍主编《南京大屠杀》，北京出版社1997年版，第616页。

② 《国防部审判战犯军事法庭检察官对战犯谷寿夫的起诉书》（1946年12月31日），中国第二历史档案馆等编《侵华日军南京大屠杀档案》，江苏古籍出版社1987年版，第594页。

谷寿夫在作战期间，共同纵兵屠杀俘虏及非战斗人员，并强奸、抢劫、破坏财产，处死刑。[①]

4月25日，蒋介石以“府防字第二〇五三号”文，签发批准判处战犯谷寿夫死刑的代电，批示：

查被告谷寿夫在作战期间，共同纵兵屠杀俘虏及非战斗人员，并强奸、抢劫、破坏财产，既据讯证明确，原判依法从一重处以死刑，尚无不当，应予照准。[②]

26日上午，战犯谷寿夫最后一次被押上军事法庭，由检察官陈光虞宣读执行死刑的命令。谷寿夫脸色惨白，强作镇静，将装有他的头发和指甲的一只白绸小口袋，呈交法庭，请求转交其家属。他并当堂在“声颤体摇，泪光闪烁”的情况下，给其妻梅子写了一封遗书，声称：“我虽身化异域，但魂终仍返君前。……现在我还能站着向各位叙别，但没有一会儿，我便要长倒下去。”[③]接着，他便被宪兵押上汽车，自小营开赴雨花台刑场。其时，雨花台已聚集群众万人以上，众人皆以热烈的掌声，欢呼为南京大屠杀遇难者雪耻。据记者报道，谷寿夫抵达刑场时，“已渐失知觉，两眼茫然，两宪兵扶下车时，软瘫难行，勉强扶行数步，新闻记者为之照相时，呆若木鸡”。[④] 11时50分，检察官发令后，遂由宪兵去其所戴之帽，以手枪于脑后射击，一枪毙命。

国防部审判战犯军事法庭还对进行杀人比赛的暴徒向井敏明、野田毅和一手屠杀300余名南京民众的刽子手田中军吉等3名丙级战犯进行了

---

① 《国防部审判战犯军事法庭谷寿夫战犯案件判决书》，中国第二历史档案馆藏，档案号五九三—870。

② 《国民政府主席批准判决战犯谷寿夫死刑代电》(1947年4月25日)，中国第二历史档案馆藏，档案号五九三—870。

③ 《申报》1947年4月27日。

④ 天津《大公报》1947年4月27日。

审判。

野田毅、向井敏明是日军进攻南京期间，第 16 师团中的两名少尉军官，他们以“百人斩”为目标进行“杀人比赛”，杀害已放下武器的战俘与手无寸铁的平民百姓数百人。田中军吉是日军谷寿夫所部第 6 师团中担任中队长的大尉军官，在进攻南京与大屠杀期间，以“助广”军刀杀害了 300 余名中国战俘与无辜平民。日本投降后，野田毅、向井敏明等战犯都逃回他们的家乡隐居起来，混迹于日本民众中，企图逃避正义的惩罚。参加东京远东国际军事法庭工作的中国检察官高文彬在日本的报刊上发现了向井敏明与野田毅在南京大屠杀中开展“杀人竞赛”的资料，乃设法找到他们的踪迹，并通过中国国防部致函盟军总部，要求引渡，把这两个战犯逮捕后递解回他们的作恶之地南京，接受南京审判战犯军事法庭的审判。

1947 年 9 月 20 日，南京审判战犯军事法庭开庭对田中军吉初审，宣读起诉书。田中军吉就像谷寿夫一样，对其在南京大屠杀中的罪行百般狡赖，一再申辩他没有杀人。他自以为南京大屠杀过去多年，自己混迹于众多日军军官中，审判法庭一定难以找到有力的证据。但他没有想到，审判法庭早已找到日本军官山中峰太郎所编《皇兵》一书，其中刊登田中军吉之军刀照片，标载“曾斩三百人之队长爱刀助广”等字样；同时找到了田中军吉“亲自挥刀斩杀平民之照片”，并在法庭上出示。① 这是日军官兵当年为了炫耀军功而自行拍摄的，现在却成了他推卸不了的罪证。

11 月，南京审判战犯军事法庭开始对野田毅、向井敏明进行侦讯；12 月 4 日开庭起诉。检察官在法庭上向他们出示了 1937 年 11 月底到 12 月中旬日本《东京日日新闻》等报对他们连续 4 次的报道，以及刊登此二人手持杀人军刀的合影照片等材料，认定其以“百人斩”为目标，进行“杀人比赛”，杀害已放下武器的中国战俘与手无寸铁的平民百姓数百人等重大罪行。

野田毅、向井敏明二人异口同声，百般抵赖，极力否认罪行，竟称“《东京

① 《军事法庭关于战犯向井敏明等判决书》(1947 年 12 月 18 日)，胡菊蓉编《南京大屠杀史料集》第 24 册《南京审判》，江苏人民出版社 2006 年版，第 497 页。

日日新闻》系虚伪登载”,专为被告“颂扬武功,以博日本女界之羡慕,期能早日获得佳偶”。[①] 南京审判战犯军事法庭的检察官以大量的人证物证,援引国际法,对他们的狡辩与谬论作了有力的驳斥与揭露。

12 月 18 日,南京审判战犯军事法庭对野田毅、向井敏明、田中军吉这 3 名丙级战犯宣判。这时法庭内座无虚席,电影制片厂派员拍摄庭审实况,法庭外则拉线向全南京民众转播。法庭判决:该三犯“以屠戮平民认为武功,并以杀人作竞赛娱乐,可谓穷凶极恶,蛮悍无与伦比,实为人类蟊贼,文明公敌”,已“构成战争罪及违反人道罪”,“各科处极刑”。[②]

1948 年 1 月 28 日,此三犯在雨花台被执行枪决。

东京远东国际军事法庭与南京审判战犯军事法庭对南京大屠杀案的审判,具有不容置疑的历史权威性。它们对日本军国主义政府发动侵华战争、制造南京大屠杀等暴行,进行了认真的清算,用法律的形式,将日本法西斯战争罪犯永远钉在了历史的耻辱柱上。两个法庭的严正判决,伸张了正义,惩治了邪恶,昭雪了南京人民和中国人民的冤耻。

① 《军事法庭关于战犯向井敏明等判决书》(1947 年 12 月 18 日),胡菊蓉编《南京大屠杀史料集》第 24 册《南京审判》,江苏人民出版社 2006 年版,第 496 页。

② 同上,第 497 页。

第十四章　历史沉思

一　保卫战是一次独立的战役

英勇、壮烈的南京保卫战，是中国人民抗日战争历史上光荣的一页。但是，从整个抗日战争的宏观上来看，它究竟只是一些分散守城战斗的结合？抑或为淞沪会战的尾声？还是一次独立的抗日战役？

以往，军界、史界曾经不把南京保卫战单独列为一次战役。近年来，我国史界重视了对国民党正面战场的研究，南京保卫战一役，开始逐渐占有一席之地。其实，南京保卫战有它自己既定的战略目标、统一的作战计划，投入了相当的兵力，经历了一系列大小战斗，是一次具有中等规模的重要战役。

战役中，中日双方各自制定了自己的战略目标。日方在 1937 年 12 月 1 日，以大陆命第 8 号下达敕令："华中方面军司令官须与海军协同，攻占敌国首都南京。"[①]当日军已攻达南京郊外时，其华中方面军司令官松井石根发布了"发扬日本的武威而使中国畏服"的命令[②]。这就是日军在进击南京时要达成的战略目标。中方则由蒋介石为此战的目标定下了基调。他在 11 月 28 日说："南京守城，非守与不守之问题，而是固守之时间问题，在敌军火力优势，长江得自由航行之情势下，欲期保持，颇属难能，故只可希望较短时间

---

① ［日］日本防卫厅防卫研究所战史室著，齐福霖译：《中国事变陆军作战史》第 1 卷第 2 分册，中华书局 1981 年版，第 109 页。

② 《远东国际军事法庭判决书节录〈攻击南京〉》(1948 年 11 月 4 日)，中央档案馆等编《日本帝国主义侵华档案资料选编》第 12 册《南京大屠杀》，中华书局 1995 年版，第 847 页。

之防守”，以使其他各部队得到“迅速补充”，“充实战斗力”[①]。可见，南京一役，日方之战略目标在于攻占南京，使中国“畏服”；中国军事当局之目的在于“短期固守”，以求军事上化被动为主动。

为了实现上述战略目标，中日双方又在作战的进程中，不断制定和修正自己的作战计划。日本华中方面军于 12 月 1 日下达命令：“上海派遣军 12 月 5 日主力开始行动，重点保持在丹阳、句容公路方面，击败当面之敌进入磨盘山山脉；以一部从扬子江左岸地区攻击敌之背后，同时切断津浦铁路及江北大运河。”“第十军 12 月 3 日主力开始行动，以一部从芜湖方面进入南京背后，以主力击败当面之敌进入溧水附近，准备攻占南京。”[②]12 月 7 日，日军华中方面军通告了《攻占南京要领》，规定：“在南京守城司令官或市政府当局尚留在市内的情况下，设法劝告其开城以和平方式入城。此时，各师团各派步兵一个大队(9 日改为 3 个大队)为基干的部队先入城，在城内分地区进行扫荡。”“在敌人残兵仍据城进行抵抗的情况下，将到达战场的全部炮兵展开，进行炮击夺取城墙，各师团以步兵一个联队为基干的部队进入城内进行扫荡。”[③]中国方面则于 12 月初，由南京卫戍司令长官唐生智部署：其主阵地板桥至淳化镇线，由第 74 军俞济时部防守；孟塘至龙潭线，由第 83 军邓龙光部防守(后改第 2 军团)。其复廓阵地狮子山及城北一带，由第 36 师宋希濂部防守；安德门至雨花台线，由第 88 师孙元良部防守；河定桥至工兵学校线，由第 87 师沈发藻部防守；由工兵学校向北经紫金山前缘至蒋王庙线，由教导总队桂永清部防守。[④] 8 日，唐生智决定一线部队全部撤守复廓阵地，对阵地的防守作了调整。9 日，唐生智置日军《投降劝告书》于不理，下达卫参作第 36 号令，要求各部队“与阵地共存亡”，“尽力固守”。11 日，蒋介石

① 中国第三战区长官司令部编制：《抗战纪实》，中国第二历史档案馆藏，档案号七八七—3944。

② [日]日本防卫厅防卫研究所战史室著，齐福霖译：《中国事变陆军作战史》第 1 卷第 2 分册，中华书局 1981 年版，第 109 页。

③ 同上，第 111—112 页。

④ 《第三战区南京会战经过概要》，中国第二历史档案馆编《抗日战争正面战场》(上)，江苏古籍出版社 1987 年版，第 415 页。

给唐生智连发“真侍参”和“真戌侍参”二电，命令：“如情势不能持久时，可相机撤退，以图整理，而期反攻。”[①]12 日，唐生智以“卫戍作命特字第一号”发布撤退令，根据“大部突围，一部渡江”的原则，命令除第 2 军团、第 36 师及各机关、各直属部队渡江北撤外，其余部队均应“冲破当面之敌，向浙皖边区转进”。[②] 同时，唐生智又补充“口授命令要旨，87D、88D、74A、教导总队如不能全部突围，有轮渡时，可过江向滁州集结”[③]。日、中双方，一进攻，一防退，均有整个战场统一的作战计划。

作为一个独立的战役，还需要有一定数量的兵力作为基础。在南京作战中，日方在华中方面军司令官松井石根指挥下，辖上海派遣军朝香宫鸠彦王部和第 10 军柳川平助部。其直接参加攻城的部队共有由吉住良辅中将所率第 9 师团、由中岛今朝吾中将所率第 16 师团、由谷寿夫中将所率第 6 师团、由末松茂治中将所率第 114 师团、由山田栴二少将所率第 13 师团的 1 个支队、由国崎登少将所率第 5 师团（暂直属第 10 军）的 1 个支队，以及由鹰森孝大佐所率第 3 师团第 68 联队组成的 1 个先遣队，共辖 4 个师团又 2 个支队、1 个先遣队，约 10 万人左右。中国方面则在南京卫戍司令长官唐生智和副司令长官罗卓英、刘兴之下，共有由第 2 军团长徐源泉中将所率第 41 师丁治磐部、第 48 师徐继武部，由第 66 军军长叶肇中将所率第 159 师谭邃部、第 160 师叶肇（兼）部，由第 71 军军长王敬久中将所率第 87 师沈发藻部，由第 72 军军长孙元良中将所率第 88 师孙元良（兼）部，由第 74 军军长俞济时中将所率第 51 师王耀武部、第 58 师冯圣法部，由第 78 军军长宋希濂中将所率第 36 师宋希濂（兼）部，由第 83 军军长邓龙光中将所率第 154 师巫剑雄部、第 156 师李江部，由教导总队总队长桂永清中将所率 10 个团，由何知重少将所率第 103 师，由霍守义少将所率第 112 师，由宪兵副司令萧山令少将所率 5 个团，共辖 13 个建制师又 15 个建制团，约 15 万人左右。日中双方投

①③ 《南京卫戍军战斗详报》，中国第二历史档案馆藏，档案号七八七—7593。

② 《唐生智命令稿》（1937 年 12 月），中国第二历史档案馆编《抗日战争正面战场》（上），江苏古籍出版社 1987 年版，第 401 页。

入的兵力，分别达10万、15万人，足以支持一个中等规模战役的进行。

战役是一系列战斗的有机组合。对照日、中双方的记载，自12月1日日本当局下达攻击南京的命令以来，历经孟塘、大胡山、淳化镇、牛首山、杨坊山、紫金山、光华门、雨花台、赛公桥等主要战斗，以及南京守军撤退时发生在东北郊仙鹤门、空山、狮子山等处的遭遇战。这些战斗，动辄数千人交锋，死伤千余名。

综上四项，南京之战，中、日双方，各有既定的战略目标、统一的作战部署，分别投入了10万人以上的兵力，经历了大小一系列战斗。它作为一个独立的战役存在，是毫无疑问的。

二　保卫战的时空范围

南京保卫战不似“七七”卢沟桥事变、“八一三”淞沪抗战等战事，有明确的起始时间。它是一场渐进的战争运动。正因为如此，人们在计算这一战役经历的时间及其所应包含的地域时，有着完全不同的见解。

南京保卫战以1937年12月13日城陷为其时间的下限，历来并无歧见。但对于它开始的时间，则有众多的说法。有的认为以12月1日日本大本营下达第8号敕令算起；有的认为应当更早，从11月25日蒋介石颁定首都卫戍部队战斗序列始；还有的则认为12月10日日军下令攻城才能算保卫战的起点。时间的认定，直接影响到对战役地域的估计。战役的起始时间愈向前推，实际也就承认了战役发生在更为广阔的地域。

要确定在渐进运动过程中的战役时空范围，必须考虑到影响战役进行的各种复杂因素，似应有狭义和广义两种解释。

狭义的解释，应着眼于直接保卫南京的战斗。从这一观点出发，发生在其他地域的作战行动，虽在战略上起着保卫南京的作用，但不应计入南京保卫战的范畴。

南京保卫战开始于何时、何地，直接同日军浴血拼搏的南京守军最有发

言权。南京卫戍军的既设阵地，即应为该战役的作战地域，在这块阵地上最先发生战斗的时间，即应视为南京保卫战的开始。

《南京卫戍军战斗详报》中，对于作战的地域和时间，有清楚的记载："1. 南京东南正面阵地（江宁镇、牛首山、淳化镇、汤山、龙潭之域）十二月四日至八日；2. 南京复廓阵地（雨花台、紫金山、乌龙山、幕府山及南京城垣）十二月九日至十二日。"[①]《第三战区作战经过概要》在"南京会战"项下，则记有"十二月初"时，各部队按"主阵地"和"复廓阵地"配置的情况，其对于主阵地的叙述为"板桥至淳化镇之线，以74A两师担任，孟塘至龙潭之线，以83A担任（后改为10A担任）"[②]。上述两份军事档案，对于南京保卫战中外围阵地位置与范围的记载基本一致，即由江宁镇、牛首山、淳化镇、汤山、孟塘、龙潭构成一个大弧形圈，其两端均濒临长江。一般说来，这个弧形圈与长江之间的地域，即是南京保卫战赖以进行的空间范围。不过，在战斗的实际进行过程中，南京卫戍军的前沿阵地并不是，也不可能像几何学中的圆弧那样标准和整齐。南京卫戍军规定：第74军在担任牛首山至淳化镇附近守备的同时，须"向秣陵关、湖熟镇派出前进部队"；第66军在担任淳化镇至伏牛山一线守备的同时，须"向句容附近派有力之前进部队"；第83军在担任伏牛山附近经拜经台至龙潭一线守备的同时，须"向下蜀派出前进部队"[③]。后来，在句容、秣陵关和湖熟等地，事实上都进行了比较激烈的战斗。这些局部延伸的阵地，理所当然也包括在南京保卫战的地域范围之中。

前已提及，南京卫戍军的战斗详报中，将12月4日至8日作为作战的第一阶段。由此可见，南京卫戍军认为，他们保卫南京的战斗系自12月4日开始。现存的军事档案中，对于南京保卫战战斗经过的逐日记录，也均是自12月4日始。据记载，12月4日这一天，"句容以东四十里处及天王寺西北上葛村附近各发现便衣敌军，与我派在前方之游击队接触"[④]；"敌以主力沿

①③④ 《南京卫戍军战斗详报》，中国第二历史档案馆藏，档案号七八七—7593。

② 《第三战区南京会战经过概要》，中国第二历史档案馆编《抗日战争正面战场》（上），江苏古籍出版社1987年版，第415页。

京沪路，一部沿京杭路，各出现于秣陵关及句容我前沿阵地前，遂发生战斗”①。

另一方面，日本大本营虽然在 12 月 1 日就下达了“攻占敌国首都南京”的敕令，但是，华中方面军对该敕令的执行，却是命令第 10 军主力自 12 月 3 日开始行动，“以一部从芜湖方面进入南京背后，以主力击败当面之敌进入溧水附近”；命令上海派遣军主力自 12 月 5 日开始行动，“重点保持在丹阳、句容公路方面”②。事实上上海派遣军的主力，比华中方面军规定发起追击的时间为早，他们在 12 月 3 日，即“以第十六师团沿句容—汤水镇—南京公路地区，以第九师团沿天王寺—淳化镇—南京公路均向南京追击”③。至 4 日，两军前锋部队已分别在溧水以北和句容以南一线，与南京守军对垒、接触。这与上述中国军方的记录以及对战况的估计，基本吻合。

从以上中日双方的作战行动和史料记载来看，把南京保卫战的开始日期界定为 12 月 4 日，将其所发生的地域大致界定为江宁镇—淳化—汤山—龙潭弧形圈以内，是有充分根据和比较妥当的。宣传南京保卫战的壮烈战斗，似应以这一时空范围为准；如果超越了这一范围，则其“保卫南京”的代表性与典型性，便显得不足了。

广义的解释，则以对南京城的战略进攻和防御为出发点。

日本华中方面军在 11 月 12 日攻陷上海后，几乎立即就开始了向南京进军的作战行动。11 月 14 日方面军命令：上海派遣军占领福山、常熟、苏州一线；第 10 军须占领平望镇、嘉兴、海盐一线。④ 这一命令已经显示出，日军分别从太湖以北和以南向南京进军的意图。第 10 军司令官柳川平助更于 11 月 15 日，连夜主持幕僚会议，“决定以军的主力独自果断地向南京追击”；17 日制定了《从嘉兴向南京追击的作战指导要领》，要求“不失时机一举向南

---

① 《第三战区南京会战经过概要》，中国第二历史档案馆编《抗日战争正面战场》(上)，江苏古籍出版社 1987 年版，第 415 页。

②③ [日]日本防卫厅防卫研究所战史室著，齐福霖译：《中国事变陆军作战史》第 1 卷第 2 分册，中华书局 1981 年版，第 109 页。

④ 同上，第 99 页。

京追击敌人”[①]。自12月1日，日本大本营以及华中方面军分别为攻占南京下达命令和作出部署后，便逐渐形成了三路攻击南京的战场态势：右翼沿京沪线及其两侧的公路，从东北方面，向南京进击；并抽出一部，渡过长江，以切断江北大运河及津浦铁路。中路从太湖以南地区出发，绕经太湖背面，沿京杭国道及其附近公路，与右翼平行前进，从正面攻击南京。左翼沿太湖南岸一直向西，占领芜湖，切断长江；并派出一部渡江，沿江北岸，直趋浦口，完成从江北对南京的包围。

中国方面早在抗日战争爆发前，即预料到中日交手以后，日军可能由杭州湾、淞沪地区向首都南京进击。为从战略上保卫南京，中国军事当局特修建了吴（苏州）福（福山）、乍（浦）平（望）嘉（兴）和锡（无锡）澄（江阴）等国防线。上海失陷后，中国军队即在上述各线逐次抵抗，并在江阴、镇江与广德、泗安等地进行了激烈的战斗。

由此可见，从广义来说，11月12日上海的失陷，便是南京保卫战的开始。正如当时担任南京卫戍军参谋科长的谭道平先生所说：“首都保卫战的开始，即是我军退出上海战区的那一个日子。”[②]而这一战役的空间范围，则包括了东至浏河、太仓、昆山、嘉兴、平湖，南至泗安、广德，西至芜湖、长江中的江心洲，以及长江以北的江浦、六圩、靖江等地在内的广阔地域。在估计南京战役的规模、时间，以及双方使用和损失的兵力时，似应以南京城郊的战斗为基础，适当考虑这一广义的时空范畴。

三　保卫战败在何处

以往人们一提起南京保卫战的失败，多将南京城的失陷，作为其主要标志。其实，南京城的失陷，仅仅标志着南京保卫战的结束，并不是南京保卫

---

① ［日］日本防卫厅防卫研究所战史室著，齐福霖译：《中国事变陆军作战史》第1卷第2分册，中华书局1981年版，第107页。

② 谭道平：《南京卫戍战史话》，东南文化事业出版社1946年版，第49页。

战失败的标志。对于战争中的某一战役或战斗来说，其战略与战役所要达成的目标是多方面的，在许多情况下，并不以一城一地的得失为目标。可以认为，在抗战初期的特定条件下，南京保卫战的胜负，完全不以南京城的守弃为标志。

战役目标短期固守

自中国军事当局于1937年11月8日下令自淞沪战场撤退、日军追逐西进起，首都南京的防卫问题，就正式提到了议事日程上来。蒋介石多次召开高级幕僚会议，并个别征求过一些高级将领的意见，研究南京之守与不守问题。在高级官员中，主张不守的呼声甚众，李宗仁、白崇禧、陈诚、张群等都持这种主张。其理由主要为：第一，部队残破，无力防守。第五战区司令长官李宗仁认为：“我军新败之余，士气颇受打击，又无生力军增援。”①大本营作战组组长刘斐虽主张应作象征性防守，但也认为初败之军，已无力再战。他说：“我军在上海会战中损失太大，又经过混乱的长途退却，已无战斗力，非在远后方经过相当长时间的补充整训，不能恢复战斗力。”②第二，地形不利，易攻难守。李宗仁分析：“在战术上说，南京是个绝地，敌人可以三面包围，而北面又阻于长江，无路可退。”③刘斐也向蒋介石力陈南京不易守的见解。他说：“南京在长江弯曲部内，地形上背水，故可由江面用海军封锁和炮击南京，从陆上也可以由芜湖截断我后方交通线，然后以海陆空协同攻击，则南京将处在立体包围的形势下，守是守不住的。”④第三，免遭破坏，争取主动。李宗仁认为：与其在无胜算可能的情况下硬撞，“倒不如我们自己宣布南京为不设防城市，以免敌人借口烧杀平民”。⑤军事委员会常委白崇禧也主张宣布南京为不设防城市，理由为：“南京是总理指定之首都，为总理陵寝之所在地，不忍为军事破坏，应宣布为不设防城市，以主力退出城之西部、西南部一带，一部集结于浦口，监视南京，掩护徐州，保留实力，以便机动打击敌

①③⑤　李宗仁：《李宗仁回忆录》（下），广西人民出版社1980年版，第699页。

②④　刘斐：《抗战初期的南京保卫战》，全国政协文史资料研究委员会《南京保卫战》编审组编《南京保卫战》，中国文史出版社1987年版，第8页。

人。"[①]军事委员会秘书长张群还持有一种新的见解，即："如果我军自动撤出南京，日军不是以武力攻占的，万一将来和谈时，它就不能以战胜者自居而对我进行要挟。"[②]

上述种种关于不守南京的主张及理由，都是从当时中国方面在东战场所处主客观形势出发的，都有一定道理。这是一种正常的军事战略讨论，同"妥协"、"投降"并无任何内在的联系。

但是，蒋介石并未采纳"不守"的意见。经过几次与高级幕僚的商讨，蒋介石最终还是定下了"短期固守"的决心。他说："南京守城，非守与不守问题，在敌军火力优势，长江得自由航行之情势下，欲期保持，颇属难能，故只可希望较短时间之防守。"[③]

兵家对于一城一地之防守，约有决战型与过程型两种情况。决战型为死守在政略、战略上具有重大意义之城市，拼到最后一兵一卒而不后退；过程型为对城市作有限度的防守，在达到了政治上、军事上既定目标后即可弃守。就南京当时面临的情况而言，其保卫战的类型显属过程型，而非决战型。其"短期固守"的决策，主要是考虑到以下三个方面的因素：

一是冷静地权衡了当时敌我力量的对比。本来在全面抗战开始时，中日间在综合国力及军力方面，就存在着敌强我弱、强弱悬殊的形势，加之3个月的淞沪会战，使东战场的中国军队遭受重大损失，短时间内，无法在南京组织大规模的决战。正因为如此，才有蒋介石"在敌军火力优势，长江得自由航行之情势下，欲期保持，颇属难能"之说。刘斐认为："日军利用它在上海战后的有利形势，以优势的陆海空军和重装备，沿长江和沪宁、京杭国道有利的水陆交通线前进，机动性大，后方联络线也很便利。"他提议用12—18个团的兵力，"只用象征性的防守，作适当抵抗之后就主动地撤退"[④]。

---

① 白崇禧：《白崇禧回忆录》，解放军出版社1987年版，第119—120页。

② 宋希濂：《鹰犬将军》，中国文史出版社1986年版，第125页。

③ 第三战区长官司令部编制：《抗战纪实》，中国第二历史档案馆藏，档案号七八七—6700。

④ 刘斐：《抗战初期的南京保卫战》，全国政协文史资料研究委员会《南京保卫战》编审组编《南京保卫战》，中国文史出版社1987年版，第8—9页。

二是树立良好的国际形象及鼓舞民心、士气。南京是中国的首都，在大军压境之时，对于一国之都，是不战而退，还是进行一定规模的抵抗？这个问题关系到中国的形象及全国的民心、士气。蒋介石曾在日记中写道："南京孤城不能不守，对上、对下、对国、对民殊难为怀也。"[①]后来受命担任南京卫戍司令长官的唐生智在讨论中，慷慨激昂地提出："南京是我国首都，为国际观瞻所系，又是孙总理陵墓所在，如果放弃南京，将何以对总理在天之灵？"[②]

三是可以在防守中消耗敌人，争取时间。抗日战争是一场持久战。中国人民战胜日本侵略者的唯一方法，便是在长期作战中，逐次消耗敌人的有生力量，使之由强变弱，直至彻底失败。蒋介石在一份就国民政府迁都重庆事致军内各级长官的密电中称："宜抱破釜沉舟之决心，益坚最后胜利之自信，寸地尺土，誓以血肉相撑持，积日累时，必陷穷寇于覆灭。"[③]与此同时，第三战区的主力部队已奉命向广德、安吉、宁国一线退却，该战区的主要指挥官顾祝同、陈诚等人，也已去皖南部署部队的整补工作。可见，南京一战，若能阻滞日军于南京城外一段时间，对于东战场中国后方部队的整补，当有重要意义。

因此，中国军事当局关于在南京作"短期固守"的决定，应当说是一个较为明智和适当的决策。

城陷不是战役失败的标志

对南京作"短期固守"的决策既定，蒋介石便于 11 月 19 日亲书手令，特派一级上将唐生智为南京卫戍司令长官，唐遂于次日走马上任。25 日，蒋介石颁布了南京卫戍部队最初的战斗序列。此后，该部即边不断充实，边节节

---

① 秦孝仪总编纂：《总统蒋公大事长编初稿》卷 3，中国国民党中央委员会党史委员会 1976 年编印，第 145 页。

② 刘斐：《抗战初期的南京保卫战》，全国政协文史资料研究委员会《南京保卫战》编审组编《南京保卫战》，中国文史出版社 1987 年版，第 9 页。

③ 秦孝仪主编：《中华民国重要史料初编——对日抗战时期》第 2 编第 2 册，中国国民党中央委员会党史委员会 1981 年编印，第 213 页。

抵抗。

南京之战，无论从参战部队的名称（南京卫戍军、首都卫戍部队）和人们对战役的称呼（南京守城战、南京卫戍战、南京保卫战）来看，它都和南京城的存亡直接相联。南京城陷之日，亦即南京保卫战结束之时。不可否认，南京城的失陷，是南京保卫战重要的、直接的结局。它为南京保卫战画上了一个沉重的句号。同样不可否认，南京保卫战的结果是一个败局，这一点，长期以来，政界、军界、学术界从无异议。但是，必须指出：南京城的失陷，并不是南京保卫战失败的标志；换句话说，南京保卫战并非因南京城失陷而告失败。

首先，战役的目标并不是永久固守南京城。前文已述，南京保卫战的类型并不属于决战型，而只是一种过程性的防守。所谓“短期固守”，实际就是“最终不守”，这是不言自明的道理。实际上，早在蒋介石定下对南京“短期固守”方针之时，便同时下达了相关的指示：“既作短时间守城之望，则不必将全部之基干部队，全部牺牲，须预为撤退之掩护。”“若是迫不得已放弃南京时，各防守部队撤退，得有掩护。”①显然，南京城的放弃、失陷，在中国军事当局看来，是意料之中的事。既然在战役目标中并不包括永久固守南京城，因此在衡量南京保卫战胜负、成败时，便不应将城市是否守住作为一项条件来评估。

其次，军力对比与战场形势，决定了南京城必然要失陷。日本攻击南京的华中方面军，其所属 9 个师团，除第 101 师团留沪作警备部队外，其余 8 个师团和国岐支队，都多少不等地投入了南京战役。其直接攻击南京的部队虽只有 10 万人左右，但大多是训练有素的老兵。作战时，陆海空密切配合，且有新式坦克、火炮等重武器装备。在攻击南京期间，日本除由国内、台湾、朝鲜等地机场出动飞机参加作战，还有由佐贺忠治率领、配属上海派遣军的第 3 飞行团随军作战；由长谷川清司令官率领的中国方面舰队，也以舰艇和飞机，支持了陆军对南京的攻击。中国方面虽有 13 个建制师又 15 个建制

① 第三战区长官司令部编制：《抗战纪实》，中国第二历史档案馆藏，档案号七八七—6700。

团、约15万人参加守卫南京，但军队构成庞杂，作战手段落后。据时任南京卫戍司令长官部参谋处第一科科长的谭道平先生统计：守军中，能直接同敌人厮杀的战斗兵只占60%，刚入伍的新兵又占了38%。[①] 有的新兵战斗前还没有摸过枪，不懂射击要领，部队开到阵地后，只好“一面做工事，一面教射击，毫无军事知识，边教射击，讲授军事知识，边守阵地”[②]。这支守军，不仅缺乏训练，而且缺少重武器装备。投入保卫战的特种兵，只有炮兵第8团1个整团、炮兵第10团的新15榴炮营，以及战车防御炮8门、轻战车10辆和大小高射炮27门。至12月初，在南京复廓、城垣展开激战时，中国空军战机已损失殆尽；海军主力舰艇一部被炸毁，一部已撤至长江中上游。就地形而言，如前文所述，许多高级将领均指出其易攻难守的缺陷。据德国档案记载，其派驻中国担任军事顾问的冯·法肯豪森将军，在南京保卫战前，曾“强烈地劝蒋介石不要保卫处于长江一个死湾子里的南京”[③]。后来的事实证明，这种不利的地形，确给中国军队的补给、撤退和转移，造成了很大的困难。上述强弱悬殊的军事力量对比及不利防守的地形，使得南京城的失陷成为历史之必然。因此，城陷与否，已不能构成衡量战役成败的要素。

复次，中外历史上存在着许多不以一城一地得失论胜负的实例。在研究南京城守弃对战役成败的影响时，这些战例有着重要的参考、借鉴价值。1812年9月，拿破仑率60万大军兵临莫斯科城下，俄方实行坚壁清野，使法军只得一座空城，物资匮乏，精神沮丧，陷入饥寒交迫的境地。后来，法军在被迫撤退时，遭受到巨大损失，逃到尼门河时只剩下2万余人，拿破仑本人则几乎是只身逃回巴黎。对于俄国来说，莫斯科的失陷，不仅不是抗法战争失败的标志，而且可以认为，它是俄军争取主动、扭转战局的一个成功措施。中国近代史上则更有著名的苏中“七战七捷”可以借鉴。1946年七八月间，全国性内战的战火刚燃起不久，活跃在江苏苏中地区的华中野战军，经过7

---

① 谭道平：《南京卫戍战史话》，东南文化事业出版社1946年版，第93—95页。

② 欧阳平：《南京撤退追忆》，全国政协文史资料研究委员会《南京保卫战》编审组编《南京保卫战》，中国文史出版社1987年版，第240页。

③ 《德国档案中有关侵华日军南京大屠杀档案资料》，载《抗日战史研究》1991年第2期。

次重要战斗，共歼灭国民党军6个旅又5个交通警察大队计5.3万余人，但是苏中解放区重镇如皋、海安却为国民党军所占领。解放区军民在这一战役中，虽失二城及大片土地，但大量歼灭了国民党军的有生力量，实现了战役的既定目标，故这一战役被称为“七战七捷”，成为解放战争中获胜的典型战例。1937年12月南京的失陷，与100多年前俄国莫斯科的失陷，以及解放战争中如皋、海安的失陷在某些方面具有相似之处，即都存在着比城市的存亡更为重要的战役目标，因而可以不以城市弃守来论战役的胜负。

认定战役失败的主要依据

如上所述，根据南京保卫战的具体情况，南京城的失陷并不是战役失败的标志。那么，认定这一战役失败的主要依据又是什么呢？探索这一问题，应当跳出南京这一座孤城弃守、存亡的狭小眼界，多方位、多视角地去观察和思考与这一战役有关的各种因素。

第一，歼灭敌人较少。

歼灭敌人，这本是夺取战争胜利的重要条件。在中国抗日战争的初期，面对强大的入侵者，通过每一个战役、战斗来大量歼灭敌人的有生力量，对于中国军事当局来说便显得尤其重要。没有对敌人的大量歼灭，其所进行的每一个战役和战斗，便失去了起码的意义。

中国军队在南京保卫战一役中，究竟消灭了多少敌人？日方资料记载：日军“战死八百，战伤四千”，即共伤亡4 800人。[1] 这个统计数字显然太低，不仅不符合南京保卫战中，中国军队消灭日军的实际情况，且亦与日方其他军事文献、军史资料披露的数字不相符合。

现仅以几支攻击南京的日军主力部队的损失为例，来加以探讨。日军第6师团主要参加了牛首山、板桥、安德门、中华门、下关一带的战斗，据其战史资料统计，该师团在南京会战中，共战死306名，负伤884名，合计伤亡

① 《南京攻击战况统计报告》，中国第二历史档案馆等编《侵华日军南京大屠杀档案》，江苏古籍出版社1987年版，第17页。

1 190 名。[①] 另一支完整参加了攻击南京战斗的第 16 师团，自 1937 年 11 月 13 日从白茆口登陆以来，直至攻陷南京，共战死 505 人，伤亡合计 2 194 人。[②] 该部队的伤亡中，其大部应发生在攻击句汤线及紫金山一带的激烈战斗中。日军第 9 师团先后沿京沪线与常州至淳化公路向南京攻击前进。该师团在自 12 月 10 日起的“进攻南京城战斗”中，包括“淳化镇附近”的战斗，共战死 460 人，负伤 1 156 人，合计伤亡 1 616 人。[③] 仅上列 3 支部队的伤亡人数已达 5 000 人，即使酌量扣除第 16 师团在进军南京途中的伤亡，其为攻击南京的实际伤亡数亦应在 4 000 人以上。可见将日军在攻击南京整个战役中的伤亡数，估计为 4 000 人左右之不确。

又据日军战史《中支那方面陆上作战经过概要》统计，在“南京追击战”中，日军伤亡人数约为 26 000 人。[④] 在该战史中所称之“南京追击站”中，除作为这一“追击战”主体的攻击南京城的战斗外，还包括了突破吴福、锡澄防线及西攻芜湖、北略苏北的战斗在内，其部队也包括了并未直接参加攻击南京城郊的第 18 师团全部与第 3、第 13 师团之一部分。不可否认，在此“南京追击战”中，最激烈的阶段应为攻击南京城郊的战斗。由此可以推断，在这一“追击战”伤亡的 26 000 人中，其在对付南京卫戍部队作战中的伤亡，应在 1 万至 1.5 万人之间。

中国方面迄今似未发现有对日军攻击南京伤亡的完整统计，但分散的统计为数不少。12 月 5 日，日军在进攻句容以西土桥镇时，为中方第 74 军击毙六七十名。[⑤] 12 月 6 日，中方第 478 旅官兵在句容以西突围时，共歼灭

---

① 《熊本兵团战史——支那事变》，王卫星编，刘军等译《南京大屠杀史料集》第 56 册《日军文献》(上)，江苏人民出版社 2010 年版，第 435 页。

② 《第十六师团作战经过概要》，王卫星、雷国山编《南京大屠杀史料集》第 11 册《日本军方文件》，江苏人民出版社 2006 年版，第 53 页。

③ 《第九师团作战经过概要》，王卫星、雷国山编《南京大屠杀史料集》第 11 册《日本军方文件》，江苏人民出版社 2006 年版，第 118 页。

④ 《中支那方面陆上作战经过概要》，王卫星编，刘军等译：《南京大屠杀史料集》第 56 册《日军文献》(上)，江苏人民出版社 2010 年版，第 56—57 页。

⑤ 汉口《大公报》1937 年 12 月 6 日。

日军300余名。[1] 12月5日至7日，中方第51师在淳化附近，“毙敌二百余，伤三百余名”，使日军计伤亡500余名。[2] 在日军于城郊正式向南京城发起总攻的前三日，《救国时报》称：在南京附近，“激战数日夜，寇军死亡六千以上”。[3] 而上海《时报》援引11日美联社电讯，也报道了与《救国时报》大致相同的战果：“据中国军事当局估计，于过去三日之攻城战中，日军死伤至少在六千以上。”[4]12月10日，中方报纸报道：“十日傍晚，光华门一带城垣被敌攻城炮击毁数处，敌军一部虽冲入城内，当即被我包围歼灭，敌遗尸五百余具，仅十余人生还。”[5]在唐生智下达撤退令后的突围战斗中，中方第66军与第83军于12日夜在仙鹤门附近“毙敌兵三四百名”[6]；继于13日晨，在空山、狮子山一带“毙敌千余”[7]。仅以上零星、分散的报告、报道中披露的战果，日军的伤亡数已达8 600余人。由此可以推测，在中方的视野中，日军为攻击南京，其伤亡总数至少应在万人以上。

在历时10天左右的南京保卫战中，歼灭1万余名日军，虽不能算少，但距离战役的歼灭战还相差很远。日军用于直接攻击南京的兵力，近5个师团。按日军编制，“其一个师团战时兵力，约为官兵二万二千人”[8]，损失2 000余人，仅及全师团兵力的1/10。这样的伤亡数字，是敌军在继续战斗中，可以承受得起的。查阅中日双方的资料，尚未见在此役中，有歼灭日军成建制联队(团)的情况。显然，南京保卫战没有收到用歼灭战的方法来消耗敌人的效果。

第二，自己损失惨重。

尽可能保存自己的有生力量，把战斗的人员损失降到最低限度，无论从

---

①⑥ 《陆军第一六〇师锡澄南京两役师战斗详报》，中国第二历史档案馆编藏，档案号七八七—7582。

② 《陆军第五十一师战斗详报》，中国第二历史档案馆藏，档案号七八七—7592。

③ 《救国时报》1937年12月20日。“死亡”似为“伤亡”之误。

④ 上海《时报》1937年12月13日。

⑤ 汉口《大公报》1937年12月12日。

⑦ 《陆军第六十六军战斗详报》，中国第二历史档案馆藏，档案号七八七—7583。

⑧ 陈诚：《陈诚先生回忆录——抗日战争》(上)，台湾“国史馆”2005年版，第17页。

战略和战术上来看，都是战争中的一条重要原则。无谓和过量的牺牲，乃兵家之大忌。

南京守军在保卫战中，总共损失了多少兵力？

日本方面宣称，在南京之役中，“敌方战死八万四千，被俘一万五百人”[①]。另在日军编写的战史日志中记载：“在攻占南京的战斗中敌人损失如下：我军扫荡敌军人数合计约 80 000，逃亡人数约 20 000，俘虏数千。”[②]上述两个关于中国军队损失的统计数字，一为 9.45 万人，一为 10 万数千人，总之是在 10 万人左右。当然，日方是故意掩饰、回避了屠杀俘虏及放下武器军人的暴行。大量事实证明，在上述 10 万名中方损失的军人中，其绝大多数都是在被俘或放下武器后遭到残杀的。

在前文“守军只剩下 5 万人”一节中，已经推算出，南京卫戍军之 13 个建制师又 15 个建制团共 15 万人应有 45 900 人，即约 5 万人撤离了南京。这就说明，根据中方的档案及文献资料，也认为在南京之役中，交战伤亡与被俘后遭屠杀者总共约 10 万人。这与日方资料显示的数字，大致相同。

守卫南京的 15 万大军，在战斗中伤亡和放下武器后遭日军屠杀共损失 10 万人，致使多数部队已不成建制，短时间内无法恢复战斗力。这样的损失，应该说是巨大而惨重的。

第三，坚守时间太短。

争取时间，拖住敌人，以利再战，是南京保卫战的一项重要的战略目标。无论从争取抗战胜利的宏观，还是从调整淞沪战后战场的微观来说，通过南京保卫战，牵制敌人，整顿后方，准备新的战场，都是十分必要的。

按照中日双方原来预定的方案，南京之役至少要进行一两个月的时间。蒋介石在 11 月 12 日的一份电报中说：“预计敌十日左右，方能到达南京城

---

① 《日军公布的南京攻击战战况统计报告》，中国第二历史档案馆等编《侵华日军南京大屠杀档案》，江苏古籍出版社 1987 年版，第 17 页。

② 《支那事变经过日志》，王卫星编，刘军等译《南京大屠杀史料集》第 56 册《日军文献》(上)，江苏人民出版社 2010 年版，第 26 页。

下，再固守两周以上，约需月余时间。”[①]11 月中旬，蒋介石在视察狮子山、天堡城等处要塞炮台后，又指示：“首都锦带江山，可以说是天然的要塞，要是守卫有方，一定可以支撑一二个月。”[②]当战事已推进到南京城郊时，蒋介石又在离开南京前夕致电李宗仁、程潜、阎锡山、蒋鼎文、朱绍良等高级指挥官称：“南京决守城抗战，图挽战局，一月以后，国际形势必大变，中国当可转危为安。”[③]其时，日军也作了与中国军方大致相同或相近的时间估算。日本华中方面军于 11 月 22 日，向参谋本部呈报了如下意见：“方面军以现在的兵力不惜付出最大牺牲，估计最迟在二个月以内可达到目的(指攻占南京)。”[④]

可是，战役进行的实际情况，却出乎中日双方军事当局的意料之外，从 11 月 25 日组建南京卫戍部队算起，只经过了 18 天时间，南京即告失陷；从 12 月 1 日日本华中方面军下达攻占南京的命令算起，日军只用了 10 天时间，即分别从句容、天王寺、溧阳、广德等地出发，攻至南京城郊；从 12 月 10 日日军向南京城发动总攻击算起，他们只用了三四天时间，即破城而入。可以说南京守军没有为中国军事当局及其友军争取到应有的、足够的时间，来休整部队、准备战场；相反，却让日军从容实现了迅速占领南京的政略和战略目标。这不能不说是南京保卫战的一大败笔。

总之，南京保卫战由于未能较多地消灭敌人、较好地保存自己和争取到较为充裕的时间，从而没有实现这一战役既定的目标，因此是一个失败的战役。如果说，南京城的失陷只是诸多不以自己意志为转移的客观因素作用的结果，那么，上述决定战役败局的三个方面情况，则在很大程度上应归咎于主观指挥的失误和临战发挥的不理想。如果说，南京城失陷这一结局乃是意料之中的情况并带有某种历史的必然性，那么，出现上述决定战役败局

---

① 第三战区长官司令部编制：《抗战纪实》，中国第二历史档案馆藏，档案号七八七—6700。

② 谭道平：《南京卫戍战史话》，东南文化事业出版社 1946 年版，第 47 页。

③ 秦孝仪主编：《中华民国重要史料初编——对日抗战时期》第 2 编第 2 册，中国国民党中央委员会党史委员会 1981 年编印，第 219 页。

④ ［日］日本防卫厅防卫研究所战史室著，齐福霖译：《中国事变陆军作战史》第 1 卷第 2 分册，中华书局 1981 年版，第 106 页。

的三个方面情况则殊属意外，带有一定的偶然性，未能获得本可企求的战果。

四 保卫战失败原因

南京保卫战失败的原因是多方面的。其中，国民党军政当局坚持片面抗战路线，采取单纯防御战略及其他方面的失误，是最主要的。

第一，坚持片面抗战路线和幻想国际调停。

国民党当局虽迫于全国人民高涨的抗日情绪和受到西安事变的推动，公开宣布与共产党合作，结成抗日民族统一战线，但其所执行的路线，仍是一条不发动人民群众的片面抗战路线，不相信人民群众的力量，寄希望于"国际调停"和"国际形势的变化"。蒋介石对由德国驻中国大使陶德曼转达的日本"和谈"条件，很感兴趣，并于 12 月 2 日表示，"德之调停不应拒绝"，"如此尚不算是亡国条件"①；"中国接受日本的要求，作为和平谈判的基础"。② 国民政府内一些高级将领，如白崇禧、唐生智、徐永昌、顾祝同等，也赞同蒋介石的这一态度。汪精卫特别起劲，他在 12 月 6 日召集的第五十四次国防最高会议常务委员会上，力主接受日本的条件。后来只是由于谈判尚在进行，南京就已失陷，日方又提出新的更为苛刻的条件，加上全国人民的激烈反对，此次调停才未成功。教导总队总队长桂永清曾在总队军事会议上散布：据他"得到秘密消息，已由德国大使陶德曼出面调停，同日本讲和，日本不一定会来打南京；即使来打，只要守一个短时间，也可以换得讲和的条件"。③ 在抗日战争已经全面开始的情况下，国民党军政当局实行如此错误的路线和抱如此不切实际的幻想，南京保卫战的失败是不可避免的。

第二，组织指挥的严重失误。

---

① 黄美真、张云编：《汪精卫集团投敌》，上海人民出版社 1984 年版，第 153 页。

② 同上，第 120 页。

③ 周振强：《蒋介石的铁卫队——教导总队》，载全国政协文史资料研究委员会编《文史资料选辑》第 12 辑。

首先，在战略指导思想上，单纯防御，被动应战。

国民党军政当局对于日军进攻南京的路线，是估计到了的。早在1934年，南京国民政府参谋本部拟订的《南京防守计划》中，即预料“诸兵连合之敌沿京沪铁路、京杭国道，或沿江北地区向南京攻击前进”①。1935年秋，南京进行军事演习，曾假想敌人“沿京杭大道上行，猛扑首都”，确定了“南京的防卫并不在南京本身，而为其外围之太湖流域地区”的战略思想，制定了“在金坛、句容、溧水之间迎战敌军”的战斗方案②。可是，当1937年12月日军大举进攻南京时，国民党军政当局并没有实施这个方案，而是集中兵力于城郊，被动应战。作为首都屏障的金坛、句容、溧水、溧阳等地，几乎没有经过什么大的战斗，即为日军顺利攻占。及至日军扑至南京城下时，守军又不能主动出击，而是分兵把守，形成处处被动挨打的局面。唐生智根据蒋介石的指令，将守城的主力部队7个军和1个教导总队，按照外围和复廓两个层次部署，各部队防地很宽，缺乏纵深配备，亦没有充足的预备队。如第2军团两个师驻防尧化门外，实施正面约40公里，地境极宽。“各以全师兵力完全展布，犹觉不敷分配，而敌之攻我，专注一点，我则处处薄弱，坐以受攻，终至被各个击破”。其军团长徐源泉在战斗详报中说：“盖防御而不取攻势，鲜有能达目的者。”③

在南京保卫战激烈进行的过程中，许多身处第一线的战地指挥官，都曾建议采取灵活机动的战术，主动向敌军发起攻势。但是这些积极的建议，大多没有得到采纳。12月初，在句容失陷前，正在句容附近指挥第156师作战的第83军参谋处长刘绍武，曾向军长邓龙光建议：“以第156师全面出击，解决敌指挥部后，即将矛头指向句容西进之敌截歼之，使南京守城部队赢得准备的时间。”但这一建议遭到了江防军总司令刘兴的否定。刘说：“守恐不

---

① 国民政府参谋本部拟订：《南京防守计划》(1934年)，中国第二历史档案馆藏，档案号七八七—1995。

② 王平：《八年抗战》，台北文海出版社1966年版，第47页。关于抗战全面爆发前南京军事演习的时间，有1935年秋与1936年秋两种说法，本书取1935年秋说。

③ 《第二军团京东战役战斗详报》，中国第二历史档案馆藏，档案号七八七—7591。

保，还说攻吗?”后来，该军参谋长陈文又以同乡关系，向唐生智作了同样的建议，结果也没有受到重视。[①] 12 月 7 日，当教导总队与日军前锋在紫金山对垒时，该部副总队长兼第 1 旅旅长周振强，曾同第 3 旅旅长马威龙、工兵团团长杨厚灿联名建议：“集中兵力由紫金山的岔路口出击，威胁敌人后方。”但没有得到总队长桂永清和南京卫戍司令长官唐生智的同意。他们的理由是：“现在消耗兵员太多，万一出击不成，守南京的兵力就更不够了。”[②] 12 月 9 日，当第 87 师部队在光华门城外一连打退敌人三次进攻以后，该师副师长兼第 261 旅旅长陈颐鼎建议，“由孩子里经张家上向小石山敌右侧背施行反击”，但也以“万一出击不成，影响防守阵地兵力”的理由，遭到否决。[③]

其次，保卫战的组织实施，松散无力，指挥不灵。

在南京保卫战整个过程中，令不能行，禁不能止，严重影响了战役的顺利进行。正如南京卫戍军指挥机关在总结是役经验教训时所说：“各级指挥官对上级命令多不重视，尤其不按指定之时间履行任务，是为最大之弊端。”[④]战斗初期，第 48 师开至尧化门外阵地后，以 1 个团守乌龙山要塞，3 个团担任自和尚庄至杨坊山北麓的防务。由于友邻部队未能按照规定进驻杨坊山阵地，故使该部敷衍应付，造成“一线配备尚虑不足，纵深配置，实所不能”的困难局面[⑤]。

有些部队与阵地相互之间，联络、配合也较差。如光华门内外分属不同部队防守。守城门的部队不同城外部队协调，将城门堵死，“不仅伤兵不能后送，且连城内外有线通话也就此中断”。城外部队多次向上级要求改变这

① 刘绍武：《第八十三军南京突围记》，全国政协文史资料研究委员会《南京保卫战》编审组编《南京保卫战》，中国文史出版社 1987 年版，第 249—250 页。

② 周振强：《教导总队在南京保卫战中》，全国政协文史资料研究委员会《南京保卫战》编审组编《南京保卫战》，中国文史出版社 1987 年版，第 167 页。

③ 陈颐鼎：《第八十七师在南京保卫战中》，全国政协文史资料研究委员会《南京保卫战》编审组编《南京保卫战》编审组编《南京保卫战》，中国文史出版社 1987 年版，第 154 页。

④ 《南京卫戍军战斗详报》，中国第二历史档案馆藏，档案号七八七—7593。

⑤ 《第二军团京东战役战斗详报》，中国第二历史档案馆藏，档案号七八七—7591。

种状况，均未能得到解决。① 更糟糕的是：当敌军向光华门外阵地猛烈进攻时，位于中山门外路北的炮兵阵地，有普福斯山炮 12 门，也因怕遭日军炮火压制，而拒绝友邻步兵的求援②。

12 月 12 日，当守城战斗进入最紧张阶段时，第 72 军一部擅自由雨花台撤至城内，直奔挹江门，准备撤退；第 74 军曾搭浮桥，准备由三汊河向下关撤退。这些不服从命令、指挥失灵的现象，给南京保卫战带来了极为有害的后果。

再次，保卫战的战役退却，一片混乱，损失惨重。

南京城的守与弃，本都是意料中的事，作为防守南京的最高指挥官唐生智，应当早就准备好从南京撤退的预案。可是，战役的实际情况显示，唐在这方面决定突然，部署草率。12 月 12 日下午，唐向全体守军下达撤退令。他于是日凌晨，才布置参谋人员起草撤退令；上午还不断下达准备巷战的指令。从唐生智本人，到各军、师、旅长，思想上都没有一个渐进的由守变退的准备。而南京城的撤退，又不同于一个山头、一块阵地的撤退。它需要有全局性的考虑和部署，才能够在敌军包围中，以最小的牺牲，顺利实施。加之，在撤退的具体部署上，唐生智又表现出了严重的随意性。书面的撤退命令，本为“大部突围，一部渡江”，即除卫戍司令部机关及其直属部队、第 36 师、第 2 军团（就地）渡江外，其余部队均须作正面突围。但唐在开会部署时，又突然口头同意第 87 师、88 师、74 军与教导总队可以渡江向滁州集结。这样一来，就大大超过了下关轮渡的运输能力，根本无法实现。最后，除第 66 军、83 军各两个师由正面突围，第 2 军团的两个师于龙潭附近渡江至六合外，其余 7 个师与 15 个团均拥挤在下关江边，造成了欲渡不能，大部滞留，遭日军屠杀的悲惨结局。同时，由于撤退系仓促决定，渡船无着，联络不畅，大部渡江部队到了江边而无渡船；有些部队始终未能接到总部的撤退命令，只得自行决定阵地的撤守。这些因素也都增加了撤退的混乱与损失。

---

①② 陈颐鼎：《第八十七师在南京保卫战中》，全国政协文史资料研究委员会《南京保卫战》编审组编《南京保卫战》，中国文史出版社 1987 年版，第 155 页。

第三，防御工事的构筑与后勤供应方面，也存在着严重的缺陷。

南京城郊的工事，虽经营多年，但构筑粗劣，使用不便，给保卫南京的战斗造成了很大困难。11 月下旬，唐生智以卫参字第 3 号训令，命第 78 军于汤山附近，“指导民伕构筑复廓阵地”。但该军“所要民伕无着”，只得以“所余部队进入工作地区，自行担任构筑”，致使“工事殊少进展”。[①] 防守淳化的第 51 师部队，则因“淳化附近之国防工事，均系距离甚远，而目标显明之机关枪掩体，欲构成坚固而纵深之阵地需工甚大，而担任外线作战之部队输送力量薄弱，爆破材料及障碍物材料极感缺乏”，故“虽经星夜赶筑，终以正面过宽、材料缺乏，阵地未能完成预期之坚固程度”。[②] 第 2 军团军团长徐源泉，则对东北郊乌龙山一带的工事构筑，感慨尤深。他在战斗详报中写道：“要塞构筑应求强固。乌龙山为首都复廓要点，又为江防重地，设置要塞，诚为必要。惟以现代空军发达，而我海军又极贫弱，不能阻敌舰深入，则该要塞之构筑，非力求强固不可。乃乌龙山炮台炮位露天，无异于野战炮兵之阵地，经敌舰半日之炮击，全台炮位即毁坏无遗，失去要塞之效用，实为憾事。”[③]更为恶劣的是，中山门至光华门之间城墙上构筑的永久工事，“虽然外面涂了水泥，而内部的横梁都是南竹，并且已经腐烂。官兵发现这种情况，愤恨已极”。[④]

南京保卫战的后勤工作，严重拖了战役的后腿。战时弹药供应不足，撤退时竟无备用船只。此均战争中之咄咄怪事。卫戍军指挥机关于战后总结称：“国府西迁后，各项交通器材随之俱行，各军经上海撤退损失，亦所存无多。至弹药之补给、伤兵之救护，与夫抢堵城垣缺口材料之运输，俱极缓慢，一被突破，即有牵动全线之虞。”[⑤]尧化门外的阵地，或因重兵器不足，或因无

---

① 《陆军第七十八军南京之役战斗详报》，中国第二历史档案馆藏，档案号七八七—7590。

② 《陆军第五十一师战斗详报》，中国第二历史档案馆藏，档案号七八七—7592。

③ 《第二军团京东战役战斗详报》，中国第二历史档案馆藏，档案号七八七—7591。

④ 周振强：《蒋介石的铁卫队——教导总队》，载全国政协文史资料研究委员会编《文史资料选辑》第 12 辑（合订本第 3 册），中国文史出版社 1986 年版。

⑤ 《南京卫戍军战斗详报》，中国第二历史档案馆藏，档案号七八七—7593。

与国防工事配套之武器，使得有些工事无法利用。在前线战斗的教导总队官兵，未发到当月薪饷，直至渡江后，才补发了撤至江北的 4 000 人之薪饷。[①]从前线运下来的大量伤兵，也缺医少药，甚至无人照料。军医蒋公穀记称：12 月 5 日，“据报，下关江岸，有伤兵千余，无人照顾”；原已签批的 2 万元医药用款，只能以 1 500 元应付了事。[②] 这不能不严重地影响到对伤员的救护和战事的进行。

客观上，敌我双方军力的对比与南京城不利防守的地形，对战局也有着重要的影响。

抗战初期，中日双方处于敌强我弱的态势。在南京保卫战的实际进程中，敌强我弱的情况十分明显。

日本攻击南京的华中方面军，其所属 9 个师团，除第 101 师团留沪作警备部队外，其余 8 个师团及国崎支队，都多少不等地投入了南京战役。其直接攻击南京的部队，虽只有 10 万人左右，但大多是训练有素的老兵。作战时，陆海空密切配合，且有新式坦克、大炮等重武器装备。在攻击南京期间，日本除由国内、台湾、朝鲜等地机场出动飞机参加作战外，还有由佐贺忠治率领、配属上海派遣军的第 3 飞行团（下辖独立飞行第 4、第 6、第 10、第 11、第 15 中队）；由长谷川清司令长官率领的中国舰队，以舰艇和飞机，支持了陆军对南京的攻击。

中国方面虽有 13 个建制师又 15 个建制团，约 15 万人参加守卫南京，但军队构成庞杂，作战手段落后。据谭道平先生的统计：能直接同日军厮杀的战斗兵只占 60%；在全部守军中，刚入伍的新兵又占了 38%[③]。有的新兵战斗前还没有摸过枪，不懂射击要领，毫无军事知识，部队开到阵地后，只好一

① 周振强：《蒋介石的铁卫队——教导总队》，载全国政协文史资料研究委员会编《文史资料选辑》第 12 辑（合订本第 3 册），中国文史出版社 1986 年版。

② 蒋公穀：《陷京三月记》，“南京大屠杀”史料编辑委员会等编《侵华日军南京大屠杀史料》，江苏古籍出版社 1985 年版，第 65—66 页。

③ 谭道平：《南京卫戍战史话》，东南文化事业出版社 1946 年版，第 93—95 页。

面做工事，一面教射击，“边教射击、讲授军事知识，边守阵地”[①]。唐生智在事后的总结中认为：“新补士兵过多，上下之间多不认识，因之各级掌握难于确实；尤以战机危迫，战况剧烈时，一退不易复进，一溃不可收拾，此可痛之事实，亦失败之总因也。”[②]这支守军，不仅缺乏训练，而且缺少重武器装备。投入保卫战的特种兵，只有炮兵第 8 团 1 个整团、炮兵第 10 团的新 15 榴炮营，以及战车防御炮 8 门、轻战车 10 辆和大小高射炮 27 门[③]。而 12 月初，在南京复廓、城垣展开激战时，中国空军战机已损失殆尽；海军主力舰艇一部被炸毁，一部已撤至长江中上游。

就中日双方 1 个步兵师的编制装备比较：日军 1 个师团有 21 945 人；中方 1 个师为 10 923 人，规模相当日军 1 个师团之一半。日军 1 个师团有团营炮 44 门，我军为 30 门，按比例日方少于中方。日军 1 个师团有掷弹筒 576 支，我军为 243 支；日军轻机枪为 541 挺，我军为 274 挺；日军重机枪为 104 挺，我军为 54 挺。按比例这些武器的数量，双方大致相等。日军有步骑手枪 9 476 支，我军为 3 821 支；日军有榴弹野山炮 64 门，我军为 16 门。日军明显优于我军。此外，日军有 1 个骑兵团，马匹 5 849 匹，马拉车 555 辆，战车 24 辆，炮兵车辆 262 辆，自动货车 266 辆；我军则除去少量供指挥官和运输用马匹外，上述各项均没有。[④] 因此，在重武器装备和机动性能方面，日军远优于我军。

此外，就地形而言，南京虽称“龙盘虎踞”，地势险要，但因背临大江，如敌自陆地来攻，则难守而易攻。早在南京保卫战进行之前，一些高级将领就指出了这一点。李宗仁称南京为“绝地”，认为敌人可以三面合围，而我无退路。刘斐则认为，南京地处长江弯曲部内，易被敌人用海军封锁，陆军围截。

---

① 欧阳午：《南京撤退追忆》，全国政协文史资料研究委员会《南京保卫战》编审组编《南京保卫战》，中国文史出版社 1987 年版，第 240 页。

② 秦孝仪主编：《中华民国重要史料初编——对日抗战时期》第 2 编第 2 册，中国国民党中央委员会党史委员会 1981 年编印，第 224 页。

③ 谭道平：《南京卫戍战史话》，东南文化事业出版社 1946 年版，第 92—93 页。

④ 陈诚：《八年抗战经过概要》附表，载浙江省中国国民党历史研究组（筹）编印《抗日战争时期国民党战场史料选编》（一），1985 年版。

另据德国档案记载，其派往中国担任军事顾问的冯·法尔肯豪森将军，在南京保卫战前，曾“强烈地劝蒋介石不要保卫处于长江一个死湾子里的南京”[①]。后来的事实证明，除了指挥上的失误而外，不利的地形、确实给中国军队的补给、撤退和转移，造成了很大的困难。

由此可见，南京保卫战的失败，乃由多方面因素综合造成，非一人一事所可使然。

五　唐生智在保卫战中的功过

唐生智是南京保卫战的最高指挥官，与战役的胜负、成败有着直接的关系。保卫战虽以失败而告终，但这并不影响我们多角度地去公正、客观地评价唐生智。

首先，必须充分肯定唐生智守城抗敌的功劳。

在1937年11月中旬，上海甫失，日军乘胜西进，兵锋甚锐；而中国军队刚经大败，损兵折将，未及整补，在东战场，已很难组织坚强有力的抵抗。在这样的形势下，国民党高级将领中，多数主张不守南京，或只以少量部队作“象征性的防守”。只有唐生智力主守卫，认为可以通过保卫南京的战斗，阻止和延缓日军的进攻，为中国军队的休整和集中争取时间。他大声疾呼：“现在敌人已迫近首都，首都是国父陵寝所在地。值此大敌当前，在南京如不牺牲一二员大将，我们不仅对不起总理在天之灵，更对不起我们的最高统帅。本人主张死守南京，和敌人拼到底！”[②]在是否真正守卫南京这个问题上，唐生智力排众议，有独到的见解。当然，主张不守南京者，亦有其道理，不守南京并不等于“投降”、“卖国”。但是，唐生智主张守卫南京，无论从其战略思想来说，还是从其爱国主义的精神来说，都是值得肯定和称赞的。更

① 《德国驻华大使馆留守南京办事处政务秘书罗森给德国外交部的报告》(1937年12月24日)，《德国档案馆中有关侵华日军南京大屠杀的档案资料》，载《抗日战争研究》1991年第2期。

② 李宗仁：《李宗仁回忆录》(下)，广西人民出版社1980年版，第699页。

为难能可贵的是，唐生智是在“明知不可为而为之”的情况下，挺身而出，承担起守卫南京之重大责任的。他曾说：“南京我明知不可守，这是任何稍有常识的人都会知道的。”[①]这就更加显现了他的勇气与精神。

唐生智在他守卫南京的思想为蒋介石接受后，又以带病之躯，主动承担了防守南京之责。曾到南京来与唐一道视察地形的白崇禧称他“身体衰弱不堪，身着重裘”，并说：“我见他虚弱之身体，不禁为南京之防守担心，为他自己担心。”[②]但唐生智当面向蒋介石保证：“临危不乱，临难不苟。”[③]他的就职，真可谓“受任于败军之际，奉命于危难之间”，其战斗勇气，殊属可贵。

唐生智将15万人的守城大军，分作外围阵地和复廓阵地两个层次配备，决定以固守附廓据点及城垣之目的，策定防御部署。其部署，从战略、战术上来考察，是否科学、正确，当可再议，但它说明，南京卫戍军是摆开了阵势来迎战敌军的，是真的想打，不是虚张声势。

值得高度评价的是，唐生智在日军大军压境，势不可挡的形势下，拒绝了敌人的劝降，报之以坚决的还击。12月9日，日军用飞机撒下了《投降劝告书》，极尽了威胁、讹诈之能事，并规定了谈判投降的时间和地点。唐生智于当日傍晚，即下达了“各部队应以与阵地共存亡之决心，尽力固守，决不许轻弃寸地”的第36号命令。[④] 9日当晚，守卫南郊将军山阵地的部队，一连打败了敌人30余次进攻，许多官兵壮烈牺牲；10日上午，守卫紫金山、光华门一带的教导总队、第87师等部队，都以猛烈的炮火，回答了敌人的劝降。特地从苏州赶到中山门外句容公路步兵哨线，准备接受中国军使谈判投降的日本华中方面军参谋长塚田攻，也只得灰溜溜地空手而返。应当肯定，唐生智率军拒降的举动，代表了中国人民抗日御侮的共同意志，显示了中国军队在民族敌人面前，威武不屈的战斗精神。

日军劝降不成，恼羞成怒，于10日下午1时，开始对南京实施总攻击。

---

①③ 唐生智：《卫戍南京之经过》，全国政协文史资料研究委员会《南京保卫战》编审组编《南京保卫战》，中国文史出版社1987年版，第4页。

② 白崇禧：《白崇禧回忆录》，解放军出版社1987年版，第121页。

④ 《陆军第七十八军南京之役战斗详报》，中国第二历史档案馆藏，档案号七八七—7590。

唐生智率领南京卫戍军，依托古老的南京城垣，在紫金山、光华门、中华门、赛公桥等复廓阵地与日军进行了更为激烈的战斗。唐生智甚至不顾敌机轮番轰炸和炮弹在寓所上空爆炸，拒绝去地下室，坚持在自己的百子亭寓所指挥战斗。谭道平先生描述："忽然屋顶上霹雳一声，窗门就倒了下来，玻璃震得粉碎，桌上物品在空中乱飞。"但是，唐生智却从容地说："我不能为日本的几颗炸弹炮弹，搬走这所屋子，这里如嫌办公狭窄，你们可以迁移到铁道部地下室去办公，我呢，不能离开这里，刘、罗两位副长官和我留在此地好了。"①

在南京城已三面被围，形势十分紧急的情况下，唐生智一面令部队做好巷战准备，一面严令不准擅自撤退。他于11日晚，已经接到蒋介石的两次撤退令；但直至12日上午，仍悉心部署部队坚守阵地，积极抵抗。这说明，唐生智在率军守土抗敌方面还是努力的、认真的。

南京保卫战，由于主客观的种种原因，最终虽不免于失败，但中国军队所进行的顽强抵抗、英勇战斗，打击了日本军队的侵略气焰，显示了中华儿女的坚强意志，推动了全国人民的抗日热潮。南京保卫战的历史价值，首先来自于千万名中华儿女的流血牺牲，浴血奋战；同时，也和唐生智个人的贡献有着直接的联系。他的主要贡献在于：在日军疯狂进逼南京的危急情况下，自告奋勇，受命守城；悉心指挥，临难不苟；拒绝投降，认真抵抗。肯定上述这些贡献与功劳，是对唐生智在南京保卫战中的活动进行评价的基本出发点。

其次，也必须看到，唐生智指挥失误，撤退无方，是导致保卫战失败的重要原因。

作为南京卫戍军的最高指挥官和具有长期戎马生涯的军人，唐生智在南京保卫战中的失误，也是令人痛心的。前文已述，唐生智统率的南京卫戍军，指导思想是单纯防御、被动应战；组织实施松散无力、指挥不灵；战役退

---

① 谭道平：《南京卫戍战史话》，东南文化事业出版社1946年版，第61页。

却一片混乱、损失惨重。对这些指挥上的失误，唐生智当然应负最主要的责任。

唐生智将守城的主力部队，按照外围和复廓两个层次部署，每支部队负担的正面都很宽，缺少纵深配备。一些部队的一线指挥官，提出主动出击敌人的计划，亦多遭否决，未能付诸实施。此种战略思想上的错误，贯彻南京保卫战之始终，致使 10 余万大军经一周的流血牺牲，却不能更多地消灭日军的有生力量，亦不能坚守更长的时间。这是战役指挥上的最大失误，也是最高指挥官的最大过失。战斗中一些部队没有按照卫戍司令部的命令进入和坚守阵地，以致影响了全盘战局的顺利展开。这种情况的一再发生，便不完全是“下面”的原因，理应追究上层指挥上的责任。指挥官的天职是指挥，如果这一基本职能竟不能履行，当然是最大的失职。再就撤退之混乱来说，虽有其客观上不得已之处，但唐生智事前未精心筹划，布置撤退时又临时变更原定方案，随意增加准予渡江的部队数量，无疑人为地增加了撤退的困难和危险。唐生智对撤退转移指挥不当，其所损失的部队，远远超过了在守城战斗中伤亡的数字。这是唐生智应承担的最大的指挥责任。

前已分析，南京保卫战的失败，是由多方面的原因造成的。唐生智在指挥上的失误，是其中的一条重要原因。这一过失，应是评价唐生智在南京保卫战中功过的重要依据。

不过，唐生智个人，只能在历史提供给他的那个舞台上活动，因而，由他所承担的责任，也只能是有限度的。有些情况，对于唐生智来说，只是一种客观存在，而不是由他造成的。例如：其一，国民党当局采取的片面抗战路线，并对“和谈”抱着不切实际的幻想。这是由以蒋介石为代表的国民党中央决定的，非唐生智个人所能左右。其二，敌强我弱的悬殊对比，这是在特定历史条件下形成的，远非唐生智个人的力量所能改变。其三，南京城不利防守的地形，此乃自然界之特点，更非唐生智个人所能选择。

此外，在讨论南京失陷与唐生智应负的责任时，还应当看到，国民政府守卫南京的总方针，是作“短期固守”。这就是说，南京的失陷，是预料之中

的事情，并不取决于唐生智个人的“有能”或“无能”。他虽在保卫战之初，表示过“誓与南京共存亡”的态度，但也不能就此要求他一定要牺牲在石头城下。对于唐生智撤离南京的时间、方法及战场损失，尽可加以研讨，并究其指挥的责任；但他率部撤退，未能“与南京共存亡”，却是奉了蒋介石的命令。唐于12月12日下午5时部署撤退，规定首批撤退的时间为下午6时；而他本人系于当晚9时始行渡江，次晨乘车抵滁州。这一撤离南京的时间表，对于一个组织指挥战役的最高指挥官来说，并没有什么明显不当的地方。以唐生智在中国军队中所处的地位和身份，若竟死在南京战场，这对于敌我双方的士气，并不能产生什么有利于我的效应。因此，对于唐生智率军撤退一节，似无由过分苛责。作为一个军人，在战斗前表示要与阵地共存亡，后来奉命撤退，阵地亡而人存，这在古今中外的战争史上，是常有的事，不足为怪。

据此，在南京失陷这个问题上，唐生智对于“敌强我弱”的战场形势和“三面被围、背临大江”的地形等客观现实，只能接受和承认；对于国民党的片面抗战路线，“短期固守”南京的方针，以及从南京撤退的命令，也只是执行的问题，并不能负多大的责任。白崇禧将军曾于事后评论说：“平心而论，以残缺疲败之师是不能与优势战胜之敌相抗的。”[1]唐生智指挥上的失误，是造成南京保卫战失败的重要原因之一，但不是唯一的原因。

在民族敌人入侵、民族危机空前严重的情况下，唐生智愿意抗日并积极参加抗日战争，把枪口指向日本侵略军，是符合中国人民和中华民族的根本利益的。这是个大前提。而对于他在战役指挥上的失误，以及因此所造成的损失，则应放在这个大前提之下，加以恰当的评估。

总之，唐生智率军守土抗敌有很大的功劳，战役指挥失误有重大的过失。他的功、过都是客观存在的。过不能掩功，功不能抵过。没有必要强求将一个历史人物的功、过，量化成一个精确的数字比例。历史不是数学。但

---

① 白崇禧：《白崇禧回忆录》，解放军出版社1987年版，第122页。

是，对每个历史人物及其各个时期的活动，都必须有一个基本的认识。总的说来，就唐生智在南京保卫战中的表现来看，他不愧为一名抗日爱国将领。

六　保卫战与南京大屠杀的关联

南京保卫战与南京大屠杀前后相互承接，南京大屠杀自南京保卫战失败而开始，南京保卫战以南京大屠杀发生而告终。但它们之间的关系，远不止此，而是有着多重的、丰富的内在关联。

南京保卫战是南京大屠杀的重要历史背景。从某种意义上来说，没有南京保卫战，就没有南京大屠杀。中国是个独立的主权国家，不通过交战，没有南京城的失陷，日本侵略军不可能从天而降，直达南京，对于日本侵略军来说，血腥的南京大屠杀，是他们用血与火来攻陷南京的延伸，是他们军国主义思想的恶性膨胀，是他们侵略行动的发展与升级。南京大屠杀的远期背景，是60年来日本帝国主义对中国的侵略与暴行，以及中国的贫穷、落后，与中国军民持久、顽强的抵抗；而其近期背景，则是刚刚发生的日本侵略军对南京的进攻与占领，南京保卫战的悲壮进行，以及南京守军不成功的撤退。当历史的舞台上上演南京大屠杀历史悲剧的时候，人们仍然可以清楚地听到渐渐远去的枪炮声，看到那战争的硝烟和流淌的鲜血，闻到那浓烈的火药味和血腥味。这便是战争与暴行之间辩证的关系，侵略战争必然带来暴行，暴行自然以侵略战争为其背景。

南京保卫战的时空范畴影响着南京大屠杀的时空范畴。前文已经讨论，南京保卫战的时空范畴，自12月4日起，发生在江宁镇—淳化—汤山—龙潭这一弧形圈内的地域。而日本侵略军的暴行，又是与其侵略战争同步的。他们侵略到哪里，就会施暴到那里。在接近南京城垣时，暴行则更为增加和残忍。因此，严格说来，受其影响，南京大屠杀开始的时间，就不是12月13日，而是比这更早一些的12月上旬；其地域，也就不能仅仅局限于南京市的12个行政区，而是应包括大弧形圈内的江宁县，以及日军为包围和

追击南京守军而到达的江浦、六合二县。

南京守军的英勇抵抗必然招致日本侵略军的疯狂报复。从宏观来看，中国军民对日本侵略者顽强的抗争，是招致日本侵略者报复的基本因素。哪里有反侵略斗争，那里就有侵略者的报复，这是民族斗争中一条不以人们意志为转移的规律。因此，南京保卫战的壮烈进行，当然也会招致日本侵略军的疯狂报复。侵略者的报复，从来就是不分对象的，不管是抵抗的军人，还是非武装的百姓。被侵略者的抗争，从来也是冒着被敌人加倍报复的风险而进行的。从这一点来说，南京守军的抵抗，南京保卫战的进行，均是南京大屠杀发生的原因之一。

唐生智不成功的撤退，使 9 万大军滞留城内，一部潜入民间，被日军利用作为搜捕青壮年平民的借口。在组织退却之初，唐生智考虑到时间紧迫、人多船少的客观情况，确定了“大部突围，一部渡江”的撤退原则。这一原则，本来是比较切合实际的。但是到正式宣布撤退令时，唐又临时口头规定，“87D、88D、74A、教导总队诸部队如不能全部突围，有轮渡时可过江，向滁州集结”，[①]一下子将输送过江的部队数量陡增了 5 个师以上，形成“大部渡江，一部突围”的局面。这是当时运输力量根本无法承受的。此口一开，许多原定突围的部队，均蜂拥至江边，其数量近 9 个师，江边人多船少，秩序极为混乱，以致大批无组织的部队滞留江边与城内，一部成为日军俘虏，一部潜入民间。在整个抗日战争的过程中，还没有第二个城市，在失陷之后，有这么大量的部队继续留在即将失陷的城市里，既无法撤出，又不能继续保持可以战斗的、有组织的武装集团状态。大批放下武器的军人潜入民间，为日军搜捕、屠杀南京青壮年市民提供了借口。日本侵略军进入南京城后，正是打着搜寻“中国军人”的旗号，大肆捕捉无辜市民，恣意杀害。在许多场合，日军不分青红皂白，不论男女老幼，一概加以残暴的屠杀。但是，也有一些场合，日军确是按照一个军人可能具备的特征，如额头上是否有帽痕，手

---

① 《南京卫戍军战斗详报》，中国第二历史档案馆藏，档案号七八七—7593。

心、肩头是否有老茧等，来决定是否捕捉一位男性青壮年。因此，可以说，大量中国守军官兵潜藏到民间，部分地为日军加害中国平民百姓与扩大暴行的规模提供了借口，诱发或促发了一部分本可避免的屠杀事件的发生。这也是南京大屠杀这样的惨剧为什么发生在南京、而不是其他城市的因素之一。

被日军屠杀的放下武器的军人，构成了南京大屠杀遇难人数的重要部分。滞留南京的9万名军人，一部被俘，惨遭集体屠杀；一部于潜入民间后，基本都被搜捕而招致屠杀。由于在统计上，受到日军集体屠杀俘虏与“便衣兵”，及安全撤退到后方的军人等数字的制约，被日军屠杀的放下武器的军人数字，应在7万至9万人之间，最低不至低于7万人，最高亦不至高过9万人。这在南京大屠杀30万遇难同胞人数中占到了1/4。尤其应当指出的是，由于军人是有严密组织的集团，其生死、去留，都比一般市民更便于从宏观上统计与估算。7—9万人，是一个庞大的群体；1/4是一个相当大的比例。可以说，由于这部分放下武器的军人被屠杀，大大增大了南京大屠杀的规模。

南京保卫战的延伸，是南京大屠杀中抗争的重要内容。南京城的失陷，南京大屠杀的开始，标志着南京保卫战的结束。但是，南京保卫战同时又以新的形式在延伸、在继续。一切发生在南京地区的，以打击日本侵略者为目标的反抗与斗争，都是南京保卫战的继续。这是一种民族精神的延续与发扬。南京守军在城陷后，仍然规模不等、程度不同地与日军进行了殊死拼搏；在南京大屠杀期间，被屠杀的军民，面对日本侵略者的刀枪，赤手空拳，临危不惧，英勇抗争；在整个日本占领时期，国共两党都在南京城及其周围地区，坚持了秘密斗争和武装反抗，打击日伪占领者的统治。抗争中的军民，认为自己的行动是南京保卫战的继续，他们在继续用自己的血肉之躯为保卫南京、打击日本侵略者而战斗。南京大屠杀本身就包含着屠杀与抗争这一对矛盾。有侵略者的屠杀，就有被侵略者的反抗。被屠杀，是中国人民的屈辱；抗争，则是中国人民的光荣。南京保卫战的影响与延伸，铸就了南

京大屠杀中光荣与抗争的一面，显示了中华民族的自尊与自信。

南京保卫战与南京大屠杀之间的多重内在关联，说明南京保卫战对于南京大屠杀有着深远的影响。南京大屠杀的许多重要理论问题，如背景、范畴、原因、规模、抗争等，都与南京保卫战的内容有着直接的、密不可分的联系。

七　保卫战的历史地位

南京保卫战从双方动用的兵力与战场伤亡，以及持续的时间来说，虽只能算是抗战历史上一次中等规模的战役；同时，它还是一次失败的战役。但这并不影响其所具有的重要历史地位。

首先，南京保卫战是中国人民抗日战争中正面战场的一次重要战役。

其一，这是一场保卫首都之战。在一场民族战争中，保卫首都之战，历来为世界瞩目，对全国人民的战斗意志亦具有重大的实际意义和象征意义。在战役开始前，蒋介石召集的幕僚会议上，后来担任南京卫戍司令长官的唐生智认为："南京是我国首都，为国际观瞻所系，又是孙总理陵墓所在，如果放弃南京，将何以对总理在天之灵？"[①]作为指挥抗日战争的统帅蒋介石在日记中写道："南京孤城不能不守，对上、对下、对国、对民殊难为怀也。"[②]这就是说，鉴于南京的首都地位，南京保卫战即使明知不可为也要为之。这是一个没有选择余地的话题。虽然在强敌面前，作勉强的抗争、搏斗，于己会有重大的损失；但是若因此而不守首都，将造成整个抗日事业的更大损失。毕竟，首都乃一国之核心，为保卫首都进行的战役，比之其他地区的战役，具有某种特殊的意义。这便直接提升了这一战役的重要性。

其二，它介于淞沪、徐州两大会战之间，在战略上起着重要的过渡、承接

① 刘斐：《抗战初期的南京保卫战》，全国政协文史资料研究委员会《南京保卫战》编审组编《南京保卫战》，中国文史出版社 1987 年版，第 9 页。

② 秦孝仪总编纂：《总统蒋公大事长编初稿》卷 4 上册，中国国民党中央委员会党史委员会 1976 年编印，第 145 页。

作用。淞沪战役刚败，大批从淞沪战场撤退下来，已经残破不全的部队，需要一段时间，在一个相对安全的地域，进行休整、补充。卫戍军司令部参谋科长谭道平先生认为，南京保卫战“在战略上看来，也可以吸引追击的敌人向南京前进，使从上海撤退下来的五六十个师，至少也可以减轻一些压迫，得到转进喘息的时间”。[①] 同时，针对日军北上夺取徐州的意图，中国部队要在徐州准备新的战场，也需要一个缓冲的时间，决不能允许日军顺利地长驱北上。事实证明，由于南京一役，使得后来在徐州、武汉会战中发挥主力作用的桂系部队、陈诚系部队，得到了必要的整理布置的时间。虽然南京保卫战给后面战役可争取的时间，失之过短，但有胜于无。若没有南京保卫战的进行，徐州会战的战果也将会受到一定的影响。这就是说，在时间与地域上，南京保卫战在抗战全面爆发后的诸战役中，是一个承上启下的重要环节。

其次，战役中守城官兵浴血奋战的爱国壮举，体现与磨炼了中国人民伟大、光荣的抗战精神。

南京战役中，中国军队多从淞沪战场撤退下来，未及休整，新兵又未经训练，加之在训练和武器装备等方面，都比日军差得多。在如此不利的情况下，明知不可为而为之，全凭一腔爱国热情，以血肉之躯，力御强敌，其精神殊堪赞佩。在城东南光华门的激烈战斗中，为消灭潜伏在城门外洞圈里的日军，第156师的数十名敢死队员，由城墙上缒悬下去，用手榴弹和汽油把他们全部焚毙；之后，又猛袭占据通光营房的日军，把他们全部加以驱逐。最后，这数十名勇士，全部牺牲于追击日军的战斗中，一个也没有生还。[②] 在城南之中华门，当城门已被敌炮火轰破，日军突入时，万千守军毅然向敌人潮水般地冲杀过去，“把他们的身体当作城墙，因此，得以阻遏一下敌人的长驱”[③]。方山的两名装甲兵战士，在战车被击毁的情况下，决心与战车共存

---

① 谭道平：《南京卫戍战史话》，东南文化事业出版社1946年版，第47页。

② 同上，第65—66页。

③ 同①，第69页。

亡，埋伏在战车内，待一大队日军走近时，突然从转塔前后两端伸出机枪，一举消灭了几十名日军。后来他们在撤离坦克时，一名不幸牺牲，一名安全转移。[①] 守卫紫金山阵地的防坦克炮连连长颜希儒在接到撤退命令后，让连队按命令撤退，“自己却随身带着两名战士留下来检查阵地”，在腰部挂着“两颗用绳拴着的卵形手榴弹，一手拿一个”，表示这样就“够本了”，准备和日军同归于尽。最后，他终于没有归队。[②] 在保卫战中，有宪兵副司令萧山令，第87师旅长易安华，第88师旅长朱赤、高致嵩，第112师旅长李兰池，第156师参谋长姚中英、副旅长李绍嘉，第159师副师长罗策群，第160师参谋长司徒非，卫戍司令部高参杨膺谓等10名将军和17名团长以上的指挥官，牺牲在阵地上或突围途中。他们用鲜血和生命铸就了中国人民英勇顽强、不屈不挠、坚韧不拔的抗战精神。这是中华民族的宝贵精神财富，是中国军人和人民的光荣和骄傲。这种精神，激励着中华儿女在整个抗日战争中英勇斗争、抗日御侮，直到夺取抗日战争的最后胜利。

复次，战役的失误，还为其他战役提供了血的教训。

南京战役中，较大的失误有二：一是消极防御，被动挨打；二是撤退无方，损失惨重。

关于消极防御。这是南京保卫战中战役指挥上的致命弱点。唐生智将守城的主力部队11个师和教导总队，按照外围和复廓两个层次部署，每个部队负担的正面都很宽，缺少纵深配备。第2军团军团长徐源泉于战后慨叹：“盖防御而不取攻势，鲜有能达目的者。”[③]教导总队部分军官在日军猛烈围攻紫金山时，提议集中全部机动兵力，主动出击其驻地，威胁日军后方，以争取主动；可是，这一方案未能得到唐生智、桂永清的批准，致使紫金山阵地更趋危急。毛泽东在总结中国革命战争经验的基础上指出：“消极防御实际

---

① 杜聿明：《南京保卫战中的战车部队》，全国政协文史资料研究委员会《南京保卫战》编审组编《南京保卫战》，中国文史出版社1987年版，第214页。

② 严开运：《难忘的战斗》，全国政协文史资料研究委员会《南京保卫战》编审组编《南京保卫战》，中国文史出版社1987年版，第197—198页。

③ 《第二军团京东战役战斗详报》，中国第二历史档案馆藏，档案号七八七—7591。

上是假防御，只有积极防御才是真防御，才是为了反攻和进攻的防御。”[①]南京失陷3个月后，中国军队在台儿庄会战中，即改变了消极防御的做法，取得了辉煌战果。

关于撤退无方。如前所述，南京守军的损失有85%发生在撤退之中。这在一般战役中是少见的。根据中国革命战争的规律，“退却之所以必要，是因为处在强敌的进攻面前，若不退让一步，则必危及军力的保存”。[②] 退却首先是为了保存自己，同时，也是为了下步消灭敌人。若退却而不能保存自己，则不如不退却而同敌人拼消耗，与敌人同归于尽。时隔5个月，第五战区四五十万大军为突破日军对徐州地区的包围封锁，于1938年5月中旬，除留第24集团军于苏北、第69军及海军陆战队于鲁南、鲁中坚持外，以第68军刘汝明部为掩护，战区主力部队分作5路，迅速突围。李宗仁第五战区突围的成功，粉碎了日军聚歼中国军队的意图，完整地保存了作战主力，为武汉保卫战准备了条件。

中国军队在台儿庄会战中以积极防御取胜，在徐州撤退中以严密部署成功突围，固然有国外和历史上丰富战例的借鉴，有与南京保卫战不尽相同的战场条件和指挥官素质；但从时间、地域上来说，与之非常接近的南京保卫战的教训，当然具有一定的影响。

总之，南京保卫战作为全面抗战初期一次举国瞩目的战役，在抗战史上自然地占有重要的历史地位，并载入了中国人民抗日战争和世界人民反法西斯战争的光荣史册。

---

① 毛泽东：《中国革命战争的战略问题》(1936年12月)，《毛泽东选集》第2卷，人民出版社1991年版，第198页。

② 同上，第206页。

附　　录

南京保卫战大事记

（一九三七年）

11月12日　上海守军奉命撤退，上海沦陷。

△　蒋介石与林森会商，决定迁都重庆。

11月13日　国民党上海特别市党部发表《敬告全国同胞书》称：中国军队以战略关系而撤离上海，其所负任务，实可谓已相当完成；决不能将此撤退视为我作战之失败。

△　蒋介石指出："抗战最后地区与基本战线，将在粤汉、平汉两铁路线以西。"

△　日军一部在白茆口、浒浦镇一带登陆，配合陆上部队，攻击吴福线。

11月15日　第三战区左翼军完成对吴福线的占领。

△　日第10军司令柳川平助主持召开幕僚会议，决定"以军的主力独自果断地向南京追击"。

11月16日　昆山失守。

△　第三战区制定《第三期作战计划》，决以一部兵力用于沪杭线，阻敌发展；以一部兵力，约三至五师，回任首都拱卫；调川军6个师，集结于广德、宁国地区。

△　国民党、国民政府在南京各机关，开始公开大规模地迁往重庆、

汉口、长沙等地。国民政府主席林森在南京登“永丰”舰启程赴川。

11 月 17 日 蒋介石命令薛岳所率左翼军：“苏州、常熟、福山之线应固守，非有命令不得撤退。”

11 月 18 日 日第 10 军根据前一天制定之《从嘉兴向南京追击的作战指导要领》精神，命令各师团：“不失时机一举向南京追击敌人。”

△ 日第 3 师团由华中方面军直辖部队，回师上海派遣军辖下。

11 月 19 日 蒋介石以手令任命唐生智为南京卫戍司令长官。

△ 第三战区左翼军总司令薛岳根据全局形势，命令自吴福线撤退，占领锡澄阵地。

△ 福山、常熟、苏州、嘉兴失守，京沪客车停驶。

△ 日军全天向吴福线猛烈炮击。

11 月 20 日 国民政府正式发表移驻重庆宣言：国民政府“为适应战况，统筹全局，长期抗战起见，本日移驻重庆，此后将以最广大之规模，从事更持久之战争”。中央通讯社报道：国民政府各机关，经陆续迁移，今已搬迁完毕。

△ 南京卫戍司令长官唐生智视事。

△ 日本设立帝国大本营，参谋总长的权力增大，可支配陆海军两大臣。

11 月 21 日 日机三度空袭南京，被击伤 1 架。

△ 太湖南线吴兴失守，守军第 174 师少将副师长夏国璋殉职。

11 月 22 日 南京安全区国际委员会正式成立，德国西门子中国公司驻南京代表拉贝当选为该委员会主席。

△ 宋希濂率第 36 师抵达南京。

△ 日华中方面军向东京参谋本部报告称：“为了使事变迅速解决，乘现在敌人的劣势，必须攻占南京。”

11 月 23 日 蒋介石至常州，召集前方将领训话。

△ 广东部队第 83 军到达无锡，掩护主力撤退。

11 月 24 日 国民政府军事委员会正式发文，任命唐生智为南京卫戍司令长官。

△ 日本举行第一次大本营御前会议，在作战部长下村定报告的作战计划中称：华中方面军正不失时机地进行追击；由于许多炮兵、辎重部队还在前线部队的后方，华中方面军应先行轰炸南京及其他要地，以消磨中国军队的战斗意志。

△ 日参谋本部发出指令，废除原规定华中方面军作战地域在苏州、嘉兴一线以东的“制令线”。

11 月 25 日 蒋介石颁布首都卫戍部队战斗序列，内含第 72 军孙元良部、第 78 军宋希濂部、首都警备军谷正伦部、教导总队桂永清部等。以后这支部队陆续增加，直至包含 13 个建制师又 15 个建制团，共约 15 万人。

△ 第三战区左翼军奉命主力向皖赣边境撤退，一部向常州撤退，江防军固守江阴要塞。

△ 长兴、无锡失守。

△ 日华中方面军将《第二期作战计划大纲》发至所属两军，命令其在无锡—湖州线作好战斗准备，以备一举攻占南京。

△ 日华中方面军司令官松井石根发表声明：除非中国政府停止抗战，否则日军将继续进攻南京及汉口，甚至重庆。

△ 由丹麦、德、英、美四国侨民组成的国际委员会，向中日当局建议在南京设立安全区，供避难平民居住。

11 月 26 日 第三战区左翼军放弃锡澄线。日军集中兵力向江阴进攻。

11 月 27 日 唐生智向外国记者与留京外侨发表谈话，表示“本人及所属部队誓与南京共存亡，不惜牺牲于南京保卫战中”，“此种牺牲定将使敌人付出莫大之代价”。

△ 俞济时率第 74 军退守南京，被编入南京卫戍军战斗序列。

△ 江苏省政府自镇江迁苏北办公。

11月28日 日参谋本部向华中方面军下达“向南京追击”的电令。

△ 日军第114师团占领宜兴。

△ 日军第16师团占领常州。

11月29日 蒋介石率唐生智、顾祝同、胡宗南、桂永清、孙元良、邵百昌等将领，视察紫金山、雨花台、狮子山复廓阵地。

11月30日 蒋介石致电顾祝同、刘兴、唐生智，规定：“首都卫戍军除固守南京既设阵地外，应与第三战区部队密切协同，相互策应，击破敌之攻围军。”

△ 南京市长马超俊致函安全区国际委员会，拨给难民区大米3万担；后又续拨面粉2万袋、10万美元和部分食盐。

△ 日军占领广德，守军第145师中将师长饶国华自杀殉国。

12月1日 国民政府发言人在汉口表示，南京必当死守，并引蒋介石语：“中国如对日屈服，即失去一切，如抵抗即赢得一切。”

△ 国民政府在重庆开始办公。

△ 江阴经激战数日后失守。日舰在江阴江面被击伤7艘。

△ 日本大本营军下达华中方面军战斗序列令，司令官松井石根，下辖上海派遣军和第10军，命令“华中方面军司令官须与海军协同，攻占敌国首都南京”。

△ 日华中方面军下达命令：第10军主力自12月3日开始行动，击败当面之敌进入溧水附近地区；上海派遣军主力自12月5日开始行动，击败当面之敌进入磨盘山山脉。

12月2日 蒋介石召集白崇禧、顾祝同、徐永昌、唐生智等高级将领，商讨对德国大使陶德曼调停的对策，确定不拒绝德国调停和华北政权需要保存两条原则。当天下午，蒋会见陶德曼，表达了上述两条原则等意向。

△ 中方第83军(欠第154师)在武进一带完成掩护主力撤退任务

后，退至镇江附近。

△ 日军占领丹阳、金坛、溧阳。

△ 日方免去松井石根上海派遣军司令官之兼职，任命朝香宫鸠彦王继任该职。

△ 日军第6师团接获命令，从湖州—广德—郎溪—洪蓝埠之线，以强行军追上第114师团，后于12月8日在南京南郊，与第114师团左翼相接，共同攻击雨花台阵地。

△ 日机10余架次两度空袭南京，被击落4架；中国战机1架负伤。

12月3日 空战中，被誉为中国空军“四大金刚”之一的空军第4大队第22队队长乐以琴殉国。

△ 守军第66军于句容西端之既设阵地抵御日军的进攻，其第478旅与日军激战3日后突出重围。

△ 日军一部开始与淳化守军发生接触，6日起猛烈战斗。守军第51师奉命在湖熟、淳化一带迎击敌军，经血战3日，奉命放弃淳化、方山阵地，向河定桥、麻田之线转移。

△ 溧水失守。

△ 日机对南京进行第110次空袭。

12月5日 守军第2军团徐源泉部由汉口开赴南京，其第41师抵达煤炭港，并即开赴尧化门阵地。

12月6日 蒋介石向参加守城的少将以上将领发表讲话，勉励大家服从唐生智的领导，努力固守南京。

△ 罗卓英、刘兴任南京卫戍副司令长官。

△ 日军一部开始由句容攻击孟塘地区，守军第41师、第160师与第36师之补充第2团，奉命在孟塘、大胡山地区围堵日军。经激战3日，予日军重创后，守军放弃该阵地。

12月7日 蒋介石于清晨乘飞机离开南京，赴江西。

△ 国民政府宣布南京为交战区。

△ 为保证安全区为非武装区，唐生智下令，所有军队及军用设施一律撤离安全区。

△ 守军第 2 军团之第 48 师续抵南京，并即开赴东北郊乌龙山、杨坊山一带布防。

△ 守军守卫牛首山之第 58 师部队，开始同进攻日军发生激战，经奋战三日夜，奉命退守双闸镇至宋家凹一线。

△ 日军占领镇江城。此后，守军第 103 师、第 112 师及镇江要塞部队在象山、焦山、圌山等阵地继续顽强坚守，经鏖战 5 日，方撤至江北。

△ 日外相广田弘毅向德驻日大使狄克逊表示：由于最近日本在军事上的巨大胜利和中国的严重失败，日本将扩大其在谈判中提出的要求。

△ 日华中方面军通告《攻占南京城要领》，规定了在以和平和非和平方式进入南京的情况下，进行“扫荡”的规模和要求。

△ 日军第 114 师团占领秣陵关。

△ 宁国失守。

12 月 8 日 南京卫戍司令长官部下令守军退守复廓阵地，其新的防守阵地东起乌龙山、杨坊山，中经紫金山、雨花台、牛首山，西至板桥镇。

△ 安全区内第一次悬挂起具有特殊标志的旗帜；警察向居民发出通告，或迅速进入安全区，或离开南京，各处城门不久即将关闭。

△ 由汤山西进之日军，开始进抵紫金山地区。守军在数日内，与日军在老虎洞、红毛山、西山等地区展开激战。

△ 汤水镇失守。

12 月 9 日 日华中方面军司令官松井石根用飞机散发《劝降书》。声称“百

万日军已席卷江南。南京城将陷入重围之中”，南京守军若不投降，千年古城将毁于一旦，并规定次日中午，将在中山门外的步兵哨线上接待中方谈判投降的使者。

△ 日华中方面军参谋长塚田攻一行，由苏州驰赴南京郊外，准备接待中国军队谈判投降的使者。

△ 唐生智拒不投降，下达全军“与阵地共存亡”的命令，并令第78军负责收缴各军船只，决心背水一战。第78军宋希濂军长遵照唐生智的命令，严行收缴各部船只，并不准散兵私自乘船北渡。

△ 光华门守军开始与日军激战。此后数日中，城门不断被日军炮火击破，守军随破随堵，歼灭入侵之日军。第156师的一支敢死队，缒城而下，歼灭了躲在城门洞圈中的残敌，并进击通光营房，全部为国牺牲。

△ 雨花台开始发生激战。守军第88师连日坚守阵地，与日军浴血奋战。

△ 牛首山阵地被突破，守军第58师向水西门附近集结。

△ 日华中方面军命令将和平进入南京时，各师团入城“扫荡”的基本部队，由原1个大队增加为3个大队。

12月10日 日华中方面军参谋长塚田攻一行于中午前来到南京中山门外哨线，准备接收中国军队使者的投降答复，结果空手而返。午后1时，日华中方面军下令对南京城发起总攻击。

△ 南京守军根据唐生智“与阵地共存亡”的命令，不理会日军的劝降恫吓，自清晨起，即以猛烈炮火回击日军的讹诈。

△ 教导总队在紫金山阵地退守第二峰。

△ 芜湖失守。

△ 日军国崎支队自当涂附近渡江，占领乌江，后于11日攻占江浦县桥林镇，12日占江浦县城，13日占浦口东站，切断了南京守

军的水上退路。

12 月 11 日 上午，南京卫戍军总部少将高级参谋杨膺谓在光华门外督导作战中阵亡。

△ 中午，顾祝同以电话向唐生智转达蒋介石的撤退命令。当日，唐生智连接蒋介石“真侍参”和“真戌侍参”两撤退令，内称“如情势不能持久时，可相机撤退，以图整理，而期反攻”。

△ 唐生智向报界表示：守军正以血肉之躯，与钢铁相争，坚决抵抗日军进攻，“我军之士气，殊为激昂”。

△ 南京卫戍军副司令长官罗卓英到中华门一带视察前线阵地。

△ 守军第 2 军团之第 48 师，在东北郊杨坊山与日军激战，经竟日拼杀，第 288 团之第 3 营官兵全部壮烈牺牲，营长孙庆勋身负重伤，杨坊山失守。接着，该军第 283 团第 1 营又在银孔山与日军血战，营长单喆渊殉国，全营官兵伤亡殆尽，银孔山被占。

△ 水西门外棉花堤、上新河一带发生猛烈战斗，守军第 74 军与宪兵部队坚守阵地，顽强拼搏。

△ 日军攻击南京的二线兵团第 3 师团，派出一支先遣队，进入第 9 师团左翼，参加对南京东南城垣的攻击。

△ 日军第 18 师团奉命停止对南京的攻击，集结于太平、芜湖间地区，准备攻击杭州。

12 月 12 日 晨，守军第 87 师第 259 旅少将旅长易安华，亲率一个加强团在通济门外向日军发起突袭，以身殉国。

△ 日军集中大批飞机和重炮，猛烈攻击雨花台阵地。守军第 262 旅少将旅长朱赤、第 264 旅少将旅长高致嵩殉国，该 2 旅官兵大部牺牲，雨花台阵地遂失。

△ 水西门、中华门间赛公桥发生激战，守军第 51 师之第 302 团血战终日，阵地屡失屡得，团长程智为国捐躯，予日军以沉重打击。

△ 日军山田支队与海军舰艇猛攻乌龙山要塞，守军第 2 军团与要塞部队奋勇抵抗，双方损失严重。

△ 下午 5 时，唐生智召集守城将领会议，宣布撤退命令。书面命令中规定“大部突围，一部渡江”；但唐生智又口头同意第 87 师、第 88 师、第 74 军、教导总队等部，“如不能全部突围，有轮渡时，可过江向滁州集结”。唐生智本人于当晚 9 时渡江，次晨抵六合后，转往滁州。

△ 下午，蒋介石改变前令南京守军撤退原旨，复致电唐生智、罗卓英、刘兴，令其不惜任何牺牲，坚守南京。但在当时已经十分混乱的战局下，该命令并未发挥作用和影响。

△ 守军第 160 师少将参谋长司徒非，第 156 师少将参谋长姚中英、第 468 旅少将副旅长李绍嘉，第 112 师第 236 旅少将副旅长李兰池，在指导部队突围时，以身殉国。

12 月 13 日 凌晨起，中山门、光华门、中华门、水西门等城垣先后被日军突破，南京城失陷。

△ 凌晨起，守军第 66 军、第 83 军在突围时，于岔路口、仙鹤门、空山、狮子山等处，与大批日军遭遇，发生激战，双方伤亡严重。守军第 159 师少将副师长罗策群在岔路口战斗中，率部冲锋，牺牲于阵前。

△ 守军第 2 军团放弃乌龙山要塞，自凌晨零时至 7 时，由乌龙山东面周家沙、黄泥荡两码头渡江至六合。

△ 上午，守军宪兵部队少将代司令萧山令于江边率领残部阻击追兵，以身殉职。

△ 唐生智、罗卓英、刘兴电呈蒋介石，报告南京撤退情况。

△ 蒋介石就自南京撤退，发出通电，表示了继续抵抗侵略的决心。电称：“国军退出南京，绝不致影响我政府始终一贯抵抗日本侵略原定之国策。”

△ 日军侵占南京后，在 6 周中，对手无寸铁的南京平民和放下武器的中国军人进行了惨绝人寰的大屠杀。总计南京同胞被血腥屠杀达 30 万人以上。同时，日军还大肆奸淫、纵火、抢劫，据统计，在占领后的 1 个月中，南京市内共发生 2 万起左右的强奸事件；纵火使许多繁华商业街道与优秀古代建筑变为废墟，“半城几成灰烬”；对金银、衣服、粮食、车辆、书籍等物无所不抢，总价值达 2 300 多亿元。

主要参考资料

一、档案、文献、回忆录

1. 中国第二历史档案馆馆藏档案。

2. 南京市档案馆馆藏档案。

3. 张宪文主编:《南京大屠杀史料集》第1—72册,江苏人民出版社2005—2010年版。

4. 中国第二历史档案馆、侵华日军南京大屠杀遇难同胞纪念馆编:《南京保卫战殉难将士档案》(《南京大屠杀史研究与文献系列丛书》第11—20册),南京出版社2007年版。

5. 毛泽东:《毛泽东选集》第1、第2卷,人民出版社1991年版。

6. 周恩来:《周恩来选集》(上),人民出版社1980年版。

7. 中共中央文献研究室编:《周恩来年谱(一八七八—一九四九)》,人民出版社、中央文献出版社1990年版。

8. 秦孝仪总编纂:《总统蒋公大事长编初稿》卷3、卷4,中国国民党中央委员会党史委员会1976年编印。

9. 秦孝仪主编:《中华民国重要史料初编——对日抗战时期》第2编第2册、第6编第3册,中国国民党中央委员会党史委员会1981年编印。

10. 国民政府军事委员会政治部编:《日寇暴行实录》,1938年版。

11. 陈诚:《陈诚先生回忆录——抗日战争》(上),台湾"国史馆"2005年版。

12. 何应钦将军九五纪事长编编辑委员会编:《何应钦将军九五纪事长编》(上),台湾黎明文化事业公司1984年印行。

13. 李宗仁:《李宗仁回忆录》(上、下册),广西人民出版社 1980 年版。

14. 白崇禧:《白崇禧回忆录》,解放军出版社 1987 年版。

15. 程思远:《政坛回忆》,广西人民出版社 1983 年版。

16. 宋希濂:《鹰犬将军》,中国文史出版社 1986 年版。

17. 中国第二历史档案馆编:《抗日战争正面战场》(上),江苏古籍出版社 1987 年版。

18. 中国第二历史档案馆、南京市档案馆编:《侵华日军南京大屠杀档案》,江苏古籍出版社 1987 年版。

19. "南京大屠杀"史料编辑委员会、南京图书馆编:《侵华日军南京大屠杀史料》,江苏古籍出版社 1985 年版。

20. 中国第二历史档案馆、南京市档案馆、侵华日军南京大屠杀遇难同胞纪念馆编:《侵华日军南京大屠杀图集》,江苏古籍出版社 1997 年版。

21. 中央档案馆、中国第二历史档案馆、吉林省社会科学院编:《南京大屠杀图证》,吉林人民出版社 1995 年版。

22. 中央档案馆、中国第二历史档案馆、吉林省社会科学院编:《日本帝国主义侵华档案资料选编》第 12 册《南京大屠杀》,中华书局 1995 年版。

23. 中国第二历史档案馆编:《中华民国档案资料汇编》第 5 辑第 2 编(军事)第 1 卷,江苏古籍出版社 1993 年版。

24. 中国第二历史档案馆整编:《中华民国史史料长编》第 43 册,南京大学出版社 1995 年版。

25. 王桧林主编:《中国现代史参考资料》,高等教育出版社 1988 年版。

26. 中共中央党史资料征集委员会编:《第二次国共合作的形成》,中共党史资料出版社 1989 年版。

27. 中央统战部、中央档案馆编:《中共中央抗日民族统一战线文件选编》(下),档案出版社 1986 年版。

28. 中共江苏省委党史工作委员会、江苏省档案馆编:《苏南抗日根据地》,中共党史资料出版社 1987 年版。

29. 中共南京市党史工作办公室、中共南京市委宣传部编:《南京百年风云》,南京出版社 1997 年版。

30. 中共南京市委党史办公室、八路军南京办事处纪念馆编:《抗战初期的八路军驻南京办事处》,南京大学出版社 1987 年版。

31. 中共南京市党史资料征集编研委员会办公室编:《南京革命史大事记》,1986 年版。

32. 全国政协文史资料研究委员会编:《文史资料选辑》第 12 辑(合订本第 3 册)、第 71 辑(合订本第 24 册),中国文史出版社 1986 年版。

33. 全国政协文史资料研究委员会《八一三淞沪抗战》编审组编:《八一三淞沪抗战》,中国文史出版社 1987 年版。

34. 全国政协文史资料研究委员会《南京保卫战》编审组编:《南京保卫战》,中国文史出版社 1987 年版。

35. 江苏省政协文史资料委员会、江苏省国防科学技术办公室编:《江苏近代兵工史略》,江苏文史资料编辑部 1989 年版。

36. 江苏省政协文史资料委员会、南京市政协文史资料委员会编:《腥风血雨——侵华日军暴行录》,《江苏文史资料》编辑部 1995 年版;

37. 江苏省政协文史资料委员会编:《江苏文史资料集粹·政治卷》,江苏文史资料编辑部 1995 年版。

38. 江苏省政协文史资料研究委员会编:《江苏文史资料选辑》第 16 辑,江苏古籍出版社 1985 年版。

39. 南京市政协文史资料研究委员会编:《史料选辑》代第 4 辑,1983 年版。

40. 南京市政协文史资料委员会编:《蓝天碧血扬国威——中国空军抗战史料》,中国文史出版社 1990 年版。

41. 南京市政协文史资料研究委员会编:《抗日风云录》,1985 年版。

42. 南京市文史资料委员会编:《中国战区受降始末》,中国文史出版社 1991 年版。

43. 杨光彦等主编:《重庆国民政府》,重庆出版社 1995 年版。

44. 刘建业、陆大钺主编:《迁都重庆的国民政府》,北京出版社 1994 年版。

45. 黄美真、张云编:《汪精卫集团投敌》,上海人民出版社 1984 年版。

46. 浙江省中国国民党历史研究组(筹)编印:《抗日战争时期国民党战场资料选编》(一),1985 年印行。

47. 陆咏黄:《丁丑劫后里门闻见录》,《南京文献》1947 年第 3 号。

48. 张怿伯:《镇江沦陷记》,人民出版社 1999 年版。

49. 党德信、杨玉文主编:《抗日战争国民党阵亡将领》,解放军出版社 1987 年版。

50. 郭沫若、田汉等:《血肉长城:抗战将领访谈录》,上海科学技术文献出版社 2005 年版。

51. 胡博、王戡:《碧血千秋——抗日阵亡将军录》,武汉大学出版社 2013 年版。

52. 郭雄、夏燕月、李效莲、李俊臣编:《抗日战争时期国民党正面战场重要战役介绍》,四川人民出版社 1985 年版。

53. 章开沅编译:《天理难容——美国传教士眼中的南京大屠杀(1937—1938)》,南京大学出版社 1999 年版。

54. 陆束屏编著、翻译:《美国外交官的记载——日军南京大屠杀与浩劫后的南京城》,南京出版社 2012 年版。

55. [日] 日本防卫厅防卫研究所战史室著,齐福霖译:《中国事变陆军作战史》第 1 卷第 2 分册,中华书局 1979 年版。

56. [日] 今井武夫著,天津市政协编译委员会译:《今井武夫回忆录》,中国文史出版社 1987 年版。

57. [日]陆军恤兵部发行:《支那事变战迹之刊》中卷,中央陆军军官学校第四分校 1941 年印。

58. [日] 古屋奎二著,翻译组译:《蒋介石秘录》,湖南人民出版社 1988

年版。

59. ［日］本多胜一著，刘春明、包容、吴德利等译校：《南京大屠杀始末采访录》，北岳文艺出版社 2001 年版。

60. ［德］约翰·拉贝著，本书翻译组译：《拉贝日记》，江苏人民出版社、江苏教育出版社 1997 年版。

61. ［英］田伯烈著，杨明译：《1937：一名英国记者实录的日军暴行》，湖北人民出版社 2005 年版。

二、报刊

1.《中央日报》1937 年 10—12 月。

2. 汉口《大公报》1937 年 9 月—1938 年 2 月。

3. 重庆《大公报》1945 年 3—9 月、1947 年 4 月。

4.《申报》1937 年 8—12 月、1947 年 4 月。

5.《新蜀报》1937 年 12 月。

6.《救国时报》1937 年 12 月。

7.《京华晚报》1937 年 10 月—1938 年 1 月、1951 年 2—3 月。

8. 上海《时报》1937 年 12 月。

9.《时事类编特刊》第 3 期，1937 年 10 月。

10.《时事半月刊》第 1 卷第 3—5 期，1937 年 11—12 月。

11.《半月文摘》第 2 卷第 6 期，1938 年 5 月。

12.《南京文献》1947 年第 3 号。

13.《文摘》第 11 号，1938 年 2 月。

14.《闽政与公余》第 20 期，1938 年 1 月。

15.《宇宙风》第 71 期，1938 年 7 月。

16. 当代报刊：《民国档案》、《抗日战争研究》、《民国春秋》、《日本侵华史研究》、《江苏地方志》、《南京史志》、《新华日报》、《南京日报》、《扬子晚报》、《现代快报》、《南京晨报》。

三、著作、论文、文章

1. 中共中央文献研究室编:《周恩来传》,人民出版社、中央文献出版社1989年版。

2. 中共中央文献研究室编:《朱德传》,人民出版社、中央文献出版社1993年版。

3. 张宪文主编:《南京大屠杀全史》(上、中、下),南京大学出版社2012年版。

4. 张宪文主编:《中国抗日战争史(1931—1945》,南京大学出版社2001年版。

5. 张宪文主编:《抗日战争的正面战场》,河南人民出版社1987年版。

6. 郭汝瑰、黄玉章主编:《中国抗日战争正面战场作战记》(上),江苏人民出版社2002年版。

7. 张生等:《南京大屠杀史研究》(上、下),凤凰出版社2012年版。

8. 孙宅巍主编:《南京大屠杀》,北京出版社1997年版。

9. 孙宅巍:《钟山硝烟——南京保卫战纪实》,河南大学出版社1995年版。

10. 孙宅巍:《1937:南京悲歌》,台湾先智出版事业股份有限公司1995年版。

11. 孙宅巍:《南京保卫战史》,台湾中华发展基金管理委员会、五南图书出版公司1997年版。

12. 孙宅巍:《澄清历史——南京大屠杀研究与思考》,江苏人民出版社2005年版。

13. 吴相湘:《第二次中日战争史》(上、下册),台湾综合月刊社1973年版。

14. 蒋纬国总编著:《国民革命史第三部——抗日御侮》(5),台湾黎明文化事业股份有限公司1978年版。

15. 台湾"国防部"史政编译局编:《抗日战史》,1966年版。

16. 王平:《八年抗战》,台北文海出版社 1966 年版。

17. 李吉荪:《中日南京之战》,国际炎黄文化出版社 2001 年版。

18. 李吉荪:《国民革命军一级上将唐生智》,中国旅游出版社 1993 年版。

19. 费仲兴:《城东生死劫》,中国工人出版社 2008 年版。

20. 解力夫:《战争狂人——东条英机》,世界知识出版社 1987 年版。

21. 谭道平:《南京卫戍战史话》,东南文化事业出版社 1946 年版。

22. 高晓星、时平编著:《民国空军的航迹》,海潮出版社 1992 年版;

23. 苏智良等编著:《去大后方——中国抗战内迁实录》,上海人民出版社 2005 年版。

24. 孟国祥:《大劫难——日本侵华对中国文化的破坏》,中国社会科学出版社 2005 年版。

25. 南京大学历史系编著:《日本帝国主义在南京的大屠杀》,1979 年内部版。

26. 高兴祖:《日本侵华暴行——南京大屠杀》,上海人民出版社 1985 年版。

27. “南京大屠杀”史料编辑委员会:《侵华日军南京大屠杀史稿》,江苏古籍出版社 1987 年版。

28. 郭士杰:《日寇侵华暴行录》,联合书店 1951 年版。

29. 经盛鸿:《南京沦陷八年史》(上、下册),社会科学文献出版社 2005 年版。

30. 杨者圣:《特工王戴笠》,上海人民出版社 1993 年版。

31. 朱启銮主编:《南京人民革命史》,南京出版社 1991 年版。

32. 中共江苏省委党史工作委员会《苏南抗日斗争史稿》编写组:《苏南抗日斗争史稿》,江苏人民出版社 1987 年版。

33. 熊宗仁:《何应钦传》,贵州人民出版社 1991 年版。

34. 胡菊蓉:《中外法庭审判日本战犯》,南开大学出版社 1988 年版。

35. [日]洞富雄著,毛良鸿、朱阿根译:《南京大屠杀》,上海译文出版社1987年版。

36. [美]戴维·贝尔加米尼著,张震久等译:《日本天皇的阴谋》(上),商务印书馆1984年版。

37. 孙宅巍:《试论抗战初期的南京保卫战》,《江海学刊》1985年第5期。

38. 孙宅巍:《评唐生智在南京保卫战中的功过》,《历史档案》1985年第4期。

39. 孙宅巍:《如何评价南京保卫战——再论南京保卫战》,《民国档案与民国史学术讨论会论文集》,档案出版社1988年版。

40. 孙宅巍:《南京保卫战双方兵力的研究》,《抗日战争史事探索》,上海社会科学院出版社1988年版。

41. 孙宅巍:《论南京保卫战研究中几个有争议的问题》,《民国档案》1993年第1期。

42. 孙宅巍:《南京保卫战及其失败》,《抗日战争史事新论》,南京工学院出版社1986年版。

43. 孙宅巍:《南京保卫战战事述略》,《南京方志通讯》1990年第3期。

44. 孙宅巍:《大陆学界研究南京保卫战述评》,台湾《近代中国史研究通讯》第15期,1993年。

45. 孙宅巍:《壮烈的南京空战》,《民国春秋》1994年第6期。

46. 孙宅巍:《论南京保卫战的决策及其结局》,《南京社会科学》2000年第4期。

47. 孙宅巍:《1935:南京保卫战大演习》,《钟山风雨》2008年第1期。

48. 孙宅巍:《中、苏、美战机空袭日军占领下的南京》,《档案与建设》2014年第8期。

49. 张其立:《探讨1937年南京保卫战的几个问题》,《南京史志》1988年第4期。

50. 张其立:《日寇对南京的空袭》,《南京史志》1987 年特刊。

51. 张苏赣:《江阴阻敌战的经过与得失》,《日本侵华史研究》2013 年第 3 卷。

52. 高榆、刘存权、强剑衷:《南京保卫战纪实》,《南京史志》1988 年第 6 期。

53. 台湾“国史馆”:《孤城英烈一将军——萧山令南京保卫战殉国记》,《南京史志》1987 年特刊。

54. 李君山:《南京保卫战国府决策与执行过程》,台湾《历史月刊》1995 年 8 月号。

55. 钮先铭:《战友谢承瑞先生》,重庆《大公报》1940 年 12 月 13、14 日。

56. 呼延如璞、赵志:《南京光华门城头中华魂——记谢承瑞烈士》,《民国春秋》1997 年第 5 期。

57. 钱建明:《江阴要塞保卫战》,《江苏地方志》1995 年第 3 期。

58. 文辉:《南京保卫战中的首都警察部队》,《江苏地方志》1995 年第 3 期。

59. 文丁:《1937:南京空中保卫战》,《共鸣》1995 年第 9 期。

60. 邢烨:《沦陷前后南京在中日双方眼中的地位和价值比较》,《民国档案》2012 年第 3 期。

61. 高晓星:《南京军民的空中保卫战》,《日本侵华史研究》2013 年第 2 卷。

62. 张国松:《1931—1937:南京防空教育宣传工作初探》,《日本侵华史研究》2013 年第 2 卷。

63. 戚厚杰:《南京保卫战指挥机构与参战部队考证》,《日本侵华史研究》2013 年第 4 卷。